HATIER CONCOURS
CONCOURS DE PROFESSEUR DES ÉCOLES

FRANÇAIS

Tome 1

ÉPREUVE ÉCRITE D'ADMISSIBILITÉ

DIRECTEURS DE COLLECTION

Roland Charnay

Philippe Dorange

Michel Mante

AUTEURS

Micheline Cellier
Agrégée de lettres, maitre de conférences
Faculté d'éducation / UM2 / ESPE Languedoc Roussillon

Philippe Dorange
Agrégé de lettres

Jean-Christophe Pellat
Professeur des universités en Linguistique française,
Strasbourg
(Coordination de l'ouvrage)

Avec la collaboration de :

Claude Pierson
Agrégé de lettres classiques

Sur le site www.concours-hatier.com
le sujet « zéro » du MEN corrigé

Ce texte est conforme à la nouvelle orthographe
www.orthographe-recommandee.info

Hatier

SOMMAIRE

L'ÉPREUVE DE FRANÇAIS

1 Présentation

2 Méthodologie de la partie 1 : Réponse à une question portant sur un ou plusieurs textes

3 Méthodologie de la partie 2 : Connaissance de la langue

Achevé d' imprimer par Loire Offset Titoulet à Saint-Etienne - France
Dépôt légal : 95934-9/03 - Janvier 2015

PAPIER À BASE DE FIBRES CERTIFIÉES

Hatier s'engage pour l'environnement en réduisant l'empreinte carbone de ses livres. Celle de cet exemplaire est de : 1.6 kg éq. CO_2
Rendez-vous sur www.hatier-durable.fr

IMPRIM'VERT

MAQUETTE : Sophie Duclos
ÉDITION : Sylvie Grange – Brigitte Brisse
MISE EN PAGE : IDT

ISBN : 978-2-218-95934-9

GRAMMAIRE

La phrase

Les classes de mots

Les principales fonctions

Le verbe

La cohérence textuelle et l'énonciation

PHONOLOGIE ET ORTHOGRAPHE

La phonologie

L'orthographe

LEXIQUE

Le sens des mots

La formation des mots

L'histoire des mots

ANNEXES

PRÉFACE

Cet ouvrage en deux tomes est destiné aux candidats qui préparent l'épreuve de français du CRPE fixée par l'arrêté du 19 avril 2013.

Il propose une préparation complète des trois parties de l'épreuve : le tome 1 pour les parties 1 et 2, le tome 2 pour la partie 3.

- **Pour la partie 1** « Réponse à une question portant sur plusieurs textes », toute la variété de cas de sujets est envisagée : l'analyse d'un seul texte, de plusieurs textes, l'analyse de textes documentaires, l'analyse de textes littéraires et les différents types d'exercices (analyse, synthèse, commentaire) sont comparés.

- **La partie 2** « portant sur la connaissance de la langue » – grammaire, orthographe, lexique et système phonologique – apporte aux candidats les connaissances requises à travers 54 fiches notionnelles détaillées.

- **La partie 3** « analyse d'un dossier composé d'un ou plusieurs supports d'enseignement du français » présente 18 fiches notionnelles utiles pour analyser des documents pédagogiques et didactiques et aborde, en 13 chapitres, les différents domaines de l'enseignement du français à l'école.

Parce que les connaissances ne sont pas suffisantes si elles ne sont pas concrètement mises en œuvre, cet ouvrage donne une place très importante :

– à la **méthodologie** « pas à pas » des parties 1, 2 et 3, illustrée par plusieurs exemples de sujets corrigés et commentés ;

– à l'**entrainement** avec un grand nombre d'exercices de différents types (questions spécifiques, QCM, analyses d'erreurs) en connaissance de la langue et 17 sujets d'entrainement corrigés et commentés, correspondant aux différents domaines de l'enseignement du français.

Bref, cet ouvrage, particulièrement attentif aux besoins des candidats au CRPE, leur propose **une aide complète, adaptée et efficace.**

Les auteurs

1 Présentation

Cette partie propose une présentation générale de l'épreuve de français et la méthodologie des questions 1 et 2.

1 Cadrage réglementaire de l'épreuve

Les modalités qui définissent le concours de recrutement de professeurs des écoles, à partir de la session 2014 sont fixées par **l'arrêté du 19 avril 2013**, publié au *Journal officiel* du 27 avril 2013. Il peut être consulté à l'adresse électronique suivante :

http://www.legifrance.gouv.fr/affichTexte.do?cidTexte=JORFTEXT000027361520

Des sujets 0 ont été publiés, début juillet 2013, pour permettre de mieux cerner les contours de l'épreuve. Assortis d'une ***Présentation des deux épreuves d'admissibilité***, ils sont accessibles à partir de l'adresse suivante :

http://www.education.gouv.fr/cid50557/presentation-des-nouvelles-epreuves-exemples-sujets-pour-les-concours-recrutement-professeurs-des-ecoles.html

Le cadre de référence de l'épreuve est celui des programmes de l'école primaire de 2008, toujours en vigueur et tels qu'ils ont été définis par le BO hors série n° 3 du 19 juin 2008 :

http://www.education.gouv.fr/bo/2008/hs3/default.htm

Mais, en ce qui concerne la deuxième partie de l'épreuve, l'arrêté ajoute que « le niveau attendu correspond à celui exigé par la maitrise des programmes du collège ». Il serait donc bon de consulter ces derniers :

http://www.education.gouv.fr/cid22117/mene0816877a.html

Enfin, le même arrêté précise que « certaines questions portent sur le programme et le contexte de l'école primaire, des éléments du socle commun de connaissances, de compétences et de culture et des contextes de l'école maternelle et élémentaire ». Il est donc nécessaire de se référer également, au minimum, au Socle commun :

http://www.education.gouv.fr/cid2770/le-socle-commun-de-connaissances-et-de-competences.html

Nous reviendrons sur ces documents généraux, mais il est souhaitable que vous en consultiez la totalité, directement, et que vous en ayez une bonne connaissance.

2 Définition de l'épreuve de français par l'arrêté du 19 avril 2013

L'admissibilité comporte deux épreuves, l'une portant sur le français, l'autre sur les mathématiques, « les deux domaines d'enseignement fondateurs de l'école primaire », d'après *La présentation des deux épreuves d'admissibilité*. Les coefficients sont égaux, 40 points chacun.

2.1 Une épreuve en trois parties

- Partie 1 : « La production d'une réponse construite et rédigée, à une question portant sur un ou plusieurs textes littéraires ou documentaires. »

- Partie 2 : « Une partie portant sur la connaissance de la langue (grammaire, orthographe, lexique et système phonologique) ; le candidat peut avoir à répondre à des questions de façon argumentée, à une série de questions portant sur des connaissances ponctuelles, à procéder à des analyses d'erreurs types dans des productions d'élèves, en formulant des hypothèses sur leurs origines. »

- Partie 3 : « Une analyse d'un dossier composé d'un ou plusieurs supports d'enseignement du français, choisis dans le cadre des programmes de l'école primaire qu'ils soient destinés aux élèves ou aux enseignants (manuels scolaires, documents à caractère pédagogique), et de productions d'élèves de tous types, permettant d'apprécier la capacité du candidat à maîtriser les notions présentes dans les situations d'enseignement. »

Le présent ouvrage va vous aider à travailler les deux premières parties mais les notions linguistiques largement développées ici vous seront indispensables pour traiter certains sujets posés dans les analyses de dossiers qui composent la partie 3.

2.2 Les compétences évaluées

La diversité des questions posées est telle qu'elle permet, d'après l'arrêté, d'évaluer « les capacités des candidats au regard des dimensions disciplinaires, scientifiques et professionnelles de l'acte d'enseigner et des situations d'enseignement ». Mais les compétences à évaluer spécifiquement dans chaque partie sont également précisées. Il s'agit de contrôler :

– **sur la totalité de l'épreuve**, « la maîtrise de la langue française des candidats (corrections syntaxique, morphologique et lexicale, niveau de langue et clarté d'expression) » ;

– **sur la première partie**, la « capacité à comprendre et à analyser des textes (dégager des problématiques, construire et développer une argumentation) » ;

– **sur la seconde partie**, les « connaissances sur la langue » ;

– **sur la dernière partie**, la « capacité à apprécier les intérêts et les limites didactiques de pratiques d'enseignement du français ».

Ces points sont précisés par *La présentation des deux épreuves d'admissibilité*, mais nous y reviendrons ultérieurement.

2.3 L'évaluation

L'épreuve est notée sur 40 points répartis de la manière suivante :

- **11 points** pour la partie 1
- **11 points** pour la partie 2
- **13 points** pour la partie 3

Les **5 points** qui manquent sont accordés en fonction de la correction syntaxique et de la qualité écrite de la production.
Une note globale, égale ou inférieure à 10/40 (soit 05/20), est éliminatoire.

2.4 La durée de l'épreuve

La durée de l'épreuve est de 4 heures.

3 Comment répartir les 4 heures ?

De la manière la plus rationnelle possible, en fonction des difficultés présentées par chaque partie.

- La partie qui vous demandera le plus d'efforts et d'engagement sera la première car vous devrez prendre connaissance des textes, les analyser, les mettre en relation, construire un plan et rédiger, vérifier l'orthographe et la correction linguistique (fortement pénalisées par 5 points), ce qui nécessite une grande énergie, une gestion efficace du temps et une certaine rapidité d'exécution. Vous ne pourrez pas descendre en dessous de 1h45, avec un maximum de 2 heures. Si vous dépassez la limite des deux heures, vous entamerez gravement votre capital temps et les risques de ne pas terminer l'épreuve ou d'être amené(e) à négliger les deux parties qui restent seront grands. Cette partie nécessite, de manière évidente, un apprentissage méthodique et des entrainements très réguliers.

- Il resterait 35 à 45 minutes pour traiter la deuxième partie relative à la langue, ce qui peut être suffisant si on considère que les notions grammaticales, orthographiques, lexicales et phonologiques bien travaillées en amont peuvent être réactivées assez rapidement, à partir de questions très précises et bien ciblées et que la rédaction des réponses est plus rapide. Plus les connaissances notionnelles seront solides, plus sûrement et rapidement seront traitées les questions. Les fiches présentes dans cet ouvrage, tous les entrainements associés et les exercices des parties « Au concours » en fin de chapitre vous permettront de construire ces apprentissages, de consolider et de vérifier vos acquisitions.

Même si le temps consacré à cette partie est moindre, il ne faut surtout pas la traiter à la légère car elle vaut 11 points, comme la première.

- Il devrait donc rester 1h30 à 1h45 pour traiter la troisième partie qui nécessite la lecture de documents éventuellement importants, leur analyse, de la réflexion sur les situations didactiques et la rédaction de réponses. Là aussi, des entrainements seront nécessaires pour essayer de « couvrir » les multiples domaines traités dans la discipline « français » (écriture, lecture, oral, littérature, activités linguistiques) et tous les niveaux, depuis la PS jusqu'au CM2.

EN RÉSUMÉ

Partie	Contenu de l'épreuve et compétences évaluées	Durée	Points
1	« La production d'une réponse construite et rédigée, à une question portant sur un ou plusieurs textes littéraires ou documentaires ».	1h45 environ	11
2	« La connaissance de la langue (grammaire, orthographe, lexique et système phonologique) ; le candidat peut avoir à répondre : – à des questions de façon argumentée, – à une série de questions portant sur des connaissances ponctuelles, – à procéder à des analyses d'erreurs types dans des productions d'élèves, en formulant des hypothèses sur leurs origines. »	40 minutes environ	11
3	« Une analyse d'un dossier composé d'un ou plusieurs supports d'enseignement du français, choisis dans le cadre des programmes de l'école primaire qu'ils soient destinés aux élèves ou aux enseignants (manuels scolaires, documents à caractère pédagogique), et de productions d'élèves de tous types, permettant d'apprécier la capacité du candidat à maitriser les notions présentes dans les situations d'enseignement. »	1h 30 environ	13
1, 2 et 3	« La maitrise de la langue française des candidats (corrections syntaxique, morphologique et lexicale, niveau de langue et clarté d'expression). »	5 minutes environ relecture	5
		4 heures	**40 pts**

Bien entendu, des minutes ajoutées dans une partie doivent être enlevées du temps dévolu à une autre ! Attention à garder à chaque rubrique le temps nécessaire.

2 Méthodologie de la partie 1

Réponse à une question portant sur un ou plusieurs textes

1 Questions générales

En tenant compte des textes ministériels parus, voici quelques réponses à des questions que vous pouvez vous poser.

1.1 Quelles sont les attentes du jury ?

L'arrêté du 19 avril 2013 a donné les grandes indications précisées par *La présentation des deux épreuves d'admissibilité*, publiée en juillet 2013.

Les attentes sont claires. Elles portent sur :

- **la compréhension et l'analyse** des textes proposés qui doivent permettre aux candidats :

– de « montrer leur capacité à concevoir une **problématique** » qui traverse l'ensemble des textes ;

– « d'établir des relations entre des écrits d'auteurs, d'époques, voire de types différents qui, sur un même thème, présentent des points de vue complémentaires, tout en étant souvent contrastés » ; il s'agit de mettre en tension des documents pourtant conçus pour être autonomes et clos sur leur propre discours. « Cette compétence apparaît nécessaire pour assurer un enseignement suffisamment précis de la compréhension en lecture, qu'il s'agisse des textes de fiction ou à caractère documentaire ».

Voir *La Présentation des deux épreuves d'admissibilité.*

→ Ces points exigeront de votre part :

– des compétences d'**analyse** pour saisir, par exemple, les idées développées par un auteur, savoir les mettre en corrélation ou en opposition avec des idées avancées par un autre auteur, trouver un circuit argumentatif dans un texte documentaire ou déduire une idée claire d'un long paragraphe littéraire, etc. ;

– des compétences de **lectrice/lecteur** : « Cet exercice permet également de vérifier les capacités de lecture des candidats pour qu'ils puissent accéder à des ressources qui facilitent leur formation professionnelle dans l'ensemble des disciplines ». Vous serez éventuellement confronté(e) à la quantité de lecture à faire. Les corpus, si l'on en juge par les sujets 0, ne sont pas trop longs mais vous aurez peu de temps pour les lire et en saisir l'essentiel.

- **la structuration de votre réponse** : l'épreuve évalue la capacité à « dégager des problématiques, construire et développer une argumentation » ; le texte produit doit donc être « **argumenté, articulé et cohérent** », ce qui suppose une construction logique comportant traditionnellement :

Voir *L'arrêté du 19 avril 2013.*

– une introduction présentant les textes (titres, auteurs, date) et la question éventuellement dégagée dans le libellé du sujet ;

– un développement équilibré et structuré en plusieurs parties et sous-parties avec annonces des axes, des transitions, des articulations logiques, une identification claire des sources, le tout ayant pour but de guider efficacement le lecteur ;

– une conclusion.

→ Ce qui renvoie à :
– des compétences d'écriture qui supposent des qualités de structuration de la pensée : « la forme et la présentation doivent être claires pour le lecteur » ;
– des compétences méthodologiques, pour respecter les règles de l'analyse.

Voir *La Présentation*

- **la correction de la langue lors de la rédaction** : la « réponse » à la question doit être « rédigée » ; sont exigés et évalués « les corrections syntaxique, morphologique et lexicale, le niveau de langue ». Le Ministère souligne la nécessité « d'une maitrise avérée de la langue française écrite ». Il faudra donc veiller à la justesse des constructions des phrases, à la qualité et la précision du vocabulaire employé, au bon usage de l'orthographe et à l'adaptation du registre de langue.

Voir *L'arrêté*.

1.2 Quel est le type d'exercice demandé ?

Citons encore le début de la description donnée par l'arrêté : « La production d'une réponse, construite et rédigée, à une question ». L'exercice n'est pas nommé de manière précise ; le terme générique « production » est employé ; il ne renvoie pas à un exercice particulier avec une méthodologie bien identifiée.
Les deux sujets 0 donnés en juillet 2013, cependant, mettent en avant dans les consignes le verbe « analyser ». Cette réitération conduit à privilégier un exercice particulier, celui de l'analyse dont nous allons développer la méthodologie, mais la synthèse ou le commentaire n'étant pas complètement exclus, nous travaillerons aussi ces exercices, ponctuellement.

1.3 Quels sont les types de textes ou les supports prévus ?

L'arrêté précise que la question peut porter « sur un ou plusieurs textes littéraires ou documentaires ».

- **« sur un ou plusieurs textes »** : le nombre n'est donc pas complètement défini mais il est probable qu'il ne puisse pas aller au-delà de 4, étant donné la durée dévolue à cette première partie. Les deux sujets 0 sont constitués de 3 textes chacun, de dimension très raisonnable ; par ailleurs, cette partie demande à valoriser « la capacité à comprendre et analyser des textes ainsi que leur aptitude à **établir des relations entre** des écrits d'auteurs, d'époques, voire de types différents qui, sur un même thème, présentent des points de vue complémentaires tout en étant souvent contrastés. » Cette précision va davantage dans le sens d'un corpus à plusieurs textes plutôt qu'un seul. Mais pour tenir compte de l'arrêté, nous présenterons la méthodologie de l'analyse d'un seul texte et de plusieurs.

Voir *La Présentation*

- **sur des « textes littéraires ou documentaires »** : les deux sujets 0 ne sont constitués que de textes littéraires. Cependant, « les exemples donnés correspondent à une partie des possibilités ouvertes par le texte de l'arrêté dans la mesure où ils comprennent seulement des textes littéraires ; des rapprochements entre textes littéraires et documentaires ou encore entre des textes seulement documentaires sont encore possibles. » Tous les cas sont donc possibles, y compris un panachage entre textes documentaires et littéraires.

1.4 Quelles différences entre des textes documentaires et des textes littéraires ?

Le texte littéraire est un peu plus dur à analyser. Sa nature et la fonction poétique du langage peuvent, parfois, faire écran.

- La construction du texte littéraire est plus difficile à percevoir. À la différence du texte documentaire, essentiellement explicatif ou argumentatif, où les idées se succèdent avec logique et rigueur, le texte littéraire mélange des séquences assez hétérogènes : à des éléments narratifs, peuvent se mêler des passages descriptifs ; des sensations, impressions, états d'âme s'infiltrent dans les moments de réflexion. Par ailleurs, il ne hiérarchise pas de manière absolument rationnelle les idées ; il procède par approches successives, retours en arrière, digressions.

Voir le texte de Le Clézio, par exemple, donné dans le corpus du sujet 0.1.

- Tous les éléments narratifs et descriptifs ne seront pas forcément utilisés lors de l'analyse elle-même. Il ne faudra garder que les points en relation directe avec la problématique.

- Le style n'est pas aussi transparent que celui que l'on emploie dans un article ou un ouvrage de type analytique ou documentaire qui vise la clarté de communication. Les figures de rhétorique, les allusions, les symboles peuvent troubler le message et demandent à être décryptés. Par exemple, dans la dernière phrase de son texte : « Le navigateur, abandonnant pour jamais un rivage enchanté, écrit son journal à la vue de la terre qui s'éloigne et qui va bientôt disparaitre », Chateaubriand file une métaphore qui oblige à mettre en relation terme à terme le vieil écrivain sur le point de rédiger ses mémoires avec le navigateur, la terre (*un rivage enchanté*) avec la vie.

Voir sujet 0.1

- L'accès au sens n'est donc pas immédiat car le texte littéraire est saturé d'implicite et nécessite un type de compréhension particulier.

1.5 Sur quels sujets peuvent porter les questions ?

Aucune précision n'est donnée dans l'arrêté. Les sujets 0 portent, l'un sur la mémoire humaine qui donne sens à l'existence, l'autre sur la littérature qui participe à la construction de l'individu, avec le commentaire suivant dans *La présentation* : « Les questions posées par ces exemples ne sont pas directement pédagogiques mais elles se réfèrent à des sujets qui interviennent dans la formation de la personne. » Ce sont des sujets donc d'ordre général, sociétal, culturel, ce qui n'exclut pas complètement l'aspect pédagogique.

En tout cas, pour répondre à l'intitulé de l'épreuve, **une question** est clairement posée à laquelle vous devez répondre, cette réponse organisée constituant le texte évalué. En aucun cas, on ne peut vous demander d'« analyser » les textes, sans autre indication.

Pour répondre au maximum à vos interrogations, sera proposé ci-dessous, tout l'accompagnement nécessaire (« méthodologie pas à pas ») pour traiter :

– l'analyse d'un texte documentaire page 19
– l'analyse de plusieurs textes documentaires page 27
– l'analyse de plusieurs textes littéraires page 34

Voir le corrigé des analyses des deux sujets 0 sur le site www.editions-hatier.fr/collection-concours, ainsi qu'un exemple de synthèse.

2 La méthodologie de l'analyse

2.1 Qu'est-ce qu'une analyse ? Comparaison avec d'autres exercices

Une analyse est un type de texte un peu général, moins bien défini dans la culture scolaire que deux exercices voisins, la synthèse et le commentaire. L'évocation de ces deux autres exercices n'est pas fortuite ; dans les modalités de l'ancien concours, jusqu'en 2013, analyse, synthèse et commentaire pouvaient être demandés aux candidats. Les comparer permettra de mieux isoler les spécificités de l'analyse.

<table>
<tr><th>Synthèse</th><th>Analyse</th><th>Commentaire</th></tr>
<tr><td colspan="2">Le support est un ensemble de plusieurs textes, d'ordre littéraire ou documentaire, constituant une sorte de banque de données.
Une question, présente dans le libellé du sujet, permet d'interroger l'ensemble de ces textes autour d'une thématique ou d'une problématique transversale.
Mais l'analyse peut porter sur un seul texte seulement ; a priori, la synthèse en comporte plusieurs.</td><td></td></tr>
<tr><td></td><td colspan="2">Le commentaire est constitué, en principe d'un seul texte, plus ou moins long, d'ordre littéraire ou pas. Il peut arriver aussi que le corpus de l'analyse ne soit constitué que d'un seul texte. Ce qui différencie alors les deux exercices sera l'utilisation de la culture personnelle du candidat pour étayer ou éclairer les idées dans le commentaire, ajout interdit dans l'analyse.</td></tr>
<tr><td colspan="2">La confrontation. Les points de vue exprimés dans les différents textes de l'analyse et de la synthèse doivent être mis dans des rapports de rapprochements, de complémentarité ou de divergences : la combinaison des informations représente un tout plus riche que leur simple addition et manifeste des variations de points de vue.</td><td></td></tr>
<tr><td colspan="2">Le respect des textes. L'essentiel des textes doit être restitué, avec une identification précise des textes sources utilisés, sans faux-sens ou contresens ; aucune idée importante n'est oubliée ; aucune ajoutée ; aucun des textes n'est sous-exploité ou surexploité : il faut veiller à l'équilibre entre eux.</td><td></td></tr>
<tr><td colspan="2">L'objectivité. On ne doit trouver aucune trace de la présence du scripteur, nul commentaire ou jugement de valeur de sa part.</td><td>Le commentaire peut susciter des éléments personnels, dans la mesure où le candidat peut faire appel à sa propre culture mais il ne doit pas, pour autant, donner son avis directement sur la question débattue.</td></tr>
<tr><td colspan="2">Règle de la condensation : les deux exercices sont de type synthétique. Le volume de l'analyse et de la synthèse doit être plus réduit que le corpus de base. Remarque : l'analyse d'un seul texte peut égaler ou excéder le volume du texte-source.</td><td>Le commentaire procède plutôt par expansion, avec des développements explicatifs plus ou moins importants.</td></tr>
<tr><td>Règle de la reformulation : les idées des textes-sources doivent toutes être reformulées par des formules synthétiques, englobantes et justes.</td><td colspan="2">Les citations (pertinentes et en nombre plus limité dans l'analyse que dans le commentaire) permettent d'étayer et de justifier les idées avancées.</td></tr>
</table>

→ **La synthèse** revient à rendre compte du contenu de textes ou de documents sources, en les reformulant de façon condensée et objective : il faut « synthétiser » mais l'exercice est très proche de celui de l'analyse. La grosse différence porte sur la présence ou absence de citations.

→ **Le commentaire**, plutôt exercice littéraire, vise à expliquer un texte en l'éclairant de remarques, de jugements critiques, s'appuyant notamment sur ses caractéristiques formelles : il faut « commenter ».

→ **L'analyse** consiste à :
– déterminer les éléments constituants du (ou des) texte(s) ;
– en dégager l'essentiel ;
– comprendre en profondeur les idées exprimées et leur articulation pour en saisir la logique et la finesse et lever les implicites ;
– et, en cas de corpus avec des documents multiples, savoir mettre en relation les idées des différents textes, les confronter, les opposer sur des points bien identifiés ;
– rédiger de manière claire et organisée.
On peut citer (raisonnablement) le ou les texte(s).
On n'a pas le droit de porter un jugement sur les textes mais l'analyse suppose des remarques parfois un peu extérieures au corpus et permettant l'éclairage d'un point en particulier.

2.2 Les différentes étapes

Étape 1	Lire et comprendre le libellé du sujet
Étape 2	Découvrir les auteurs et tenir compte du paratexte
Étape 3	Prendre connaissance du texte ou du dossier de textes
3.1	Faire la lecture analytique du ou des texte(s)
3.2	Travailler la confrontation entre les textes en cas d'analyse de textes multiples
Étape 4	Faire un plan détaillé
Étape 5	Rédiger l'analyse

• Étape 1 Lire et comprendre le libellé du sujet

Les deux sujets 0 sont libellés de manière identique :

Sujet 0.1 : **À partir du corpus proposé, vous <u>analyserez</u> comment la mémoire inscrit l'homme dans le temps et donne sens à son existence.**

Sujet 0.2 : **À partir des textes du corpus, vous <u>analyserez</u> comment la littérature participe à la formation de l'individu et à sa compréhension du monde.**

On peut diviser chacun des deux sujets en trois parties :
– la mention générale du corpus (les textes, avec les références exactes, sont donnés à la suite) ;
– le verbe indiquant la nature du travail à réaliser (« analyser ») et la méthodologie à utiliser, celle de l'analyse ;
– la problématique et une indication du plan, en deux parties bien annoncées, dans les deux cas :

« comment la mémoire ① inscrit l'homme dans le temps et ② donne sens à son existence » ;

« comment la littérature participe ① à la formation de l'individu et ② à sa compréhension du monde ».

Le sujet constitue, en fait, la fameuse « question » qui doit être analysée, mais elle est posée de façon indirecte ; vous percevez mieux la problématique posée avec une question directe :

« Comment la mémoire inscrit-elle l'homme dans le temps et donne-t-elle sens à son existence ? »

Ces indications (problématique et plan) sont très précieuses car il est souvent compliqué, dans le stress du concours, de trouver une problématique permettant de fédérer un ou plusieurs textes et des axes d'analyse. Le tout est fourni dans les sujets 0 : c'est une aide considérable qui dispense d'une partie importante du travail. Si le sujet indiquait la problématique mais sans donner d'axes directeurs, il vous faudrait créer le plan de toutes pièces et déduire de la lecture du ou des texte(s) les deux ou trois idées importantes permettant de structurer l'analyse.

Ces indications, a priori, données dans le libellé :

➜ vont orienter votre lecture et votre analyse, qui se feront à la lumière de ce qu'elles précisent ;

➜ vont structurer votre analyse, c'est-à-dire que ces deux parties doivent obligatoirement se retrouver dans votre plan mais pas de façon exclusive : il est possible parfois d'ajouter une autre partie permettant de préciser un point, mais toujours en rapport avec la problématique donnée.

AIDE MÉTHODOLOGIQUE

Obligez-vous à recopier le sujet sur une feuille de brouillon pour ne pas oublier un terme important et mettez des numéros pour faire apparaitre les deux ou trois axes induits par le libellé.

• Étape 2 Découvrir les auteurs et tenir compte du paratexte

Vous allez, ensuite, avant toute lecture détaillée, découvrir le nombre de textes, leur type (documentaire ou littéraire), les auteurs.

Voici le corpus proposé pour le sujet 0.1 :

- J.M.G. Le Clézio, *L'Africain*, Gallimard, « Folio », 2005, pp. 119-123.
- René de Chateaubriand, *Mémoires d'outre-tombe*, Gallimard, Bibliothèque de la Pléiade, 1946, pp. 76-77.
- « Entretien avec Georges Pérec », *L'Arc*, n° 76, 1979, pp. 29-30.

LE POINT SUR LES CONVENTIONS TYPOGRAPHIQUES CONCERNANT LES RÉFÉRENCES

- **Les titres** : les titres des ouvrages sont en italiques ; dans l'écriture manuscrite, ils sont soulignés : vous devrez donc les souligner dans votre copie. Les titres des extraits ou des articles sont entre guillemets ; vous garderez cette convention dans votre copie. Par exemple, « Entretien avec Georges Pérec » est le titre donné à l'article mais il est paru dans une revue intitulée *L'Arc*.
- **Les dates** : celles qui sont données correspondent à la date de parution de l'ouvrage, pas celle de l'écriture ou de la première publication. Chateaubriand n'a pas écrit *Mémoires d'outre-tombe* en 1946 mais en 1849 !

Le paratexte vous donne des indications sur :

– **les auteurs** : si vous les connaissez, tant mieux car ce savoir peut vous fournir quelques clés de lecture. Il s'agit, dans ce corpus, de trois auteurs importants, avec un extrait d'un des livres majeurs de Chateaubriand, *Les Mémoires d'Outre tombe*, et Pérec dont le *Je me souviens* est très connu. Vous n'êtes pas obligé(e) de savoir que *L'Africain* de J.M.G. Le Clézio est de type autobiographique, mais l'extrait vous éclaire sur ce point.

– **les dates de parution** : les textes sont-ils récents ? Sont-ils contemporains (la question peut être d'actualité) – ou existe-t-il des écarts sensibles d'époque (ce qui accentue la permanence de la question) ? Dans ce corpus, les trois textes sont échelonnés sur trois siècles, ce qui donne un empan temporel large.

– **les titres et sous-titres** apportent-ils des informations sur le thème ou la thèse avancée par l'auteur ? Dans ce corpus, le titre du roman de Chateaubriand se réfère au thème.

– **la nature des publications** : Essai ? Roman ? Autobiographie ? Pamphlet ? Article de revue ? Article de journal ? Extrait d'un site internet ? Chaque genre induit des stratégies d'écriture différentes.

• ÉTAPE 3 Prendre connaissance du texte ou du dossier de textes

3.1 Faire la lecture analytique du ou des textes

AIDE MÉTHODOLOGIQUE

– La lecture se fait dans l'ordre de présentation. Le choix fait par les concepteurs du sujet a du sens ; il est censé faciliter la lecture, met parfois l'accent sur les textes porteurs d'idées plus importantes ; il ne suit pas forcément l'ordre chronologique (c'est le cas pour le sujet 0.1.).

– Elle se fait en en relation avec la question posée et les axes donnés dans le libellé du sujet, ce qui facilite la prise en compte des éléments utiles à l'analyse.

Après cette lecture globale, effectuez une première reformulation (provisoire) du contenu (s'il s'agit de textes littéraires) ou de la thèse (lorsque ce sont des textes documentaires).

Pour la lecture analytique des textes, il faut :

– repérer dans chacun des textes les idées avancées par les auteurs et tous les autres éléments en lien avec la problématique ; ce ne sont pas forcément des arguments explicites car dans les textes littéraires, une idée peut être portée par une narration ou une description ;

– opérer une première hiérarchisation en distinguant les idées qui ont valeur d'arguments ou de contre-arguments, d'éléments qui servent simplement d'exemples ;

– commencer à reformuler chaque idée car c'est une des règles de l'analyse ; même si les citations sont autorisées, leur usage doit être mesuré et stratégique. Il faut donc trouver des expressions équivalentes et condenser l'idée dans des formulations claires et fidèles. Elles témoigneront d'ailleurs de votre degré de compréhension.

Cette première étape qui suit le texte pas à pas est indispensable pour en fixer la compréhension et saisir parfois un circuit argumentatif.

AIDE MÉTHODOLOGIQUE

– Lors de cette lecture analytique, vous repérerez le circuit argumentatif de chaque texte. Cela peut avoir son utilité pour faire apparaitre la thèse avancée par l'auteur et voir le jeu des arguments et contre-arguments mais il ne faut pas y passer trop de temps. Pourquoi ?

Parce que ce circuit argumentatif ne sera pas repris dans l'analyse puisque vous allez substituer aux argumentations développées dans chaque texte, votre propre argumentation, induite par la question posée et les axes suggérés dans le libellé. Un plan est lui-même un circuit argumentatif qui va permettre de faire progresser la réflexion avec une logique qui lui est propre. Même dans le cas de l'analyse d'un seul texte, le plan de votre réponse ne saurait suivre la progression linéaire du texte source.

Donc, oui au repérage de la logique d'un texte s'il vous permet de le comprendre mais n'y passez pas trop de temps ; à cette logique s'en substituera une autre.

– Il peut être utile dans cette étape de faire **un tableau** en divisant une feuille (la placer en format « paysage ») en 2, 3 ou 4 colonnes, suivant le nombre de textes et en notant au fur et à mesure, linéairement, les idées.

Voir exemple, page 30.

Essayez plusieurs fois « la technique du tableau », lors des préparations, pour voir si elle vous convient. Il ne faut pas passer trop de temps sur cette phase. Certains candidats préfèrent mettre les textes à côté les uns des autres et procéder à des soulignements ou surlignements en couleur pour repérer les idées.

3.2 Travailler la confrontation entre les textes

Repérer les liens de divergences, convergences et complémentarités entre les textes, en ayant toujours en tête la problématique et les axes donnés dans le libellé. Soyez vigilant(e) : un argument mineur dans un texte peut trouver un écho ou un développement plus important dans un autre, ce qui vous permettra de mettre les deux en tension.

AIDE MÉTHODOLOGIQUE

– Si vous avez organisé la lecture analytique sous la forme d'un tableau, faites des flèches reliant les idées convergentes ou divergentes entre elles ou surlignez-les de couleurs différentes.

Voir exemple, page 30.

– Si vous n'avez pas fait de tableau, il vous faudra veiller à ce que les couleurs correspondent mais le travail sur l'ensemble des textes est plus complexe.

ÉTAPE 4 Faire un plan détaillé

Regroupez les arguments dans le plan. Comme il a été dit plus haut, établir le plan est simple puisque les axes vous sont plus ou moins fournis par le libellé du sujet. Appuyez-vous sur ce qui est demandé ; vous pouvez éventuellement ajouter un autre axe, si vous en voyez la nécessité. Depuis quelques années, le plan en deux parties est tout à fait admis, surtout quand il est induit par la consigne même.

En revanche, votre travail va consister à répartir les idées à l'intérieur de ces deux ou trois parties.

AIDE MÉTHODOLOGIQUE

Vous serez aidé(e) par le tableau que vous aurez fait dans l'étape précédente. L'organisation générale doit être à peu près de ce type, en cas de plan binaire[1].

PARTIE 1 - AXE 1 (donné par le libellé)
1er sous-axe 2e sous-axe 3e sous-axe
PARTIE 2 - AXE 2 (donné par le libellé)
1er sous-axe 2e sous-axe 3e sous-axe

1. Voir le cas des deux sujets zéro.

Attention

– Il n'y a pas obligatoirement trois sous-axes pour chaque partie ; il peut n'y en avoir que deux.

– Chaque sous-axe est constitué par l'analyse d'une idée, libellée clairement à partir de laquelle vont être confrontés les textes.

– Il faut donc éviter la juxtaposition des textes qui consisterait à traiter dans le 1er sous-axe un texte, puis un autre dans le 2e et un dernier dans un 3e.

– Tous les textes doivent être exploités dans un axe, avec plus ou moins d'importance, cependant, en fonction du thème choisi. On peut concevoir qu'un texte soit davantage traité dans l'axe 1 que dans l'axe 2 par exemple, mais quand on considère la totalité tous les textes auront été analysés.

Une fois le plan fixé, il ne reste qu'à écrire. Plus le plan est détaillé, moins les risques de dérive seront grands mais tout au long de l'écriture, des ajustements se feront.

ÉTAPE 5 Rédiger l'analyse

Quelles sont les contraintes de la rédaction ?

– La longueur de l'analyse

Elle doit rester raisonnable mais elle est plus longue que celle d'une synthèse, dans la mesure où les citations et leur développement peuvent prendre de la place. Elle est aussi très relative : il est évident que l'analyse d'un seul texte sera pratiquement aussi longue – ou même bien plus longue – que celui-ci alors que celle portant sur plusieurs textes sera, en revanche, plus courte que le corpus source proposé.

— Une énonciation neutre

– Le rédacteur doit s'effacer complètement en évitant :

– l'emploi de la première personne : le « je » et le « nous » sont à proscrire. Ils viennent spontanément sous votre plume : « l'auteur précise que... ». Éliminez ces traces-là ;

– les jugements de valeur qui peuvent apparaitre insidieusement à l'occasion d'une modalisation, par exemple : « Les arguments **convaincants** avancés par X » ;

– des ajouts personnels relatifs à son opinion mais aussi à des connaissances sur le sujet mais extérieures au dossier.

— La référence aux textes

Chaque idée doit être attribuée à son auteur, de manière explicite. Évitez les dénominations « texte 1 », « texte 2 » et nommez les auteurs ou utilisez des périphrases compréhensibles par le lecteur pour les désigner. Attention à la formule « tous les auteurs s'accordent à penser que... » qui peut créer des amalgames peu justifiés.

— Le niveau de rédaction

L'analyse doit être complètement rédigée : aucun numéro précédant les parties, aucun titre ou sous-titre. Il s'agit bien de faire un texte entièrement et correctement rédigé. Évitez les parenthèses dans lesquelles vous vous autorisez parfois des raccourcis en style télégraphique.

— La construction

La réponse doit comporter une introduction, un développement en deux ou trois parties (voir étape 4), une conclusion.

— Présentation et lisibilité

Pour guider le lecteur, il faut :

– une écriture lisible ; évitez les ratures et les surcharges de corrections ;

– une mise en page mettant en évidence les blocs par des sauts de ligne (après l'introduction, entre les parties du développement et avant la conclusion), des alinéas à chaque début de paragraphe.

AIDE MÉTHODOLOGIQUE

Il est strictement impossible de tout rédiger au brouillon. Vous pouvez rédiger l'introduction mais vous devez vous lancer directement dans la rédaction, au propre, en vous appuyant sur le plan détaillé.

LE POINT SUR L'INTRODUCTION

Voir exemple, page 23.

Elle ne comporte qu'un seul paragraphe et doit donner plusieurs indications :

- **Une phrase simple** introduisant la thématique générale.
- **Une présentation du dossier** : au minimum, doivent être présentés les auteurs, avec les prénoms entiers, s'ils sont fournis – dans le développement, on ne donne que l'initiale du prénom – et les noms, les références des ouvrages en respectant les conventions, la date de parution. Dans certaines académies, on demande aussi la position de chaque texte en relation avec la thématique, ce qui allonge l'introduction et vous oblige éventuellement à faire un premier point sur des convergences ou divergences possibles.
- **La problématique et l'annonce du plan**. Lorsque le plan est donné dans le libellé (ce qui est le cas des sujets 0), il suffit de citer la question problématique, le plus souvent sous forme de question directe : « Comment la mémoire inscrit-elle l'homme dans le temps et donne-t-elle sens à son existence ? »

LE POINT SUR LA CONCLUSION

Elle apporte une **réponse à la question problématique** posée dans l'introduction dont elle reprend les termes-clés. Elle peut en un phrase synthétiser les idées essentielles et proposer éventuellement un élargissement, à condition qu'une idée extérieure au dossier ne soit pas ajoutée, inopinément.

Voir exemple, page 25.

3 Trois exemples de démarche commentée

L'analyse d'un seul texte

Nous allons reprendre étape par étape l'analyse d'un texte de Bruno Bettelheim, extrait de *La Psychanalyse des contes de fées*, Début de la première partie, « Utilité de l'imagination », Pocket, 1976, p. 39-42.

Nous proposons, pour chaque exemple, deux temps de travail :

– le premier concerne le travail préparatoire à la rédaction ;

– le second est un temps rétrospectif de lecture du corrigé pour repérer certains moyens utilisés pour la rédaction du corrigé proposé et aller plus loin dans l'analyse.

• ÉTAPE 1 Lire et comprendre le libellé du sujet

« Vous **analyserez** ce texte en montrant quel est le pouvoir des contes de fées et quelles en sont les fonctions. »

On trouve le terme précisant la nature de la réponse : il s'agit de faire une **analyse**.

La thématique est donnée : les contes de fées.

La question problématique (induite par l'ébauche de plan) se noue donc autour de l'idée de l'importance et de l'utilité des contes. Elle peut être posée de façon directe : « Quel est le pouvoir des contes et quelles en sont les fonctions ? »

Un plan binaire apparait nettement : ① le pouvoir des contes ② leurs fonctions

• ÉTAPE 2 Tenir compte du paratexte

Bruno Bettelheim est connu pour ses travaux sur le conte et son ouvrage *La psychanalyse des contes de fées* a eu un gros retentissement. Vous pouvez ne pas le connaitre mais le titre doit attirer votre attention sur l'angle d'attaque, celui de la psychanalyse. Le sous-titre est très intéressant car il renvoie directement à la problématique sur l'importance des contes : « Utilité de l'imagination » ; il y aura là une idée à exploiter.

La date vous donne une indication : 1976. Les concepteurs du sujet ont tenu à donner la date de la première édition et non des suivantes qui vous auraient peut-être induit(e) en erreur.

• ÉTAPE 3 Faire la lecture analytique du texte

Lisez le corpus composé du seul texte suivant, en mettant une page blanche sur la 2e colonne (avec les relevés en bleu) pour la cacher et en faisant vous-même le repérage des idées essentielles. Les paragraphes ont été numérotés pour faciliter les commentaires ultérieurs.

Vous analyserez ce texte en montrant quel est le pouvoir des contes de fées et quelles en sont les fonctions.

1. « Le Petit Chaperon Rouge a été mon premier amour. Je sens que, si j'avais pu l'épouser, j'aurais connu le parfait bonheur. » Ces mots de Charles Dickens montrent que, pareil à des millions d'enfants inconnus, partout dans le monde et à toutes les époques, il a été charmé par les contes de fées. Même lorsqu'il eut atteint une célébrité internationale, Dickens reconnut publiquement l'influence profonde que les personnages et les évènements des contes avaient eue sur sa formation et sur son génie créateur. Il ne se lassait pas d'exprimer son mépris pour ceux qui, au nom d'une rationalité mesquine et mal informée, insistaient pour que ces histoires fussent rendues rationnelles, expurgées, voire interdites, privant ainsi les enfants des richesses que les contes de fées pouvaient apporter à leur existence. Dickens comprenait très bien que l'imagerie des contes de fées, mieux que tout au monde, aide l'enfant à accomplir sa tâche la plus difficile, qui est aussi la plus importante : parvenir à une conscience plus mûre afin de mettre de l'ordre dans les pressions chaotiques de son inconscient.

Mise en avant de plusieurs idées par l'intermédiaire d'un grand auteur, Dickens (*célébrité*) :
– « le charme » des C., le rapport passionnel (*premier amour, épouser, parfait bonheur* dans la citation) ; charme subi aussi par des millions d'enfants ;
– influence sur sa création.
Un contre-argument connu évacué : « mépris » pour les esprits rationnels qui voudraient aménager ou interdire certaines versions.
La force des C. est de permettre à l'enfant de parvenir à sa maturité et mettre de l'ordre dans les pulsions chaotiques de son inconscient = perspective psychanalytique.

2. Aujourd'hui, comme jadis, l'esprit de la moyenne des enfants doués d'un esprit créatif peut s'ouvrir à la compréhension des plus grandes choses de la vie grâce aux contes de fées et, de là, parvenir facilement à jouir des plus grandes œuvres de la littérature et de l'art. Le poète Louis Mc Neice, par exemple, écrit : « Les vrais contes de fées ont toujours eu pour moi, en tant que personne, une profonde signification, même du temps où, étant au collège, il m'était difficile d'avouer de telles choses sans perdre la face. Contrairement à ce que disent tant de gens de nos jours, le conte de fées, du moins du genre folklorique classique, est une affaire infiniment plus solide que la plupart des romans réalistes qui n'ont guère plus d'impact que des potins mondains. » (…) Des critiques littéraires comme G.K. Chesterton et C.S. Lewis ont senti que les contes de fées sont des « explorations spirituelles », et, partant, « les plus semblables à la vie », puisqu'ils révèlent « la vie humaine comme si elle était contemplée, ressentie ou devinée de l'intérieur ».

Argument : les C. aident à comprendre la vie et ouvrent sur la littérature et l'art.
1er exemple/argument : Mc Neice
– sens profond des C., même si addiction un peu ridicule ;
– supériorité des C. sur les histoires réalistes, superficielles.
2e exemple/argument : Chesterton et Lewis
– le rapport aux C. est d'ordre spirituel et existentiel (renseignent sur la vie).
– perception intériorisée de l'existence, comme si elle était « contemplée, ressentie ou devinée de l'intérieur ».
Les C. permettent de comprendre le sens caché de la vie.

3. Les contes de fées, à la différence de toute autre forme de littérature, dirigent l'enfant vers la découverte de son identité et de sa vocation et lui montrent aussi par quelles expériences il doit passer pour développer plus avant son caractère. Les contes de fées nous disent que, malgré l'adversité, une bonne vie, pleine de consolations, est à notre portée, à condition que nous n'esquivions pas les combats pleins de risques sans lesquels nous ne trouverions jamais notre véritable identité. Ces histoires promettent à l'enfant que s'il ose s'engager dans cette quête redoutable et éprouvante, des puissances bienveillantes viendront l'aider à réussir. Elles mettent également en garde les timorés et les bornés qui, faute de prendre les risques qui leur permettraient de se trouver, se condamnent à une existence de bon à rien, ou à un sort encore moins enviable

Thèse clairement avancée :
Les contes ont un fort pouvoir de construction identitaire, en donnant aux enfants une idée des épreuves à endurer pour trouver leur voie et constituer un moi riche et profond.
Les enfants seront aidés dans cette recherche et s'ils se dérobent à ces périls, leur vie en sera amoindrie.

4. Les enfants qui appartenaient aux générations qui précédaient la nôtre, qui aimaient les contes de fées et sentaient leur importance, ne s'exposaient qu'au mépris des pédants, ainsi que le poète Mac Neice en fit l'expérience. De nos jours, les enfants sont beaucoup plus gravement lésés : ils n'ont même pas la chance de connaître les contes de fées. La plupart d'entre eux, en effet, n'abordent les contes que sous une forme embellie et simplifiée qui affaiblit leur signification et les prive de leur portée profonde. Je veux parler des versions présentées par les films et les émissions télévisées qui font des contes de fées des spectacles dénués de sens.

Constat : Les enfants actuels sont « lésés » car ils n'ont accès qu'à des formes édulcorées ou embellies des films et dessins animés qui enlèvent l'épaisseur de sens et banalisent le propos, en les ravalant au rang de simples spectacles. Idée sous-entendue : Il faut garder toute leur puissance aux contes.

5. Pendant la plus grande partie de l'histoire humaine, la vie intellectuelle de l'enfant, à part ses expériences immédiates au sein de sa famille, reposait sur les histoires mythiques et religieuses et sur les contes de fées. Cette littérature traditionnelle alimentait l'imagination de l'enfant et la stimulait. En même temps, comme ces histoires répondaient aux questions les plus importantes qu'il pouvait se poser, elles apparaissaient comme un agent primordial de sa socialisation. Les mythes et les légendes religieuses, qui leur sont très proches, présentaient à l'enfant un matériel qui lui permettait de former ses concepts sur l'origine et les fins du monde et sur les idéaux sociaux auxquels il pouvait se conformer. Telles étaient les images d'Achille, le héros invincible, et du rusé Ulysse ; d'Hercule, dont l'histoire montrait que l'homme le plus fort peut nettoyer les étables les plus sales sans perdre sa dignité ; de saint Martin coupant en deux son manteau pour vêtir un mendiant. C'est bien avant Freud que le mythe d'Œdipe est devenu l'image qui nous permet de comprendre les problèmes toujours nouveaux et vieux comme le monde que nous posent les sentiments complexes et ambivalents que nous éprouvons vis-à-vis de nos parents. Freud s'est reporté à cette vieille histoire pour nous rendre conscients de l'inévitable chaudière d'émotions que chaque enfant, à sa manière, doit affronter à partir d'un certain âge.

Constat : opposition avec ce qui se passait « avant ». Imagination enfantine nourrie en profondeur par l'histoire religieuse, mythes et les contes.
Arguments. Ces textes nourrissaient l'imagination des enfants et constituaient :
– des réponses à des questions existentielles : fort pouvoir socialisant ;
– des systèmes explicatifs des mystères du monde ;
– des exemples et des modèles de héros (plusieurs exemples, Achille, Ulysse, Hercule, Saint-Martin) ;
– des moyens de comprendre les tensions internes et ambivalentes.
Niveau de l'inconscient.
Freud a compris la puissance des mythes pour illustrer et expliquer la « chaudière d'émotions » subie au long de l'enfance.

Bruno Bettelheim, *La Psychanalyse des contes de fées*, © Pocket, 1976.

POUR APPROFONDIR

Quand vous aurez fait votre propre lecture analytique, comparez avec celle qui est proposée à droite.

Vous remarquerez que les relevés restent parfois très proches du texte (certaines citations sont déjà sélectionnées ; vous auriez pu le faire directement avec un surligneur), et parfois essaient de synthétiser des passages plus denses (comme dans le 5e paragraphe). L'essentiel doit être repéré.

Une fois le premier relevé des idées fait, on peut considérer la construction d'ensemble. Le texte est construit solidement autour d'une idée : **l'importance décisive des contes.**

Le texte est de type argumentatif et il s'agit de convaincre les lecteurs.

– Repérez le circuit argumentatif. À quoi servent les deux premiers paragraphes ?

Les deux premiers paragraphes accumulent les références d'auteurs et de critiques dans le but précis de soutenir quelques éléments de la thèse dans le paragraphe qui suit : mettre en avant Dickens « célébrité internationale », le poète Mc Neice et des critiques connus constitue ce qu'on appelle des « arguments d'autorité » (on accorde de la valeur à un propos en fonction de celui qui le tient : plus l'autorité est compétente, plus l'argument est recevable). Bettelheim se sert de Dickens pour écarter un contre-argument : les contes ne sont pas rationnels ni moraux.

– Dans quel paragraphe la thèse est-elle présentée ?

La thèse est essentiellement présentée dans le troisième paragraphe : les contes sont nécessaires à la construction du moi.

– Quelle idée avance-t-il dans le 4e paragraphe ?

C'est un avertissement. Il dénonce un danger : les enfants actuels sont « lésés » car on ne leur présente que des contes simplifiés et édulcorés.

– À quoi sert le dernier paragraphe ?

Le dernier paragraphe reprend la thèse en mettant en liaison contes et mythes et ajoute de très nombreux arguments pour démontrer la puissance de ces textes et les fonctions qu'elles assurent (ce sont des réponses à des questions existentielles, des systèmes explicatifs, etc.).

Ce circuit permet de repérer des arguments, un contre-argument, un avertissement : on voit bien leur relation avec la problématique et les deux axes donnés.

Pour autant, même si la ligne argumentative nous aide à comprendre ce texte et les intentions de l'auteur, nous n'allons pas la conserver en l'état et allons lui substituer le plan indiqué dans le libellé qui va obliger à une réorganisation des idées : par exemple, l'importance des contes au niveau inconscient (perspective psychanalytique) est évoquée à la fin des paragraphes 1 et 5. Il faudra regrouper ces idées.

• ÉTAPE 4 Faire un plan détaillé

Les axes sont donnés par le libellé ; il s'agit de reprendre les arguments, de les hiérarchiser et de redistribuer, de façon logique, dans chaque axe.

AIDE MÉTHODOLOGIQUE

Commencez par ce qui vous parait évident : le 2e axe apparait clairement à la lecture du texte car Bettelheim développe longuement l'utilité des contes et donc les fonctions qu'il peut avoir pour le plus grand bien des enfants.

Gardez ces idées de côté – au besoin, surlignez-les avec la même couleur, pour pouvoir dans un 2e temps puiser les éléments au bon endroit.

La question peut se poser de savoir que mettre dans le premier axe, un peu flou : « Quel est le pouvoir des contes ? ».

AIDE MÉTHODOLOGIQUE

N'oubliez pas d'explorer toutes les acceptions d'un mot. *Pouvoir* est à prendre, ici, dans le sens : « l'ascendant, l'influence, l'action que l'on peut exercer sur quelqu'un ». Une fois le sens délimité, on voit bien apparaitre quelques fils à traiter : quel type de pouvoir ? Quelle intensité et sur qui ? La notion de public apparait qui peut vous permettre de structurer l'axe.

Bettelheim parle d'un pouvoir évident sur les enfants des temps anciens, sur les adultes, y compris lettrés, et s'indigne d'une réduction de ce pouvoir sur les jeunes d'aujourd'hui. Ces idées, hiérarchisées, peuvent constituer l'essentiel de la première partie.

On peut donc imaginer le plan suivant ; il n'y a pas qu'un seul plan possible et attendu mais une construction adaptée à la question posée :

AXE 1 – Quel est le pouvoir des contes ?	
1.1.	Pouvoir qui touche un public très large, dans l'espace et le temps.
1.2.	Pouvoir qui touche les plus grands auteurs (Dickens, Mc Neil)
1.3.	Pouvoir restreint sur les enfants d'aujourd'hui car édulcoration et adaptation
AXE 2 – Or, leurs fonctions sont importantes	
2.1.	Construction identitaire
2.2.	Passage par l'imagination et le symbolique
2.3.	Action au niveau de l'inconscient

Chaque sous-axe est synthétisé clairement par un intitulé qui donne le cadre logique dans lequel l'analyse va se développer.

1.1., 1.2., 1.3. sont aussi logiquement enchainés. On voit bien une progression entre 2.1., 2.2., 2.3, par un effet d'approfondissement.

• Étape 5 Rédiger l'analyse

On peut proposer l'analyse rédigée suivante.

À gauche, l'analyse ; à droite, les commentaires explicitant certains choix.

Proposition de corrigé

Les contes constituant un genre majeur de la littérature universelle, ils ont donné lieu à toutes sortes d'exégèses. Une des plus connues est le livre de Bruno Bettelheim, paru en 1976, *La Psychanalyse des contes de fées* : il y avance le postulat selon lequel les contes ont une fonction thérapeutique car ils aident les enfants à donner du sens à leur vie et répondent à leurs angoisses. L'extrait proposé est le début de la première partie intitulée « Utilité de l'imagination ». Bruno Bettelheim argumente et essaie de prouver l'importance décisive des contes. À quoi tient leur pouvoir et quelles sont leurs fonctions ?

Introduction :
Phrase très générale, introduisant la thématique.
Présentation du texte à analyser (auteur, titre, place de l'extrait dans l'œuvre, date).
Type de texte donné : argumentatif.

Question problématique avec l'annonce des deux axes.

Saut de ligne pour isoler l'introduction du développement.

Le pouvoir des contes est effectif, largement attesté. On sait que ces récits ont touché un public extrêmement large puisqu'ils ont affecté « des millions d'enfants inconnus, partout dans le monde et à toutes les époques ». Bettelheim, à plusieurs reprises, souligne cette pérennité en insistant sur la jonction entre le temps jadis et l'époque actuelle, en mentionnant « les générations » précédentes et n'hésite pas à avancer que « pendant la plus grande partie de l'histoire humaine », l'essentiel de la nourriture intellectuelle des enfants reposait sur les contes de fées qu'il relie aux mythes et à l'histoire religieuse.

Début de la 1re partie. Reprise de l'AXE 1 : « le pouvoir des contes ».
1er sous-axe : pouvoir sur un public très large d'enfants.
Quelques citations pour étoffer ce 1er sous-axe qui risquait d'être trop maigre.

Les contes touchent **non seulement** les petits **mais aussi** les adultes et les témoignages de grands écrivains constituent des arguments d'autorité. Charles Dickens, incontestable référence intellectuelle, avoue avoir subi le « charme » – terme fort – des contes de fées, comme tant d'autres enfants, au point de déclarer que « le Petit chaperon rouge a été [son] premier amour », ce qui place tout de suite son rapport aux contes sous le signe de l'affectif, voire du passionnel. Le poète Louis Mc Neice avoue les mêmes préférences, et ce, jusqu'à un âge avancé et malgré la peur du ridicule. Les deux auteurs soulignent la profonde influence exercée par les contes sur leur formation mais aussi sur la création pour Dickens et sur l'ouverture à l'art et à la littérature pour Mc Neice, celui-ci soulignant paradoxalement la profondeur des contes et leur supériorité sur les récits réalistes jugés trop superficiels.

2e sous-axe : les contes touchent les adultes.
Transition assurée par « non seulement les petits mais aussi ».
Au passage, éclairage sur la technique d'argumentation de BB : l'argument d'autorité.
Petit développement sur Dickens.
Petit développement sur Mc Neice.

Mais pour que le pouvoir des contes soit entier, il faut éviter, insistait déjà Dickens, de les aménager, les rationaliser ou même de les interdire comme voulaient le faire des esprits étroits. Bruno Bettelheim souligne un danger plus actuel qui touche les enfants d'aujourd'hui. Il reproche aux dessins animés et films de les édulcorer et de les embellir, ce qui leur enlève toute épaisseur de sens et les banalise, en les ravalant au rang de simple spectacle. Les enfants qui ne connaissent pas les contes ou les découvrent à travers ces filtres réducteurs sont donc « lésés », par rapport aux enfants de jadis. Leur imagination n'est ni nourrie, ni stimulée.

Connecteur logique *Mais* qui annonce une idée adversative,
3e sous-axe : une atteinte au pouvoir des contes :
– Du temps de Dickens, une atteinte contre les contes.
– Aujourd'hui, par les films et les dessins animés.

Ces limitations sont d'autant plus regrettables que les contes assurent depuis des temps immémoriaux, des fonctions essentielles : quelles sont-elles ?

TRANSITION : passage entre les 2 parties.

Saut de ligne pour séparer les 2 parties.

Les contes participent à la structuration psychologique. Plus que tout autre forme de récit, ils ont un fort pouvoir de construction identitaire, l'expérience millénaire véhiculée par les contes donnant aux jeunes lecteurs ou auditeurs une idée des épreuves qu'il leur faudra nécessairement endurer et surmonter, avec l'aide de puissances tutélaires, pour constituer un moi riche et profond. S'ils se dérobaient à ces périls, leur vie en serait amoindrie.

Début de la 1re partie. Reprise de l'AXE 2.
1er sous-axe : fonction psychologique : la construction identitaire.

Les situations imaginaires permettent, **également,** aux enfants, d'accomplir leur tâche première – grandir, mûrir –, en explorant la vie ; elles leur permettent de la percevoir comme si « elle était contemplée, ressentie ou devinée de l'intérieur », disent G.K. Chesterton et C.S. Lewis. C'est dire que les choses dont ils essaient de pénétrer le sens caché ne sont pas saisies rationnellement ou par l'action mais de façon intériorisée, symbolique et diffuse. **Mais** la théorie de B. Bettelheim va plus loin en se plaçant dans une perspective psychanalytique.

2e sous-axe : passage par l'imaginaire et le symbolique.
Également permet une liaison logique, en douceur.
L'analyse ne suit pas la chronologie du texte.
Chesterton et Lewis sont ici dissociés de Dickens et Mc Neil, contrairement au texte source.

À partir de *Mais la théorie*, transition avec le 3e sous-axe : l'importance des contes, au plan psychanalytique.

C'est au niveau de l'inconscient qu'opèrent ces récits. **C'est pourquoi** ils ont un fort pouvoir moral et socialisant : l'imagination enfantine est nourrie en profondeur par un corps de récits dont les héros deviennent des modèles à suivre, en accord avec les exigences de la société. Ces récits constituent aussi des systèmes explicatifs de la marche du monde mais surtout ils offrent une réponse aux tensions personnelles.

Ce paragraphe, traitant d'idées plus importantes et développées plus largement dans le texte de BB, a subi une forte condensation pour rester dans des limites harmonieuses. La formulation en est beaucoup plus dense que d'autres et l'analyse finit donc, comme elle doit le faire, sur des idées fortes.

Ils permettent d'ordonner « les pulsions chaotiques » de l'inconscient et de résoudre les conflits, clarifiés par des scénarios narratifs simples. L'exemple emblématique d'Œdipe illustre ainsi les angoisses suscitées dans tout être par les sentiments familiaux très ambivalents. Freud a saisi l'importance de la mythologie et s'en est servi pour concrétiser « l'inévitable chaudière d'émotions » subie au long de l'enfance. Cette métaphore qui clôt l'extrait exprime l'incandescence de la construction du moi, pris dans le feu des relations familiales et humaines que les récits mythologiques et traditionnels peuvent aider à comprendre et apaiser.

L'itinéraire habituel est de commencer par les idées les plus simples pour finir sur les plus complexes.

Saut de ligne pour isoler le développement de la conclusion.

À l'ouverture du premier chapitre de son livre, Bruno Bettelheim défend vigoureusement les contes, en démontrant leur pouvoir et leur profonde utilité : non seulement ils enchantent l'imaginaire mais ils le nourrissent et assurent des fonctions psychologique, morale, explicative et thérapeutique, au niveau le plus profond et inconscient. Ils ont donc, pour lui, toutes sortes de vertus dont on ne devrait pas priver les enfants.

Reprise de la problématique.

Récapitulation de quelques éléments-clés.

Petite phrase conclusive permettant de ne pas terminer trop abruptement.

POUR APPROFONDIR

Quand vous aurez fait votre propre lecture analytique, comparez avec celle qui est proposée à droite.

Les indications présentes dans la colonne de droite vous permettent de repérer certains éléments qui concourent à la mise en texte de cette analyse. Allons plus loin dans le repérage des procédés utilisés pour la rédaction de ce corrigé.

– Repérez dans la 2e partie la phrase qui annonce chaque sous-axe.

1er sous-axe : « Les contes participent à la structuration psychologique ».

2e sous-axe : « Les situations imaginaires permettent aux enfants d'accomplir leur tâche première ».

3e sous-axe : « C'est au niveau de l'inconscient qu'opèrent ces récits ».

– Si le sujet demandait une synthèse et non une analyse, comment auriez-vous modifié le 1er paragraphe de la 1re partie ?

Vous remarquerez que l'usage des citations (principale différence entre synthèse et analyse) est très mesuré dans ce corrigé d'analyse. Il aurait fallu cependant les éliminer toutes. La réécriture pourrait être la suivante :

> « Le pouvoir des contes est effectif, largement attesté. On sait que ces récits ont touché un public extrêmement large puisqu'ils ont affecté, au cours des siècles et sur tous les continents, plusieurs millions d'enfants. Bettelheim, à plusieurs reprises, souligne cette pérennité en insistant sur la jonction entre le temps jadis et l'époque actuelle, et avance que depuis l'origine de l'humanité et pour une large part, l'essentiel de la nourriture intellectuelle des enfants reposait sur les contes de fées, connectés aux mythes et à l'histoire religieuse. »

– Si le sujet demandait un commentaire de ce texte et non une analyse, qu'auriez-vous pu modifier dans le corrigé proposé ci-dessus ?

Les deux grandes différences entre l'analyse et le commentaire résident dans l'apport éventuel de la culture personnelle du candidat et le traitement stylistique d'une phrase ou d'un passage. L'essentiel de l'analyse serait donc conservé mais ici et là, auraient pu être ajoutées des notations : par exemple, on aurait pu :

– ajouter dans 1.1. le fait que la pérennité des contes a été assurée au cours des veillées, par des transmissions de génération en génération des grands contes traditionnels (idée non mentionnée dans le corpus initial) ou que d'autres écrivains que Dickens ont adoré les contes, y compris des auteurs contemporains comme Michel Tournier ;

– dans le 1.2. regrouper les termes se référant à la passion de Dickens pour les contes, pour centrer davantage le commentaire sur la forme :

> « Le rapport de Dickens aux contes est de l'ordre du passionnel, comme en témoigne un champ lexical dense : *charmé, premier amour, épouser, parfait bonheur, influence profonde* ». Mc Neice utilise, d'ailleurs, le même adjectif pour qualifier la « signification » qu'a revêtue pour lui ces récits, jusqu'à un âge avancé et malgré la peur du ridicule. À l'aspect très affectif, s'ajoute donc la force des empreintes qu'ils ont laissées dans l'imagination des deux écrivains, plus spécifiquement sur la création pour Dickens et sur l'ouverture à l'art et à la littérature pour Mc Neice, celui-ci soulignant paradoxalement la profondeur des contes et leurs supériorité sur les récits réalistes jugés trop superficiels. »

– dans le 2.3., profiter du développement sur l'inconscient pour glisser que « contrairement à Jung qui a travaillé sur l'inconscient collectif, Bettelheim a centré son analyse sur l'inconscient individuel » ou insérer à propos des mythes une référence à Mircea Eliade. Tout dépend de l'étendue de votre culture personnelle mais attention, il ne s'agit en aucun cas de développer des points extérieurs au corpus et vos remarques doivent rester très discrètes et s'insérer rapidement et naturellement dans le développement.

– À quoi servent les connecteurs en gras ?

Ils sont importants pour souligner les articulations logiques du texte et assurent la progression, en établissant des relations de convergence, divergence, de cause à effet, etc.

Voir FICHE 33 : Les connecteurs.

LE POINT SUR LES LIAISONS LOGIQUES

vous voulez	vous pouvez employer
ajouter une nouvelle idée	**Conj. de sub.** : de même que, ainsi que, sans compter que... **Adv. et locutions** : ensuite, de plus, encore, de plus, quant à, non seulement,... mais encore, de surcroît, en outre,...
marquer une convergence	**Adv. et locutions** : également, de la même façon, ainsi que, en accord avec, parallèlement à , dans le même ordre d'idées, dans le même esprit, dans la même optique, comme,... **Adj.** : semblable, identique, complémentaire, symétrique, voisin, proche, analogue, similaire, conforme, comparable, équivalent, même, égal,... **Noms** : convergence, identité ou rencontre de points de vue, accord, symétrie, complémentarité, même sensibilité,... **Verbes** : se rejoindre, converger, se compléter, concorder,...
marquer la divergence	**Adv et locutions** : contrairement à, à l'opposé de, à l'inverse, inversement, en opposition à, en revanche, à la différence, néanmoins,... **Adj.** : différent, opposé, contraire, antinomique, antithétique, incompatible,... **Noms** : contradiction, opposition, antithèse, objection, réfutation, contestation, critique, discussion,... **Verbes** : contredire, s'opposer, réfuter, contester, critiquer, objecter, discuter, prendre le contre-pied, diverger, différer,...

vous voulez	vous pouvez employer
marquer la cause	**Cause objective simple** : car, parce que, puisque, comme, étant donné que, du fait de, en raison de,... **Cause avec des nuances négatives** : à cause de, à force de, sous prétexte que, par manque de,... **Cause avec des nuances positives** : grâce à, avec,...
marquer la conséquence	**Conj de sub** : si bien que, de telle sorte que,... **Adv. et locutions** : c'est pourquoi, par conséquent, ainsi, donc,...
reformuler une idée	**Locutions** : autrement dit, en d'autres termes, c'est-à-dire,... La ponctuation : deux points.
clore	**Adv et locutions** : enfin, en définitive, en somme, en conclusion, aussi,... (en tête de phrase)

L'analyse de plusieurs textes documentaires

La méthodologie de l'analyse de plusieurs textes reprend la base que nous venons de développer mais d'autres éléments vont s'ajouter, en raison de la multiplicité des documents.

Il faut faire un double travail, dans le même laps de temps :

– mettre à l'étude chaque document comme nous venons de le faire, tout en sachant que chacun ne pourra pas être analysé avec autant de précision et que l'on n'en rendra pas le contenu avec autant de détails ;

– confronter tous les textes pour en saisir les lignes de divergence et de convergence, par rapport à la problématique et aux axes avancés dans le libellé, l'analyse nécessitant des va-et-vient constants entre les trois.

Pour alléger votre tâche et vous permettre de vous concentrer sur la méthodologie, le corpus sur lequel nous allons nous exercer inclut le texte de Bruno Bettelheim que nous venons d'étudier et la problématique restera la même.

À partir de ces textes, vous analyserez quel est le pouvoir des contes de fées et quelles en sont les fonctions.

TEXTE 1 – Bruno Bettelheim, *La Psychanalyse des contes de fées*, Début de la première partie « Utilité de l'imagination », Pocket, 1976, p. 39-42.

Se reporter au texte page 20.

TEXTE 2 – Georges Jean, *Le Pouvoir des contes*, © Casterman, 1990, p. 34-35.

Certes, de nos jours, dans nos sociétés de l'âge post-industriel, et dans nos cultures, les contes touchent de moins en moins les êtres en groupes. Les veillées où l'on contait ont disparu. Les contes ont perdu leur vertu de « grégarité » – ils sont devenus soit des objets de recherches, pour les folkloristes, ethnologues, anthropologues, linguistes, psychanalystes, soit des formes « réduites », des formes « simples », d'une espèce de littérature infantile. C'est dire que les traces des vieux mythes s'y occultent presque totalement.

Et pourtant « quelque chose » demeure et survit dans ces histoires qui, au-delà du regard de la science, en deçà de l'écoute enfantine, semble, pour de tout autres raisons que des raisons de mode, les réactualiser dans leurs racines. J'en fais personnellement l'expérience depuis quelques années. Mon intention première était de chercher à comprendre pourquoi et comment une pratique narrative pouvait donner à la pédagogie conjointe du langage et de l'imaginaire d'autres dimensions et d'autres territoires que ceux du poème. Mais à lire des contes, à me les conter, je me suis aperçu qu'ils m'atteignaient autrement que la littérature de fiction, à des niveaux obscurs et qui ne sont par ailleurs pas ceux où « me parle » la poésie. L'attention que les psychanalystes en général et Bettelheim en particulier portent à ces histoires s'explique en partie par cette « autre chose » que disent les contes. J'essaierai un peu plus loin de montrer que ce « non dit » se situe au-delà ou en deçà de l'inconscient individuel ou des « archétypes » de l'école jungienne. La réponse de certains anthropologues de l'imaginaire comme Mircea Eliade me parait plus convaincante, ou tout au moins « assurer » les prises de la psychanalyse. Ainsi Eliade écrit : « Le conte reprend et prolonge « l'initiation » au niveau de l'imaginaire. S'il constitue un amusement et une évasion, c'est uniquement pour la conscience banalisée et notamment pour la conscience de l'homme moderne ; dans la psyché profonde, les scénarios initiatiques conservent leur gravité et continuent à transmettre leur message, à opérer des mutations. Sans se rendre compte, et tout en croyant s'amuser, ou s'évader, l'homme des sociétés modernes bénéficie encore de cette initiation imaginaire apportée par les contes ». L'intérêt de la démarche de Mircea Eliade, ici, provient du fait qu'il enlève au mot « initiation » ses caractères ésotériques. (...)

On peut dès maintenant saisir l'importance de ces remarques pour la suite de mon propos : le pouvoir des contes pour les enfants, les adolescents et les hommes d'aujourd'hui réside en partie dans le fait qu'ils construisent, sur le mode imaginaire, par anticipation, répétition ou récurrence, des « scènes » ou plutôt des scénarios existentiels. De ce fait, nous pouvons mieux soit nous y préparer, soit les comprendre, soit désirer inventer pour nous des « histoires » différentes.

TEXTE 3 – Paul Delarue, et Marie-Louise Ténèze, *Le Conte populaire français – Catalogue raisonné des versions de France* (Première édition, 1964), D.R.

L'histoire de *Peau d'Âne* que nous fit connaitre Perrault en 1694 sous une forme versifiée, celle de *La Belle aux cheveux d'or,* dont Mme d'Aulnoy nous donna en 1698 une jolie version, celle de *La Belle et la Bête* que publia Mme de Beaumont en 1757 dans une revue enfantine, ne représentent chacune que l'une des innombrables variantes contées sur une grande partie de notre vieux continent.

C'est que la plupart des contes populaires qui se disent en France appartiennent à cette grande famille de contes qui est le bien commun de toute l'Europe, de l'Asie occidentale jusqu'à l'Inde, et du Nord de l'Afrique; et ces contes ont suivi dans les siècles passés les colons, les soldats, les marins et les missionnaires d'Europe dans les colonies françaises, anglaises, espagnoles, portugaises fondées par-delà les mers. Ils n'ont pas la prétention, sauf un très petit nombre, d'appartenir à la France seule. Un grand nombre de ces contes, et particulièrement les contes merveilleux, se disaient déjà il y a des siècles et des siècles, parfois depuis des millénaires, parfois dans un insondable passé qui échappe à nos investigations.

On conte encore en Bretagne, dans le Canada et les Antilles de langue française, l'histoire d'un voleur subtil qui, sous le nom le plus fréquent de *Voleur de Paris* ou de *Filou de Paris,* puise dans le trésor du roi, et, par ses ruses, déjoue tous les moyens employés pour le prendre. Ces versions modernes sont les ultimes rejetons d'un conte antique qu'Hérodote nous rapporte déjà au Ve siècle avant J.-C. sous la forme d'une légende que des prêtres égyptiens rattachaient au roi Rhampsinite (Histoires, V, 21); il appartenait déjà à la tradition grecque de cette époque, il se contait dans l'Inde aux premiers siècles de notre ère, comme l'attestent de vieux recueils de contes bouddhiques, il se retrouve dans des œuvres médiévales de l'Inde et de l'Occident, et il se dit encore au Canada et de la Bretagne et de l'Irlande à l'Orient, avec des traits qui manquent au récit d'Hérodote visiblement emprunté à une tradition plus ancienne.

L'histoire du géant aveuglé par son captif qui lui échappe par ruse a été notée en France, comme elle l'a été des centaines de fois des pays scandinaves aux pays arabes et berbères et de l'Islande, l'Irlande et la Bretagne à la Corée, souvent sous une forme plus complète, plus authentiquement populaire que celle qui, dans l'Odyssée, a pour personnages principaux Ulysse et le cyclope Polyphème ; emprunté à une tradition bien plus ancienne, le vieux conte a dû être modifié pour être incorporé dans la série des aventures attribuées au héros de l'épopée homérique. (...)

Ainsi, les empires ont croulé, les civilisations ont disparu, des révolutions politiques, religieuses, économiques et sociales ont bouleversé les États, mais les histoires qui charmaient le menu peuple et parfois les grands eux-mêmes au temps de Ramsès II, de Sémiramis et de la reine de Saba, que se disaient les soldats d'Alexandre autour des feux de camp, les pâtres des Hauts-Plateaux de l'Asie centrale en gardant leurs troupeaux, ou que répétaient au début de l'ère chrétienne les moines bouddhistes en leur donnant un sens moral, ces histoires venues on ne sait d'où ont volé de lèvre en lèvre à travers le temps et à travers l'espace et vivent encore dans la mémoire de certains conteurs français.

• Étape 1 Lire et comprendre le libellé du sujet.

La problématique et les axes seront donc les mêmes que pour le texte de B. Bettelheim.

• Étape 2 Tenir compte du paratexte

Nous connaissons le texte de B. Bettelheim. Qu'apportent les deux autres ? Considérez les noms des auteurs, les dates, les titres, etc.

Ils sont moins longs et moins denses que celui de B. Bettelheim. C'est pourquoi le texte de Bettelheim ouvre le corpus.

Le 2e texte a été écrit par Georges Jean, poète et essayiste ; vous n'êtes pas obligé(e) de le savoir mais il fait allusion à la poésie dans l'extrait. Un indice important à relever : son ouvrage porte un titre, complètement en phase avec la problématique, *Le Pouvoir des contes*.

Le 3e est un extrait de *Le Conte populaire français – Catalogue raisonné des versions de France*. Le titre indique qu'il s'agit d'un essai ; en effet, Paul Delarue et M.-L. Ténèze sont des ethnologues, ayant enquêté toute leur vie sur les contes. On voit dans l'extrait toute l'érudition dont ils font preuve pour établir la filiation des contes.

• Étape 3 Prendre connaissance du dossier de textes

3.1 Faire la lecture analytique de chacun des textes pour en saisir les idées essentielles.

AIDE MÉTHODOLOGIQUE

Comme il y a trois textes, il peut vous être utile de faire un tableau en trois colonnes, en notant dans chacune les idées principales d'un texte. À la lecture (et parce que vous connaissez maintenant très bien le texte de Bettelheim), vous allez saisir dans ces deux textes des idées qui entrent en convergence. Mais dans l'analyse à plusieurs textes, la lecture du texte 2 se fait toujours à la lumière du premier, fraîchement lu, et la lecture du dernier en fonction des deux premiers.
N'oubliez pas la problématique (autour de l'importance des contes) et les deux axes imposés (1. Quel est le pouvoir des contes 2. Quelles en sont les fonctions) qui orientent votre lecture.

3.2 Très important : **Travailler la confrontation entre les textes**

AIDE MÉTHODOLOGIQUE

Concrétisez les relations entre les textes, le repérage des points convergents ou divergents en faisant des flèches ou en surlignant avec des couleurs différentes.

Texte 1 – Bruno Bettelheim	Texte 2 – Georges Jean	Texte 3 – Delarue/Ténèze
1er § sur Dickens – millions d'enfants touchés. – Dickens « charmé » par les C ; « premier amour », influence sur sa formation et son esprit créateur. – Mépris pour ceux qui veulent les édulcorer, rationaliser ou les interdire. – Les C aident à ordonner les pulsions de l'inconscient. 2e § – Compréhension de la vie et accès aux œuvres littéraires et art. – poète Mc Neice : profonde signification des contes, même si attachement ridicule. – les critiques littéraires : « explorations spirituelles » + « vie contemplée de l'intérieur » ; les C permettent de comprendre le sens caché de la vie. 3e § Thèse avancée : les C ont un fort pouvoir de construction identitaire, en donnant aux enfants une idée des épreuves à endurer pour trouver sa voie et constituer un moi riche et profond. Ils seront aidés dans cette recherche et, s'ils se dérobent à ces périls leur vie en sera amoindrie. 4e § Avant, on se moquait des enfants ; ceux d'aujourd'hui « lésés » car ne connaissent pas les C ou sous une forme dégradée, simplifiée qui en réduit la portée et banalise le propos (films, émissions).	1er § Actuellement, les contes ont moins d'impact sur les groupes, perte de la grégarité. Sont devenus : – soit des objets de recherches, – soit des formes simplifiées, littérature « infantile ». Traces des vieux mythes s'y perdent. 2e § Mais, « qqch demeure », réactualisation possible des C « dans leurs racines », au-delà des effets de mode. Cherche la spécificité des contes par rapport à la poésie, pour une pédagogie de l'imaginaire. Les C atteignent à des niveaux plus « obscurs » et différents (de la poésie et de la fiction). Cet « autre chose » recherché par les psychanalystes et Bettelheim. « non dit » « au-delà et en-deça » de l'inconscient individuel ou les archétypes jungiens. Va chercher une réponse du côté de M. Eliade : en surface, amusement et évasion, notamment pour l'homme moderne ; en profondeur, scénarios d'initiation au monde, au niveau de l'imaginaire. Les C continuent à transmettre message et mutations.	1er § Innombrables variantes des célèbres contes racontés sur notre continent. 2e § Circulation dans l'espace. Contes « le bien commun » de l'Europe, Asie, Inde et nord de l'Afrique. Ont transité par les colons, les soldats, marins et missionnaires. Ils ont essaimé. 3e § Circulation dans le temps. Ces contes se disent depuis des temps immémoriaux, « insondable passé ». 4e § Un exemple d'un conte « Voleur de Paris » qui se raconte encore au Canada, et de la Bretagne à l Orient et qui remonte à Hérodote, Ve siècle, avant J.C. 5e § 2e exemple du géant aveuglé par son prisonnier et qui s'échappe par ruse qui remonte à une tradition très ancienne dans laquelle Homère lui-même a puisée (**Ulysse** et Polyphème) 6e § Les civilisations ont disparu, d'énormes mutations de tous ordres mais les histoires qui « charmaient » le peuple et les grands de ce monde, sur tous les continents et depuis

Texte 1 – Bruno Bettelheim	Texte 2 – Georges Jean	Texte 3 – Delarue/Ténèze
5e § Base de contes et de mythes pour alimenter l'imagination des enfants, pendant « la plus grande partie de l'histoire humaine ». Les C sont des réponses existentielles, avec un fort pouvoir socialisant + explications des mystères + modèles de héros (Achille, **Ulysse**, Hercule, Saint-Martin). Mythes, contes et légendes religieuses très proches. Freud a compris la puissance des mythes pour illustrer et expliquer la « chaudière d'émotions » subie.	3e § Son propos : démontrer le pouvoir des contes : construction par « anticipation, répétition ou récurrence des scénarios existentiels » pour mieux comprendre le monde ou s'inventer d'autres scénarios.	la nuit des temps continuent à perdurer dans la mémoire des conteurs français. Sens moral donné par les moines bouddhistes.

• ÉTAPE 4 Faire un plan détaillé

On voit apparaitre la circulation des idées entre les textes qui va aider à mettre en place leur répartition entre les deux axes :

– le public touché par ces contes (surligné en gris) traité par tous les textes ; s'y ajoute (en vert) l'idée de l'édulcoration des contes, de leur affadissement ;

– la filiation entre les contes et les mythes (en orange), particulièrement bien développée dans le T3 mais présente aussi dans T1 et T2 ;

– construction identitaire et morale (en bleu) ; une seule petite notation en fin de T3 mais elle suffira à le mettre en relation avec les deux autres qui traitent massivement ce point ;

– au-delà, la référence à l'impact sur l'inconscient, point essentiellement traité par T2 et T3.

AIDE MÉTHODOLOGIQUE

Remarquez aussi quelques détails : le mot *charmé* évoqué à propos de Dickens (T1) et utilisé aussi par T3 ; dans les exemples, Ulysse cité par T1 et T3 ; dans T2, il est dit que les contes sont devenus des objets d'étude : précisément Delarue et Ténèze sont des ethnologues travaillant sur la filiation et les différents types de contes, etc.

DIFFICULTÉS RENCONTRÉES

Le corpus est cohérent mais le 3e texte est à part. Les deux premiers textes sont très convergents. Leur propos est le même : Bettelheim veut montrer l'importance, l'utilité des contes (cf. le titre du chapitre « Utilité des contes »), Georges Jean désire en démontrer « le pouvoir » (*Le Pouvoir des contes*). Certains arguments vont donc dans le même sens mais ils sont développés à partir d'un point de vue singulier : Bettelheim veut y voir **l'action sur l'inconscient**, G. Jean évoque ce point mais préfère la notion **d'initiation** avancée par Mircea Eliade.

En revanche, le 3e texte est différent car il a un ancrage ethnologique et historique qui lui donne une coloration particulière ; de ce fait, il entre moins en tension avec les deux autres. Il développe cependant très largement une idée juste esquissée par les deux premiers : **la filiation entre les contes et les mythes**. Il va falloir être attentif à ne pas le sous-exploiter, même s'il n'est pas demandé qu'il soit systématiquement cité dans chaque sous-partie.

La répartition des sous-axes peut s'inspirer, avec des développements plus importants, du plan suivi pour l'analyse de Bettelheim mais en tenant compte des nouveaux apports.

1er AXE : Le pouvoir des contes	
1.1.	L'immensité du public touché
1.2.	La circulation des contes dans l'espace et le temps, aidée par la filiation entre contes et mythes
1.3.	Mais baisse du pouvoir sur les enfants actuels
2e AXE : Quelles sont les fonctions des contes ?	
2.1.	Au niveau psychologique : structuration et construction identitaire
2.2.	Au niveau de l'imaginaire : portée symbolique et initiation
2.3.	Au niveau psychanalytique : fonction thérapeutique

● ÉTAPE 5 Rédiger l'analyse

Vous pouvez essayer de vous exercer à faire l'analyse avant de lire celle qui est proposée ci-dessous – qui ne constitue qu'un des exemples possibles de rédaction.

PROPOSITION DE CORRIGÉ

Les contes constituant un genre majeur de la littérature universelle, ils ont donné lieu à toutes sortes d'exégèses. En témoigne la variété des points de vues adoptés par le psychanalyste Bruno Bettelheim dans *La Psychanalyse des contes de fées*, publié en 1976, le poète Georges Jean dans *Le Pouvoir des contes* édité en 1990 ainsi que les ethnologues Paul Delarue et Marie-Louise Ténèze dans *Le Conte populaire français* paru en 1964. Les contes sont-ils très importants ? Ces auteurs en sont tous convaincus. Leurs regards croisés permettent d'analyser l'énorme pouvoir des contes et d'expliciter les principales fonctions qu'il assume dans l'imaginaire humain.

Introduction
Phrase générale
Présentation des auteurs, en donnant la spécialité de chacun – si vous ne la connaissez pas, ne vous avancez pas.
Problématique
Convergence des points de vue : « tous convaincus ».
Annonce des deux axes.

Le pouvoir des contes est effectif et son influence est d'abord perceptible dans l'immensité du public touché ; en premier lieu, « des millions d'enfants », dit B. Bettelheim mais aussi des adultes aux veillées d'antan qui ont disparu, précise G. Jean. P. Delarue et M.L. Ténèze détaillent les adultes qui ont servi de vecteurs à leur transmission pendant les siècles – colons, soldats, missionnaires, etc. – et insistent sur l'énorme empan, depuis le « menu peuple » jusqu'aux grands de ce monde : reine de Saba ou pharaons. Bettelheim argumente sur l'engouement, plus récent, des écrivains : il rapporte que pour Dickens « le Petit Chaperon rouge a été [son] premier amour », ce qui place tout de suite son rapport aux contes sous le signe du passionnel. Il rappelle aussi la profonde influence qu'ils ont exercée sur le poète Louis Mc Neice, sur sa formation et son accès à la littérature.

1er axe annoncé : le pouvoir des contes + annonce du 1er sous-axe : l'immensité du public.
Le texte de P. Delarue fait une liste très longue de ceux qui écoutaient les contes : quelques exemples suffisent.
Repérez les procédés :
• Les tirets et etc. – « colons, soldats, missionnaires, etc. » –
• 2 limites extrêmes : « depuis le menu peuple » jusqu'aux grands de ce monde ».

Leur pouvoir (et leur public) est à la mesure de l'aire et de l'ampleur de leur diffusion, considérable. Delarue et Ténèze montrent que, loin d'être le « bien commun » de la seule France ou de l'Europe, ils ont circulé dans tous les continents, et ce, pendant « des siècles et des siècles », remontant dans un « insondable passé ». La pérennité des contes est extrêmement solide car on raconte encore en Bretagne, au Canada et aux Antilles une histoire rapportée par Hérodote, au Ve siècle avant notre ère, disent-ils. Bettelheim rappelle que ces textes, mêlés à l'histoire religieuse et aux mythes ont nourri les enfants « pendant une grande partie de l'histoire humaine ». La filiation avec les

Annonce du 2e sous-axe : aire de diffusion dans l'espace et le temps.
Concentration en une phrase d'un long §.

mythes est largement développée par Delarue et Ténèze : le géant aveuglé par son prisonnier existe dans une base populaire, antérieure à l'Odyssée.

Mise en convergence du texte de Bettelheim et celui de Delarue.

Pourtant, l'influence des contes tend à diminuer : « Les traces des vieux mythes » se perdent et on n'offre plus aux enfants d'aujourd'hui que des formes simplifiées, dit Georges Jean qui emploie même péjorativement le terme de littérature « infantile ». Bettelheim rejoint ce propos et rapporte le mépris qu'avait Dickens pour des formes affadies, expurgées et le danger encouru par les enfants actuels : on leur propose des adaptations en dessins animés et films qui édulcorent le message, lui enlèvent tout sens et les ravalent au rang de simples spectacles où on ne vise que « l'amusement ». Les enfants qui ne découvrent les contes qu'à travers ces filtres réducteurs sont donc « lésés ».

Annonce du 3e sous-axe, avec le connecteur « pourtant », annonçant une idée adversative.

Cette perte de puissance est d'autant plus regrettable que ces récits ont toujours prouvé leurs immenses vertus. Les arguments des auteurs s'ajoutent et parfois se rejoignent pour défendre les contes et en donner les fonctions.

Transition entre les deux parties.

Au niveau psychologique, les contes pour B. Bettelheim et G. Jean participent à la structuration de l'enfant. Pour le premier, ils ont un fort pouvoir de construction identitaire, l'expérience millénaire qu'ils véhiculent donnent aux jeunes une idée des épreuves qu'il leur faudra endurer et surmonter, avec l'aide de puissances tutélaires, pour constituer un moi riche et profond. « S'ils se dérobaient à ces périls, leur vie en serait amoindrie ». Ces récits constituent aussi des systèmes explicatifs de la marche du monde. G. Jean va dans le même sens : grâce aux contes, les enfants élaborent des « scénarios existentiels » qui les amènent à comprendre les aléas que réserve la vie, pour les anticiper ou les éviter. Ils ont donc, dit Bettelheim, un pouvoir socialisant fort, ce qu'avaient repéré les moines bouddhistes – dont parlent Delarue et Ténèze – qui en tiraient un « sens moral ». Car les grands héros, comme Ulysse cité par ces deux derniers auteurs, auquel Bettelheim ajoute Achille, Hercule, saint Martin, constituent des modèles à suivre, en accord avec les exigences de la société.

1er sous-axe : fonctions des contes au niveau psychologique.

Mise en convergence des textes de Bettelheim et G. Jean autour de la structuration : « Pour le premier » puis « G. Jean va dans le même sens ».

« dont parlent D et T » : relative permettant d'insérer Delarue et Ténèze dans le § consacré à Bettelheim.

La relative « auquel... Martin » insère une idée de Bettelheim dans une § sur Delarue.

Si les contes permettent aux enfants d'accomplir leur tâche première – grandir, mûrir –, c'est parce qu'ils ont une portée symbolique et agissent sur l'imaginaire. Pour les critiques littéraires, G.K. Chesterton et C.S. Lewis, dont Bettelheim rapporte les propos, la vie n'est pas saisie par la raison ou l'expérience, mais de façon très intériorisée, comme si « elle était contemplée, ressentie, ou devinée de l'intérieur », ce qui facilite l'accès au sens caché. Georges Jean, suivant les traces de Mircea Eliade, « anthropologue de l'imaginaire », voit le conte comme le prolongement de l'initiation qui agit en délivrant un « message » et en ayant une forme opérante, propre à provoquer des « mutations ».

2e sous-axe : importance des contes au niveau de l'imaginaire.

Précision dans l'attribution des idées, rapportées par Bettelheim.

Idem : G. Jean rapporte une idée de Mircea Eliade.

Les contes, enfin, semblent avoir une fonction cathartique, en agissant au niveau le plus souterrain, « la psyché profonde » pour G. Jean, l'inconscient pour Bettelheim. Pour G. Jean, ils atteignent des strates « obscures », hors du champ d'action de la poésie ou de la fiction, difficiles à définir, de l'ordre de « l'autre chose », du « non dit », de l'informulé. Et il comprend bien pourquoi les psychanalystes et Bettelheim, en particulier, se sont tant intéressés à eux. Bettelheim a, en effet, pour thèse qu'ils ordonnent « les pulsions chaotiques » de l'inconscient et résolvent les conflits, en les clarifiant par des scénarios narratifs limpides. L'exemple emblématique d'Œdipe illustre ainsi les angoisses suscitées dans tout être par les sentiments familiaux très ambivalents.

3e sous-axe : importance des contes au niveau psychanalytique.

G. Jean cite Bettelheim dans son texte.

Freud a saisi l'importance de la mythologie au point de s'en servir dans sa théorie pour concrétiser « l'inévitable chaudière d'émotions » subie au long de l'enfance. Les récits mythologiques et traditionnels peuvent aider à comprendre et à apaiser cette incandescence.

Il fallait absolument conserver la métaphore très éclairante « chaudière d'émotions ».

Cet énorme corps de récits a donc un pouvoir considérable et inégalé. Ses fonctions multiples – psychologique, morale, thérapeutique, cathartique – expliquent le fort intérêt qu'il suscite auprès des chercheurs de tous bords : la diversité des approches qui n'exclut pas des points de convergence des auteurs du corpus en montre toute la valeur.

Conclusion qui récapitule et répond à la problématique sur l'extrême importance des contes.

POUR APPROFONDIR

Repérez les connecteurs présents dans le 1er sous-axe de la 2e partie.

Trois connecteurs assurent la solidité de la trame argumentative et la mise en relation des textes et des idées : « Ces récits constituent **aussi** des systèmes explicatifs de la marche du monde » représente un ajout par rapport au développement précédent ; « Ils ont **donc**, dit Bettelheim, un pouvoir socialisant fort » montre la relation de cause à conséquence entre les deux idées exprimées ; « **Car** les grands héros... » noue aussi ce nouvel argument à ce qui précédait, avec une valeur explicative ou justificative.

Si le sujet avait demandé une synthèse et non une analyse, comment auriez-vous pu rédiger le 2e sous-axe de la 2e partie ?

Il aurait fallu supprimer les citations, non acceptées dans la synthèse, et reformuler systématiquement. La réécriture pourrait être la suivante, à partir de la 2e phrase :

> « Pour les critiques littéraires, G.K. Chesterton et C.S. Lewis, dont Bettelheim rapporte les propos, la vie n'est pas saisie par la raison ou l'expérience, mais de façon très intériorisée, comme si elle était examinée, éprouvée dans le for intérieur, ce qui facilite l'accès au sens caché. Georges Jean, suivant les traces de Mircea Eliade, voit le conte comme le prolongement de l'initiation qui agit en délivrant un sens profond et en ayant une forme opérante, propre à provoquer de profonds changements. »

L'analyse de plusieurs textes littéraires

Nous avons dit qu'analyser des textes littéraires est un peu compliqué. Les textes ne sont pas forcément de type argumentatif ; ils ne veulent pas convaincre, ils racontent, analysent des sensations, des moments et livrent un rapport au monde très singulier. Il parait difficile de les confronter dans un exercice comme l'analyse qui demande de trouver des lignes de convergence ou des fractures. Mais les corpus sont choisis en fonction de l'exercice ; les textes sont donc comparables.

Nous vous proposons un corpus autour d'un personnage d'album, Tintin.

Trois écrivains disent leur fascination pour des albums de *Tintin*. Vous analyserez, à partir des textes du corpus, pourquoi certaines images sont particulièrement marquantes et ont pu contribuer à leur compréhension du monde.

TEXTE 1 – Philippe Delerm, « Dive rencontre », Magazine *Télérama*, Hors Série, janvier 2003 : « Tintin, l'aventure continue », p. 23-24.

Un moment historique. C'est la première vignette où on les voit ensemble. Pour les tintinophiles, c'est une question facile. Dans quel album découvre-t-on le capitaine Haddock ? *Le Crabe aux pinces d'or*, bien sûr !

Tintin est dans l'action pure. Il vient d'escalader dans la nuit la paroi du cargo *Karaboudjan*. En bas, une mer démontée. En haut, le rond de lumière d'un hublot entrouvert. Un grappin de fortune, deux planches nouées en croix par une corde et lancées à plusieurs reprises avant d'atteindre leur but – Tintin ne sait pas encore qu'il s'agit de la cabine du capitaine. Ingéniosité, courage, condition physique, et Milou sur l'épaule pour faciliter. Quand les planches touchent enfin leur cible, et passent à travers le hublot, elles tombent sur la tête du capitaine, qui, ne voyant personne, croit à une hallucination. Le contraste est très fort entre toutes les images nocturnes du dehors, l'obstination dynamique de Tintin dérapant au-dessus des vagues pour mener à bien son ascension, et la chaleur orangée de la cabine, austère mais protectrice, resserrée, lambrissée, avec une couchette bien bordée où l'on pourrait oublier toutes les aventures.

Mais Haddock est incapable de profiter de son univers, qu'il n'a pas mérité par l'action. Le dos tourné au hublot, au vent de nuit, à tous les possibles, il effectue vaguement une patience, symbolique de son désœuvrement. On devine déjà que son temps est davantage rythmé par l'abaissement du niveau du whisky dans la bouteille posée à ses côtés. Sur l'image qui nous intéresse, l'alcoolisme occupe tout le phylactère, dans une phrase précédée et suivie de points éloquents : « C'est peut-être le whisky qui ». Les yeux doublement cernés, la coiffure ébouriffée, une main angoissée posée sur son crâne, le capitaine a le whisky coupable, même si l'autre main tient solidement un verre bien rempli. La subtilité de la vignette est là. Tintin ne voit pas le même homme que nous. Essoufflé, légèrement hagard, il se hisse à grand-peine dans l'ouverture du hublot. Milou semble jeter le même œil que lui sur Haddock. Tintin pense avoir affaire à un trafiquant d'opium, et les répliques qui vont suivre ne feront preuve d'aucune aménité de sa part. Nous, nous avons déjà vu le capitaine aux prises avec le lieutenant Allan, et nous savons qu'il est cantonné sur son propre bateau à un rôle pitoyable de figurant en échange de quelques bouteilles.

Ainsi nait le couple dans le malentendu, comme souvent. Plus tard, dans tous les autres albums, l'alcoolisme du capitaine Haddock sera traité avec humour – une pomme de discorde comme en ont tous les vieux couples. Ici, c'est un peu plus grave. On sent qu'Haddock ne peut rester ainsi – comment un capitaine de bateau saurait-il demeurer une épave ? Le Tintin, nocturne escaladeur des parois de cargo, va être cet électrochoc. À la seconde où il pénètre dans la cabine d'Haddock, quelque chose se passe qui dépasse de beaucoup les stéréotypes de l'aventure en cours. Tintin va vite comprendre sa méprise. Haddock faisait des patiences en attendant celui qui lui rendrait sa dignité. Cela ne s'oublie pas, bien sûr. Pourtant, dans toutes les histoires qui vont suivre, l'équilibre du couple changera. Avec une courtoisie un rien défiante, le jeune reporter laissera la personnalité du capitaine s'exprimer, sans excès de domination ni de moralisme. Il saura composer. Mais pour les passionnés que nous sommes à peu près tous, cette image liminaire continuera à infléchir le cours de notre imaginaire. Dans *Le Crabe aux pinces d'or*, Tintin devient le père du capitaine Haddock.

TEXTE 2 – Erik Orsenna - « Impressions d'Afrique » (sur l'album *Tintin au Congo*], Magazine *Télérama*, Hors Série, janvier 2003 : « Tintin, l'aventure continue », p. 13.

Le XVe arrondissement de Paris, territoire de chasse de ma prime jeunesse, m'ennuyait ferme. Sur la gauche, le lycée Buffon fermait l'horizon. Sur la droite, la sinistre avenue de Breteuil s'achevait sur un hôtel réservé, me disait-t-on, aux Invalides.

D'après la rumeur, un certain Victor Duruy abritait d'innombrables filles [lycée parisien, ndlr]. Mais le VIIe nous était interdit. Heureusement, vint Tintin pour me sauver de cette morne prison ! Je me souviens, comme si c'était ce matin même, du jour où me fut offert ce miraculeux album. Une porte s'ouvrait sur l'Afrique, qui ne s'est jamais refermée depuis. Toutes affaires cessantes, je dévorai les soixante-deux pages. Mais je revins vite à la couverture. Et, des heures durant, ne la quittai des yeux. Et, la nuit venue, m'endormis la joue contre elle. Rappelez-vous. Tintin conduit une guimbarde noire immatriculée 1385. À sa droite, un petit Noir à chemise rouge. Sans doute un guide. À sa gauche, Milou, les sourcils relevés, manifestement ébloui de se trouver là. Sur les marchepieds, des caisses. Et aussi une caméra. Une caméra à l'ancienne, une boite rectangulaire surmontée de deux disques ronds pour la pellicule. Une girafe regarde passer les aventuriers. Où vont-ils ? Nul ne sait. Des périls forcément les attendent. Mais aussi l'inconnu, l'occasion de se montrer héroïque, l'immensité, le courage physique, la ruse, exactement tout ce qui manque au XVe arrondissement de Paris ! Avec cet unique objectif : raconter. On va voir ce qu'on va voir ! Mais cet avertissement n'est pour personne une menace, plutôt une morale. La vie est faite pour être scrutée sous toutes ses coutures et sous toutes ses latitudes. Puis, infiniment et respectueusement racontée. Plus tard, vint Alexandre Dumas et ses deux leçons majeures. Leçon numéro un : l'amour est une activité palpitante mais dangereuse. Leçon numéro deux : l'amitié est le seul sel durable de la vie. Mais Hergé m'avait montré la voie africaine. Qu'est-ce qu'un romancier ? Un reporter, avec plus de temps que les reporters et plus de liberté.

Texte 3 – Pierre Michon, « La terreur et son remède » *in* « Tintin au pays des philosophes », © *Philosophie magazine*, 2011, pages 82-83.

Quel souvenir conservez-vous de vos lectures de *Tintin* ?
PIERRE MICHON : La momie de Rascar Capac s'encadrant dans la nuit et entrant dans la chambre du dormeur : là, doit être mon premier et définitif coup de foudre pour Tintin. C'est cet enfant fasciné en moi qui relit inlassablement les albums, mais l'être de raison que je suis un peu devenu quand même a suivi sans heurts le petit dormeur.

Pourquoi cette image vous a-t-elle tant marqué ?
Je me suis dit que désormais, je devrais vivre avec cette image en moi, celle du surgissement de ma mort – mais l'image esthétisée, royale, dépaysante et dépaysée, archéologique, antique, couronnée, couverte des gris-gris de ma mort. Elle pouvait de la sorte entrer sans entraves dans ma chambre, je l'acceptais en somme. Rascar Capac est la conscience esthétisée de la propre mort et qu'est-ce que la belle image de votre mort sinon l'art ? L'art qui est la terreur et le remède à la terreur, voilà le vrai nom de Rascar Capac – un peu ce qu'était le tigre pour Borges. Si le dessin de cette momie n'avait pas été aussi beau, je n'aurais sans doute pas osé braver ma peur. Sous cette forme, j'ai accepté l'idée de ma disparition.

Quel âge aviez-vous à ce moment-là ?
J'ai commencé à lire les premières bandes dessinées vers 7 ans dans *Le Journal de Tintin.* Et j'ai découvert les albums un peu plus tard. Le premier que j'ai eu en main était, en l'occurrence, *Les Sept Boules de cristal* : il m'avait été prêté par un copain parisien qui venait en vacances près de chez moi, à la campagne. Je me rappelle très bien ce moment où, sortant de chez lui, dans la cour de la ferme, près d'un poulailler, j'ouvre l'album et je tombe sur la momie squelettique.
C'était la grande faucheuse qui faisait irruption dans ma vie ! Je retrouve presque l'odeur de ferme liée à cette première image, qui m'a assailli d'une terreur absolue.

Quand on est petit, on a peur de la nuit, on fait des cauchemars. Celui-là est formidablement mis en scène : au début, on voit juste la tête de la momie, qui s'assied ensuite sur le rebord de la fenêtre Cela s'est imprimé en moi très profondément. Aujourd'hui, j'éprouve un grand plaisir esthétique à relire ces albums. Hergé est un très grand peintre. Tout est découpé en cadres ; à l'intérieur de chaque cadre, on en découpe encore d'autres dans lesquels se dessinent des portes et des fenêtres, à travers lesquelles le lecteur-voyeur découvre le réel. Ainsi, dans *Le Lotus bleu*, Tintin, armé d'un revolver et remontant de la cave où Robert Rastapopoulos a été mis hors d'état de nuire, aperçoit la lumière de la fumerie d'opium, par la porte entrebâillée. Il y a toujours un secret derrière la porte, tous les enfants le savent.

Dans le panthéon des grands auteurs qui traversent votre œuvre (Hugo, Flaubert et Faulkner), Tintin a donc une place entière ?
Sans l'ombre d'un doute, c'est une grande œuvre littéraire. Enfin, littéraire… Elle a sur moi un effet que je peux appeler littéraire : consentement esthétique, illusion du réel, satisfaction de m'entendre raconter une histoire limpide mais énigmatique, sens réservé. Et, bien sûr, relecture *ad libitum*, c'est-à-dire recherche de la répétition de cette satisfaction. Et la satisfaction croît à chaque répétition ; les livres à réussir ce coup ne sont pas nombreux. *Le Lotus bleu* en fait partie comme *Moby Dick* d'Herman Melville et *Madame Bovary* de Flaubert. On a la croyance vague que ces livres révèlent un mystère, qu'un secret git au cœur de telle ou telle page – qui attend d'être levé par nous.
Pour qu'une grande œuvre marche longtemps, il faut qu'elle passe aux yeux de la postérité pour un *corpus hermeticum* – et qu'elle en soit un. Il faut qu'on se dise : si j'abandonne cette lecture, c'est le secret du monde qui risque de m'échapper. Ce n'est rien d'autre que le mystère de la pierre philosophale. Avec Tintin, ça marche à tous les coups. Mais où est-il donc son secret, que je cherche méticuleusement, vignette après vignette, depuis plus de cinquante ans ?

• ÉTAPE 1 Lire et comprendre le libellé du sujet

« Trois écrivains disent leur fascination pour des albums de *Tintin*. Vous analyserez, à partir des textes du corpus, pourquoi certaines images sont particulièrement marquantes et ont pu contribuer à leur compréhension du monde. »

Quelle est la thématique ?
La fascination de certains écrivains pour certaines images des albums de *Tintin*.
Quelle est la problématique ? Comment l'expliquer ?
Le plan induit par le libellé est, au moins, binaire :
① Pourquoi certaines images sont-elles particulièrement marquantes ?
② Comment ont-elles pu contribuer à leur compréhension du monde ?

• ÉTAPE 2 Tenir compte du paratexte

Trois auteurs contemporains que vous connaissez peut-être. Les deux premiers, Philippe Delerm et Erik Orsenna ont été sollicités par le même magazine, *Télérama*, pour livrer les raisons de leur attachement aux albums de *Tintin*. Même si leurs textes partent dans des directions différentes, ils ont été écrits dans la même perspective. Pierre Michon a répondu à une interview pour un autre type de revue, *Philosophie magazine*, mais le texte qu'il fournit est très écrit. Ce sont des textes de statut équivalent ; ils sont littéraires par le style mais ont pour but de délivrer un certain nombre d'informations aux lecteurs d'une revue. Quant aux dates (2003, 2011), elles sont rapprochées.

AIDE MÉTHODOLOGIQUE

On emploie le terme « écrivain » lorsqu'il s'agit d'un texte littéraire et le terme « auteur », dans tous les autres cas (que l'auteur soit journaliste, historien, didacticien, ethnologue, psychanalyste, etc.).

• ÉTAPE 3 Prendre connaissance du dossier de textes

3.1 Faire la lecture analytique de chaque texte.

Quand vous aurez lu les trois textes, vous verrez apparaitre très clairement la convergence thématique : dans les trois cas, l'écrivain décrit une vignette d'un album de *Tintin* qui l'a fortement marqué.

Mais c'est au stade de la lecture analytique que vous allez vous rendre compte de la très grosse différence entre un texte documentaire et un texte littéraire. Les idées ne se listent pas, de façon aussi claire et simple : les choses ne sont pas toujours dites de façon explicite ; il faut souvent les comprendre en profondeur et les interpréter.

Faites le tableau en trois colonnes, comme dans le cas des textes documentaires. Le résumé que vous ferez laissera forcément de côté des éléments qui font le charme et la valeur du texte ; vous allez extraire de la narration et des descriptions des idées qui doivent tout leur sel à la qualité de la formulation, à l'efficacité rhétorique. L'essentiel ne se trouve pas dans la somme des idées notées les unes à la suite des autres : il est parfois sous-jacent et il faut l'amener à la surface.

Après avoir fait le tableau, comparez-le avec celui qui se trouve dessous et qui n'est qu'un des exemples possibles d'extraction des idées.

Philippe Delerm « Dive rencontre »	Erik Orsenna « Impressions d'Afrique »	Pierre Michon « la terreur et son remède »
Vignette in *Le Crabe aux pinces d'or* 1er § – Vignette historique : la 1re apparition de Haddock et sa première rencontre avec Tintin. – Description de la vignette : Tintin « action pure », escaladant la paroi du cargo ; extérieur : images nocturnes et vagues // intérieur : cabine de Haddock, protectrice, propre, inaction. Tintin : « ingéniosité, courage, condition physique ». 2e § Description de Haddock : dos tourné, patience (désoeuvré), alcoolisme (« whisky coupable »), main angoissée ;	Couverture *Tintin au Congo* Adolescent s'ennuyant dans le XVe arrondissement de Paris (« sinistre » avenue de Breteuil, lycée de filles V. Duruy) = « morne prison ». 1re rencontre avec l'album. Le « miraculeux » album offert : « une porte s'ouvrait sur l'Afrique qui ne s'est jamais refermé depuis ». Lit puis contemple des heures la couverture. Description de la couverture : caméra à l'ancienne. « aventuriers » : « inconnu, occasion de se montrer héroïque, immensité, courage physique, la ruse ».	Vignette in *Les 7 Boules de cristal* • 1re Q. : souvenir ? La momie de Rascar Capac « premier et définitif coup de foudre pour Tintin » ; l'adulte lecteur dans les pas de cet enfant. • 2e Q. : pourquoi image marquante? Description de la momie. Image de sa propre mort « image esthétisée, royale, archéologique, antique » « conscience esthétisée » de sa mort ; la beauté lui rend acceptable l'idée de sa mort. • 3e Q. : quel âge ? Après 7 ans. 1er album : *Les 7 Boules*, prêté par un copain, souvenir de la cour et odeur.

Philippe Delerm « Dive bouteille »	Erik Orsenna « Impressions d'Afrique »	Pierre Michon « la terreur et son remède »
« Tintin ne voit pas le même homme que nous » ; le lecteur en sait plus que lui ; il le prend pour un trafiquant ; le lecteur le sait cantonné sur son bateau. 3e § Naissance du couple dans le malentendu, avec pour sujet de conflit l'alcool. H peut-il rester une « épave » ? Tintin : « électrochoc », va rendre sa dignité à H. Dans la suite de leurs relations, T composera avec H (« courtoisie un peu défiante) « Pour les passionnés que nous sommes, cette image liminaire continuera à infléchir le cours de notre imaginaire ». « T devient le père du capitaine H ».	Objectif de Tintin (reporter) : raconter. Morale : « vie faite pour être scrutée sous toutes ses coutures et toutes ses latitudes » puis « racontée ». Deux leçons données par l'œuvre de Dumas : l'amour est dangereux, l'amitié, « sel durable de la vie » Tintin lui a offert l'Afrique + la vocation « un romancier, un reporter avec plus de temps que les reporters et plus de liberté ».	« tombe » sur l'image de « la grande faucheuse » « terreur absolue ». Mise en scène de son apparition. Profonde impression. Actuellement, plaisir « esthétique » à relire les albums. « Hergé, grand peintre » : cadres qui cachent et révèlent. *Lotus bleu* : T armé dans une fumerie d'opium. « Il y a toujours un secret derrière la porte ». • 4e Q. : quelle place pour T ? « grande œuvre littéraire » : « consentement esthétique, illusion du réel, histoire limpide mais énigmatique, sens réservé ». Lectures ressassées. *Le Lotus bleu* sur le même plan que *Mme Bovary* et *Moby Dick*. *Corpus hermeticum* : un secret à découvrir.

AIDE MÉTHODOLOGIQUE

Pour ramasser l'essentiel de chaque texte (au-delà de la simple juxtaposition des différents points), essayez d'en résumer simplement les idées importantes sous-jacentes.

Pour Delerm : Focalisation sur une vignette marquant la genèse des rapports entre Tintin et Haddock : point de vue quasiment historique. Il en propose une interprétation originale : Tintin est le « sauveur » de Haddock et en ce sens, il est le « père de Haddock » puisqu'il va le sortir d'une sorte de déchéance et lui faire prendre un nouveau départ. Cette vignette semble avoir beaucoup d'importance pour lui et les tintinophiles : « elle a infléchi [son] imaginaire ». → Le texte est de l'ordre de la réflexion littéraire sur l'œuvre d'Hergé et les rapports humains.

Pour Orsenna : Le texte est plus simple d'accès. La couverture de *Tintin au Congo* va lui révéler deux choses importantes : le continent africain et une possible vocation d'écrivain → Il est donc de l'ordre de la révélation.

ÉCUEILS À ÉVITER

- Vous pouvez connaitre la vie d'Orsenna et savoir qu'il a effectivement suivi la « voie africaine » dont il parle ici. Il connait très bien l'Afrique dont il parle dans plusieurs de ses livres. Et il a répondu à l'appel de l'écriture puisqu'il est devenu académicien français.

Les limites de l'analyse sont là : vous n'avez pas à donner des éléments extérieurs au dossier.

- Les avis sur *Tintin au Congo* sont très partagés. Certains reprochent à Hergé une vision très colonialiste. Vous n'avez pas à entrer dans le débat. Il faut vous en tenir au seul point de vue d'Orsenna sur cet album.

Pour Michon : deux grandes idées
– Dès l'enfance, il découvre une œuvre lui permettant d'amorcer une réflexion philosophique sur la mort. La beauté de la momie (la force de l'art) lui fait accepter l'idée de sa propre disparition.
– La réflexion sur la littérature, en général : tout grand texte est un *corpus hermeticum* : « histoire limpide mais énigmatique » ; il y a un secret caché à rechercher inlassablement → Il s'agit d'une réflexion philosophique sur l'art et sur la littérature.
Ces idées trouveront naturellement leur place dans le 2e axe sur « l'ouverture au monde ».

3.1 Travailler la confrontation entre les textes

Il va falloir trouver des lignes de convergence ou de divergence pour faire dialoguer les textes entre eux. Il est plus difficile de repérer les croisements d'idées que dans le corpus documentaire sur le conte. Pourtant, des lignes de rapprochement existent, que les couleurs dans le tableau peuvent concrétiser ; les idées ne se répondent pas parfois exactement mais on peut les mettre sur le même plan.

Il y a des rapprochements qui relèvent de l'analyse des textes et pas seulement de leur résumé.

La question suivante pourrait vous aider à les faire.

POUR APPROFONDIR

Si vous deviez opérer des regroupements entre les trois textes, quels sont ceux que vous mettriez ensemble ?

Même si les textes de Delerm et d'Orsenna ont été écrits, dans la même perspective, pour le même magazine, les deux textes qui se répondent sont ceux d'Orsenna et Michon, celui de Delerm étant toujours un peu en décalage.
– Pour Orsenna et Michon, lectures d'enfance. // Delerm n'aborde pas ce point mais il semble rapporter ici une analyse d'adulte.
– Pour Orsenna et Michon, « coup de foudre », passion. // L'admiration de Delerm pour l'art de cette vignette est perceptible mais l'analyse reste plus intellectuelle.
– Pour Orsenna et Michon, implications personnelles très fortes : ouverture sur l'Afrique et la vocation d'écrivain pour le premier ; acceptation de l'idée de sa propre mort pour le second. // Pour Delerm, compréhension très fine et originale des rapports entre les deux personnages et réflexion sur le fonctionnement de la littérature.
Il faudra rendre compte de ces rapprochements et du relatif isolement du premier texte.

ÉCUEILS À ÉVITER

L'extension abusive et l'amalgame : on peut supposer que Delerm a aussi lu les albums de *Tintin*, pendant son adolescence. Il n'aborde pas ce point : on n'extrapole pas.

• ÉTAPE 4 Faire un plan détaillé

Il faut revenir aux deux axes donnés dans le libellé :
① pourquoi ces images sont-elles particulièrement marquantes ?
② comment ont-elles pu contribuer à leur compréhension du monde ?

Il n'y aura aucun mal à remplir la 2e partie.

– Repérez dans le tableau les idées susceptibles de trouver leur place dans cette 2e partie. De quelle couleur sont-elles ?
Nous les avons explicitées dans l'étape précédente ; elles sont en vert dans le tableau récapitulatif. Réservez ces idées, pour ne vous occuper que des idées restantes qui peuvent trouver leur place dans la 1re partie.

– Cette 1re partie est plus complexe. Vous ne voyez pas comment la traiter.
Tournez autour de la question : pourquoi des images peuvent-elles être saisissantes ? Par leur contenu, les personnages, leurs caractéristiques, les conditions dans lesquelles elles ont été découvertes, la façon dont elles sont composées, les couleurs, un détail, des connotations propres à un lecteur ? Voyez si chaque question peut trouver réponse dans les textes ou au moins, l'un d'entre eux.

– Le corpus offre trop de réponses ?
Certaines peuvent être regroupées. Par exemple, Delerm parle de la « subtilité de la vignette » car « Tintin ne voit pas le même homme que nous [lecteurs] » ; la scène est perçue du point de vue de Tintin qui en sait moins que le lecteur. Michon, lui, dit que l'entrée de la momie est « formidablement mis[e] en scène » et il parle des cadres. En fait, les deux exemples ressortissent à la même idée, la construction de l'image. Aucun des deux auteurs n'a employé le terme ; c'est vous qui allez l'introduire pour mettre en relation ces deux points.
Dans le corrigé, vous verrez aussi que trois points (la précision des vignettes, leur construction et leur beauté) peuvent être regroupés sous la même dénomination qui va leur donner cohérence : les caractéristiques.
Essayez, avant de lire le corrigé qui suit, de détailler le plan suivant et de voir quels passages pourraient trouver leur place dans chacun des sous-axes.

Pourquoi sont-elles saisissantes ?	
1.1.	Lectures d'enfance, rapport passionnel
1.2.	Leurs caractéristiques : précision, composition, beauté
1.3.	Les héros qui les animent
Ouverture au monde et à la littérature	
2.1.	Réflexion sur la lecture pour Delerm
2.2.	Découverte de la vocation et de l'Afrique pour Orsenna
2.3.	Acceptation de l'idée de sa propre mort pour Michon + réflexion sur la littérature

PROPOSITION DE CORRIGÉ

D'où provient la fascination pour une œuvre ? Trois écrivains parlent de leur passion pour Tintin, le célèbre personnage créé par Hergé. Deux d'entre eux livrent leur passion dans un numéro Hors série du magazine *Télérama*, « Tintin, l'aventure continue » paru en janvier 2003 : Philippe Delerm dans « Dive rencontre » détaille la première rencontre entre Tintin et le capitaine Haddock dans *Le Crabe aux pinces d'or* et Erik Orsenna dans « Impressions d'Afrique » relate le choc ressenti devant la couverture de *Tintin au Congo.* Pierre Michon dans une interview pour la revue *Philosophie magazine* publié en 2011 et intitulé « Tintin au pays des philosophes », se remémore dans « La terreur et son remède » l'image de la momie de Rascar Capac entrant dans la chambre de Tintin dans *Les Sept Boules de cristal.* Pourquoi ces vignettes ont-elles été particulièrement marquantes et comment ont-elles pu contribuer à leur compréhension du monde ?

Ces vignettes sont, à l'évidence, saisissantes. Pourquoi ? Il s'agissait d'une toute première rencontre avec l'œuvre d'Hergé pour E. Orsenna et P. Michon, à un âge tendre : Michon date de cette découverte son « premier et définitif coup de foudre pour Tintin » qui ne s'est jamais démenti puisque « c'est cet enfant fasciné [...] qui relit inlassablement les albums » et Orsenna, après avoir « dévoré » l'album, en regarde la couverture « des heures durant ». Ils vivent le même rapport passionnel à l'œuvre au point de garder un vif souvenir de ce premier choc : E. Orsenna s'en souvient comme s'il s'agissait « du matin même » et P. Michon associe encore la scène du prêt à l'odeur de la ferme. P. Delerm ne fait pas référence à son enfance mais, décrivant la première confrontation entre Tintin et Haddock, il analyse lui aussi une image « liminaire » qui compte beaucoup pour lui comme pour tous les « passionnés » de *Tintin*, au point de continuer « à infléchir le cours de [son] imaginaire ». Dans les trois cas, ce sont des images infatigablement regardées, ressassées et démontées, car « la satisfaction croît à chaque répétition », d'après P. Michon.

Ces images-fétiches tiennent une partie de leur pouvoir de certaines caractéristiques : d'abord, de la profusion de détails sur lesquels s'attardent les jeunes imaginations : E. Orsenna détaille la voiture de Tintin, transportant des caisses et surtout des caméras pour filmer l'aventure ; P. Michon voit les gris-gris et les colifichets de la momie ; P. Delerm décrit longuement les actions, les expressions des personnages, de petits détails comme « la couchette bien bordée », les couleurs, le contenu du phylactère. P. Michon souligne, ensuite, l'efficacité de leur ordonnancement – l'apparition progressive de la momie, par exemple – et de leur composition, souvent un emboitement de cadres qui, à la fois, révèlent et cachent. P. Delerm, de la même façon, dégage l'efficacité de la mise en scène construite à partir du seul point de vue de Tintin. Leur beauté participe également à leur pouvoir : P. Delerm semble admirer « la chaleur orangée de la cabine [du capitaine], austère mais protectrice, resserrée, lambrissée », le contraste avec les images de la nuit dans laquelle évolue Tintin, ce qui renvoie à l'art des vignettes dont parle P. Michon explicitement qui loue la réelle valeur esthétique des dessins et le talent d'Hergé : « C'est un très grand peintre ».

Enfin, ces images déclencheuses de rêves doivent beaucoup de leur force aux héros qui les animent. P. Delerm et E. Orsenna rappellent tous les deux que Tintin est d'abord un reporter et insistent sur ses qualités : « ingéniosité, courage, condition physique » et « obstination dynamique », dit P. Delerm qui oppose l'engagement dans « l'action pure » du jeune personnage et l'attentisme du capitaine Haddock.

Pour E. Orsenna, c'est un « aventurier » qu'attendent « l'occasion de se monter héroïque, l'immensité », des traits de caractère propres à susciter l'identification. P. Michon ne s'étend pas sur les caractéristiques de Tintin, quoiqu'il le montre, revolver au poing, à la porte d'une fumerie d'opium ; c'est la momie qu'il érige en personnage, « la grande faucheuse » qui trouve figuration ici, la littérature dépassant la seule mission que lui assigne son écrivain.

Dans les trois cas, les albums de *Tintin* et ces images en particulier sont des clés pour la compréhension du monde. Même si P. Delerm n'est pas sidéré par la vignette comme le sont E. Orsenna et P. Michon par les leurs, il tire d'elle des enseignements : une réflexion sur la lecture et ses mécanismes, notamment le point de vue – car Tintin en sait moins que le lecteur : « La subtilité de la vignette est là. Tintin ne voit pas le même homme que nous » ; ensuite, elle l'amène à une vision personnelle de Haddock dont il analyse les failles originelles : capitaine à la dérive, « une épave », qui a le « whisky coupable » – d'où le titre « La dive bouteille » –, un pitoyable « figurant », attendant le sauveur qui va le projeter dans l'action et lui « rendr[e] sa dignité ». Ce qu'il analyse, c'est la genèse même de leurs rapports et ce premier moment où, quelle qu'en soit l'évolution ultérieure, « Tintin devient le père du capitaine Haddock ».

Pour les deux autres écrivains, l'œuvre résonnera différemment en fonction de leurs manques et de leurs désirs. Le jeune Orsenna, coincé dans un horizon limité de Paris, reçoit la révélation d'une Afrique qui le transporte ailleurs et lui livre une « morale » : « La vie est faite pour être scrutée sous toutes ses coutures et toutes ses latitudes » ; c'est pourquoi il qualifie cet album de « miraculeux », terme à interpréter dans tous ses sens : il tient du miracle et il produit des effets merveilleux. Car l'album lui apporte une double révélation : « la voie africaine » « qui ne s'est jamais refermée depuis » mais aussi « la voie littéraire » ; en effet, si la vie est faite pour être vécue pleinement, elle doit être ensuite « infiniment et respectueusement racontée. » Sa vocation de romancier semble s'enclencher dans une sorte de figuration de ce qu'il imagine être un écrivain : « Un reporter, avec plus de temps que les reporters et plus de liberté ».

À partir de la momie, émerge pour P. Michon, dès l'enfance, une réflexion philosophique sur l'art qui suscite la terreur car la momie qui entre dans la chambre de Tintin, pénètre dans ses cauchemars d'enfant : il sait qu'il devra « vivre avec cette image en (lui] ». Mais l'art est à même de résoudre la terreur qu'il a soulevée ; c'est parce que la momie offre « l'image esthétisée, royale, dépaysante et dépaysée, archéologique, antique, couronnée » de sa mort qu'elle lui devient acceptable. Le dessin est si beau qu'il « ose braver [sa] peur » et accepter « l'idée de [sa propre] disparition ». Enfin, il rejoint P. Delerm, en ce sens qu'il réfléchit sur la littérature dont il définit les conditions : « consentement esthétique, illusion du réel, satisfaction de [s] entendre raconter une histoire limpide mais énigmatique, sens réservé. » Et si P. Delerm donne un sens à sa vignette, ce que recherche P. Michon est, au contraire, « le secret » qui « git au cœur » des pages et « qui attend d'être levé » ; il qualifie l'œuvre d'Hergé de littéraire parce qu'elle constitue, comme certains grands textes, « *un corpus hermeticum* » qui pousse à l'inlassable lecture, sous peine de voir échapper l'essentiel.

Les albums de *Tintin* ont donc constitué pour les trois écrivains, « tintinophiles », des expériences de lecture déterminantes, certaines images enclenchant un profond travail imaginaire, esthétique et même des réflexions sur les rapports humains et sur le sens de l'art, de la vie, de la mort ; elles demeurent encore agissantes, malgré le passage des années.

POUR APPROFONDIR

– Analysez l'organisation du 2e sous-axe de la 2e partie.

Il s'ouvre sur une phrase générale liant les deux écrivains, Orsenna et Michon.

Le paragraphe est ensuite entièrement centré sur ce qu'a apporté la vignette à Orsenna avec une progression dans les idées ; la vignette lui livre d'abord une morale puis une double révélation : la voie africaine et la voie littéraire (on termine sur la vocation d'écrivain).

On note les connecteurs logiques : « c'est pourquoi », « car », « en effet » qui soulignent la cohésion logique.

On voit bien apparaitre le niveau de l'analyse dans la phrase : *pourquoi il qualifie cet album de « miraculeux », terme à interpréter dans tous ses sens : il tient du miracle et il produit des effets merveilleux.* Le travail lexical est le fait du rédacteur qui s'y livre pour expliciter une idée sous-jacente.

– Relevez quelques moments où le rédacteur de l'analyse a trouvé le moyen d'intégrer le texte de P. Delerm à la réflexion générale.

Nous avons remarqué dans les propos préliminaires que le texte de P. Delerm était un peu à l'écart dans le corpus ; les textes d'Orsenna et de Michon étant plus proches, ils sont souvent traités en même temps. Il faut donc « accrocher » l'extrait de P. Delerm aux autres.

Quelques exemples :

Dans le paragraphe 1.1., le rédacteur a opposé P. Delerm aux deux autres auteurs : *P. Delerm ne fait pas référence à son enfance [sous-entendu : contrairement à Orsenna et Michon] mais décrivant la première confrontation entre Tintin et Haddock, il analyse lui aussi une image « liminaire ».* La 1re proposition et *lui aussi* font le lien avec ce qui précède. De même, dans le paragraphe 2.1 : *Même si P. Delerm n'est pas sidéré par la vignette comme le sont E. Orsenna et P. Michon par les leurs, il tire d'elle des enseignements.*

Dans le paragraphe 1.2. de l'analyse, se trouve une interprétation du texte signalée par le modalisateur « semble ». Delerm, dans son texte, oppose les images nocturnes et tourmentées de la nuit dans laquelle se trouve Tintin et la chaleur de la cabine.

Le rédacteur s'autorise la mise en relation suivante : Michon parle explicitement de la beauté des vignettes et Delerm fait une description qui semble aller dans ce sens : *P. Delerm semble admirer « la chaleur orangée de la cabine [du capitaine], austère mais protectrice, resserrée, lambrissée », le contraste avec les images de la nuit dans laquelle évolue Tintin, ce qui renvoie à l'art des vignettes dont parle P. Michon.*

Mais attention à ne pas forcer le sens des textes !

Dans le paragraphe1.3, Delerm rejoint Orsenna sur les qualités de Tintin.

Dans le paragraphe 2.3., une mise en relation est faite qui relève bien du niveau de l'analyse. En effet, P. Delerm trouve un sens (genèse des rapports) à la vignette qu'il décrit alors que Michon développe l'idée antinomique : *Et si P. Delerm donne un sens à sa vignette, ce que recherche P. Michon est, au contraire, « le secret » qui « git au cœur » des pages.*

– Quelle modification a subie la citation originelle de P. Delerm dans la phrase : *Haddock est un pitoyable « figurant », attendant le sauveur qui va le projeter dans l'action et lui « rendr[e] sa dignité »* ?

La phrase du texte est « attendant celui qui lui rendrait sa dignité » ; l'intégration dans la phrase de l'analyse oblige à modifier le mode et à utiliser l'infinitif.

Voir exemples, pages 23 et 32.

LE POINT SUR L'INSERTION DES CITATIONS COURTES DANS UNE PHRASE

- On peut annoncer une citation par deux points, précédés d'un verbe introducteur (*dire, écrire, affirmer, insister...*). Il faut obligatoirement utiliser les guillemets pour le discours direct.

  P. Delerm et E. Orsenna rappellent tous les deux que Tintin est d'abord un reporter et insistent sur ses qualités : « ingéniosité, courage, condition physique. »

- On peut introduire la citation au style indirect (*dire, écrire, souligner, préciser, affirmer, proposer, préconiser, conseiller, soutenir que,...*) :

  P. Michon affirme que « sans l'ombre d'un doute, c'est une grande œuvre littéraire ».

- On peut faire précéder la citation d'un groupe nominal comme *selon P. Michon, pour P. Michon, d'après P. Michon* (en début ou en fin de citation) ou d'une subordonnée (*Comme l'affirme P. Michon*) :

  Ce sont des images infatigablement regardées, ressassées et démontées, car « la satisfaction croît à chaque répétition », d'après P. Michon.

OU ... *car « la satisfaction croît à chaque répétition »,* comme le souligne P. Michon.

- On peut commencer par la citation et donner le verbe après, avec inversion du sujet :

  « obstination dynamique », dit P. Delerm.

- On peut utiliser une incise :

  « On a la croyance vague », dit P. Michon, « que ces livres révèlent un mystère ».

- On peut intégrer complètement la citation à la construction de la phrase, solution la plus naturelle :

  P. Michon date de cette découverte son « premier et définitif coup de foudre pour Tintin ».

- Les modifications apportées à la citation doivent être signalées par des crochets :

  – Il analyse une image importante au point de continuer « à infléchir le cours de [son] imaginaire », **à la place de** « notre imaginaire ».

  – Il savait « qu'[il] devrait vivre avec cette image [en lui] » **à la place de** « Je devrais vivre avec cette image en moi ».

POUR ALLER PLUS LOIN

- Pour analyser un texte et rédiger, il faut veiller à la cohésion des paragraphes, notamment au niveau des reprises anaphoriques.
- Pour celles et ceux qui désirent entrer davantage dans le fonctionnement d'un texte littéraire... et pour celles et ceux qui ont un peu oublié les notions abordées pour le baccalauréat de français, pensez à faire éventuellement, à l'aide de manuels de lycée ou de sites sérieux, une fiche sur :

– les types de texte : narratif, descriptif, injonctif/prescriptif (règlement, moralité...), argumentatif (essai, fable...), dialogal (théâtre, interview,...), poétique (poème, description romanesque,...) ;

– les registres et tonalités : ironique, satirique, polémique, didactique, tragique, comique, réaliste, fantastique, lyrique, pathétique, épique,...

Notamment à partir des sites :

http://www.espacefrancais.com/les-types-de-textes/
http://www.espacefrancais.com/analyser-un-texte/#genres-de-textes
http://www.espacefrancais.com/les-tonalites/
http://www.etudes-litteraires.com/caracteriser-texte.php

– les figures de rhétorique : comparaison, métaphore, métonymie, synecdoque , mais aussi la périphrase (utilisée dans les analyses ; elle qui consiste à remplacer un terme par une circonlocution : « *l'auteur des Mémoires d'Outre-tombe* » pour *Chateaubriand*, l'hyperbole (procédé d'amplification), l'allégorie (dans le texte de Michon, la « grande faucheuse » est une allégorie de la mort), la personnification, etc. Mais ne vous perdez pas dans des figures dont vous n'auriez pas l'utilité.

Voir FICHE 32 : Les reprises nominales et pronominales.

Voir FICHE 46 : La polysémie.

3 Méthodologie de la partie 2

Connaissance de la langue : grammaire, orthographe, lexique et système phonologique

Dans l'arrêté du 19 avril 2013[1], la deuxième partie de l'épreuve de français porte « sur la connaissance de la langue». Cette partie est notée sur 11 points, comme la précédente.

1 Questions générales

1.1 Quels sont les objectifs et compétences exigés ?

- La présentation des sujets précise que « la deuxième partie cherche à vérifier l'acquisition de connaissances fondamentales sur la langue française par les candidats, condition nécessaire à la mise en place d'un enseignement sur la langue à l'école. Chacune des deux questions peut porter sur l'un des domaines de l'étude de la langue identifiés dans l'arrêté (grammaire, orthographe, vocabulaire, système phonologique). »

→ La phonologie est identifiée comme un domaine à part entière, mis sur le même plan que la grammaire, l'orthographe et le vocabulaire ; il faut donc l'étudier en conséquence. Pour répondre aux questions portant sur l'orthographe et la phonologie, l'utilisation d'une transcription phonétique est nécessaire. Cet ouvrage utilise celle de l'API, qui est la plus répandue.

Voir FICHE 38 : Les phonèmes du français.

→ Cette partie ne comportera que deux questions portant donc sur deux seulement des quatre domaines. Par exemple, sujet zéro, 1 : une question sur l'orthographe, une sur la grammaire.

- L'arrêté fixe que « le niveau attendu correspond à celui exigé par la maitrise des programmes du collège. »

→ Même s'il est tenu compte des programmes de l'école primaire[2], le niveau de savoir visé est celui de la classe de troisième du collège et beaucoup de notions, absentes des programmes de l'école mais présentes dans ceux du collège, doivent être connues et maitrisées. C'est le cas, par exemple, des notions liées à la grammaire de texte et à l'énonciation.

1. Le texte de cet arrêté est présenté dans le chapitre 1. Pour la nouvelle épreuve écrite de français, on dispose également des deux exemples de sujets (dits « sujets zéro ») publiés par le ministère de l'Éducation Nationale en juillet 2013.
2. Les programmes de l'école primaire et ceux du collège sont disponibles sur le site Eduscol : www.eduscol.education.fr

1.2 Quels sont les types de questions à attendre ?

Suivant l'arrêté, « le candidat peut avoir à ① répondre à des questions de façon argumentée, ② répondre à une série de questions portant sur des connaissances ponctuelles, ③ procéder à des analyses d'erreurs types dans des productions d'élèves, en formulant des hypothèses sur leurs origines ».

Le type ② peut prendre une forme particulière, celle du questionnaire, bien représentée dans les sujets « zéro » – trois questionnaires sur les quatre questions posées – avec des items très ciblés, exigeant des réponses ponctuelles et précises.

La présentation ajoute que « des questions plus ouvertes » peuvent comporter « une dimension didactique plus affirmée » ; on peut supposer que cette remarque vise les questions de type ① et ③. Analyser une production d'enfant implique souvent une double compétence, à la fois d'ordre notionnel mais aussi didactique ; certaines questions portant sur les hypothèses, les révisions d'un texte ou même la correction d'un enseignant peuvent relever de la didactique.

2 Comment se préparer ?

2.1 Se donner du temps

Les connaissances relatives aux domaines de la grammaire, de l'orthographe, de la phonologie et du lexique sont nombreuses, souvent complexes et nécessitent une préparation sérieuse.

Une révision systématique de l'ensemble des notions inscrites aux programmes de l'école primaire et du collège est nécessaire. Il est illusoire de penser que l'on peut se préparer en quelques jours ou même en quelques semaines. Il faut s'y prendre tôt et travailler régulièrement, méthodiquement.

Il faut d'abord évaluer l'état de vos connaissances et, en fonction des besoins constatés, établir un programme de travail sur l'année : consolider les connaissances fragiles, explorer les questions nouvelles.

2.2 Se doter de bons outils

Ce manuel de préparation au concours constitue d'abord une aide pour cerner et comprendre les notions dans les quatre domaines. Il est utile pour se représenter les épreuves et orienter efficacement son travail : quels sont les sujets les plus susceptibles d'être abordés ? Sous quelles formes sont posées les questions ? Quels sont les réponses ou les développements attendus ? Quelle méthode de travail adopter ? Etc.

Mais ce manuel ne fait pas une présentation exhaustive de toutes les particularités des questions possibles, pour lesquelles il ouvre les pistes les plus importantes. Il sera quelquefois nécessaire d'approfondir une notion et de consulter une grammaire de référence. Il en existe plusieurs ; nous en citons quelques-unes en fin de chapitre (p. 58). Pour des raisons de temps et d'efficacité, il est préférable d'en choisir une, à laquelle vous vous reporterez chaque fois que nécessaire.

2.3 S'entrainer régulièrement

La compréhension des notions est certes fondamentale, mais elle ne suffit probablement pas à mettre toutes les chances de son côté. Le propre des concours est bien de placer les candidats dans des situations de production difficiles, contraintes par le temps. Il convient donc de s'habituer à une certaine vitesse d'exécution.

L'acquisition de ces compétences repose sur l'entrainement qui doit être régulier et méthodique. Le nombre des entrainements appartient à chacun, mais au fur et à mesure que la date du concours approche, il importe d'essayer de travailler dans des limites temporelles proches de la réalité des conditions du concours, soit de 30 à 40 minutes environ, pour les questions de grammaire, orthographe, phonologie, lexique.

3 Comment aborder cette épreuve ?

On peut distinguer trois étapes dans le traitement d'une question de langue :
- lecture et analyse du sujet ;
- mobilisation des connaissances ;
- choix d'une présentation de la réponse.

• Étape 1 Lire et analyser le sujet

— Lire attentivement les questions

Il faut bien sûr toujours lire attentivement les questions et faire très attention :

– au champ de délimitation d'un corpus : parfois la question ne porte que sur une partie du texte. Il est inutile de perdre son temps à traiter des passages non demandés ;

– aux verbes employés dans les consignes : trouvez, repérez, classez, réécrivez ;

– à la complexité de certaines consignes comportant plusieurs demandes.

« Analysez la formation et l'emploi du passé simple dans ce texte d'élève ».

→ La question porte sur l'aspect morphologique et l'emploi.

OU encore plus complexe la question II.1 du sujet zéro, 1 :

« Réécrivez cette production d'élève en corrigeant les erreurs lexicales, grammaticales et celles commises dans l'emploi des temps du passé. »

→ On demande beaucoup de choses au candidat, qui doit **réécrire** le texte en **corrigeant** trois types d'erreurs, qu'il aura repérées au préalable.

— Repérer et analyser les mots clés

Les mots clés délimitent le domaine d'étude : grammaire, orthographe, lexique, système phonologique,

« Question sur l'orthographe » : le domaine est annoncé.

Parfois la notion même est donnée dans le titre de la question :

« Questionnaire sur la phrase simple et la phrase complexe ».

Autres exemples de notions : champ lexical (sujet 1 p. 53) ; forme des verbes (sujet 3 p. 56).

> ATTENTION : les questions peuvent porter sur un seul des quatre domaines ou sur deux domaines, en particulier la « grapho-phonologie » (sujet zéro, 2) qui associe phonologie et orthographe.

• ÉTAPE 2 Mobiliser ses connaissances

– Croiser les mots clés et vos connaissances

Le repérage des connaissances en jeu et leur convocation dans la mémoire permettent d'adopter une stratégie de lecture ciblée.

– Se servir de ses connaissances pour réfléchir

Les conseils qui précèdent relèvent du bon sens. Celui qui suit est plus difficile à mettre en œuvre et plus ambitieux.

Pour pouvoir travailler efficacement, et si possible en y trouvant quelques satisfactions, il convient en effet de revenir sur quelques idées reçues concernant la grammaire.

Certaines représentations très courantes l'associent à une érudition inutile, à un étiquetage mécanique et vain des phénomènes linguistiques et il faut reconnaitre que son enseignement s'est quelquefois réduit à cette façon de procéder. On peut parier que si vous abordez cette partie de votre travail avec cette conception purement formelle ou l'idée d'une application sommaire de règles et de recettes, vous risquez fort de beaucoup vous ennuyer.

Les connaissances grammaticales à maitriser ne constituent pas une fin en soi, mais sont des outils pour analyser les faits de langue et pour mieux les comprendre. Si elles permettent de décrire la langue, elles doivent aussi permettre de réfléchir à la langue et à ses usages, éventuellement de les interroger.

La finalité de l'épreuve est sans doute de contrôler que les candidats possèdent des connaissances, mais surtout de vérifier qu'ils savent s'en servir.

Il faut donc résister à l'envie de plaquer simplement des savoirs sus par cœur, des fragments de cours, etc. Il faut en revanche montrer que l'on sait se servir de ses connaissances pour réfléchir et analyser.

Il est rare qu'un sujet ne contienne pas une difficulté qui exige d'aller plus loin qu'un simple étiquetage de phénomène.

> Dans le paragraphe suivant, relevez les mots qui composent le champ lexical dominant et explicitez le lien sémantique qu'ils entretiennent avec lui. (sujet de type 1 ci après)

→ Le relevé constitue un simple point de départ ; on attend l'explication demandée. Dans certains cas d'ailleurs, devant un phénomène difficile ou rare, ce sont les capacités de réflexion du candidat qui feront la différence.

• ÉTAPE 3 Faire des choix de présentation pertinents et adaptés

La lisibilité n'est pas un luxe ; elle vient renforcer la pertinence de la réponse et elle en est une composante intégrante.

– Faire des relevés de mots précis et ordonnés

La plupart des questions sur la langue reposent sur des relevés de phénomènes. **Ces relevés doivent être précis** (situer exactement la forme étudiée) **et sans ambigüité** (si plusieurs formes sont identiques, précisez bien laquelle vous traitez). Les formes relevées doivent être accompagnées d'éléments du contexte ou d'un repérage graphique quelconque (mot souligné, numéro de ligne si ceux-ci sont indiqués, etc.) qui permettent de bien les identifier.

Dans une étude de texte d'élève, utilisez l'astérisque qui signale les formes fautives, systématiquement suivies de la forme juste entre parenthèses

> *je me souvenirai (souviendrai).

– Présenter les réponses selon une mise en forme adaptée

Il faudra tenir compte des consignes précises pour les réponses à donner dans les questionnaires :

Sujet zéro : « Pour ce questionnaire, les réponses apportées doivent être claires et précises. Le candidat reportera bien sur sa copie le numéro de la question et la réponse complète. »

La mise en forme de la réponse, l'organisation de la page si elle est efficace, facilement lisible, peuvent disposer favorablement le correcteur.

On ne rappellera jamais assez, à ce sujet, les vertus d'une mise en paragraphe rigoureuse, d'une mise en liste qui respecte les marges et les espaces, d'une disposition qui sépare clairement les types de développements, etc.

– Être particulièrement attentif à la qualité de la langue

Toutes les erreurs révélant une méconnaissance ou un mauvais usage de la langue, telles les constructions syntaxiques erronées ou les erreurs d'orthographe font très mauvais effet dans cette épreuve. Il convient donc d'être particulièrement vigilant à cet égard.

4 Conseils spécifiques aux types d'exercices

Trois types principaux d'exercices sont possibles.

4.1 « Répondre à des questions de façon argumentée »

Ce sont les questions classiques sur la langue à partir d'un texte. Elles portent, souvent, sur un corpus sur lequel un certain nombre d'opérations sont demandées.

Par exemple, « Dans le texte suivant, relevez et analysez les pronoms (nature et fonction) ».

On demande en règle générale **un relevé exhaustif, classé et commenté** :

– **exhaustif** : toutes les occurrences concernées doivent être relevées, sans oubli ni ajout. Procédez à des surlignements sur le sujet même et vérifiez que toutes les occurrences ont été traitées ;

– **classé** : le traitement au fil du texte est un pis-aller qui restreint l'analyse et empêche les généralisations nécessaires. On recherchera un plan adapté à la question posée ;

– **commenté et analysé** : faire une liste de formes classées et étiquetées ne suffit pas. Il convient de développer un commentaire à géométrie variable ;

– Exemple : si on doit étudier les pronoms personnels, on pourra passer plus vite sur les occurrences de *je* relevées (ce que représente *je*, dont la fonction est toujours sujet), mais on s'attardera sur les formes délicates, comme *en* et *y* (Que remplacent-ils ? Quelle est leur fonction ?).

En cas de doute sur une occurrence, une argumentation aboutissant à une proposition finale sera la bienvenue.

Ce qui est attendu, ce n'est pas un simple relevé, même classé, mais ce sont des argumentations, des explications, des justifications. Car des tâches plus précises peuvent être demandées.

Par exemple, « **Justifiez** les accords dans le passage suivant : » (orthographe), ou « **Expliquez** la métaphore développée par l'écrivain dans les trois dernières phrases. » (lexique) ou « **Explicitez** l'emploi du subjonctif dans cet extrait. » (grammaire), etc.

4.2 « Série de questions portant sur des connaissances ponctuelles »

Elles peuvent prendre la forme d'un questionnaire demandant une réponse VRAI-FAUX ou un choix entre plusieurs solutions (QCM), l'association de phrases A, B, C, à des réponses x, y, z , une demande de transcription, etc.
Même si un QCM semble simple, il est faussement facile. Malgré la tentation de donner une réponse rapide pour passer à la suite, il faut prendre le temps de réfléchir à chaque question, de bien repérer la difficulté en jeu (problème de distinction de classes grammaticales, d'analyse de fonctions, etc.) et, si besoin, de faire des analyses et des manipulations pour tester les différences entre les réponses proposées.

« J'attends le train de neuf heures car je dois aller travailler à Toulouse » :

a) est une phrase simple

b) est une phrase complexe créée par :

x) juxtaposition

y) coordination

z) subordination

(Sujet zéro, 1)

→ Intuitivement, on peut penser que cette double option oriente plutôt vers la réponse (b) qui offre trois possibilités, mais il convient de le vérifier, en utilisant les critères de définition de la phrase complexe pour choisir une des trois possibilités. La présence de la conjonction de coordination *car* et le décompte des verbes conjugués amènent à la réponse (y), à l'issue d'une véritable analyse grammaticale.

Voir FICHE 3 : Phrase simple et phrase complexe.

4.3 « Analyses d'erreurs types dans des productions d'élèves »

Suivant l'arrêté, il s'agit de « procéder à des analyses d'erreurs types dans des productions d'élèves, en formulant des hypothèses sur leurs origines ».
Les questions portent sur un texte d'élève authentique de l'École élémentaire, reproduit tel quel ou saisi en traitement de texte. L'orthographe peut être partiellement corrigée (les modifications sont mentionnées dans le libellé du sujet).

Deux étapes sont souvent nécessaires :

1. Relevé précis et complet des erreurs.

2. Commentaire des erreurs : il s'agit d'abord de bien situer l'erreur et de la corriger en donnant la forme correcte, puis de l'expliquer. Autrement dit, au *comment* doit succéder le *pourquoi* (description puis explication).

Dans le commentaire, on doit éviter absolument les jugements de valeur sur la copie ou pire, sur l'élève. Le futur enseignant n'est pas là pour juger, mais pour expliquer et comprendre les erreurs des élèves, afin de pouvoir y remédier (on a abandonné le terme de faute, qui s'accompagnait d'une connotation morale et d'un jugement négatif).
Pour faire des hypothèses sur l'origine des erreurs, il faut bien distinguer le pertinent du non pertinent. On ne peut pas se borner à constater qu'une notion ou procédure n'est pas acquise. Il faut aller plus loin. Les spécialistes en psychologie de l'apprentissage ont depuis longtemps démontré qu'il y a une « logique de l'erreur » (pour l'orthographe, voir Henri Frei, *La Grammaire des fautes*, parue en 1929 !). Celle-ci peut s'expliquer par des mécanismes psychologiques généraux (besoin de généralisation, d'analogie, etc.), des raisons tenant au contexte, etc.

*Pierre les voient.

→ On constate que le verbe est au pluriel avec un sujet au singulier ; on peut expliquer l'erreur par l'accord de proximité avec le pronom objet *les* qui précède (influence négative du contexte).

Voir FICHE 43 : Les chaines d'accord.

5 Trois sujets d'entrainement corrigés et commentés

Type 1 : réponse argumentée à une question

Corrigé p. 54

QUESTION DE LEXIQUE

Dans le paragraphe suivant, relevez les mots qui composent le champ lexical dominant et explicitez le lien sémantique qu'ils entretiennent avec lui.

Qui dira si tel squelette est un arbre mort ou tel autre un arbre qui fait le mort ? Une forêt en hiver est indéchiffrable. Le vivant endormi et le vrai cadavre se ressemblent à s'y méprendre.

Extrait de *Fleurs, fêtes et saisons*, Jean-Marie Pelt © Librairie Arthème Fayard, 1988.

• ÉTAPE 1 Lire et analyser le sujet

– Ce genre de consigne peut être déroutant car la délimitation du relevé peut s'avérer délicate : où s'arrêter ? Mais ce n'est pas le cas avec un corpus si réduit. Il s'agit bien d'une question de type 1, comme en témoigne la présence du verbe « explicitez ». La consigne est double « relevez » et « explicitez ».

– La demande d'explicitation du lien sémantique qui unit des mots à un champ lexical n'est pas simple, parce que les rapports sémantiques entre les mots sont très divers. La réponse nécessite de passer par des éléments de définition des mots qui seront sélectionnés.

• ÉTAPE 2 Mobiliser des connaissances

Voir FICHE 52 : Les différents champs.

On appelle « champ lexical » un ensemble de mots qui désignent des réalités ou des idées appartenant au même thème dans un texte. Chaque mot d'un champ lexical doit entretenir des relations sémantiques avec le thème identifié. Ces mots peuvent appartenir à des classes de mots différentes (nom, verbe, adjectif, adverbe, etc.) et il est aussi possible de rencontrer des expressions.

Face au vertige du relevé absolument exhaustif, surtout lorsque le texte support est long, il faut s'imposer de ne relever que des mots dont on peut expliciter le lien sémantique qu'ils entretiennent avec le thème du champ lexical.

• ÉTAPE 3 Faire des choix de présentation pertinents et adaptés

– Le corpus étant très réduit, le nombre de mots à relever ne peut être élevé. Raison de plus pour soigner la présentation de la réponse.

– Le choix a été fait de recopier le texte (parce qu'il est court) et de souligner les mots concernés.

– Pour l'explicitation, la forme de liste parait incontournable mais il y a un ordre de présentation en deux blocs. À l'intérieur de chacun d'entre eux, la relation la plus évidente précède celle qui nécessite le commentaire le plus long.

CORRIGÉ

Énoncé p. 53

1. Relevé
Le champ lexical dominant du texte est centré sur le thème de la mort et se compose des mots et expressions suivants :
*Qui dira si tel **squelette** est un arbre **mort** ou tel autre un arbre qui fait **le mort** ? Une forêt en hiver est indéchiffrable. Le vivant **endormi** et le vrai **cadavre** se ressemblent à s'y méprendre.*

2. Explicitation
Tous les mots ainsi que l'expression ***faire le mort*** entretiennent une relation sémantique avec le thème de la mort et de l'apparence de la mort.

- **La mort :**

– L'adjectif ***mort*** caractérise le fait d'être mort. La relation avec le thème est donc directe.
– Le nom ***cadavre*** désigne le corps de l'homme ou de l'animal mort.
– Le mot ***squelette*** désigne au sens propre l'ensemble des os qui forment la charpente du corps des humains et des animaux vertébrés. L'image du squelette fait partie des représentations traditionnelles de la mort et l'auteur l'emploie ici métaphoriquement pour présenter, sous forme d'image, les arbres dépouillés de leur feuille.

- **L'apparence de la mort :**

– L'expression ***faire le mort*** signifie mimer le fait d'être mort.
– L'adjectif ***endormi***, lié au thème du sommeil, connote souvent l'idée de mort : ***le sommeil de la mort***.
– Le nom ***hiver*** désigne la saison pendant laquelle la nature, endormie, prend l'apparence de la mort avant la renaissance du printemps.

Type 2 : questions portant sur des connaissances ponctuelles

QUESTIONNAIRE PORTANT SUR LA GRAPHO-PHONOLOGIE

Corrigé p. 55

1. Le mot *choucroute* comporte :
a. 10 phonèmes
b. 8 phonèmes
c. 6 phonèmes

2. *Quand la bise fut venue* (vers de La Fontaine, *La cigale et la fourmi*) compte :
a. 8 syllabes phoniques
b. 7 syllabes phoniques
c. 6 syllabes phoniques

3. *Dans l'espace on n'entend pas crier. Crier* se transcrit :
a. [kʀie]
b. [kʀije]
c. [kʀje]

4. Accordez le participe passé dans *Les deux femmes se sont* :
a. injurié
b. injuriés
c. injuriées

5. **Donnez au moins cinq graphies différentes correspondant au phonème [k].**

6. **Écrivez quatre homophones correspondant à [sɛ̃] et indiquez leurs classes grammaticales respectives.**

ÉTAPE 1 Lire et analyser le sujet

Ces six questions sont d'ordre différent :

1, 2, 3, 4 sont des questions à choix multiples : trois réponses sont proposées, une seule est à retenir.

5, 6 sont des questions de recherche de mots écrits ou de graphies ; rien n'est ici proposé, c'est au candidat d'apporter les exemples demandés.

ÉTAPE 2 Mobiliser des connaissances

Trois sortes de connaissances sont nécessaires : des connaissances purement phonologiques (phonèmes ou syllabes) dans les questions 1 à 3, une connaissance purement orthographique dans la question 4 et des connaissances grapho-phonologiques dans les questions 5 et 6.

– Les questions 1 à 3 mobilisent divers savoirs théoriques : notion de phonème (1), de syllabe phonique (2), analyse des semi-consonnes (3). Le choix de la bonne réponse résultera d'une réflexion appuyée sur ces savoirs théoriques, appliqués à ces cas concrets. Une transcription phonétique est utile, voire indispensable pour les questions 1 et 2.

– La question 4 demande l'application de la règle d'accord du participe passé des formes pronominales (réfléchies).

– Les questions 5 et 6 demandent une recherche personnelle, appuyée sur des savoirs concernant les différentes graphies d'un phonème consonantique (5) et la graphie des homophones lexicaux (6). Dans les deux cas, le mouvement va de l'oral vers l'écrit (question de transcription).

ÉTAPE 3 Faire des choix de présentation pertinents et adaptés

Il est inévitable de répondre ici question par question (en gras).

En principe, il suffit de donner la réponse attendue. Les explications des réponses sont ajoutées pour l'information des candidats, qui se reporteront aussi aux fiches concernées.

Dans la question 5, il est nécessaire de donner des exemples de mots contenant les graphies concernées.

CORRIGÉ

Énoncé p. 54

1. c. Le mot *choucroute* comporte 6 phonèmes [ʃukʀut] et 10 lettres.
Le digramme *ou* correspond à un seul phonème, ainsi que le digramme *ch* ; le *–e* final sert d'appui à la prononciation du *t*.

2. b. *Quand la bise fut venue* (vers de La Fontaine) compte 7 syllabes phoniques [kɑ̃-la-bi-zə-fy-və-ny].
En poésie, le *-e* caduc se prononce devant une consonne (*bise* a 2 syllabes).

Depuis la fin du XVIIe siècle, le *-e* final à la rime (*venue*) ne s'entend pas et ne compte pour aucune syllabe.

3. b. *Crier* se transcrit : [kʀije].
Cette question concerne la prononciation de la semi-consonne yod [j]. Quand deux consonnes la précèdent, la lettre ***i*** se prononce à la fois avec la voyelle et la semi-consonne [ij], car la semi-consonne (ou la voyelle) seule serait difficile à prononcer.

4. c. injuriées.
Dans cette construction pronominale réciproque, le pronom réfléchi s'analyse comme COD du verbe (« Les deux femmes ont injurié elles-mêmes »). On applique alors la règle de l'accord avec *avoir* : le participe passé s'accorde avec le COD antéposé, ici au féminin pluriel (le pronom réfléchi *se* représente le sujet).

5. ***c*** (*crier* – fourni par le questionnaire), ***cc*** (***accabler, accourir***), ***qui*** (***qui, quand***), ***q*** (***cinq, coq***), ***cqu*** (***acquitter***), ***ch*** (***orchestre, chianti***), ***cch*** (***ecchymose, saccharine***), ***k*** (***kilo, kimono***), ***ck*** (***bifteck, ticket***).
Le minimum attendu était cinq graphies (la consigne en donne déjà deux !). Parmi les 9 graphies possibles, les deux plus fréquentes, prioritaires, sont *c* et *qu*.

6. [sɛ̃] : ***saint***, nom et adjectif ; ***sein***, nom ; ***sain***, adjectif ; ***ceint***, adjectif et participe passé. On peut ajouter ***cinq***, déterminant numéral, dont le *-q* final n'est pas toujours muet. À part *cinq*, peu sûr, les quatre homophones appartiennent aux classes des noms ou des adjectifs ; ils peuvent donc s'employer dans les mêmes contextes, ce qui accroit les risques d'erreurs d'orthographe.

Type 3 : analyse de texte d'élève

Classez et analysez toutes les erreurs sur la forme des verbes du texte.

Il etait une foi un jeune paysan et que sa femme était malade et sa mission qu'il deve faire c'est de cherche de l'herbe qui guérit me il falai aller dans la forêt sombre alor il par et il touve une epée sacrée alor il continu et les jour passe et tout un cou il trouve un nain qu il l'ede a cherche l'herbe et il se retrouve nez a nez avec un montre qui gardée l'herbe mes il avait une épée et il le tue et il pren l'herbe et il rentre chez lui et sa femme geri et il vive heureu.

*Récit écrit par Sarah, élève de CM1, en octobre 2012.

• Étape 1 Lire et analyser le sujet

Ce genre de consigne est clair : « classez et analysez ». Cela implique une étape préalable de relevé exhaustif de « toutes les erreurs » au fil du texte, puis un classement selon un principe directeur et une analyse des erreurs relevées, après l'indication de la forme juste.

• Étape 2 Mobiliser des connaissances

– Le relevé ne fera pas de difficulté majeure, puisqu'il s'agit d'identifier les formes verbales et de repérer celles qui sont erronées.

– L'analyse s'avère plus délicate. Il faut d'abord bien faire la distinction entre le radical et la terminaison du verbe, qui peut fournir une base de classement. Mais il faut aussi tenir compte du contexte pour comprendre certaines erreurs, notamment de l'accord du verbe avec son sujet, et aussi tenir compte de la différence entre l'oral et l'écrit.

• Étape 3 Faire des choix de présentation pertinents et adaptés

Plusieurs modes de classement sont possibles. On propose le plus opératoire, en distinguant les erreurs sur le radical verbal, qui sont d'ordre principalement lexical, de celles sur la terminaison, les plus nombreuses, qui sont liées à la grammaire.

CORRIGÉ

I. Erreurs sur le radical verbal

1 ***(Il) *etait*** (*était*) : omission de l'accent sur ***e***, qui altère la valeur phonique ; l'accent est bien employé ligne 2.

4 ***(il) *falai*** (*fallait*) : absence de doublement de la consonne de *falloir*

5 ***(il) *touve*** (*trouve*) : omission du ***r***, qui affecte aussi l'oral ; sans doute une coquille, car *trouve* est bien écrit l. 7.

8 ***(l') *ede*** (*aide*) : choix de graphie inappropriée du verbe *aider*, avec altération de la valeur phonique.

12 ***(il) *pren*** (*prend*) : absence de la terminaison du radical du verbe (le verbe *prendre* n'a pas de désinence de personne : le ***-d*** fait partie de son radical).

13 ***(sa femme) *geri*** (*guérit*) : mauvais choix du graphème positionnel ***gu + e*** (pourtant bien écrit l. 4) et absence de l'accent aigu sur ***e*** avec, dans les deux cas, altération de la valeur phonique.

II. Erreurs sur la terminaison verbale

– Erreur de graphie :

3 ***(il) *deve*** (*devait*) : le contexte indique clairement qu'il s'agit d'un imparfait, dont la graphie est remplacée par ***-e*** (erreur qui affecte aussi la prononciation).

– Erreur de forme contextuelle :

3 ****cherche*** (*chercher*) : la construction demande l'infinitif, alors que l'élève a employé une simple forme du présent, non adaptée au contexte. Même erreur l. 8 (****a cherche***), aggravée par la confusion entre ***à*** et ***a***.

10 ***(qui) *gardée* (l'herbe)** (*gardait*) : erreur de terminaison verbale. La finale du participe passé est employée au lieu de celle de l'imparfait. Le choix du féminin pourrait être favorisé par *l'épée* qui suit, de même finale.

– **Absence de terminaison verbale de la 3e personne du singulier :**

4 ***(il) *falai*** (*fallait*) : sur ce verbe, une erreur porte aussi sur la terminaison omise de la 3e personne du singulier de l'imparfait, muette à l'oral.

5 ***(il) *par*** (*part*) : même omission de la terminaison de la 3e personne du singulier, du présent cette fois.

6 ***(il) *continu*** (*continue*) : même genre d'erreur, cette fois-ci sur un verbe du 1er groupe (omission du ***-e*** de la 3e pers. du sing. du présent), peut-être dû à ce que ce ***-e*** suit une voyelle, car il n'est pas omis après une consonne, dont il appuie la prononciation (*retrouve, *ede*). Cependant, *tue* est bien écrit (l. 11).

13 ***(sa femme) *geri*** (*guérit*) : toujours l'omission de la terminaison verbale de la 3e personne du singulier du présent de l'indicatif (la forme est la même au passé simple, mais le contexte est au présent).

– **Non accord du verbe avec son sujet pluriel :**

7 ***(les jours) *passe*** (*passent*) : absence d'accord du verbe avec son sujet au pluriel (à l'oral, le singulier et le pluriel se prononcent de la même façon).

14 ***(il) vive*** (*vivent*) : absence d'accord du verbe avec son sujet au pluriel, qui est dépourvu aussi de sa finale ***-s***, alors que le contexte permet clairement de comprendre que ce *il* désigne les deux personnages et que la base *viv-* est bien celle du pluriel (vs *il vit* au singulier).

PRINCIPALES GRAMMAIRES DE RÉFÉRENCE

– Riegel Martin, Pellat Jean-Christophe, Rioul René, *Grammaire méthodique du français*, PUF, édition 2009.
Grammaire très complète à consulter pour approfondir et répondre à des questions plus pointues.

– Eluerd Roland, *Grammaire descriptive de la langue française*, Armand Colin, édition 2008.
Grammaire à consulter pour approfondir. Très utile lorsqu'on recherche les exemples d'exceptions. Les difficultés d'analyse sont pointées dans des encarts « Conseils pour l'analyse ».

– Tomassone Roberte, *Pour enseigner la grammaire*, Éditions Delagrave Pédagogie, 1996.
Cet ouvrage accorde une place importante à la grammaire de l'énonciation et à la grammaire de texte.

– Sous la direction de Pellat Jean-Christophe, *Quelle grammaire enseigner ?* Éditions Hatier, 2e édition, 2011.
Grammaire sous forme de fiches spécialement conçue pour les enseignants de l'école primaire.

1 Qu'est-ce qu'une phrase ?

GRAMMAIRE

OBJECTIF

Avoir une connaissance solide de la phrase, verbale et non verbale.

VOIR AUSSI

– Types et formes de phrases p. 63
– Phrase simple et phrase complexe p. 67

TESTER SES CONNAISSANCES

Dans cet énoncé la ponctuation et les majuscules en début de phrase ont été supprimées. Ponctuez-le suivant votre intuition.

le dimanche j'ai eu de la peine à me réveiller et il a fallu que Marie m'appelle et me secoue nous n'avons pas mangé parce que nous voulions nous baigner tôt je me sentais tout à fait vide et j'avais un peu mal à la tête ma cigarette avait un goût amer Marie s'est moquée de moi parce qu'elle disait que j'avais « une tête d'enterrement » elle avait mis une robe de toile blanche et lâché ses cheveux je lui ai dit qu'elle était belle elle a ri de plaisir.

Albert Camus, *L'Étranger*, chap. VI, © Éditions Gallimard, 1942.

Le dimanche, j'ai eu de la peine à me réveiller et il a fallu que Marie m'appelle et me secoue. Nous n'avons pas mangé parce que nous voulions nous baigner tôt. Je me sentais tout à fait vide et j'avais un peu mal à la tête. Ma cigarette avait un goût amer. Marie s'est moquée de moi parce qu'elle disait que j'avais « une tête d'enterrement ». Elle avait mis une robe de toile blanche et lâché ses cheveux. Je lui ai dit qu'elle était belle, elle a ri de plaisir.

LE COURS

1 Essai de caractérisation de la phrase

Suivant la tradition scolaire, on dit qu'**une phrase commence par une majuscule et s'achève par un point**. Cette « définition », qui ne s'applique qu'à la phrase imprimée, est inopérante à l'oral et souvent difficile à appliquer à l'écrit (textes non ponctués, ponctuations stylistiques abusant des points, etc.).

Pour définir la phrase, on peut la caractériser sous ses trois aspects :

1.1 Du point de vue syntaxique

La phrase est une structure syntaxique complète et autonome, un ensemble hiérarchisé de constituants entretenant entre eux des rapports de dépendance.[1]

[Une grenouille] [vit un bœuf.]
GN GV

1. Ces trois définitions sont extraites de Jean-Christophe Pellat (dir.), *Quelle grammaire enseigner ?* p. 87, © Hatier, 2009.

1.2 Du point de vue sémantique

[...] Dans sa forme canonique, la phrase est constituée d'un sujet et d'un prédicat. Le prédicat « dit quelque chose » sur le sujet en lui attribuant une propriété.[1]

[La chétive pécore] [s'enfla si bien qu'elle creva.]
sujet prédicat

1.3 Du point de vue pragmatique

Mise en relation avec un acte d'énonciation, la phrase intègre une modalité d'énonciation qui indique l'acte de langage qu'elle permet d'accomplir : assertion (ou déclaration), interrogation, injonction.[1] M'y voilà ? Vous n'en approchez point.
La première phrase est interrogative ; la seconde, déclarative, constitue la réponse.

ENTRAINEMENT 1

Corrigé p. 62

Ponctuez ce texte et replacez les majuscules en début de phrase.
Comparez ce texte avec celui du test p. 59.

j'entends ce langage cette musique ils ne sont pas étrangers ils vibrent autour ils brillent autour sur les rochers blancs et sur la mer ils brillent au centre des villes même dans les yeux des passants.

J.M.G. Le Clézio, *L'inconnu sur la terre*, p. 7, © Éditions Gallimard, 1978.

2 La phrase verbale

Elle apparait comme la norme, c'est pourquoi on la qualifie de **canonique**.
Elle donne lieu à deux types de représentations concurrentes.

2.1 La phrase organisée autour du verbe

Certaines analyses, dont celle de la grammaire scolaire traditionnelle, font du verbe l'**axe de symétrie**, le **noyau de la phrase**. Les autres composants (sujets et compléments) s'agencent autour de lui.

Le renard a traversé la clairière endormie.
sujet verbe complément

2.2 La phrase analysée en deux constituants essentiels

- L'analyse distributionnelle fait apparaitre deux constituants essentiels dans la phrase canonique, le **groupe sujet** et le **groupe verbal**, organisé autour du verbe auquel il se réduit parfois.

Le renard (groupe sujet) a traversé la clairière endormie. (groupe verbal)

- La grammaire scolaire actuelle reprend plutôt la seconde représentation (programmes de 2007), sans abandonner complètement la première (programmes de 2002).

3 La phrase non verbale

Par opposition à la phrase verbale, la phrase non verbale **se caractérise par l'absence de verbe conjugué**.

Difficile, cet exercice ! Traitre !

Cependant, l'absence de noyau verbal n'empêche pas la phrase non verbale d'être une phrase :
– du point de vue sémantique, elle exprime une **prédication**.

Dans Difficile, cet exercice, l'adjectif difficile « dit quelque chose », exprime une propriété de cet exercice, qui joue le rôle de sujet de la phrase ;

– du point de vue pragmatique, la phrase non verbale comporte une **modalité d'énonciation** : les exemples sont de type exclamatif, ce qui est souvent le cas des phrases non verbales. On peut aussi trouver des phrases non verbales de type :
  – injonctif : Vos papiers !
  – déclaratif : Pas de nouvelles, bonnes nouvelles.
  – ou interrogatif : Un dessert ?

La phrase non verbale peut avoir deux structures différentes.

3.1 La phrase non verbale à deux termes

a. Remarquable, ce film de Tim Burton ! Au fond, vous deux !
b. Mozart, un génie ! Le bureau du directeur, au bout du couloir.

La phrase non verbale à deux termes comporte deux éléments, le **sujet** et le **prédicat**.

– Le sujet est le plus souvent un groupe nominal : ce film de Tim Burton ; vous deux ; Mozart ; le bureau du directeur ;

– Le prédicat peut être un adjectif : Remarquable, un groupe nominal : un génie, un groupe prépositionnel : au fond, au bout du couloir, etc. Seul le prédicat peut être nié : pas difficile, cet exercice.

L'ordre des termes peut être prédicat-sujet (exemples **a.** : cas fréquent à l'oral) ou sujet-prédicat (exemples **b.**).

3.2 La phrase non verbale à un terme

La phrase non verbale ne comporte qu'un **prédicat**, qui dit quelque chose d'un sujet implicite, qui peut être identifié par le contexte ou par la situation :

Traitre ! Vendu ! Très bon. Debout ! À ton tour.

La personne qualifiée de traitre ou de vendu est identifiable dans la situation, par exemple dans un débat électoral.

DIFFICULTÉS RENCONTRÉES

1. Une phrase non verbale peut comporter un verbe :

Remarquable, ce film de Tim Burton que je viens de voir !

Le groupe nominal sujet de cette phrase non verbale inclut la proposition subordonnée relative que je viens de voir. Mais, comme le verbe figure dans la subordonnée, la structure d'ensemble est bien non verbale (on pourrait supprimer cette relative).

2. Toutes les structures sans verbe conjugué ne constituent pas des phrases non verbales si elles ne possèdent pas les deux caractéristiques de la phrase (prédication et modalité d'énonciation) :

– Adieu, Monsieur le professeur.

Le terme de salutation Adieu et l'apostrophe Monsieur le professeur, qui peuvent aussi se rencontrer seuls (Adieu. Monsieur le professeur !), n'expriment pas une prédication, mais servent à s'adresser à quelqu'un.

– Aïe ! Hélas !

Les interjections, qui s'emploient seules ou s'insèrent dans une phrase, verbale ou non, expriment globalement un sentiment, une réaction, mais ne constituent pas une phrase.

– Est-ce que je vous dérange ? – Oui.

Les mots-phrases oui, non, représentent globalement le contenu positif ou négatif d'une phrase possible (Oui = « vous me dérangez »), mais ils ne sont pas eux-mêmes des phrases.

3. Phrases à présentatif

Et voilà le travail. C'est le printemps.

Le présentatif (*voici*, *voilà*, *c'est*, *il y a*), qui possède une base verbale, constitue une forme particulière de phrase verbale.

À RETENIR

- La définition traditionnelle de la phrase (majuscule à l'initiale et point final) est insuffisante. **La phrase doit être envisagée d'un triple point de vue : syntaxique, sémantique et pragmatique.**
- On distingue des **phrases verbales** et des **phrases non verbales**, selon qu'elles comportent ou non un noyau verbal.

CORRIGÉS

ENTRAINEMENT 1

Énoncé p. 60

J'entends ce langage, cette musique, ils ne sont pas étrangers, ils vibrent autour, ils brillent autour, sur les rochers blancs et sur la mer, ils brillent au centre des villes, même dans les yeux des passants. (J.M.G. Le Clézio, *op. cit.*)

Le texte de Le Clézio comporte 36 mots et, par la volonté évidente de l'auteur, se résume à une phrase alors que vous en avez peut-être compté davantage. Vous pouvez constater que, si l'on s'en remet à la ponctuation, le texte de Camus, qui comporte 89 mots, est découpé en 7 phrases. Les critères du découpage semblent proches des préceptes de l'analyse grammaticale traditionnelle.

2 Types et formes de phrases

OBJECTIF

Distinguer les différents types et formes de phrases.

VOIR AUSSI

– Qu'est-ce qu'une phrase ? p. 59
– Phrase simple et phrase complexe p. 67
– La forme passive p. 209

TESTER SES CONNAISSANCES

Dans l'extrait suivant, quels sont les types et les formes que vous reconnaissez dans les différentes phrases ?

1. « Demain, me dit Anselme, c'est le premier dimanche de Carême, quarante-deux jours avant Pâques.

2. Je pris mon courage à deux mains.

3. – Et d'où il vient, Anselme, cet âne avec ses couffins de genêt sauvage ?

4. Anselme me regarda, étonné.

5. – D'où il vient ?... **6.** Mais de là-haut, parbleu ! **7.** De chez M. Cyprien.

8. J'ouvris de grands yeux.

9. – Tu ne connais pas M. Cyprien ? »

10. Je fis signe que non.

Henri Bosco, *L'Âne culotte*, Éditions Gallimard, 1937.

Les quatre phrases du récit **2.**, **4.**, **8.**, **10.** sont déclaratives positives. Pour le dialogue : **1.** phrase déclarative avec « me dit Anselme » en incise. **3.** et **5.** phrases interrogatives. **6.** phrase exclamative. **7.** phrase déclarative. **9.** phrase interrogative négative.

Corrigé détaillé p. 66

LE COURS

1 Les types de phrases

1.1 Trois types énonciatifs

Face à la grande diversité des phrases possibles à l'oral comme à l'écrit, on peut opérer des regroupements et distinguer d'abord **trois types de phrases**, qui correspondent chacun à un **acte de langage** et qui se caractérisent par une organisation syntaxique propre. Toute phrase appartient nécessairement à l'un de ces trois types et à un seul[1].

- **La phrase déclarative**

Elle est considérée, **à la forme affirmative**, comme le **modèle « par défaut »** de la phrase canonique. Les autres types constituent des transformations de ce modèle. Elle permet d'accomplir un acte déclaratif[2] : le sujet énonce une vérité.

Si je dis : La mésange bleue est plus petite que la mésange charbonnière, je pose comme vrai le contenu de cette phrase.

- **La phrase interrogative**

Elle permet d'**accomplir un acte relevant du questionnement** :

Quel est cet oiseau au plastron rose ?

- **La phrase injonctive**

– Elle permet d'**accomplir l'acte d'ordonner** sous diverses formes et avec divers degrés d'insistance, de la suggestion à l'injonction brutale.

Si je dis : Passe-moi le sel, je demande à un interlocuteur de faire quelque chose.
→ Chacun de ces trois types possède des caractéristiques propres, indépendamment du contenu sémantique de la phrase : une **intonation spécifique** et un **matériel morphosyntaxique propre** (mots interrogatifs, structures de phrase particulières, etc.).

REMARQUE : un type de phrase est associé directement par convention à un acte de langage donné, mais il peut aussi être associé indirectement à un acte de langage différent. La phrase interrogative : Tu ne t'es pas lavé les mains ? n'accomplit vraisemblablement pas un simple acte de questionnement, mais constitue une invitation (valeur injonctive) à réparer cet oubli.

1.2 Un type expressif : la phrase exclamative

- La phrase exclamative fait apparaître les **sentiments du locuteur**, elle se distingue par là de la phrase déclarative non marquée.

Si je dis : On n'a pas interdit la commercialisation des thons rouges !
Cela peut manifester le soulagement chez un pêcheur de la Méditerranée ou la consternation chez un écologiste.

On notera que l'exclamation, marquée à l'écrit par le « ! » en fin de phrase et à l'oral par l'intonation ne modifie pas toujours la structure syntaxique de la phrase (exemple précédent). Elle peut être aussi marquée par des termes spécifiques :

Que c'est triste ! **Quel** gâchis !

1. La phrase exclamative ne figure pas au nombre des types fondamentaux car, à la différence de ceux-ci, elle ne correspond pas à un acte de langage

2. Déclaration = assertion.

2 Les formes de phrases

2.1 Une forme logique : positive ou négative

Toute phrase appartenant à l'un des types évoqués ci-dessus peut prendre la **forme positive**[1] ou **négative** :

Mon verre n'est pas grand mais je bois dans mon verre.
forme négative forme affirmative.

1. La forme positive est dite aussi affirmative dans les programmes de l'école primaire.

2.2 Trois formes facultatives : passive, emphatique, impersonnelle

Elles peuvent se combiner avec les différents types ou la forme de phrase, positive ou négative, précédemment évoqués. Elles ne constituent pas un acte de langage mais des variables dans l'agencement du contenu informatif de la phrase.

- La **forme passive**[2] est constituée de l'auxiliaire *être* et du participe passé. Le complément d'agent est introduit par *par* :

Le château de Versailles est envahi **par** les touristes en été.

2. Voir fiche 22 : La forme passive.

- La **phrase emphatique** sert à mettre en valeur un constituant de la phrase (sujet ou complément). Le locuteur dispose pour ce faire de deux procédures :

– l'**extraction** par c'est… qui, c'est… que en tête de phrase :

C'est papa, **qui** va être content.

C'est demain **que** ta mère revient. Tu devrais ranger ta chambre.

– la **dislocation** : un constituant de la phrase est détaché en début ou en fin de phrase (à l'écrit par une virgule, à l'oral par une pause) et repris ou annoncé par un **pronom** :

Ta sœur, **elle** mange des brocolis. **Elle** mange des brocolis, ta sœur.

Des brocolis, ta sœur **en** mange. Ta sœur **en** mange, des brocolis.

- La **phrase impersonnelle** comporte un pronom impersonnel, dit sujet grammatical ou apparent, et un sujet logique dit réel, postposé au verbe. Quel que soit le nombre du sujet logique, le verbe est toujours à la 3e personne du singulier :

Cinq tableaux seront proposés lors de cette vente.

→ **Il** sera proposé cinq tableaux lors de cette vente.

Ce type de phrase comporte souvent un verbe à la forme pronominale de sens passif :

Il **s'est dit** beaucoup de sottises lors de ce débat.

ENTRAINEMENT 1

Corrigé p. 66

Détaillez les types et formes des phrases suivantes.

1. « Ne te manque-t-il pas toujours dix-neuf sous pour faire un franc ? »
2. La somme des angles d'un triangle est égale à 180 degrés.
3. C'est par inattention, n'est-ce pas, que tu as fait un croc-en-jambe à ton petit frère ?
4. Les oranges, n'en mange surtout pas. Donne-les moi.
5. Il se passe de drôles de choses dans la cuisine de M. Landru. Vous ne trouvez pas ?
6. Ce n'est pas par *Mediapart* que le scandale a été révélé.
7. Qui n'a pas compris cette leçon ?
8. Combien de rôles ont-ils été interprétés par Roberto Alagna ?

ENTRAINEMENT 2

Corrigé p. 67

Dans cet extrait, les didascalies ont été effacées.

Détaillez les types et formes de phrases du texte suivant.

VLADIMIR. – Veux-tu que je m'en aille ? Gogo ! On t'a battu ? Où as-tu passé la nuit ?
ESTRAGON. – Ne me touche pas ! Ne me demande rien ! Ne me dis rien ! Reste avec moi !
VLADIMIR. – Est-ce que je t'ai jamais quitté ?
ESTRAGON. – Tu m'as laissé partir.
VLADIMIR. – Regarde-moi ! Regarde-moi, je te dis !
ESTRAGON. – Quelle journée !
VLADIMIR. – Qui t'a esquinté ? Raconte-moi.
ESTRAGON. – Voilà encore une journée de tirée.
VLADIMIR. – Pas encore.
ESTRAGON. – Pour moi, elle est terminée, quoi qu'il arrive.

Samuel Beckett, *En attendant Godot*, © Les Éditions de Minuit, 1952

À RETENIR

• **La phrase** est nécessairement à l'un des **trois types énonciatifs** fondamentaux : **déclaratif** ou **interrogatif** ou **injonctif**. Elle peut aussi prendre parfois le type **exclamatif**.

• Elle est ensuite soit à la **forme positive** soit à la **forme négative**.

• Elle présente enfin éventuellement une ou plusieurs des trois **formes facultatives**, compatibles entre elles : **passive, emphatique, impersonnelle**.

CORRIGÉS

TESTER SES CONNAISSANCES

Énoncé p. 63

Cet extrait d'un roman est constitué d'un récit au passé simple comportant un discours direct rapporté.

– Les phrases du récit **2. 4. 8.** sont déclaratives positives ainsi que la phrase *me dit Anselme* dans la phrase 1 qui est en incise avec inversion du sujet. Cette phrase particulière, insérée dans une autre au discours direct, sert à indiquer qui parle. Pour la **10.** le non final ne doit pas nous tromper, le verbe est à la forme affirmative.

– Pour le dialogue : **1.** Phrase déclarative. **3.** Phrase interrogative, emphatique avec anticipation du sujet *cet âne* par le pronom *il* (une cataphore).

6. Phrase exclamative (l'exclamation est marquée par l'emploi de l'interjection et du point d'exclamation), avec ellipse du sujet et du verbe (*il vient*).

7. Phrase déclarative avec ellipse du sujet et du verbe (*il vient*).

9. Phrase interrogative à la forme négative.

ENTRAINEMENT 1

Énoncé p. 65

1. Phrase de type interrogatif, à la forme négative et à la forme impersonnelle.

2. Phrase de type déclaratif et c'est tout !

3. Phrase de type interrogatif, à la forme négative et à la forme emphatique (extraction du complément circonstanciel par *c'est... que*).

4. Les deux phrases sont injonctives, la première est négative et emphatique (le COD est détaché en tête de phrase et repris par le pronom *en*).

5. La première phrase est de type déclaratif, à la forme impersonnelle.
La seconde est de type interrogatif et de forme négative.

6. Phrase de type déclaratif et aux formes négative (*n'... pas*), passive et emphatique (extraction du complément d'agent *par Mediapart* avec *c'est ... que*).

7. Phrase de type interrogatif et de forme négative.

8. Phrase de type interrogatif et de forme passive.

ENTRAINEMENT 2

Énoncé p. 66

1. Les types de phrases

– Interrogatif :

• **Interrogation totale** (réponse oui ou non) : *Veux-tu que je m'en aille ? On t'a battu ? Est-ce que je t'ai jamais quitté ?*

• **Interrogation partielle** : *Où as-tu passé la nuit ? Qui t'a esquinté ?*

– Injonctif : *Ne me touche pas ! Ne me demande rien ! Ne me dis rien ! Reste avec moi ! Regarde-moi ! Regarde-moi, je te dis ! Raconte-moi.*
Les points d'exclamation indiquent que le type exclamatif s'ajoute pour renforcer le type injonctif (sentiments vifs).

– Déclaratif : *Tu m'as laissé partir. Voilà encore une journée de tirée. Pour moi, elle est terminée, quoi qu'il arrive.*

– Exclamatif : *Quelle journée !*

2. Les formes de phrases (ajoutées aux types)

– Négative : *Ne me touche pas ! Ne me demande rien ! Ne me dis rien !*
Attention : dans *Est-ce que je t'ai jamais quitté ? jamais* n'est pas négatif.

– Impersonnelle : *quoi qu'il arrive.*

– Phrase à présentatif : *Voilà encore une journée de tirée.*

3 Phrase simple et phrase complexe

OBJECTIFS

– Identifier une phrase simple et analyser une phrase complexe.

– Distinguer les différentes relations syntaxiques dans une phrase complexe.

VOIR AUSSI

– Les propositions subordonnées p. 73

– Les pronoms autres que personnels (le pronom relatif) p. 134

TESTER SES CONNAISSANCES

Parmi les phrases suivantes, relevez des phrases simples et des phrases complexes. Justifiez votre classement.

1. Il faut manger pour vivre et non pas vivre pour manger.

2. Il plonge dans la piscine vide et il se fracture le bassin.

3. Messi, le petit prodige argentin du F. C. Barcelone, le joueur le plus talentueux de la planète football, a marqué samedi dernier deux buts splendides au Nou Camp contre Valence.

4. Patience et longueur de temps font plus que force ni que rage.

5. Pour vivre heureux, vivons cachés.

6. Si loin que tu ailles, je te retrouverai.

7. Les chaussettes de l'archiduchesse sont sèches mais elles pourraient l'être encore plus.

8. J'ai cru voir passer une chouette effraie.

9. La fleur que tu m'avais donnée est fanée.

10. La poule chante, le coq lui répond.

1.3.4.5. Phrases simples. **2.6.7.8.9.10.** Phrases complexes.

Corrigé détaillé p. 72

LE COURS

1 La phrase simple

1.1 Structure de la phrase simple

• **Une phrase est simple** lorsqu'elle ne comporte qu'**un seul verbe conjugué**. Elle est constituée d'un groupe sujet et d'un groupe verbal solidaires, chacun dépendant de l'autre dans la phrase canonique.

• **Une phrase verbale** est une phrase qui contient *ipso facto* **un groupe verbal**, même réduit au verbe : Le chat **dort**, et le groupe verbal suppose, au moins virtuellement, un sujet, fût-il effacé comme dans les phrases à l'impératif : Sortez. ou à l'infinitif : Ne pas cracher par terre.

DIFFICULTÉS RENCONTRÉES

• Plusieurs verbes conjugués juxtaposés ou coordonnés appartiennent à une seule et même phrase lorsque ces verbes ont un sujet unique :

L'avion prend de la vitesse, **décolle**, **monte** rapidement dans le ciel.

Cette phrase doit s'analyser comme comportant un groupe nominal sujet l'avion et trois groupes verbaux juxtaposés, plutôt que comme une suite de trois phrases juxtaposées avec ellipse du sujet pour les deux dernières.

- La longueur de la phrase n'est pas un critère pertinent pour déterminer si une phrase est simple ou complexe.

  Je **viens**.

  Cet affreux petit chien au poil frisé et aux oreilles en pointe **appartient** à la meilleure amie de la femme de mon patron.

  sont des phrases simples

  Va où le vent te **mène**. est une phrase complexe.

1.2 La phrase simple peut être minimale ou étendue

La phrase simple est dite **étendue** quand elle comporte des expansions qui peuvent être effacées.

Demain, à la fine pointe de l'aube, **je t'attendrai** sous l'horloge de la gare.

La jolie **fermette** aux volets vert pomme **appartient à un** riche **propriétaire** étranger à la région.

Si l'on efface les expansions, on obtient une phrase dite **minimale** (ou phrase de base) :

La fermette appartient à un propriétaire. ne peut plus être réduite sans devenir agrammaticale. En effet, si l'on efface le complément, la phrase obtenue : **La fermette appartient* est agrammaticale, car le verbe *appartenir* est transitif indirect et nécessite un complément.

On notera que les expansions, bien que syntaxiquement effaçables, apportent des informations utiles et parfois indispensables pour le sens.

> ATTENTION : la proposition relative est une expansion du nom qui comporte un verbe conjugué, sa présence suffit à faire d'une phrase simple une phrase complexe.
> Ne réveillez pas le chat. est une phrase simple
> Ne réveillez pas le chat qui dort. est une phrase complexe

2 La phrase complexe

La phrase complexe se compose d'au moins deux propositions comportant chacune un **groupe sujet** et un **groupe verbal**.

2.1 Propositions autonomes (juxtaposées ou coordonnées)

Ces propositions peuvent être autonomes et n'avoir entre elles aucun lien de dépendance ; elles peuvent être alors :

– **juxtaposées** : elles sont séparées par une virgule.

Les chiens aboient, la caravane passe.

Les parents boivent, les enfants trinquent.

– **coordonnées** : elles sont reliées par une conjonction de coordination (*mais*, *ou*, *et*, *donc*, *or*, *ni*, *car*).

L'arbitre a sifflé le début de la partie **et** il s'est mis à pleuvoir.

Il souffle un vent à décorner les bœufs, **mais** Claude a ouvert son parapluie.

ENTRAINEMENT 1

Corrigé p. 72

Analysez en propositions les phrases complexes suivantes, en précisant le type de relation entre elles : juxtaposition ou coordination. En cas de coordination, indiquez le mot coordonnant.

1. L'usine nucléaire de Fukushima a explosé et les habitants ont dû évacuer la zone contaminée.
2. Gavroche et Cosette sont des personnages littéraires très connus, Folcoche est un modèle maternel moins célèbre.
3. Le cheval a détruit l'obstacle, mais le cavalier s'en est tiré sans mal.
4. Le vent se lève, il faut carguer les voiles.
5. Une joueuse de tennis française a gagné la finale de Wimbledon, un joueur de tennis espagnol a remporté celle de Roland-Garros.
6. Je panse les blessés donc je suis infirmière.

2.2 Propositions principale et subordonnée

– Les propositions principale et subordonnée ont entre elles un **lien de subordination**.
– La proposition subordonnée dépend d'une proposition dite **principale**.
– La subordination est très souvent marquée par un mot dit subordonnant : une conjonction (*que*, *quand*, ...), un pronom relatif (*qui*, *que*, *où*, ...), etc.

Je ne voudrais pas **que** tu croies **que** je t'ai fait attendre exprès.

Tu parleras **quand** les poules auront des dents.

– On peut classer les subordonnées en trois catégories : les **relatives**, les **complétives**, les **circonstancielles**.

• **Les subordonnées relatives** constituent des expansions d'un nom, leur **antécédent**. Elles sont des constituants du groupe nominal. Elles sont **introduites par un pronom relatif**[1] qui a une fonction par rapport au verbe de la proposition.

Ne réveillez pas le chat **qui** dort (qui : sujet ; qui dort : prop. sub. relative)

• **Les subordonnées complétives** conjonctives sont introduites le plus souvent par ***que***. Elles sont, entre autres, compléments du verbe et donc des constituants du groupe verbal.

J'espère **que** tu n'oublieras pas notre rendez-vous. (que tu n'oublieras pas notre rendez-vous : prop. sub. complétive)

On peut leur associer :

– les propositions **interrogatives indirectes** : Je me demande **si** Panisse coupe à coeur.

– les propositions **infinitives** que l'on rencontre après des verbes de perception :

1. Voir la liste des pronoms relatifs p. 139.

J'entends <u>les oiseaux chanter</u>. Cette proposition peut commuter avec la complétive J'entends que les oiseaux chantent sans modification notable du sens.

- **Les subordonnées circonstancielles** sont des constituants de la phrase. Elles sont effaçables mais apportent généralement des informations utiles.

Tu viendras **quand** tu pourras. Il boude **parce qu'**il n'a pas eu de chocolat.
(prop. sub. circonstancielle : « quand tu pourras » ; prop. sub. circonstancielle : « parce qu'il n'a pas eu de chocolat »)

On peut leur associer les **propositions participiales** composées d'un participe remplissant la fonction verbale et d'un sujet qui lui est propre, différent de celui de la proposition principale.

sujet du participe *ayant mal négocié* — sujet du verbe *est partie*

Le conducteur ayant mal négocié le virage, / **la voiture** est partie dans le fossé.

prop. sub. participiale — prop. principale

ENTRAINEMENT 2

Corrigé p. 72

Indiquez quelle subordonnée comporte chaque phrase.

1. Elle ne savait pas quel admirateur avait bien pu lui offrir ces fleurs.
2. Je ne crois pas qu'il fasse long feu dans cette équipe.
3. Je sens la moutarde me monter au nez.
4. Je me demandais pourquoi il restait bouche bée.
5. De crainte qu'il n'oubliât son anniversaire, elle avait inséré l'évènement dans Facebook.
6. Je ne me souviens plus de ce dont je devais me souvenir.
7. Comme il atteignait l'orée du village, il vit le garde-champêtre.

ENTRAINEMENT 3

Corrigé p. 72

Analysez en propositions chaque phrase de ce texte.

Grand était enfoncé au creux de son oreiller, la peau verdie et l'œil éteint. Il regardait fixement un maigre feu que Tarrou allumait dans la cheminée avec les débris d'une caisse. « Ça va mal », disait-il. Et du fond de ses poumons en flammes sortait un bizarre crépitement qui accompagnait tout ce qu'il disait. Rieux lui recommanda de se taire et dit qu'il allait revenir. Un bizarre sourire vint au malade et, avec lui, une sorte de tendresse lui monta au visage. Il cligna de l'œil avec effort. « Si j'en sors, chapeau bas, docteur ! » Mais tout de suite après, il tomba dans la prostration.

Albert Camus, *La Peste*, © Éditions Gallimard, 1947.

Dans la tradition scolaire, l'analyse d'une phrase en propositions s'appelle l'analyse logique.

À RETENIR

- Une phrase peut être **simple** ou **complexe**.
- **La phrase simple ne comporte qu'un verbe conjugué**, elle peut être **minimale** ou **étendue** selon qu'elle comporte ou non des expansions.
- **La phrase complexe est constituée d'au moins deux propositions.**
Celles-ci peuvent être **juxtaposées, coordonnées** ou être **liées** par un rapport de subordination.
- On distingue les propositions **subordonnées relatives, complétives** et **circonstancielles.**

CORRIGÉS

TESTER SES CONNAISSANCES

Énoncé p. 68

1. Phrase simple : cinq verbes dont un seul conjugué, l'impersonnel *il faut*.

2. Phrase complexe : deux propositions coordonnées par *et*.

3. Phrase simple : un seul verbe, *a marqué*.

4. Phrase simple : deux sujets coordonnés mais un seul verbe, *font*.

5. Phrase simple : un seul verbe conjugué, *vivons*.

6. Phrase complexe : deux propositions dont une circonstancielle d'opposition (*si* ... *que*).

7. Phrase complexe : deux propositions coordonnées par *mais*.

8. Phrase complexe : une proposition principale et une proposition infinitive (*passer une chouette effraie*).

9. Phrase complexe avec une proposition relative (*que tu m'avais donnée*).

10. Phrase complexe : deux propositions juxtaposées.

ENTRAINEMENT 1

Énoncé p. 70

1. Deux propositions coordonnées par *et*.

2. Deux propositions juxtaposées.

3. Deux propositions coordonnées par *mais*.

4. Deux propositions juxtaposées.

5. Deux propositions juxtaposées.

6. Deux propositions coordonnées par *donc*.

ENTRAINEMENT 2

Énoncé p. 71

1. Interrogative indirecte : *quel admirateur avait bien pu lui offrir ces fleurs* (*quel* est déterminant interrogatif).

2. Complétive introduite par *que* : ***qu'****il fasse long feu dans cette équipe.*

3. Proposition infinitive : *la moutarde me monter au nez* (sujet : *la moutarde*)

4. Interrogative indirecte introduite par *pourquoi* : ***pourquoi*** *il restait bouche bée.*

5. Circonstancielle de but (*de crainte que...* équivaut à *pour que... ne... pas*)

6. Relative introduite par *dont* : ***dont*** *je devais me souvenir.*

7. Circonstancielle de temps introduite par *comme* : ***Comme*** *il atteignait l'orée du village.*

ENTRAINEMENT 3

Énoncé p. 71

– *Grand était enfoncé au creux de son oreiller, la peau verdie et l'œil éteint.* Phrase simple (étendue).

– *Il regardait fixement un maigre feu* ***que*** *Tarrou allumait dans la cheminée avec les débris d'une caisse.* Phrase complexe, comportant une proposition principale et une subordonnée relative adjective, complément de l'antécédent *un maigre feu*.

– « *Ça va mal* », *disait-il*. Deux phrases simples (minimales), la seconde étant une incise.

– *Et du fond de ses poumons en flammes sortait un bizarre crépitement* ***qui*** *accompagnait tout* ***ce qu'****il disait*. Phrase complexe comportant une principale et deux subordonnées relatives, adjective (*qui accompagnait*), complément de l'antécédent *un bizarre crépitement*, et substantive (périphrastique : *(tout) ce qu'il disait*), COD du verbe *accompagnait*. La conjonction de coordination *et* en début de phrase est un connecteur.

– *Rieux lui recommanda de se taire et dit* ***qu'****il allait revenir*. Phrase complexe comportant une principale (deux groupes verbaux coordonnés) et une subordonnée complétive, COD de *dit*.

– *Un bizarre sourire vint au malade* ***et****, avec lui, une sorte de tendresse lui monta au visage*. Phrase complexe, comportant deux propositions coordonnées par *et*, conjonction de coordination.

– *Il cligna de l'œil avec effort*. Phrase simple (étendue).

– « ***Si*** *j'en sors, chapeau bas, docteur !* » Phrase complexe, comportant une subordonnée circonstancielle de condition et une principale de forme non verbale (*chapeau bas* ; *docteur* est une apostrophe).

– *Mais tout de suite après, il tomba dans la prostration*. Phrase simple (étendue). La conjonction de coordination *mais* en début de phrase est un connecteur.

Voir FICHE 5 : Les propositions subordonnées relatives.

4 Les propositions subordonnées complétives et circonstancielles

OBJECTIF

Connaitre les caractéristiques des propositions subordonnées complétives et circonstancielles.

VOIR AUSSI

– Phrase simple et phrase complexe p. 67
– Les propositions subordonnées relatives p. 81
– Les pronoms p. 126 et p. 134
– Les emplois de *que* p. 142
– Les expansions du nom p. 179
– Le subjonctif p. 254

TESTER SES CONNAISSANCES

Repérez, s'il y a lieu, les propositions subordonnées et indiquez leur nature.

1. Il fait lourd, il y a de l'orage dans l'air.
2. Elle trouva le texte qu'elle cherchait depuis si longtemps.
3. Elle déclara qu'elle ne voulait plus aller à l'école.
4. Appuyée contre le mur, une jeune femme attend.
5. Voudriez-vous vous taire un instant ?
6. Elle se hâte car elle est pressée.
7. Il réussit bien quand il s'applique.

2. qu'elle cherchait depuis si longtemps : relative adjective.
3. qu'elle ne voulait plus aller à l'école : complétive.
7. quand il s'applique : circonstancielle de temps.

Corrigé détaillé p. 80

LE COURS

1 La subordination

La phrase complexe comporte plusieurs propositions qui peuvent être :
– **juxtaposées** : Il fait lourd, il y de l'orage dans l'air.
– **coordonnées** : Elle se hâte car elle est pressée.
– ou **organisées hiérarchiquement en principale et subordonnée** : Elle déclara qu'elle ne voulait plus aller à l'école.

Toutes les propositions (principale, indépendante, subordonnée) comportent normalement **un sujet ou groupe sujet et un verbe ou groupe verbal.**

Les propositions subordonnées, comme leur nom l'indique, se construisent dans un lien de dépendance par rapport à une autre proposition régissante appelée principale.

- Toute proposition subordonnée peut aussi être régissante et avoir une ou plusieurs propositions subordonnées.

  Si vous voulez que je vous réponde, il faut m'envoyer un courriel. La proposition Si vous voulez, subordonnée à la principale il faut m'envoyer un courriel, régit la proposition que je vous réponde qui lui est subordonnée.

- La **relation de dépendance** s'établit généralement par rapport à un des constituants de la proposition principale :

  Elle trouva **le texte** qu'elle cherchait depuis si longtemps. = relation par rapport au GN *le texte*.
  Elle **déclara** qu'elle ne voulait plus aller à l'école. = relation par rapport au verbe *déclara*.

- Cette dépendance est le plus souvent indiquée par un **mot subordonnant** : conjonction de subordination (*que*, *quand*, *comme*, *si*, ...), locution conjonctive (*parce que*, *dès que*, *si bien que*, ...), terme interrogatif (*où*, *quel*, *si*, ...) ou pronom relatif (*qui*, *que*, *quoi*, *dont*, *où*, *lequel* et ses variantes).

- La classe d'appartenance de ces mots subordonnants permet d'opérer une première distinction des propositions subordonnées en **complétives** et **circonstancielles** d'une part, et en **relatives** d'autre part.

Voir FICHE 5 : Les propositions subordonnées relatives.

DIFFICULTÉS RENCONTRÉES

Subordonnées sans mot subordonnant

Certaines propositions subordonnées dont l'existence n'est pas reconnue par tous les linguistes sont dépourvues de terme subordonnant : les subordonnées infinitives et subordonnées participiales.

- **Subordonnée infinitive**

Son verbe est à l'infinitif et elle doit posséder un sujet distinct de celui de la proposition principale. Elle est généralement complément d'objet direct d'un verbe de perception (*entendre*, *voir*, *sentir*, etc.) et peut être remplacée par une complétive :

J'entends siffler le train.

Le groupe de mots « *siffler le train* » est une proposition subordonnée infinitive (il dépend du verbe « *entends* » de la proposition principale et possède un sujet propre). On pourrait dire : J'entends que le train siffle.

Si dans l'exemple donné ci-dessus le sujet est inversé, ce n'est pas toujours le cas :

Je laisserai le vent baigner ma tête nue.

- **Subordonnée participiale**

Son verbe est au participe présent ou passé et elle possède aussi un sujet propre :

La fête terminée, chacun rentra chez soi.

La subordonnée participiale, indiquant le plus souvent une circonstance temporelle ou causale, équivaut à une subordonnée circonstancielle qui peut la remplacer :

Quand la fête fut terminée, chacun rentra chez soi.

2 Les propositions subordonnées complétives

Les propositions subordonnées complétives peuvent se substituer à des groupes nominaux et remplissent souvent des fonctions de **complément de verbe** (COD, COI), quelquefois de sujet, et plus rarement encore de complément de nom ou d'adjectif.

On distingue deux types de subordonnées complétives : **les propositions introduites par *que*** ou propositions conjonctives et **les propositions interrogatives indirectes**.

2.1 Les subordonnées introduites par *que* (ou *ce que*)

- Elles sont introduites par la conjonction de subordination *que*, dépourvue de toute fonction dans la proposition introduite, et dépendent le plus souvent d'un verbe exprimant un acte de nature psychologique : déclaration, jugement, expression d'un sentiment ou d'une volonté.

Elle a toujours voulu **que** je réussisse.

- Elles peuvent aussi suivre des **formes impersonnelles** : *il arrive*, *il semble*, *il se peut*, *il faut*... ou des constructions du type : *il est* + attribut :

  Il faut **que** tu viennes. Il est possible **que** cela soit vrai.

- Leur fonction la plus fréquente est celle de **complément d'objet direct** (COD) du verbe principal : Je pense **que** tu iras loin.

  COD de *pense*

- Elles peuvent cependant assumer une fonction de **sujet** lorsqu'elles sont en tête de phrase :

  Qu'il accepte me surprendrait énormément.

  sujet du verbe *surprendrait*

- Enfin, avec certains noms ou adjectifs, elles sont parfois **compléments de nom** ou **compléments d'adjectif** : Il avait acquis la certitude **que** la terre était ronde.

  complément du nom *certitude*

  Je suis heureux **que** tu aies si bien réussi.

  complément de l'adjectif *heureux*

- Lorsque ces subordonnées complètent un verbe de construction indirecte, elles adoptent une forme indirecte et sont introduites par la locution *ce que* accompagnée de la préposition nécessaire *à* ou *de*. La fonction de la subordonnée complétive est alors celle de **complément d'objet indirect** (COI) du verbe :

  Je tiens à **ce que** vous veniez à cette conférence.

  COI de *tiens*

  Je m'étonne de **ce que** vous ne soyez pas venus.

  COI de *m'étonne*

DIFFICULTÉ RENCONTRÉE

La forme ***ce que*** peut servir à introduire :

– des subordonnées conjonctives complétives : Je m'attends à ce qu'il parte (*que* n'a pas de fonction dans la proposition qu'il introduit et n'a pas d'antécédent dans la principale) ;

– des subordonnées relatives : C'est exactement ce que vous croyez (*que* a une fonction dans la proposition qu'il introduit où il est COD du verbe *croyez* et a pour antécédent *ce*).

2.2 Les subordonnées interrogatives indirectes

Les subordonnées interrogatives indirectes sont introduites par un pronom ou un adverbe interrogatif (*qui*, *où*, *quand*, *comment*...) et sont porteuses d'une interrogation. Mais elles sont aussi **des complétives** car elles dépendent, elles aussi, d'un verbe exprimant une recherche d'information explicite (*se demander*) ou implicite (*ignorer*) dont elles sont le complément direct :

Je me demande s'il viendra. Ils veulent savoir comment tu fais.
Je voudrais savoir quelle heure il est. Ils demandent qui elle est.

Les subordonnées interrogatives indirectes sont introduites par les mêmes mots interrogatifs que l'interrogation directe (*qui*, *quel*, *pourquoi*, *quand*, etc.) ou par *si* interrogatif (interrogation totale), à ne pas confondre avec le *si* conditionnel (si j'étais riche).

2.3 Emploi des modes dans les complétives

Les subordonnées complétives peuvent être à l'indicatif et au subjonctif. Le plus souvent, ce choix est contraint par la syntaxe :

– certains verbes comme *déclarer*, *penser*, *croire*, *espérer*, *décider* affirmant l'existence d'un fait, imposent le mode **indicatif**, tandis que d'autres porteurs d'une certaine dose d'incertitude (*douter*), exprimant le souhait et la volonté (*craindre*, *souhaiter*, *vouloir*) ou un « sentiment » (*se réjouir*), exigent le **subjonctif** :

Je pense qu'il vaut mieux en rire. Elle veut qu'il s'en aille.

– d'autres verbes comme *dire* ou *écrire* entrainent un changement de mode selon l'acception choisie : Je lui écris que je suis bien arrivé. (*écrire* au sens d'*informer*).

Elle lui écrit qu'il prenne bien soin de lui. (*écrire* au sens de *demander*, de *conseiller*).

– quelques verbes normalement construits avec l'indicatif admettent le subjonctif quand ils sont à la forme négative : Je crois qu'il prend sérieusement ses médicaments. Je ne crois pas. / Crois-tu qu'il prenne sérieusement ses médicaments ?

– quand elles sont antéposées avec une fonction de sujet, les complétives sont systématiquement au subjonctif. Qu'il vienne m'étonnerait grandement.

ENTRAINEMENT 1

Corrigé p. 80

Distinguez les propositions subordonnées complétives et les interrogatives indirectes puis indiquez leur fonction.

1. Il avait l'espoir que tout cela se termine bien.
2. Savons-nous vraiment ce que nous voulons faire.
3. Je ne veux pas que tu ailles dans cet endroit.
4. Il me demanda quelle heure il était.
5. Elle répond que Mme Rousselet n'est pas là.
6. Elle lui demande s'il vient.
7. Il est finalement arrivé à ce qu'il voulait.
8. Je pensais qu'ils n'oseraient jamais.
9. Que vous veniez me voir, me ferait un immense plaisir.
10. Elle est contente que tu aies bien réussi ta dissertation de philo.

3 Les propositions subordonnées circonstancielles

Elles sont **introduites par une conjonction de subordination** : *quand*, *si*, *comme*, ou par une locution conjonctive *parce que*, *puisque*, *quoique*, *dés que*, *aussitôt que*, *bien que*, *jusqu'à ce que*, *en attendant que*...
Les subordonnées circonstancielles remplissent une **fonction de complément circonstanciel** en apportant des précisions sur les circonstances de l'action : le temps, la cause, le but, la conséquence, la condition, la concession, la comparaison.

Ces conjonctions n'ont pas de fonction dans la proposition subordonnée introduite mais possèdent le plus souvent un contenu sémantique.

DIFFICULTÉS RENCONTRÉES

• La notion de circonstance n'est pas toujours bien claire et certaines subordonnées participent à la fois de deux valeurs circonstancielles :

S'il venait à la maison, on le recevrait avec joie. = temps ou condition ?

- Tandis que d'autres entrent mal dans les catégories prévues :
Tu veux acheter ce gadget sauf que tu as oublié de prendre de quoi payer. = opposition ou exception ?

3.1 Circonstancielles de temps

Subordonnants courants : *quand, lorsque, puisque, pendant que, après que, ...*

Elles précisent le rapport chronologique entre la principale et la subordonnée :

Quand une difficulté surgissait, il m'aidait.

Avec des subordonnants comme *alors que, tandis que, ...* certaines circonstancielles de temps présentent parfois les faits comme s'excluant l'un l'autre et prennent une valeur particulière d'opposition : Il a été condamné **alors qu'il était innocent**.

3.2 Circonstancielles de cause

Subordonnants courants : *parce que, puisque, comme, du fait que, ...*

Elles expriment la cause avec des nuances importantes selon la conjonction ou locution utilisée. Ainsi, *parce que* et sa variante *du fait que* répondent plutôt à la question *pourquoi ?* et expriment la cause objective :

Elle ôte ses souliers **parce qu'elle a mal aux pieds**.

Tandis que *puisque* et ses variantes *dès lors que, du moment que* ou *comme*, permettent plutôt de justifier la principale et de la présenter comme évidente :

Puisque tu sais tout, tu vas pouvoir répondre à la question.

3.3 Circonstancielles de conséquence

Subordonnants courants : *si bien que, de sorte que, de manière que, de façon que, si ... que, tellement ... que, ...*

Elles présentent les faits comme s'ils s'enchainaient mécaniquement :

Il était fatigué **si bien qu'il s'est arrêté**. Il est **si** gentil **qu'on lui pardonne**.

3.4 Circonstancielles de but

Subordonnants courants : *pour que, afin que, de peur que, de crainte que, ...*

Elles marquent le but, l'intention, si bien qu'elles sont toujours au subjonctif :

Nous avons dû insister **pour qu'elle vienne**.

3.5 Circonstancielles de concession

Subordonnants courants : *bien que, encore que, quoique, même si, ...*

Elles apparaissent essentiellement dans les processus argumentatifs lorsqu'une cause supposée admise par un (ou des) interlocuteur(s) est refusée ou présentée comme sans effet ou de peu d'effet : **Bien qu'il sache lire**, il n'a rien compris.

Voir FICHE 5 : Les propositions subordonnées relatives.

REMARQUE : même si elles ont un sens très proche, il est préférable de distinguer les circonstancielles concessives des propositions relatives de sens concessif généralement construites avec le pronom relatif ***que***. Quoi qu'il puisse dire, personne ne l'écoute.

3.6 Circonstancielles de condition

Subordonnants courants : *si, à condition que, à moins que, en admettant que, en supposant que, ...*

Elles expriment une condition dont dépend la réalisation du procès principal :

Si tu pars, n'oublie pas tes amis.

3.7 Circonstancielles de comparaison

Subordonnants courants : *comme, comme si, plus ... que, moins ... que, aussi ... que, ...* :

Il ment **comme il respire**.

DIFFICULTÉ RENCONTRÉE

Les systèmes corrélatifs

Un certain nombre de subordonnées présentent des constructions particulières qui en modifient les propriétés et les rendent non mobiles ou peu mobiles. C'est le phénomène de la corrélation qui peut toucher différents types de subordonnées mais qui concerne surtout les subordonnées de conséquence et de comparaison.

Ainsi, certaines propositions introduites par *que* sont « annoncées » dans la principale par un terme dont elles dépendent. Bien qu'il appartienne à la principale, ce terme annonciateur est indispensable à la subordonnée, qui est aussi indispensable à la principale :

Paul est <u>plus</u> grand **que Pierre**. Il est <u>si</u> bon **que tout le monde l'aime**.

ENTRAINEMENT 2

Corrigé p. 80

Relevez et distinguez les différentes propositions subordonnées circonstancielles.

1. Si tu veux gagner du temps, arrête de tourner en rond.
2. Les meubles auraient été livrés s'il n'y avait pas eu cet accident.
3. Il s'est découragé si bien qu'il n'a pu aller jusqu'au bout.
4. Comme le soleil se levait, nous partîmes.
5. Nous sommes si fatigués que nous n'irons pas plus loin.
6. Quoique le temps soit maussade, la fête va être un succès.
7. Il téléphonera pour que Pauline vienne.
8. Il restera jusqu'à ce que ses forces l'abandonnent.
9. Prends de l'aspirine puisque tu as mal à la tête.

À RETENIR

- **La proposition subordonnée dépend d'un élément** ou de l'ensemble de la proposition qui la régit.
- **Les propositions subordonnées complétives** occupent le plus souvent une fonction de **complément de verbe** mais peuvent aussi assumer les fonctions de **sujet**, de **complément de nom ou d'adjectif.**
- **Les propositions subordonnées circonstancielles** occupent une fonction de **complément circonstanciel** et peuvent exprimer : le temps, la cause, la conséquence, le but, la concession, la condition et la comparaison.

CORRIGÉS

TESTER SES CONNAISSANCES

Énoncé p. 74

1. Pas de subordonnée mais deux propositions indépendantes juxtaposées.

2. *qu'elle cherchait depuis si longtemps* : proposition subordonnée relative adjective.

3. *qu'elle ne voulait plus aller à l'école* : proposition subordonnée complétive.

4. Pas de subordonnée car il n'y a qu'une seule proposition indépendante. Le participe passé est apposé au sujet, comme un adjectif (*Inquiète*, *elle*…).

5. Pas de subordonnée car il n'y a qu'une seule proposition indépendante. Le verbe se taire (forme pronominale) est simplement complément d'objet de vouloir.

6. Pas de subordonnée. Les deux propositions sont coordonnées par « car ».

7. *quand il s'applique* : proposition subordonnée circonstancielle de temps.

ENTRAINEMENT 1

Énoncé p. 77

1. *que tout cela se termine bien* : complétive, complément du nom *espoir.*

2. *ce que nous voulons faire* : interrogative indirecte, COD du verbe *savons.*

3. *que tu ailles dans cet endroit* : complétive, COD du verbe *veux.*

4. *quelle heure il était* : interrogative indirecte, COD du verbe *demanda.*

5. *que Mme Rousselet n'est pas là* : complétive, COD du verbe *répond.*

6. *s'il vient* : interrogative indirecte, COD du verbe *demande.*

7. *à ce qu'il voulait* : complétive, COI du verbe *est arrivé.*

8. *qu'ils n'oseraient jamais* : complétive, COD du verbe pensais.

9. *Que vous veniez me voir* : complétive, sujet du verbe *ferait.*

10. *que tu aies bien réussi ta dissertation de philo* : complétive, complément de l'adjectif *contente.*

ENTRAINEMENT 2

Énoncé p. 79

1. *Si tu veux gagner du temps* : circonstancielle de condition.

2. *s'il n'y avait pas eu cet accident* : circonstancielle de condition.

3. *si bien qu'il n'a pu aller jusqu'au bout* : circonstancielle de conséquence.

4. *Comme le soleil se levait* : circonstancielle de temps avec une nuance de cause selon les contextes.

5. *que nous n'irons pas plus loin* : circonstancielle de conséquence.

6. *Quoique le temps soit maussade* : circonstancielle de concession.

7. *pour que Pauline vienne* : circonstancielle de but.

8. *jusqu'à ce que ses forces l'abandonnent* : circonstancielle de temps.

9. *puisque tu as mal à la tête* : circonstancielle de cause.

5 Les propositions subordonnées relatives

OBJECTIF

Connaitre les caractéristiques des différents types de propositions relatives.

VOIR AUSSI

– Phrase simple et phrase complexe p. 67
– Les propositions subordonnées complétives et circonstancielles p. 73
– Les pronoms autres que personnels p. 134
– Les emplois de *que* p. 142
– Les expansions du nom p. 179
– Le subjonctif p. 254

TESTER SES CONNAISSANCES

Repérez, s'il y a lieu, les propositions relatives.

1. Pierre est un garçon qui sait bien lire.
2. Ils vivent dans la crainte que le ciel ne leur tombe sur la tête.
3. La ville où il est né n'existe plus.
4. Dis-nous où tu vas.
5. Cela dépend des substances avec quoi la pommade est faite.
6. Ce que son petit-fils fait à l'école intéresse ce grand-père.
7. Qui dort dine.

1. *qui sait bien lire.* **3.** *où il est né.* **5.** *avec quoi la pommade est faite.* **6.** *(ce) que son petit-fils fait à l'école.* **7.** *qui dort.*

Corrigé détaillé p. 85

LE COURS

Les propositions subordonnées relatives sont introduites par les pronoms relatifs : ***qui***, ***que***, ***quoi***, ***dont***, ***où***, ***lequel*** (et ses dérivés formés à partir de la préposition *à* ou *de* : *auquel*, *duquel*) et dépendent généralement d'un nom.

- Le pronom relatif occupe toujours une fonction dans la proposition qu'il introduit :

Il mit le livre dans les mains de Zadig,	qui, (...), ne put en déchiffrer un seul caractère.
Proposition principale	**Proposition subordonnée relative,** introduite par le pronom relatif *qui*, dont l'antécédent est le nom *Zadig*. Le pronom relatif *qui* est sujet du verbe *put déchiffrer*.

ATTENTION : seul *dont* est exclusivement pronom relatif. Les autres formes : *qui*, *que*, *quoi*, *lequel* peuvent avoir d'autres emplois comme celui de pronoms interrogatifs : Qui est-ce ? Dis-nous où tu veux aller.

Il existe plusieurs sortes de propositions subordonnées relatives.

1 Les subordonnées relatives adjectives

Les propositions relatives adjectives jouent le rôle d'un adjectif, épithète ou apposé :
J'aime les roses qui sont rouges. / J'aime les roses rouges.
Ces propositions relatives sont de très loin les plus fréquentes.

Elles **complètent un antécédent** qui peut être :
- un groupe nominal déterminé (*les roses*, ...) : J'aime **les roses** qui sont rouges.
- un pronom personnel (*moi*, *toi*, *lui*, *elle*, *nous*, *vous*, *eux*, ...) :
  Toi qui as beaucoup voyagé, raconte-nous tes aventures.
- un pronom possessif (*le mien*, *le tien*, *le sien*, ...) :
  Elle préfère **le sien** qui est plus pratique.
- ou encore un pronom indéfini (*rien*, *certain*, *quelqu'un*, ...) :
  J'ai vu **quelqu'un** qui passait en courant.

1.1 Relatives déterminatives et explicatives

D'un point de vue sémantique, on distingue : la **relative déterminative** et la **relative explicative**.

- La relative **déterminative** (ou **restrictive**) complète la détermination du nom antécédent (son identification). Puisqu'elle est nécessaire pour identifier correctement cet antécédent, elle ne peut être supprimée sans que le sens de la phrase en soit altéré : J'entends les voix des gens qui se baignent en contrebas, la relative est déterminative car elle permet l'identification complète de l'antécédent *gens* en restreignant son extension (non pas « tous les gens » mais seulement « ceux qui se baignent en contrebas »).

- La **relative explicative** (ou **appositive**) apporte simplement un commentaire sans participer à l'identification de l'antécédent. C'est le cas lorsque la détermination du nom est suffisante sans la relative, par exemple avec un déterminant possessif ou avec un nom propre antécédent : Elle attrapa sa clé qui trainait sur la table. Ils s'arrêtèrent à Albi qu'ils ne connaissaient pas.

– Très souvent, la relative explicative est placée entre virgules. Ainsi, la relative :

Son ami, qui avait voyagé toute la nuit, s'assoupit tout à coup, est explicative car elle ne joue aucun rôle dans l'identification de l'antécédent. Elle peut être supprimée sans que le sens de la phrase en soit profondément modifié.

– Cependant, les relatives explicatives sont souvent porteuses de valeurs circonstancielles diverses (temporelles, causales, conditionnelles, concessives...) qui sont à interpréter car rien ne les signale. Par exemple, dans l'exemple précédent, la relative qui avait voyagé toute la nuit, a une valeur causale.

ENTRAINEMENT 1

Corrigé p. 85

Identifiez les subordonnées relatives adjectives : déterminatives ou explicatives.

1. Elle est venue le voir à Bordeaux d'où elle l'a suivi.
2. Il semble avoir peur des mots dont il se sert.
3. Elle sourit de ce sourire qui semble une énigme.
4. Sa figure semblait toute en profil à cause du nez qui descendait très bas.
5. Le vieil homme, qui était sage, approuva.

1.2 Le mode dans les relatives adjectives

- L'**indicatif** est le mode le plus courant (voir les exemples du 1.1).
- Le **subjonctif** peut se rencontrer dans certaines relatives adjectives déterminatives

– si l'antécédent comporte un superlatif ou un adjectif comme *seul*, *premier*, *dernier*, ... :

C'est le plus grand menteur que j'aie jamais rencontré.

Il est le seul qui puisse réussir.

– ou si la proposition régissante dont dépend la relative implique une idée d'intention, de doute ou d'hypothèse : Je cherche un livre qui soit bien écrit.

S'il y a quelque chose qui te fasse plaisir, prends-le.

Tous souhaitent un monde qui soit meilleur.

- L'**infinitif** est également utilisé après certains verbes comme *chercher*, *avoir besoin de*, *falloir*,... à condition que le sujet de la principale et celui de la subordonnée soient identiques. Les relatives à l'infinitif peuvent se paraphraser par des relatives avec le verbe *pouvoir* : Il n'avait personne à qui se confier (à qui il puisse se confier).

2 Les subordonnées relatives substantives

Les propositions subordonnées relatives substantives n'ont **pas d'antécédent** et sont dites substantives parce qu'elles sont **assimilables à un groupe nominal** dont elles peuvent prendre toutes les fonctions : sujet, complément,...

2.1 Forme simple : le relatif seul

Elles sont introduites par :

– le **pronom relatif *qui*** (ou sa variante *quiconque*) précédé dans certains cas du mot *tel*, qui peut être employé sans antécédent, notamment dans les proverbes, les maximes consacrés par l'usage ou inventés : **Qui** vole un œuf vole un bœuf.

Qui vole un bœuf doit avoir un grand congélateur. La proposition relative est sujet du verbe de la phrase.

– le **pronom relatif *quoi*** obligatoirement précédé d'une préposition :

Voilà bien **à quoi** il fallait penser !

– le **pronom relatif *où*** : Allez **où** bon vous semble.

2.2 Les relatives périphrastiques

Elles n'ont pas non plus de véritable antécédent et sont introduites par une locution constituée :

– d'un **pronom démonstratif** [*ce*, *celui* et ses variables en genre et en nombre : *celle*, *ceux*, etc.] ou d'un adverbe comme *là*,

– et d'un **pronom relatif** : *ce **qui***, *ce **que***, *celui **qui***, *celui **que***, *là **où***, ... :

Celui qui a dit cela est un menteur. **Ce que** tu veux est impossible.

Là où il passe l'herbe ne repousse pas.

DIFFICULTÉ RENCONTRÉE

Le repérage des relatives est parfois rendu difficile par les enchâssements [on parle de « **relative imbriquée** » avec une complétive] : Vous êtes supporteur **de cette équipe**.

Nous allons assister à un match de l'équipe dont je sais (relative) que vous êtes supporteur (prop. complé.).

POUR ALLER PLUS LOIN

1. Les relatives prédicatives

Certaines relatives, introduites par le pronom relatif *qui*, ne jouent cependant pas ce rôle d'adjectif épithète ou apposé. En revanche, elles apportent l'information essentielle du propos de l'énoncé [le prédicat], c'est pourquoi on les nomme **relatives prédicatives** [ou **attributives** car elles ont une fonction d'attribut de l'objet] : Je le trouvais **qui pleurait**.

Plus rares que les propositions relatives adjectives, elles se rencontrent :

– après des verbes de perception comme *voir*, *entendre*, *regarder*, *sentir* ou le verbe *trouver* : Je le vois **qui parle**.

– après les présentatifs *voici*, *voilà*, *c'est*, *il y a* :

Voilà le train **qui arrive** ! Il y a le téléphone **qui sonne**.

– après certaines constructions du verbe *avoir*, très proches du présentatif *il y a* :

Il a un genou **qui lui fait mal**.

ATTENTION : la distinction entre relatives adjectives, épithètes ou apposées, et relatives prédicatives est parfois difficile hors du contexte communicatif. Ainsi dans la phrase : Je vois Christophe qui arrive à pied, la relative peut être interprétée comme adjective faisant partie du GN (*je le vois* : Christophe qui arrive à pied) ou bien comme dissociée, c'est-à-dire comme relative prédicative (*je le vois* : arriver à pied).

2. Les relatives constituant une expression concessive

Certaines propositions relatives de sens concessif se trouvent parfois confondues avec les subordonnées circonstancielles concessives. Ces propositions, toujours au subjonctif, sont généralement introduites par le pronom *que* dans des constructions du type : *quel que*, *si*, *aussi*, *quelque*, *tout*, *pour* + caractérisation adverbiale + ***que*** :

Aussi vite qu'il coure, le lièvre ne rattrapera pas la tortue.
Quelque habilement que vous agissiez, vous ne gagnerez pas.

ou :

– *quelque* + *nom* + *que* : **Quelques raisons que vous donniez**, vous ne convaincrez personne.

– *quoi* + *que* : avec les verbes *penser*, *dire* et *faire*, le pronom *que* est parfois précédé du pronom indéterminé *quoi* : **Quoi qu'il fasse**, tout le monde crie au miracle.

À RETENIR

- Les propositions subordonnées relatives sont introduites par un pronom relatif (ou une locution relative).
- Elles contiennent un verbe aux modes indicatif, subjonctif ou infinitif.
- Quand elles ont un antécédent, elles sont relatives adjectives ou plus rarement relatives prédicatives.
- Sans antécédent, elles sont relatives substantives ou périphrastiques.

ENTRAINEMENT 2

Corrigé p. 86

Identifiez les différents types de subordonnées relatives.

1. Elle me regarda avec cet air qui lui était si particulier.
2. Il comprit ce que je pensais.
3. Je reviens de Bergerac qui ne se trouve qu'à vingt kilomètres.
4. Je leur ai dit ce qu'ils voulaient entendre.
5. J'ai rencontré le cousin de ma voisine qui est plombier.
6. Les enfants, qui aiment leurs parents, ne veulent pas les décevoir.
7. Le produit avec lequel vous avez travaillé est très dangereux.
8. Je voudrais acheter un aspirateur qui ne fasse pas trop de bruit.

CORRIGÉS

TESTER SES CONNAISSANCES

Énoncé p. 81

2. pas de relative : la proposition *que le ciel ne leur tombe sur la tête* est une subordonnée complétive, complément du nom *crainte*.

4. pas de relative : la proposition *où tu vas* est une proposition subordonnée interrogative indirecte, COD du verbe *dis*.

ENTRAINEMENT 1

Énoncé p. 83

1. *d'où elle l'a suivi* : adjective explicative car l'antécédent *Bordeaux* est un nom propre qui ne nécessite pas de détermination supplémentaire.

2. *dont il se sert* : adjective déterminative. Si on la supprime, le sens de la phrase est modifié. Le sujet *il* semble avoir peur seulement des mots dont il se sert et non des mots en général.

3. *qui semble une énigme* : adjective déterminative. Le déterminant démonstratif *ce* appelle une précision de la détermination ; si on supprime la relative, l'antécédent *ce sourire* demeure incomplet.

4. *qui descendait très bas* : adjective explicative. La relative apporte une précision mais ne joue aucun rôle dans l'identification référentielle de l'antécédent.

5. *qui était sage* : adjective explicative. La relative apporte une précision mais ne joue aucun rôle dans l'identification référentielle de l'antécédent. L'insertion entre virgules facilite l'analyse, puisqu'en français moderne, seule la relative explicative peut être séparée de son antécédent par une virgule (qui n'est pourtant pas strictement obligatoire).

ENTRAINEMENT 2

Énoncé p. 85

1. *qui lui était si particulier* : adjective déterminative
2. *ce que je pensais* : périphrastique
3. *qui ne se trouve qu'à vingt kilomètres* : adjective explicative
4. *ce qu'ils voulaient entendre* : périphrastique
5. *qui est plombier* : adjective explicative
6. *qui aiment leurs parents* : adjective explicative
7. *avec lequel vous avez travaillé* : adjective déterminative
8. *qui ne fasse pas trop de bruit* : adjective déterminative, le mode subjonctif provient de l'idée de souhait (*je voudrais*) exprimée dans la proposition principale.

6 Classes et fonctions grammaticales

OBJECTIFS

– Distinguer les classes et les fonctions grammaticales.

– Avoir une vue d'ensemble des classes et des principales fonctions grammaticales.

VOIR AUSSI

– Qu'est-ce qu'une phrase ? p. 59
– Les déterminants p. 97
– La fonction sujet p. 163
– Les compléments du verbe p. 168
– Les expansions du nom p. 179
– Les compléments circonstanciels p. 185

TESTER SES CONNAISSANCES

Indiquez la classe et la fonction des mots soulignés dans le texte suivant :

Il y a très longtemps, dans une petite ville, au fin fond d'une vallée, existait une grande bâtisse noire. Chaque matin à la même heure une cloche sonnait, et l'on voyait déferler des rues, toutes les fillettes en rangs serrés et silencieuses. Le lourd portail de la grande maison noire s'ouvrait alors pour laisser passer les fillettes. Du haut de son mirador, le gardien surveillait leur entrée, et les gratifiait à chaque fois d'un sourire grinçant qui laissait découvrir ses dents en forme de grille de prison. Chaque fois qu'une fillette entrait, le gardien programmé annonçait de sa voix caverneuse : « a fait acte d'entrer ».

– ***longtemps*** : adverbe de temps. – ***dans*** : préposition. – ***petite*** : adj. qual., fém. sing., épithète du nom *ville*. – ***Chaque*** : dét. ind. du nom *matin*. – ***et*** : conj. de coord. relie les deux propositions. – ***des*** : article défini contracté (préposition *de* et article défini pluriel *les*). – ***portail*** : nom commun, masc. sing., chef du GN sujet. – ***alors*** : adverbe de temps, complément de phrase. – ***pour*** : préposition. – ***surveillait*** : verbe *surveiller*, à l'imparfait de l'indicatif, chef du GV. – ***leur*** : dét. possessif du nom *entrée*. – ***les*** : pronom personnel, COD de *gratifiait*. – ***grinçant*** : adj. verbal, épithète de *sourire*. – ***qui*** : pronom relatif, introduit la prop. sub. relative, sujet de *laissait*. – ***qu'*** : conj. de subordination, forme une locution conjonctive de temps avec *chaque fois*.

Corrigé détaillé p. 91

LE COURS

Un des exercices « classiques » de la grammaire scolaire vise à l'identification de la « nature » et de la « fonction » de mots ou de groupes de mots dans la phrase.

Le postulat de ce type d'exercice est que l'identification de la « nature » d'une unité permet de prédire ou d'exclure certaines « fonctions », c'est-à-dire certains rôles syntaxiques. Ainsi, la fonction « épithète » est réputée être l'apanage des adjectifs qualificatifs, et il est exact que la fonction « sujet » ne peut être assumée que par un groupe nominal ou l'un de ses équivalents.

> REMARQUE : L'expression « **nature grammaticale** » d'une unité renvoie à la **notion ancienne de parties du discours**, héritée des grammaires antiques. On préfèrera à la notion vague de nature grammaticale celle de **classe de mots** définie par des critères stables et observables.

1 Les classes de mots

1.1 Définition

Une classe de mots se définit comme un **ensemble d'unités linguistiques ayant en commun des propriétés morphologiques, syntaxiques ou sémantiques** et pouvant figurer dans les mêmes contextes syntaxiques. La liste des classes grammaticales utilisée par la grammaire scolaire a été arrêtée au XIXe siècle.

1.2 Procédures de reconnaissance

Une classe de mots est constituée par l'ensemble des mots qui peuvent se substituer dans **les** mêmes contextes syntaxiques **et** qui partagent des propriétés morphologiques, syntaxiques et sémantiques.

- La classe des **déterminants** est constituée de l'ensemble des termes qui partagent les propriétés suivantes : ils **précèdent le nom, indiquent le genre et le nombre du nom** avec lequel ils s'accordent et ils constituent avec lui un **groupe nominal**. La classe des déterminants réunit donc la partie du discours appelée « article » et certains termes nommés à tort « adjectifs » alors qu'ils ne partagent pas du tout les mêmes contextes d'occurrence que les adjectifs :

  un / ce / mon / quel cheval hennit mais **pas** *petit cheval hennit.

En principe, tout déterminant peut être remplacé par l'article défini :

  Deux / **Les** fillettes.

Voir FICHE 7 : Les déterminants.

- Dans Le petit chat dort, on peut remplacer chaque terme de la phrase par un terme équivalent et faire apparaitre les classes suivantes :

– déterminants : **le** / mon / ce / ...

– adjectifs : **petit** / gros / méchant / ...

– noms : **chat** / chien / renard / ...

– verbes : **dort** / court / part /...

1.3 Tableau des classes de mots

	Classes de mots	Exemples
Variables	Verbes	chanter, venir, aller, faire, ...
	Noms (ou substantifs)	chat, homme, fer, beurre, ...
	Adjectifs	petit, grand, rose, admirable, ...
	Déterminants	le, ce, mon, deux, quelques, ...
	Pronoms	il, cela, le mien, qui, personne, ...
Invariables	Adverbes	hier, alors, bien, très, vite, ...
	Prépositions	à, de, en, dans, sur, sous, pour, ...
	Conjonctions	et, ou, ni / que, quand, comme, ...
	Interjections	ah, hé, oh, chut, hein, ...

ENTRAINEMENT 1

Corrigé p. 91

Indiquez la classe de *tout* dans les phrases suivantes :

1. Tous les candidats sont admissibles.
2. Tout condamné à mort aura la tête tranchée.
3. Tout est perdu.
4. Elle est toute petite.
5. « L'homme est un tout indivisible. » (Pascal).

DIFFICULTÉS RENCONTRÉES

Les classes de mots, comme leur nom l'indique, regroupent des mots simples ou dérivés. Mais on peut aussi y intégrer des mots composés ou des locutions, constitués de plusieurs mots, suivant un principe général : un mot composé ou une locution peut être remplacé(e) par un mot simple, dont il exerce les mêmes fonctions grammaticales. Il constitue une unité lexicale dont tous les éléments sont solidaires et qui s'interprète globalement. La tradition distingue les noms, adjectifs et verbes **composés** et les **locutions adverbiales**, prépositives et conjonctives, bien que le phénomène grammatical soit identique.

– Il épluche une **pomme de terre** / poire : nom composé.
– Cette épreuve lui **fait peur** / l'effraie : verbe composé.
– Le zombie est entré **à l'intérieur de** / dans la maison : locution prépositive.
– Il critique **sans cesse** / toujours le gouvernement : locution adverbiale.

Historiquement, certains termes ont été formés par composition, avant de devenir des mots simples, marqués par la soudure graphique :

toujours, vinaigre, bienveillant, pourquoi, bonsoir, cependant, parmi, ...

2 Les fonctions grammaticales

2.1 Définition

Les « fonctions » sont définies en termes à la fois **relationnels**, **formels** et aussi, en partie, **sémantiques**.

Alors que les « classes de mots » sont des regroupements établis sur la base de l'identification de propriétés communes au niveau de la langue, la mise en évidence de la fonction d'une unité linguistique ne peut se faire que dans un contexte syntaxique donné, par l'observation de relations de dépendance et de hiérarchie qui unissent les termes de l'énoncé. Autrement dit, **la notion de fonction repose fondamentalement sur les relations entre les termes**, qui varient dans chaque énoncé (un dictionnaire indique les classes de mots, mais non les fonctions).

2.2 Procédure de reconnaissance

Dans cette perspective, identifier la « fonction » revient à se poser la question du « rôle » que joue le mot / groupe étudié dans la construction syntaxique et sémantique de la phrase et des relations qu'il entretient avec les autres termes de la phrase.

Le ciel est bleu.

L'adjectif *bleu* est relié au sujet *le ciel* par le verbe *être*. Il est attribut du sujet.

2.3 Typologie simplifiée des fonctions

Il existe deux grands types de fonctions :

- **La fonction « sujet »**

Voir FICHE 15 : La fonction sujet.

Un premier niveau d'analyse commun à toutes les approches syntaxiques est la décomposition de la phrase en deux constituants obligatoires en relation de mutuelle dépendance : ils sont appelés *groupe-sujet* et *groupe verbal* dans le cadre de l'analyse de la phrase simple verbale : Le petit chat (groupe sujet) boit son lait. (groupe verbal).

Voir FICHE 1 : Qu'est-ce qu'une phrase ?

• La fonction « complément (de) »

L'identification de la fonction « complément (de) » nécessite le repérage des relations de dépendance à la fois syntaxiques et sémantiques (spécification, caractérisation) qui s'établissent au sein de la phrase. L'important est de mettre en évidence l'orientation de la relation, autrement dit de faire percevoir *ce qui* complète un élément de la construction, qui est un apport nécessaire ou facultatif par rapport à un support.

> **REMARQUE :** un mot ou un groupe de mots peut également ne pas recevoir de compléments : ainsi, dans Ils grognaient et se plaignaient, les verbes *grogner* et *se plaindre* n'ont pas de compléments.

Différents niveaux de dépendance peuvent être mis en évidence :

– Un mot ou groupe, généralement détaché en tête de phrase, peut porter (du point de vue du sens) sur le reste de la phrase et est donc appelé un « **complément de phrase** » :

Chaque matin, une cloche sonnait. Le groupe nominal *Chaque matin* indique le moment où a lieu l'évènement décrit dans *une cloche sonnait.*

Voir FICHE 19 : Les compléments circonstanciels.

Les « compléments de phrase » sont, du point de vue de la terminologie scolaire, des compléments circonstanciels.

– Si un groupe dépend d'un nom, c'est un « **complément du nom** » :

Voir FICHE 18 : Les expansions du nom.

Le portail de la maison, le nom *portail* a comme complément le groupe *de la maison* qui indique le tout dont il constitue une partie.

– Si un mot ou un groupe de mots dépend d'un adjectif, c'est un « **complément de l'adjectif** » :

Harpagon est âpre au gain. L'adjectif *âpre* est complété par le groupe prépositionnel *au gain.*

– S'il dépend d'un verbe, conjugué ou non, c'est un « **complément du verbe** » :

Voir FICHE 16 : Les compléments du verbe.

Le gardien surveillait leur entrée. Le groupe nominal *leur entrée* complète le verbe *surveillait*. Il est « complément d'objet direct » selon la terminologie scolaire. On parle officiellement depuis 1997 (Terminologie grammaticale) de « complément essentiel » du verbe.

Le schéma suivant résume les principales fonctions évoquées à l'école élémentaire :

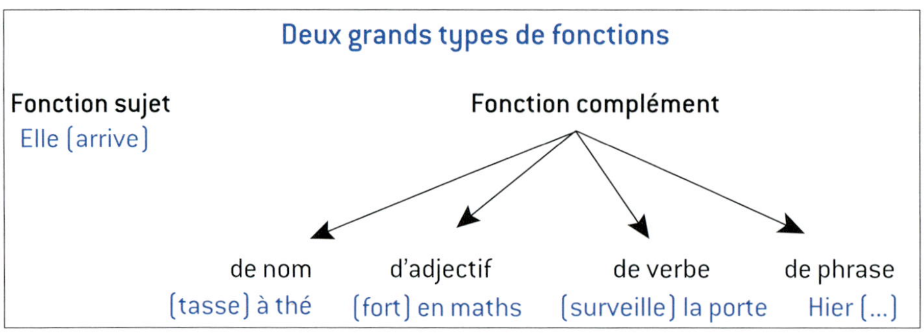

ENTRAINEMENT 2

Corrigé p. 91

Indiquez les fonctions de *inquiète* dans les phrases suivantes :

1. Comme sa fille n'est pas rentrée, la mère inquiète a appelé la police. **2.** Marie est inquiète. **3.** Je la trouve inquiète. **4.** Marie, inquiète, n'arrive pas à s'endormir.

À RETENIR

- On distingue **neuf classes de mots** : verbe, nom, déterminant, adjectif, pronom, adverbe, préposition, conjonction, interjection.
- On distingue de **nombreuses fonctions** grammaticales suivant les relations à l'intérieur de la phrase. On oppose fondamentalement le sujet aux différents types de compléments.

CORRIGÉS

TESTER SES CONNAISSANCES

Énoncé p. 87

– *longtemps* : adverbe de temps, complète le présentatif *il y a*.
– *dans* : préposition, qui forme avec le groupe nominal *une petite ville* un groupe prépositionnel, complément circonstanciel de lieu.
– *petite* : adjectif qualificatif, féminin singulier, épithète du nom *ville*.
– *Chaque* : déterminant indéfini, détermine le nom *matin*.
– *et* : conjonction de coordination, relie deux propositions.
– *des* : article défini contracté (amalgame de la préposition *de* et de l'article défini pluriel *les* qui détermine le nom *rues*). *Des rues* constitue un groupe prépositionnel, complément essentiel du verbe *déferler*.
– *portail* : nom commun, masculin singulier, chef (noyau) du groupe nominal sujet.
– *alors* : adverbe de temps, complément de phrase.
– *pour* : préposition, introduit l'infinitif complément circonstanciel de but *laisser passer*.
– *surveillait* : verbe *surveiller*, 3e personne du singulier de l'imparfait de l'indicatif, chef du groupe verbal.
– *leur* : déterminant possessif, détermine le nom *entrée*.
– *les* : pronom personnel, 3e personne du pluriel, COD de *gratifiait*.
– *grinçant* : adjectif verbal, épithète de *sourire*.
– *qui* : pronom relatif, introduit la proposition subordonnée relative, sujet de *laissait*.
– *qu'* : conjonction de subordination, forme une locution conjonctive de temps avec *chaque fois* (*chaque fois qu(e)* = *quand*).

ENTRAINEMENT 1

Énoncé p. 88

1. ***Tous** les candidats* : prédéterminant (précède l'article *les*).
2. ***Tout** condamné* : déterminant (= *le*, *un*, ...).
3. ***Tout** est perdu* : pronom indéfini.
4. ***toute** petite* : adverbe de degré (= *très*), qui se met au féminin devant un adjectif commençant par une consonne (cf. *elle est tout étonnée* : pas d'accord devant une initiale vocalique).
5. *un **tout** indivisible* : nom commun, masculin singulier.

ENTRAINEMENT 2

Énoncé p. 90

1. épithète du nom *mère*. **2.** attribut du sujet *Marie*. **3.** attribut du complément d'objet direct *la* (pronom personnel mis pour *Marie*).
4. mis en apposition (ou épithète détachée) à *Marie*.

La phrase

EXERCICE 1

Corrigé p. 94

Relevez et identifiez les propositions subordonnées.

Quand je formai le projet de découvrir le passage au nord-ouest, on ignorait si l'Amérique septentrionale s'étendait sous le pôle en rejoignant le Groenland, ou si elle se terminait à quelque mer contigüe à la baie d'Hudson et au détroit de Béring.

Chateaubriand, *Mémoires d'outre-tombe*, 1849-1850.

EXERCICE 2

Corrigé p. 94

Relevez et identifiez les propositions subordonnées complétives et circonstancielles.

L'ermite

[Zadig] rencontra en marchant un ermite […] Zadig s'arrêta, et lui fit une profonde inclination. L'ermite le salua d'un air si noble et si doux que Zadig eut la curiosité de l'entretenir. Il lui demanda quel livre il lisait. « C'est le livre des destinées, dit l'ermite ; voulez-vous en lire quelque chose ? » Il mit le livre dans les mains de Zadig, qui […] ne put déchiffrer un seul caractère du livre. Cela redoubla encore sa curiosité. « Vous me paraissez bien chagrin, lui dit ce bon père. – Hélas ! que j'en ai sujet ! dit Zadig. – Si vous permettez que je vous accompagne, repartit le vieillard, peut-être vous serai-je utile.»

Voltaire, *Zadig*, 1748.

EXERCICE 3

Corrigé p. 94

Relevez les propositions subordonnées relatives et caractérisez-les.

M. Gordon était un vieillard frais et serein, qui savait deux grandes choses : supporter l'adversité et consoler les malheureux. Il s'avança d'un air ouvert et compatissant vers son compagnon, et lui dit en l'embrassant : « Qui que vous soyez qui venez partager mon tombeau, soyez sûr que je m'oublierai toujours moi-même pour adoucir vos tourments dans l'abîme infernal où nous sommes plongés. Adorons la Providence qui nous y a conduits, souffrons en paix, et espérons. »

Voltaire, *L'Ingénu*, 1767.

EXERCICE 4

Corrigé p. 95

Relevez les propositions subordonnées relatives et caractérisez-les.

Voilà ce qu'il faut me jurer, docteur… Et comme je ne répondais pas, elle vit ce qui s'élevait en moi. Je pensais qu'elle aimait son mari au point de vouloir le sauver. C'était l'idée qui m'était venue, l'idée naturelle et vulgaire, car il est des femmes tellement pétries pour l'amour et ses abnégations, qu'elles ne rendent pas le coup dont elles meurent. Mais la comtesse de Savigny ne m'avait jamais produit l'effet d'être une de ces femmes-là !

– Ah ! ce n'est pas ce que vous croyez qui me fait demander de me jurer cela, docteur !

Barbey d'Aurévilly, *Les Diaboliques*, « Le bonheur dans le crime », 1874.

EXERCICE 5

Corrigé p. 95

Relevez et identifiez toutes les propositions subordonnées.

Mme Mac'Miche regarda, poussa un nouveau cri de terreur, et, d'un geste désespéré, indiqua à Betty de faire sortir Charles. Betty obéit et resta en bas, où elle donna un libre cours à sa gaieté ; Charles rit aussi de bon cœur, et triompha du succès de son stratagème. Il avait fait bien mieux encore ! Le traître avait saisi la lettre dictée, signée par Mme Mac'Miche et l'enveloppe préparée d'avance ; il apprit ainsi l'adresse de l'ami de Mme Mac'Miche, qu'il avait ignorée jusqu'alors. Betty riait et s'occupait du dîner, pendant que Charles pliait, cachetait la lettre et complétait ainsi le tour qu'il venait de jouer à sa cousine. Quand le dîner fut prêt, Mme Mac'Miche refusa de descendre, de peur de se trouver en présence de Charles, qu'elle croyait toujours en rapport avec les fées. Betty eut beaucoup de peine à la rassurer et à lui persuader qu'elle n'aurait rien à craindre de Charles en ne le touchant pas et en ne se laissant pas toucher par lui. Ce dernier raisonnement convainquit Mme Mac'Miche ; quand elle entra, elle se hâta de jeter quelques gouttes d'eau de la fontaine des fées sur elle-même, et, en se mettant à table, elle en lança une si forte dose à la figure de Charles, qui ne s'attendait pas à cette aspersion, qu'il en fut aveuglé : il fit un mouvement involontaire accompagné d'un « Ah ! » bien accentué.

Comtesse de Ségur, *Un bon petit diable*, 1865.

ANALYSE D'ERREURS 1

Corrigé p. 95

Analysez ces productions (réussites et erreurs) du point de vue de la syntaxe de la phrase.

1. Quand le chien ressortit de chez le vétérinaire, il avait un bandage à la patte gauche, le vétérinaire dit à Jules que son chien allait se remettre de sa blessure dans deux semaines et qu'il aurait besoin de repos.

2. Jazz courut dans l'herbe et aboya et je tombai la tête sur un silex puis la laisse se cassa et Jazz couru vers le chat et j'appelai au secours.

Productions d'élèves de CM2, *Histoire de Jules et son chien Jazz*.

ANALYSE D'ERREURS 2

Corrigé p. 96

Analysez les erreurs concernant les pronoms relatifs.

1. Tout commença bien jusqu'au moment ou Jazz vit un chat.

2. « Attention Mesdames ! » dit Jules. Mais Jazz se fichait des dames et il leur fonça dedans. [...]

Ils passèrent devant les dames qui avait fait tomber.

Productions d'élèves de CM2, *Histoire de Jules et son chien Jazz*.

ANALYSE D'ERREURS 3

Corrigé p. 96

Corrigez les analyses suivantes si vous les jugez fausses.

1. Philippe est triste.
triste = adjectif, complément circonstanciel de manière.

2. Soudain, l'orage a éclaté.
soudain = préposition, complément circonstanciel de temps.

3. Mon livre est déchiré.
mon = pronom possessif.

4. Au fin fond d'une vallée existait une grande bâtisse noire.
une grande bâtisse noire = complément d'objet direct de *existait*.

5. Du haut de son mirador, le gardien surveillait leur entrée.
du haut de = adverbe de lieu.

6. Il juge les enfants coupables.
coupables = adjectif qualificatif, épithète du nom *enfants*.

CORRIGÉS EXERCICES

EXERCICE 1

Énoncé p. 92

– *Quand je formai le projet de découvrir le passage au nord-ouest* : proposition subordonnée circonstancielle de temps.

– *si l'Amérique septentrionale s'étendait sous le pôle en rejoignant le Groenland* : proposition subordonnée interrogative indirecte, COD de *ignorait*.

– *ou si elle se terminait à quelque mer contigüe à la baie d'Hudson et au détroit de Béring* : proposition subordonnée interrogative indirecte, coordonnée à la précédente par la conjonction de coordination *ou*.

EXERCICE 2

Énoncé p. 92

– *si… que Zadig eut la curiosité de l'entretenir* : subordonnée circonstancielle de conséquence, en corrélation avec l'adverbe d'intensité *si*.

– *quel livre il lisait* : subordonnée interrogative indirecte.

– *si vous permettez* : subordonnée circonstancielle de condition.

– *que je vous accompagne* : subordonnée complétive.

EXERCICE 3

Énoncé p. 92

– *qui savait deux grandes choses : supporter l'adversité et consoler les malheureux* : adjective explicative

– *Qui que vous soyez* : relative à valeur concessive, introduite par la locution *qui que* (langue littéraire), où *que* est attribut du sujet *vous*.

– *qui venez partager mon tombeau* : adjective plutôt explicative. Le *vous* de la proposition précédente suffit à la détermination du protagoniste de l'échange.

– *où nous sommes plongés* : adjective déterminative.

– *qui nous y a conduits* : adjective explicative.

REMARQUE : *que je m'oublierai toujours moi-même pour adoucir vos tourments dans l'abîme infernal*, est une subordonnée complétive, complément de la locution *soyez sûr*.

EXERCICE 4

Énoncé p. 92

– *ce qu'il faut me jurer* : subordonnée relative périphrastique.

– *ce qui s'élevait en moi* : subordonnée relative périphrastique.

– *qui m'était venue* : subordonnée relative adjective déterminative.

– *dont elles meurent* : subordonnée relative adjective déterminative.

– *ce que vous croyez* : subordonnée relative périphrastique.

– *qui me fait demander de me jurer cela* : subordonnée relative associée au présentatif *c'est* pour extraire la relative *ce que vous croyez* (forme emphatique par extraction : voir FICHE 2).

EXERCICE 5

Énoncé p. 93

– *où elle donna un libre cours à sa gaieté* : subordonnée relative adjective explicative.

– *qu'il avait ignorée jusqu'alors* : subordonnée relative adjective explicative.

– *pendant que Charles pliait, cachetait la lettre et complétait ainsi le tour* : subordonnée circonstancielle de temps.

– *qu'il venait de jouer à sa cousine* : subordonnée relative déterminative.

– *Quand le dîner fut prêt* : subordonnée circonstancielle de temps.

– *qu'elle croyait toujours en rapport avec les fées* : subordonnée relative adjective explicative.

– *qu'elle n'aurait rien à craindre de Charles en ne le touchant pas et en ne se laissant pas toucher par lui* : subordonnée complétive, COD du verbe *persuader*.

– *quand elle entra* : subordonnée circonstancielle de temps.

– *qui ne s'attendait pas à cette aspersion* : subordonnée relative adjective explicative.

– *(si) … qu'il en fut aveuglé* : subordonnée circonstancielle de conséquence, en corrélation avec l'adverbe *si*.

CORRIGÉS ANALYSES D'ERREURS

ANALYSE D'ERREURS 1

Énoncé p. 93

1. La syntaxe est correcte et l'on peut clairement identifier différentes phrases. La ponctuation, insuffisante, se limite à deux virgules. Il conviendrait de rajouter un point et la majuscule associée pour séparer les deux phrases complexes par subordination : *il avait un bandage à la patte gauche. Le vétérinaire dit à Jules…*

2. La syntaxe est correcte et l'on peut identifier clairement différentes phrases simples. Le texte ne contient aucun signe de ponctuation, ce que l'élève compense en répétant la conjonction *et* entre chaque proposition, cette conjonction jouant le rôle d'un signe de ponctuation (= pratique de l'oral). Il faudrait supprimer quelques *et* inutiles et mettre des points (+ majuscules) pour séparer trois phrases complexes par coordination (et une virgule avant *puis*) (c'est un choix parmi d'autres) : *Jazz courut dans l'herbe et aboya. Je tombai la tête sur un silex, puis la laisse se cassa. Jazz courut vers le chat et j'appelai au secours.*

ANALYSE D'ERREURS 2

Énoncé p. 93

1. Erreur d'orthographe de type logographique : omission de l'accent sur le pronom relatif *où*.

2. Erreur d'emploi du pronom relatif sujet *qui*. En effet, il reprend le GN antécédent *les dames* alors que, pour la cohérence du récit, le sujet doit être *Jazz* ou bien *Jules et Jazz*. Avec la principale *Ils passèrent devant les dames* et la forme verbale de la relative *avait fait tomber* le pronom relatif qui convient est *que* (ici *qu'*) avec une fonction de COD.

On peut supposer que l'intention de l'élève était une reprise par *que* + il (*qu'il* [kil], phonétiquement proche de *qui* [ki]) mais alors, la reprise aurait été ambigüe car le sujet de la principale *ils* (Jules et Jazz) impose un rappel clair du sujet de la subordonnée (Jazz et non Jules).

ANALYSE D'ERREURS 3

Énoncé p. 94

1. Faux : *triste* est adjectif attribut du sujet *Philippe* (la question scolaire *comment* ? provoque l'erreur).

2. Faux : *soudain* est un adverbe de temps, et non une préposition car il n'introduit aucun terme.

3. Faux : *mon* est un déterminant possessif, suivi du nom *livre* (≠ pronom : *le mien*).

4. Faux : *une grande bâtisse noire* est sujet inversé de *existait*.

5. Faux : *du haut de* est une locution prépositive (= *de*) introduisant le groupe nominal *son mirador* et formant avec lui un groupe prépositionnel complément de lieu.

6. Ambigu : *coupables* est un adjectif qui peut être une épithète expansion du nom *enfants* ou bien un attribut du COD *les enfants*.

Test de vérification : remplacer le groupe nominal par le pronom *les* :

– *Il les juge* : *les* = *les enfants coupables* ; dans ce cas, *coupables* est épithète.

– *Il les juge coupables* : *les* = *les enfants* ; l'attribut du COD n'est pas inclus dans *les*.

7 Les déterminants

OBJECTIFS

Identifier et distinguer les déterminants.

VOIR AUSSI

– Comment identifier un nom ? p. 106
– *Le, la, les* : déterminants ou pronoms p. 132
– Les déictiques p. 286

TESTER SES CONNAISSANCES

Repérez et classez les déterminants.

Le Renard sort du puits, laisse son compagnon,
Et vous lui fait un beau sermon
Pour l'exhorter à patience.
Si le ciel t'eût, dit-il, donné par excellence
Autant de jugement que de barbe au menton,
Tu n'aurais pas, à la légère,
Descendu dans ce puits. Or, adieu, j'en suis hors.
Tâche de t'en tirer, et fais tous tes efforts :
Car pour moi, j'ai certaine affaire
Qui ne me permet pas d'arrêter en chemin.
En toute chose il faut considérer la fin.

La Fontaine, *Fables*, livre III, « Le Renard et le Bouc », 1684.

- **Articles définis :** *le* (*renard*) (1), *le* (*ciel*) (4), (*à*) *la* (*légère*) (6), *la* (*fin*) (11).
- **Articles définis contractés :** *du* (*puits*) (1), *au* (*menton*) (5).
- **Article indéfini :** *un* (*beau sermon*) (2).
- **Déterminants possessifs :** *son* (*compagnon*) (1), *tes* (*efforts*) (8).
- **Déterminant démonstratif :** *ce* (*puits*) (7).
- **Déterminants indéfinis :** *tous* (*tes efforts*) (7), *certaine* (*affaire*) (9), *toute* (*chose*) (11).

Corrigé détaillé p. 104

LE COURS

1 Les déterminants

1.1 Définition

Le déterminant est un constituant obligatoire du groupe nominal. Il précède un nom et le détermine, c'est-à-dire qu'il apporte des précisions : genre, nombre.

La nomenclature grammaticale de 1975 a reconnu officiellement la classe des déterminants. On ne parle plus d'« adjectifs » possessifs, démonstratifs, etc., qui n'ont, en fait, aucune des propriétés syntaxiques des adjectifs ; la dénomination prescrite est celle de « déterminants », et ce, dès le primaire.

Articles	définis : *le, la, les* défini élidé : *l'* définis contractés : *au (à + le), aux (à + les), du (de + le), des (de+les).*
	indéfinis : *un, une, des*
	partitifs : *du, de la*
Déterminants démonstratifs	*ce, cet, cette, ces*
Déterminants possessifs	*mon, ton, son, notre, votre, leur, ma, ta, sa, mes, tes, ses, nos, vos, leur(s)*
Déterminants indéfinis	*chaque, tout, certain(s), quelque(s), plusieurs, aucun, nul,...*
Déterminants numéraux cardinaux	*deux, trois... dix... cent... mille...*
Déterminants interrogatifs	*quel, quelle, quels, quelles*

- L'article constitue le déterminant de base ; tous les autres déterminants donnent une indication sémantique supplémentaire. Le sac est un objet de mode – *le sac* désigne cet objet en général –, à la différence de *ce sac, mon sac, certains sacs, quel sac !, quel sac ?...*

- Tout élément substituable à un déterminant devant un nom commun – avec, cependant, une petite modification de sens, comme nous venons de le voir – est un déterminant. Ce principe permet de constituer cette classe.

- On peut regrouper les déterminants en deux sous-classes :

– les **déterminants définis** : articles définis, déterminants démonstratifs et possessifs ;

– les **déterminants indéfinis** : articles indéfinis, partitifs, déterminants indéfinis, numéraux, interrogatifs.

- Certains déterminants sont cumulables entre eux, d'autres non. On peut mettre en évidence une classe centrale regroupant les trois déterminants définis, substituables mais non cumulables entre eux (**les mes livres*), et une classe de déterminants cumulables avec eux, les indéfinis et numéraux, qui peut les suivre (les trois musiciens ; ces quelques fleurs).

1.2 Les déterminants, constituants du groupe nominal

- Le déterminant est, avec le nom, un des deux constituants obligatoires d'un groupe nominal dans la phrase de base. Si on efface les déterminants dans une phrase, l'énoncé qui en résulte est agrammatical : Le Renard sort du puits / **Renard sort puits.*

> **REMARQUE :** le nom s'emploie, cependant, sans déterminant dans plusieurs cas : quand il s'agit d'un nom propre (mais pas toujours : la France, un Harpagon), lorsqu'il est complément d'un autre nom (un train à grande vitesse, un filet de poisson) ou attribut (il est professeur), quand il indique une date (En mai, fais ce qui te plait. Je viendrai dimanche) mais aussi dans les proverbes (Pierre qui roule n'amasse pas mousse), les expressions lexicalisées (crier famine), etc.

- Le déterminant se place avant le nom noyau du groupe nominal ; certains éléments comme l'adjectif épithète ou un autre déterminant peuvent s'intercaler entre ces deux constituants : l'homme, le pauvre homme, le même homme...

> **REMARQUE :** la postposition peut indiquer un changement de classe : Un certain âge (déterminant indéfini) / Un âge certain (adjectif qualificatif avec le sens de « avéré »).

POUR ALLER PLUS LOIN

Le déterminant placé devant tout élément linguistique (simple ou complexe) le fait passer dans la catégorie du nom. On dit qu'il le « **nominalise** » ou qu'il le « **substantive** » : l'adjectif (le vrai, le faux), le verbe à l'infinitif (le boire, le manger), la conjonction (avec des si et des mais), la préposition (le pour, le contre), l'adverbe (le pourquoi), la proposition (le qu'en dira-t-on), le pronom (le moi), un sigle (un IUT), un préfixe (mon ex).

1.3 Rôle des déterminants

- Le déterminant fait passer le nom (sac) de la langue dans laquelle il a un sens général au discours dans lequel il prend un sens particulier, en fonction de ce qu'il désigne dans le contexte ou la situation donnés : mon sac, ce sac... On dit que le déterminant « **actualise** » le nom. Il lui donne sa valeur référentielle qui permet aux locuteurs de l'identifier. Il est aidé, en cela, par d'autres éléments de la phrase.

  Les sacs de luxe sont très onéreux.

- Le déterminant a pour fonction de **déterminer** le sens du nom, de donner un certain nombre d'informations, notamment le genre (masculin-féminin) et le nombre (singulier-pluriel).

Il **s'accorde donc en genre et en nombre** avec l'élément qu'il détermine. À l'oral, c'est souvent lui qui donne ce type de précisions.

Dans la phrase Les enfants sages jouent, sur les quatre marques de pluriel, trois ne sont pas perceptibles à l'oral (*enfant****s*** *sage****s*** *joue****nt***) ; seul, l'article *les* indique clairement que le nom sujet et donc le verbe sont au pluriel.

De même, c'est l'article qui **différencie les noms épicènes** (ayant la même forme au masculin et au féminin) comme le libraire/la libraire, mais aussi des termes comme le livre / la livre, etc.

2 Les articles

2.1 L'article défini

L'article défini s'emploie lorsque :

– le référent auquel renvoie le nom est **connu** de celui auquel l'on s'adresse :
Le facteur n'est pas encore passé. *Le facteur* a une valeur déictique.

Voir FICHE 36 : Les déictiques.

– le nom ayant déjà été introduit dans le texte, le groupe nominal constitue une **reprise** :
Un gros berger allemand poursuivait un caniche. **Le** petit chien se réfugia dans les bras de sa maîtresse. *Le petit chien qui* relaie le groupe nominal *un caniche,* a un **emploi anaphorique**.

– le nom est déterminé par des **expansions** (épithète, relative, groupe prépositionnel…) :
La salade que je préfère, c'est la batavia.

– le groupe nominal a une **valeur générique** et désigne une espèce, un concept considéré dans sa généralité : **Le** cheval est la plus noble conquête de l'homme.

DIFFICULTÉS RENCONTRÉES

- *du, des,* articles contractés, ne doivent pas être confondus avec des formes identiques d'articles partitifs ou indéfinis.
  L'âge du capitaine (*du*, article défini contracté). Prends du pain (*du*, partitif).
  Le sommet *des* montagnes (*des*, article défini contracté).
  Des lueurs apparurent (*des*, article indéfini).
- Il ne faut pas confondre *le*, *la*, *les*, *l'*, articles définis et *le*, *la*, *les*, *l'*, pronoms personnels.
  La pomme est juteuse. (article défini) / Je la mange. (pronom personnel).

ENTRAINEMENT 1

Corrigé p. 105

Article défini ou pronom personnel ?
1. Vous savez bien que je les aime, je les adore, les framboises ! **2.** L'eau est fraiche, je l'ai bue d'un trait. **3.** La nouvelle arriva et les réjouit. **4.** L'article défini élidé est facile à repérer. **5.** Le travail, très intense, les occupa, tous les jours de la semaine, je le confirme.

2.2 L'article indéfini

L'article indéfini s'emploie :

– pour **introduire un nom** qui n'a pas encore figuré dans l'énoncé et/ou est inconnu de l'interlocuteur :

Je vais t'en dire **une** bien bonne. Figure-toi qu'en venant j'ai vu **un** pope en soutane qui mettait **une** pièce dans **un** parcmètre.

– pour conférer au nom une **valeur générique** comme l'article défini :
Une vache a des cornes.

– avec un **sens numéral** (unité *deux*, *trois*, etc.) :
Si vous ne devez passer qu'**une** heure à Nîmes, courez admirer les arènes et les Jardins de la Fontaine. *Une* est remplaçable par *deux*, donc sens numéral.

DIFFICULTÉS RENCONTRÉES

- À la forme négative ou lorsqu'il précède un adjectif au pluriel, l'article indéfini *des* se réduit à *de* ou *d'* (devant une voyelle) : Il a des tomates au jardin / Il n'a pas de tomates. Il a des tomates énormes / Il a d'énormes tomates. Dans des énoncés de ce type, il ne faudra donc pas identifier *de* ou *d'* comme des prépositions.
- Il faut différencier *des* (article défini contracté *de* + *les*) et *des* (article indéfini). Il suffit de mettre le groupe au singulier.

Des montagnes dominent le paysage. = Une montagne domine le paysage. (article indéfini)
En haut des montagnes = En haut de la montagne (article défini contracté).

2.3 L'article partitif

Il a deux formes distinctes au singulier : du pain (masc.), de la confiture (fém.).

Il **désigne une partie d'une réalité non dénombrable** : du sable, de la boue ou une entité abstraite : Vous avez du toupet ! De par sa nature, on ne l'emploie généralement pas au pluriel, sauf pour les noms inusités au singulier : des rillettes, des cendres.

DIFFICULTÉ RENCONTRÉE

Il ne faut pas confondre *du* (article défini contracté *de* + *le*) et *du* partitif.

J'ai mangé du poulet. (« un peu de poulet » : article partitif)
Je mange la cuisse du poulet. (article défini contracté)

ENTRAINEMENT 2 Corrigé p. 105

Dans le texte suivant, relevez et classez les articles.
Pour la plus grande joie des convives, la table était chargée de victuailles ; il y avait surtout de la charcuterie : du pâté, du saucisson... Un des voisins, étonné du bruit, se joignit au groupe.

ENTRAINEMENT 3 Corrigé p. 105

Quelle est la nature exacte des déterminants *du* ou *des* dans les phrases suivantes : article défini contracté, article partitif, article indéfini ?

1. Il a mangé du bœuf et des petits pois, à la cantine. Des personnes n'aiment ni l'un, ni l'autre.
2. Elle aime marcher dans les allées du Jardin de la Fontaine où s'amusent des enfants.
3. Lors des anniversaires, la joie des enfants est bruyante. Des cadeaux apparaissent ; des petits dégustent du chocolat et mettent du cœur à la fête. Parfois, des parents participent.

3 Les déterminants démonstratifs

- Ils ont deux formes au masculin singulier : ce pavillon, cet appentis.

Cet s'emploie devant une voyelle ou un h muet : cet hôtel.
On emploie la forme *cette* au féminin singulier : cette maison et la forme unique *ces* au pluriel : ces hôtels.

Ils peuvent être renforcés par une particule d'origine adverbiale :

ce journal-**ci**... **cette** revue-**là**.

- Le déterminant démonstratif contribue de deux façons à la référence du groupe nominal :

– Quand il a une **valeur déictique**, le démonstratif permet au GN de référer à un élément appartenant à la situation d'énonciation, dans le temps, dans l'espace.

Ce matin, Pierre a oublié **ce** dossier sur son bureau.

Ce matin et *ce dossier* ne sont compréhensibles que dans une situation donnée et connue des locuteurs. Ces mots auraient pu être accompagnés d'un geste.

– Il s'emploie aussi dans des reprises textuelles, dans des groupes nominaux substituts, qui ont une **valeur anaphorique**.

L'enfant a cassé le vase ; **ce** coquin ne l'a pas dit.

Ce coquin renvoie à *L'enfant,* présent dans le texte.

Les questions à se poser sont donc :

– « Est-ce que le déterminant renvoie à la situation d'énonciation ? ».

Si la réponse est positive, il s'agit d'une valeur déictique.

– « Est-ce que le déterminant renvoie à un élément du texte ? »

Si oui, l'emploi est anaphorique.

ENTRAINEMENT 4

Corrigé p. 105

Déictique ou anaphorique ?

1. Madame Vauquer, née de Conflans, est une vieille femme qui, depuis quarante ans, tient à Paris une pension bourgeoise établie rue Neuve-Sainte-Geneviève [...]. Cette pension, connue sous le nom de la Maison Vauquer, admet également des hommes et des femmes, des jeunes gens et des vieillards, sans que jamais la médisance ait attaqué les mœurs de ce respectable établissement.

Balzac, incipit de *Le Père Goriot*, 1835.

2. Cette pièce était trop sombre ; j'ai préféré la repeindre avec ce bleu-là, très doux.

4 Les déterminants possessifs

- Comme les autres déterminants, les possessifs **varient en genre et en nombre,** suivant le nom qu'ils déterminent mais ils varient également en fonction de la personne grammaticale et du nombre des « possesseurs », ainsi que de l'initiale du mot déterminé, s'il est du féminin.

Cela donne un ensemble qui peut paraître compliqué et dont témoigne ce tableau qui ne prend en compte que les formes écrites. On notera cependant que tout locuteur francophone emploie, sans problème, le déterminant possessif dans tous les cas de figure.

Personne	Formes du déterminant possessif			
	Singulier			Pluriel
	Masculin	Féminin devant voyelle	Féminin devant consonne	Masculin ou féminin
1re du singulier	*mon*	*mon*	*ma*	*mes*
2e du singulier	*ton*	*ton*	*ta*	*tes*
3e du singulier	*son*	*son*	*sa*	*ses*

Personne	Formes du déterminant possessif	
	Singulier	Pluriel
1re du pluriel	*notre*	*nos*
2e du pluriel	*votre*	*vos*
3e du pluriel	*leur*	*leurs*

Remarque : pour éviter un hiatus (rencontre de deux voyelles), le déterminant féminin *ma* prend une forme spécifique, celle du masculin, *mon* : mon amie, mon hôte, mon arrivée... Autrefois, il s'élidait, d'où la fausse coupe *ma mie* (= *m'amie*).

- Le déterminant dit « possessif » établit une **relation entre la personne qui possède et l'objet possédé**. La nature sémantique de cette relation est liée au nom déterminé. Ce peut être la possession (mes pantoufles), des liens de famille (mon père), des relations variées (mon patron, votre maladie...).

Remarque : on fait la différence entre Ils mettent leur bonnet (plusieurs personnes mais un seul objet par personne) et Ils mettent leurs pantoufles (plusieurs personnes mais plusieurs objets par personne).

- Le déterminant possessif joue un rôle important dans la progression textuelle car il intervient lors des reprises.

La concierge a été retrouvée inanimée. Son agresseur est activement recherché.

(Son agresseur = l'agresseur de la concierge).

5 Les déterminants indéfinis

- Il est bon d'en connaitre une liste aussi complète que possible, pour savoir éventuellement les identifier dans un texte.

– Certains déterminent un nom comptable :

Nullité	Singularité	Pluralité	Totalité	Distributif
aucun *nul* *pas un*	*quelque* *n'importe quel* *certain*	*quelques* *divers* *différents* *plusieurs* *certain(e)(s)* *maint(e)(s)*	*Tout(e)* *Tous*	*Chaque*

– À cette liste, s'ajoutent des déterminants complexes pouvant s'employer devant des noms comptables ou non comptables : *beaucoup de, bien des, la plupart des, peu de, moins, plus de*...

– Il faut parler enfin de la catégorie des identificateurs : *tel*, *même* (qui spécifient l'identité) et *autre* (qui spécifie la non-identité). Attention, cependant : certaines grammaires classent *même* et *autre* comme déterminants mais en fait, ils n'ont pas la propriété de base de s'employer seuls, devant un nom ; ils sont associés à un article :

un autre homme, le même homme.

6 Les autres déterminants

- **Les déterminants numéraux cardinaux** (deux, trois, etc.) expriment le nombre précis des entités désignées par le nom : Les **trois** petits cochons. **Deux cents** invités.
- **Les déterminants interrogatifs et exclamatifs** quel(s), quelle(s) ont la même forme. On les distingue par le type de phrases dans lesquelles ils sont employés.

  Quel ennui ! **Quelle** heure est-il ?

ENTRAINEMENT 5

Corrigé p. 105

Identifiez les déterminants soulignés.

1. Mon ami est parti, ce matin mais dans quelques jours, il reviendra.
2. Les enfants doivent boire du lait, chaque matin. Leur croissance en dépend.
3. Les dix enfants ont enfilé leurs gants après maints efforts : quel froid !

À RETENIR

- Les déterminants sont des **constituants obligatoires du groupe nominal.** Ils actualisent le nom et ils contribuent à sa référence (déictique, par rapport à la situation d'énonciation ou anaphorique, par rapport au contexte).
- On distingue les articles définis (élidés, contractés), indéfinis et partitifs puis les déterminants démonstratifs, possessifs, indéfinis, numéraux cardinaux, interrogatifs et exclamatifs.

ENTRAINEMENT 6

Corrigé p. 106

Faites deux phrases, faisant apparaitre chacun des mots suivants, tantôt comme déterminant indéfini, tantôt comme adjectif qualificatif :

1. divers **2.** certain **3.** différent **4.** nul.

ENTRAINEMENT 7

Corrigé p. 106

Identifiez et justifiez les formes des déterminants dans les phrases suivantes :

1. L'eau est abondante dans cet endroit.
2. Mon amie Alice est mécontente : elle n'a pas de bonnes notes.
3. De larges extraits du film ont été diffusés.

CORRIGÉS

TESTER SES CONNAISSANCES

Énoncé p. 97

1. ***le*** (*renard*) : article défini, masculin, singulier. ***du*** (*puits*) : article défini contracté, masculin singulier, mis pour *de le*. ***son*** (*compagnon*) : déterminant possessif, masculin, singulier.
2. ***un*** (*beau sermon*) : article indéfini, masculin, singulier.
3. Aucun déterminant, *l'* est un pronom personnel élidé mis pour *son compagnon*.
4. ***le*** (*ciel*) : article défini, masculin, singulier.
5. ***au*** (menton) : article défini contracté, masculin, singulier, mis pour *à le*.

6. *(à)* ***la*** *(légère)* : article défini, féminin, singulier.
7. ***ce*** (*puits*) : déterminant démonstratif, masculin, singulier.
8. ***tous*** (*tes efforts*) : déterminant indéfini, masculin, pluriel ; *tous* joue le rôle d'un prédéterminant qui complète *tes* en insistant sur la totalité. ***tes*** (*efforts*) : déterminant possessif, masculin, pluriel.
9. ***certaine*** (*affaire*) : déterminant indéfini, féminin, singulier.
10. Aucun déterminant.
11. ***toute*** (*chose*) : déterminant indéfini, féminin, singulier.
la (*fin*) : article défini, féminin, singulier.

ENTRAINEMENT 1

Énoncé p. 100

1. *Je* ***les*** (pronom personnel) *aime, je* ***les*** (pronom personnel) *adore,* ***les*** (article défini) *framboises* !
2. ***L'*** (article défini élidé) *eau est fraiche* ; *je* ***l'*** (pronom personnel) *ai bue.*
3. ***La*** (article défini) *nouvelle* ***les*** (pronom personnel) *réjouit.*
4. ***L'*** (article défini élidé) *article est facile à repérer.*
5. ***Le*** (article défini) *travail* ***les*** (pronom personnel) *occupa, tous* ***les*** (article défini) *jours de* ***la*** (article défini) *semaine, je* ***le*** (pronom personnel) *confirme.*

ENTRAINEMENT 2

Énoncé p. 101

– **Articles définis :** ***la*** *(plus grande joie),* ***la*** *(table)*
– **Articles définis contractés :** ***des*** *(convives),* ***des*** *(voisins),* ***du*** *(bruit),* ***au*** *(groupe).*
– **Articles indéfinis :** ***un*** *(des voisins).*
– **Articles partitifs :** ***de la*** *(charcuterie),* ***du*** *(pâté),* ***du*** *(saucisson).*

ENTRAINEMENT 3

Énoncé p. 101

1. Articles définis partitifs : ***du*** (*bœuf*), ***des*** (*petits pois*).
Article indéfini : *des* (*personnes*).
2. Article défini contracté : ***du*** (*Jardin*). **Article indéfini :** ***des*** (*enfants*).
3. Articles indéfinis : ***des*** (*cadeaux*), ***des*** (*petits*), ***des*** (*parents*).
Articles définis contractés : ***des*** (*anniversaires*), ***des*** (enfants).
Articles définis partitifs : ***du*** (*chocolat*), ***du*** (*cœur*).

ENTRAINEMENT 4

Énoncé p. 102

1. Les deux GN (***cette*** *pension*, ***ce*** *respectable établissement*) sont des reprises **anaphoriques** du groupe nominal *une pension bourgeoise* présentée dans la phrase précédente.
2. Les deux GN (*cette pièce, ce bleu-là*) ne sont compréhensibles qu'en situation, donc **déictiques**.

ENTRAINEMENT 5

Énoncé p. 104

1. ***Mon*** *ami* : déterminant possessif ; ***ce*** *matin* : déterminant démonstratif ; ***quelques*** *jours*, déterminant indéfini.
2. ***Les*** *enfants* : article défini ; ***du*** *lait* : article partitif ; ***chaque*** *matin* : déterminant indéfini ; ***leur*** *croissance* : déterminant possessif.
3. ***Les*** *dix enfants* : article défini ; ***dix*** *enfants* : déterminant numéral

cardinal ; ***leurs** gants* : déterminant possessif ; ***maints** efforts* : déterminant indéfini ; ***quel** froid* : déterminant exclamatif.

ENTRAINEMENT 6

Énoncé p. 104

1. Par exemple : ***Divers** articles en promotion me tentent* (déterminant indéfini). *Les us et coutumes sont **divers**, de par le monde* (adjectif qualificatif).

2. Par exemple : ***Certains** animaux sont hermaphrodites* (déterminant indéfini). *Les risques de cette ascension sont **certains*** (adjectif qualificatif, avec le sens de « sûrs »).

3. Par exemple : ***Différents** avis sont nécessaires pour éclairer cette affaire* (déterminant indéfini). *Les points de vue **différents** éclairent cette affaire* (adjectif qualificatif).

4. Par exemple : ***Nul** homme n'est censé ignorer la loi* (déterminant indéfini). *Les risques de cette opération ne sont jamais **nuls*** (adjectif qualificatif).

ENTRAINEMENT 7

Énoncé p. 104

1. Les formes spécifiques adoptées par les deux déterminants de cette phrase s'expliquent par la nécessité d'éviter la succession de deux voyelles (hiatus). Dans le 1er cas, il y a eu élision de l'article défini : ***l'**eau* ; dans le second, ajout du phonème [t] : ***cet** endroit*, à la place de *ce*.

2. Toujours pour éviter un hiatus, le déterminant possessif *ma*, attendu, prend la forme du masculin, ***mon***.

3. ***De** larges extraits* : lorsque le nom est précédé d'un adjectif, la forme de l'article indéfini *des* est *de* (voir 2.2 *Difficultés rencontrées*). ***Du** film* est un article contracté qui remplace *de* + *le*.

8 Comment identifier un nom ?

OBJECTIFS

– Identifier un nom.

– Distinguer les sous-classes de noms et connaitre leurs caractéristiques sémantiques et morphologiques.

VOIR AUSSI

– Les déterminants p. 97

– La fonction sujet p. 163

– Les compléments du verbe p. 168

– Les expansions du nom p. 179

TESTER SES CONNAISSANCES

Relevez les noms dans les phrases suivantes.
Quels classements de type sémantique pouvez-vous faire des noms relevés ?
Pouvez-vous faire un commentaire sur la détermination des noms propres ?

Ainsi s'envole mon imagination vers les rues de cette Casbah, juste avant les « évènements », comme disaient les Français alors, mon père tenait un café, près de l'impasse des terrasses.

Assia Djebar, *La disparition de la langue française*, Le Livre de Poche, 2003.

– Relevé
Noms communs : *imagination* ; *rues* ; *événements* ; *père* ; *café* ; *impasse* ; *terrasses.*
Noms propres : *Casbah* ; *Français.*

– Classements
Noms animés : *Français, père.*
Noms non animés : *imagination* ; *rues* ; *évènements* ; *café* ; *impasse* ; *terrasses* ; *Casbah.*
Noms nombrables et concrets : *rues* ; *évènements* ; *père* ; *café* ; *impasse* ; *terrasses* ; *Casbah.*
Noms massif et abstrait : *imagination.*

– Détermination des noms propres
Chacun des deux noms propres possède un déterminant, ce qui est assez inhabituel. Aucun des deux ne peut s'employer sans déterminant : **vers les rues de Casbah* ; **comme disaient Français.* Du fait de son histoire, le mot *Casbah* s'emploie toujours avec un déterminant (*La Casbah*). On constate aussi que les noms de peuples s'emploient au pluriel avec un déterminant : *les Français, les Chinois, les Lapons.*

LE COURS

1 Définition

Même si la définition du nom est quelquefois difficile, son identification parait simple[1] à chacun.

Trois caractéristiques signalent le nom :
– il est généralement précédé d'un **déterminant** : **le** chien, **une** église ;
– il constitue le **noyau du GN** : le grand **chien** de chasse ;
– il tient son **genre** de lui-même : lune est toujours féminin, soleil toujours masculin, etc.
Il y a deux sortes de noms : le **nom commun** : le chien, et le **nom propre** : Médor.

1. Ce sont d'ailleurs des noms que les tout jeunes enfants tentent d'écrire ou d'interpréter lors de leurs premières expériences liées à l'écriture.

1.1 Le nom propre

Le nom propre se distingue du nom commun parce qu'il s'applique de façon constante à un seul « objet ». Il a un référent unique (Chien Bleu, Paris, Jérôme, ...) et se détermine lui-même. Il est donc le plus souvent dépourvu de déterminant.

La différence avec le nom commun se marque par la présence d'une lettre initiale majuscule, quelle que soit la place du nom propre dans la phrase.

1.2 Le nom commun

Le nom commun ne désigne pas un « objet » précis mais peut virtuellement s'appliquer à tous les « objets » qui répondent à la même définition. Ainsi le nom commun chien, hors du discours, peut concerner absolument tous les chiens possibles, imaginaires ou réels. Mais, dans le discours, lorsque le nom est actualisé, c'est-à-dire lorsqu'il est mis en relation avec un référent, la présence d'un déterminant s'impose :

le chien d'Ulysse, **des** chiens qui sont abandonnés, ...

2 Point de vue sémantique

Le nom sert à identifier les entités du monde réel, qu'elles soient concrètes : chaise, brioche ou abstraites : liberté, conscience, ...
Selon les entités qu'il désigne, le nom possède des caractéristiques lexicales qui permettent de constituer des catégories.

2.1 Nom animé/nom non animé

Lorsqu'il désigne des êtres vivants, ou conçus comme tels, le nom est dit animé : vache, veau, fermière... et lorsqu'il s'applique à une chose, il est dit non animé : chaise, rocher, automobile, ...

À l'intérieur de la catégorie des « noms animés », on distingue encore les noms humains et non humains : fermier, infirmière/chat, brebis.

2.2 Nom comptable/nom massif

Certains noms, les noms comptables, peuvent se dénombrer et être déterminés avec un déterminant numéral : trois maisons ; d'autres, les noms massifs, qui désignent des entités continues ou homogènes ne peuvent *a priori* être ainsi déterminés * deux jalousies, * quatre eaux.

REMARQUE : les déterminations deux jalousies ou quatre eaux sont possibles mais les noms concernés n'ont plus alors leur qualité de noms massifs : Les **deux jalousies** de cette maison. (nom concret et nombrable). Tu prendras quatre eaux : *Vittel, Contrex, Badoit, Quézac.* (nom concret, spécialisé).

2.3 Noms concrets/noms abstraits

L'opposition concret/abstrait est souvent discutable. Néanmoins, les noms concrets, contrairement aux noms abstraits, ont des référents accessibles par au moins un des cinq sens (l'ouïe, le toucher, etc.) :

la mer, la terre, le feu (noms concrets) ;

la confiance, le bonheur (noms abstraits).

2.4 Conséquences syntaxiques

Ces oppositions – animé/non animé ; comptable/massif ; concret /abstrait – ont des répercussions dans le domaine de la syntaxe.

- La différence animé/non animé commande l'emploi des pronoms personnels *lui* et *elle* (pour les noms animés) ou *y* et *en* (pour les noms non animés) :

Paul est dans le jardin. Je **lui** ai dit que tu veux le voir. *Paul* est un nom animé.
« As-tu fini le dossier ?
– J'**en** ai parlé au responsable. » *En* représente *dossier* qui est un nom non animé.

- La distinction humain/non humain guide le choix des pronoms interrogatifs *qui/que* et des pronoms indéfinis *personne/rien* :

Qui préfères-tu ? **Personne**. La question et la réponse s'appliquent à un être humain.
Que préfères-tu ? **Rien**. La question et la réponse s'appliquent à un objet, à quelque chose de non humain.

ENTRAINEMENT 1 Corrigé p. 112

Remplacez les groupes soulignés par le pronom qui convient.
Expliquez les raisons de ce choix.

1. Les auteurs se soumettent-ils à la censure ?
2. La décision dépend des jeunes filles.
3. Jean pense à son avenir de chercheur.
4. Nous pensons toujours à nos chers amis.
5. Les députés débattent d'un projet de loi.
6. Les élèves des établissements scolaires ont à se conformer au règlement.
7. Généralement les enfants obéissent aux parents.
8. Juliette se confie à ses tantes.
9. Marc parle souvent de Julie.
10. L'abus d'alcool nuit à Paul.

3 Point de vue morphologique

3.1 Le genre du nom

- Le nom tient son genre de lui-même : chaise, liberté, conscience sont des noms féminins ; tabouret, fauteuil, arbitre sont des noms masculins. La langue française connait deux genres : le **masculin** et le **féminin**.

> REMARQUE : d'autres langues, comme l'allemand ou l'anglais, possèdent un troisième genre : le neutre. Le genre des noms non animés est arbitraire et varie d'ailleurs selon les langues : par exemple, *lune* est féminin en français, masculin en allemand. Il faut donc connaitre le genre ou se servir du dictionnaire pour utiliser un déterminant adapté.

Le genre des noms animés faisant partie du monde familier est souvent lié au sexe :
un homme/une femme ; un frère/une sœur ; un cheval/une jument.

Pour d'autres noms, le genre est fixé arbitrairement :
une baleine/un cachalot ; une sardine/un anchois.

- Les marques de genre

La distinction masculin/féminin peut se faire par :
– l'emploi de suffixes différents : instituteur/institutrice ;
– l'emploi de mots différents : femme/homme ; fille/ garçon ;
– l'emploi de déterminants différents lorsqu'il n'y a qu'un seul mot : un/une élève.

Le féminin peut être simplement marqué par :
– un ***e*** ajouté au nom masculin sans modification de sa prononciation : ami/amie ;
– un ***e*** ajouté au nom masculin avec modification de sa prononciation : étudiant/étudiante ;
– l'ajout d'un suffixe : âne/ânesse (suffixe féminin) ; mule/mulet (suffixe masculin) ; danseur/danseuse ; instituteur/institutrice (suffixe variable selon le genre).

REMARQUE : certains homonymes sont distingués par le genre :
la livre/le livre ; la tour/le tour,...

3.2 Le nombre du nom

Les noms communs varient en nombre.

Le français distingue le singulier et le pluriel (dès le nombre 2) mais certaines langues possèdent trois manières de marquer le nombre : le singulier, le duel (pour 2), le pluriel.

Les marques du nombre			
Pluriel en *-s*	Pluriel en *-x*		Pluriel invariable
Cas général	Sans changement morphologique	Avec changement morpho-phonologique	Mots se terminant par *-s*, *-x* ou *-z* au singulier
fauteuils *ministres*	La plupart des mots en *-eu*, *-au*, *-eau* : *cheveu/cheveux* *tuyau/tuyaux* *tableau/tableaux* Les huit noms en -ou : *bijou, caillou, chou, hibou, genou, joujou, pou, ripou*	La plupart des mots en *-al* : *animal/animaux* Certains mots en -ail : *vitrail/vitraux*	*une/des souris* *un/des héros* *un/des choix* *un/des gaz*

4 Point de vue syntaxique

Du point de vue syntaxique, le nom constitue le noyau du groupe nominal.[1]
Précédé d'un déterminant, il forme un groupe nominal minimal : le ciel, une route, les étudiants. Ce groupe nominal minimal peut s'enrichir de divers éléments, les expansions du nom, pour former un groupe nominal étendu.

1. Voir FICHE 18 : Les expansions du nom.

ENTRAINEMENT 2

Corrigé p. 112

Identifiez les groupes nominaux et repérez le nom noyau de chacun d'eux.
Cependant le véhicule ou, pour mieux dire, le fragment de véhicule qui encombrait la rue devant la gargote du Sergent de Waterloo, un soir du printemps de 1818, eût certainement attiré par sa masse l'attention d'un peintre qui eût passé là.

Victor Hugo, *Les Misérables,* livre 1, 1862.

DIFFICULTÉS RENCONTRÉES

1. Beaucoup de mots appartenant à des classes différentes sont susceptibles de devenir des noms.

– des pronoms : le moi (*le moi est haïssable*) ;
– des adjectifs : une capitale (lettre ou ville), un complet (costume) ;
– des verbes : les dires, le boire et le manger, un rendez-vous ;
– des adverbes : le pourquoi et le comment ;
– des prépositions : le pour et le contre ;
– des expressions : le je ne sais quoi et le presque rien.

2. Le nom commun n'est pas toujours précédé d'un déterminant.

La présence du déterminant devant le nom est un moyen d'identification fiable du nom. Il y a cependant plusieurs cas d'absence de déterminant devant le nom :

- lorsque la situation ou le contexte permettent d'identifier le référent du nom, même sans déterminant ; par exemple, pour les titres d'ouvrage ou d'articles de presse, pour les panneaux et affiches, etc.

  Grammaire française. Domaine interdit au public. Tempête en Méditerranée.

- dans certaines constructions syntaxiques :

– locutions verbales comme rendre justice ; avoir faim ; avoir besoin de,...
– groupes prépositionnels tels que avec joie, par malheur, (médecin) de famille, sur invitation, etc. ;
– énumérations : Dans ce coffre s'entassaient bérets, casquettes et chapeaux en tous genres.

- lorsque le nom occupe certaines fonctions comme :

– apostrophe : Bonjour, rivages aimés ;
– attribut : Dominique est musicienne dans un grand orchestre.

À RETENIR

Le genre est inhérent au nom.
N'importe quel mot peut devenir un nom s'il est précédé d'un déterminant.

CORRIGÉS

ENTRAINEMENT 1

Énoncé p. 109

1. à la censure : *y* **2.** des jeunes filles : ***d'elles*** **3.** à son avenir de chercheur : *y* **4.** à nos chers amis : ***à eux*** **5.** d'un projet de loi : ***en*** **6.** au règlement : *y* **7.** aux parents : ***leur*** **8.** à ses tantes : ***à elles*** **9.** de Julie : ***d'elle*** **10.** à Paul : ***lui.***

Les raisons du choix
– **Les noms noyaux des groupes** 1. (*censure*), 3. (*avenir*), 5. (*projet*), 6. (*règlement*) sont des noms **non animés** qui exigent l'emploi des pronoms *en* et *y*.
– En revanche, **les noms noyaux des groupes** 2. (*filles*), 4. (*amis*), 7. (*parents*), 8. (*tantes*), 9. (*Julie*), 10. (*Paul*) sont des **noms animés et humains** commandant l'emploi des pronoms *elles* ou *elle*, *eux*, *leur*, *lui*.

ENTRAINEMENT 2

Énoncé p. 111

GN	Nom noyau
1 le véhicule	véhicule
2 le fragment de véhicule qui encombrait la rue	fragment
véhicule qui encombrait la rue	véhicule
la rue	rue
3 la gargote du Sergent de Waterloo	gargote
du Sergent de Waterloo	Sergent
Waterloo	Waterloo
4 un soir du printemps de 1818	soir
du printemps de 1818	printemps
5 sa masse	masse
6 l'attention d'un peintre qui eût passé là	attention
un peintre qui eût passé là	peintre

9 Comment identifier un verbe ?

OBJECTIF

Connaitre les caractéristiques morphologiques et syntaxiques du verbe.

VOIR AUSSI

– Tout le chapitre sur le verbe p. 203
– Les différents systèmes d'énonciation p. 275

TESTER SES CONNAISSANCES

Dans les phrases suivantes relevez et analysez toutes les formes verbales.

L'affaire commença tard ; Napoléon, nous l'avons expliqué, avait l'habitude de tenir l'artillerie dans sa main comme un pistolet, visant tantôt tel point, tantôt tel autre de la bataille, et il avait voulu attendre que les batteries attelées pussent rouler et galoper librement ; il fallait pour cela que le soleil parût et séchât le sol. Mais le soleil ne parut pas.

Victor Hugo, *Les Misérables*, première partie, pp. 345 346, Éditions GF Flammarion, 2006.

– **commença** : verbe *commencer*, 3e personne du singulier, passé simple ; – **avons expliqué** : verbe *expliquer*, 1re personne du pluriel, passé composé ; – **avait** : verbe *avoir*, 3e personne du singulier, imparfait de l'indicatif ; – **tenir** : verbe *tenir*, infinitif présent ; **visant** : verbe *viser*, participe présent ; – **avait voulu** : verbe *vouloir*, 3e personne du singulier, plus-que-parfait de l'indicatif ; – **attendre** : verbe *attendre*, infinitif présent ; – **attelées** : verbe *atteler*, participe passé, employé comme adjectif ; – **pussent** : verbe *pouvoir*, 3e personne du pluriel, imparfait du subjonctif ; – **rouler** : verbe *rouler*, infinitif présent ; – **galoper** : verbe *galoper*, infinitif présent ; – **fallait** : verbe *falloir*, 3e personne du singulier, imparfait de l'indicatif (verbe impersonnel) ; – **parût** : verbe *paraitre*, 3e personne du singulier, imparfait du subjonctif ; – **séchât** : verbe *sécher*, 3e personne du singulier, imparfait du subjonctif : – **parut** : verbe *paraitre*, 3e personne du singulier, passé simple.

LE COURS

1 Définition

De toutes les classes de mots, celle du verbe est sans conteste la plus complexe. Il est le mot de la langue française qui varie le plus car il se conjugue[1].

La conjugaison est **l'ensemble des variations formelles que prend le verbe** en fonction principalement de la personne, du nombre, du temps et du mode. Par exemple, la forme tu chantes relève simultanément de la personne (2e), du temps (présent), du mode (indicatif).

2 Point de vue sémantique

Le verbe décrit un **évènement** qui s'inscrit dans le temps.

Plus précisément, on dit que le verbe décrit un procès c'est-à-dire « les manières d'agir, d'être ou de changer des êtres, des choses au sens large du terme et des notions de toutes sortes[2] ».

1. Ainsi à chaque verbe (sauf les verbes qui ne présentent pas toutes les formes, appelés *défectifs*) peuvent correspondre 191 formes différentes, contre 2 pour un nom et 4 pour un adjectif, si bien que certains enfants croient qu'un verbe n'est pas un mot, parce qu'il change beaucoup.

2. Roland Eluerd, *Grammaire descriptive de la langue française*, Éditions Arman Colin, 2008.

Les alouettes **volent** par grand vent. Albi **est** célèbre pour sa cathédrale.
Une nouvelle éthique **s'impose**.

3 Point de vue morphologique

Traditionnellement, les grammaires admettent que le verbe français connait :

- **Trois groupes** : 1er groupe (type chanter), 2e groupe (type finir qui donne finissant au participe présent), 3e groupe (tous les autres verbes).
- **Trois formes (ou voix)** : la forme active (le chat **mange** la souris), la forme passive (la souris **est mangée** par le chat) et la forme pronominale (le chat **se nourrit** de croquettes).
- **Six personnes** au singulier et au pluriel : *je, tu, il/elle, nous, vous, ils/elles*.
- **Trois modes personnels** : l'indicatif, le subjonctif, l'impératif

et **deux modes non personnels** : l'infinitif (chanter, finir, prendre) ; le participe (chantant, chanté ; finissant, fini ; prenant, pris)

> REMARQUE : certaines grammaires scolaires considèrent le conditionnel comme un mode parce qu'il a effectivement autant d'emplois modaux que d'emplois temporels. Cependant, du point de vue morphologique, il est exclusivement formé à partir de marques temporelles (cumul des marques du futur et de l'imparfait) de l'indicatif, dont il fait partie.

- **Deux séries de temps pour chaque mode** : les temps simples et les temps composés.

Indicatif[1]

– cinq temps simples : présent (je chante), imparfait (je chantais), futur simple (je chanterai), passé simple (je chantai), conditionnel présent (je chanterais)
– cinq temps composés : passé composé (j'ai chanté), plus-que-parfait (j'avais chanté), futur antérieur (j'aurai chanté), passé antérieur (j'eus chanté), conditionnel passé (j'aurais chanté)

Subjonctif

– deux temps simples : présent (que je chante), imparfait (que je chantasse)
– deux temps composés : passé (que j'aie chanté), plus-que-parfait (que j'eusse chanté)

Impératif

– un temps simple : le présent (chante, chantons, chantez)
– un temps composé : le passé (aie chanté, ayons chanté, ayez chanté)

Infinitif

– un temps simple : le présent (chanter)
– un temps composé : le passé (avoir chanté)

Participe

– un temps simple : le présent (chantant)
– un temps composé : le passé (ayant chanté)

On notera l'importance du participe passé (chanté) qui, joint aux auxiliaires (*avoir* ou *être*), concourt à la formation des temps composés à l'actif et au passif.

1. Il existe encore deux temps surcomposés : le passé surcomposé (*j'ai eu chanté*) et le futur antérieur surcomposé (*j'aurai eu chanté*), qui servent à marquer l'antériorité par rapport à un temps composé. Ces temps verbaux sont d'un emploi rare et ne figurent pas toujours dans les tables de conjugaison. Ils ne sont pas pris en compte dans les programmes de l'école primaire.

9 Comment identifier un verbe ?

4 Point de vue syntaxique

Le verbe est l'élément fondamental, le noyau, du groupe verbal dont il peut d'ailleurs être le seul constituant : L'enfant **chante**.

On distingue plusieurs constructions syntaxiques du verbe. La construction est :

- **intransitive,** si le verbe n'a pas de complément : Il dort.
- **transitive,** lorsque le verbe a un ou plusieurs compléments :

– si le complément est directement relié au verbe, c'est **un COD** : la construction est **transitive directe** : Je lis **un livre**.

– si une préposition est nécessaire à l'introduction du complément, celui-ci est **un COI** : la construction est **transitive indirecte** : Il feint d'obéir **à son supérieur**.

– **à double complémentation** lorsque le verbe a deux compléments dont l'un est généralement direct et l'autre indirect :

Voir FICHE 16 : Les compléments du verbe.

Il **lui** a acheté **son appartement**.
COI COD

– **attributive** lorsque certains verbes, dits attributifs, instaurent une relation, marquée par l'accord, entre le sujet ou l'objet et un attribut.

Voir FICHE 17 : Attribut et apposition.

– attribut du sujet : Sophie est heureuse.
sujet + verbe + attribut du sujet

– attribut de l'objet : Pierre trouve ses amies heureuses.
sujet+ verbe + COD + attribut du COD

REMARQUE : Beaucoup de verbes peuvent avoir plusieurs types de constructions :
– des verbes intransitifs peuvent devenir transitifs (courir les magasins) ;
– des verbes transitifs directs (il aspire l'air de la mer) peuvent devenir transitifs indirects (il aspire à une nouvelle fonction).

ENTRAINEMENT 1

Corrigé p. 118

Cherchez le plus de constructions différentes possibles avec l'un des verbes suivants : *jouer, profiter, tourner, tomber, prendre.* Classez-les.
Avec les changements de construction, observez les changements de sens et quelquefois de niveau de langue.

5 Les différents éléments d'une forme verbale

5.1 Le radical est l'élément fondamental du verbe

On appelle « radical verbal » l'élément commun à toutes les formes verbales qui appartiennent à la conjugaison d'un verbe.

– Cet élément est le support de la signification commune à toutes ces formes verbales et fait dire précisément qu'elles relèvent d'un même verbe, d'une même entrée dans le dictionnaire. Ainsi *chant-* est le radical que l'on retrouve dans toutes les formes qui

constituent la conjugaison du verbe chanter : tu **chant**ais, il a **chant**é, il **chant**era, **chant**ant...
La forme du radical peut changer (les linguistes proposent alors le terme de ***base***).
Ainsi :

- certains verbes comme ceux du premier et du deuxième groupes présentent une grande régularité de la forme du radical :

– une base : chanter → chant-
– deux bases : finir → fini- / finiss-

- d'autres, comme les verbes traditionnellement regroupés dans le troisième groupe, offrent plus de diversité :

– trois bases : craindre → crain- /craign- /craind-
– quatre bases : voir → voi- / voy- / ver- / vu
– cinq bases : vouloir → veu-, voul- veul-, voud-, veuill-

5.2 La terminaison apporte les informations grammaticales

Les terminaisons se placent à la suite du radical. Elles donnent les indications grammaticales sur le mode, le temps et la personne.
Ce sont des **morphèmes grammaticaux**.

Dans les faits, deux classes de morphèmes sont généralement présentes. Ainsi, distingue-t-on à l'écrit, pour **l'indicatif** :

- **les morphèmes de la personne**[1]

	Présent Verbes en *-er*	Présent Verbes en *-dre*	Présent imparfait conditionnel Autres verbes	Futur Tous les verbes	Passé simple Verbe en *-er*	Passé simple Autres verbes
P1	*-e*	*-s*		*-ai*	*-∅*	*-s*
P2	*-es*	*-s*		*-as*	*-s*	*-s*
P3	*-e*	*-t* ou *∅*[1]	*-t*	*-a*	*-∅*	*-t*
P4	*-ons*				*-^mes*	
P5	*-ez*				*-^tes*	
P6	*-ent*			*-ont*	*-rent*	

- **les morphèmes de temps**[2]

	Verbes en **-er**	Autres verbes	Exemples
Présent	Aucune marque de temps		je chant-∅-e
Imparfait	*-ai-* (P1, P2, P3, P6) *-i-* (P4, P5)		je chant-**ai**-s nous chant-**i**-ons
Futur	*-er-*	*-r-*	je chant-**er**-ai je prend-**r**-ai
Conditionnel	*-erai-* *-eri-*	*-rai-* *-ri-*	je chant-**erai**-s / je prend-**rai**-s nous chant-**eri**-ons / nous prend-**ri**-ons

1. Il arrive que certaines formes ne comportent pas tous les morphèmes. Dans ce cas, les linguistes indiquent par un code spécifique : Ø, l'absence de marque à la place normalement prévue. Par exemple la base *prend-* du verbe *prendre* à la 3e pers. du sing. du présent ne prend aucune marque de personne.

2. Ce tableau vaut pour les verbes réguliers.

	Verbes en *-er*	Autres verbes	Exemples	
Passé simple	*-ai-* (P1) *-a-* (P2 à P5)[3] *-è-* (P6)	*-i-* *-u-* *-in-*[4]	je chant-**ai**-∅ tu chant-**a**-s ils chant-**è**-rent	je part-**i**-s je cour-**u**-s je v-**in**-s

Les verbes sont donc construits de la façon suivante :

	Base	morphème de temps	morphème de personne
je chantais	chant-	-ai-	-s
nous chantions	chant-	-i-	*-ons*
je chanterai	chant-	-er-	*-ai*
je courrai	cour-	-r-	*-ai*
je chanterais	chant-	-erai-	-s
nous chanterions	chant-	-eri-	*-ons*
je courrais	cour-	-rai-	-s
nous courrions	cour-	-ri-	*-ons*
je chantai	chant-	-ai-	-∅
tu chantas	chant-	-a-	-s
ils chantèrent	chant-	-è-	-rent
je voulus	voul-	-u-	-s
je vins	v-	-in-	-s

3. Aux personnes P4 et P5, la marque du passé simple comporte un accent circonflexe : *â(mes), â(tes)*.

4. Aux personnes P4 et P5, la marque du passé simple comporte un accent circonflexe : *î, û, îm(mes, tes)*.

ENTRAINEMENT 2

Corrigé p. 119

Trouvez les formes correspondant aux indications suivantes :

1. *Peindre*, présent de l'indicatif, 1re personne du singulier.
2. *Feindre*, passé simple, 3e personne du singulier.
3. *Joindre*, imparfait du subjonctif, 3e personne du singulier.
4. *Être*, passé simple, 3e personne singulier.
5. *Avoir*, passé composé, 1re personne du singulier.
6. *Être*, passé composé, 1re personne singulier.
7. *Asseoir*, présent de l'indicatif, 1re personne du pluriel.
8. *Asseoir*, présent de l'indicatif, 1re personne du singulier.
9. *Cueillir*, présent de l'indicatif, 2e personne du singulier.
10. *Courir*, conditionnel présent, 2e personne du singulier.

ENTRAINEMENT 3

Corrigé p. 119

Découpez les formes verbales suivantes en morphèmes :
aimais ; aimions ; aimaient ; aimerions ; vaux ; valons ; vaudrai ; valus ; veuille ; veuilles.

DIFFICULTÉ RENCONTRÉE

La complexité de la conjugaison française attire l'attention sur les formes conjuguées. Pourtant celles-ci se repèrent assez facilement. Il n'en est pas de même pour les formes non-conjuguées (modes infinitif et participe) qui passent quelquefois inaperçues.
Ainsi, les participes passés ou présents employés comme adjectifs :

Ce garçon adore les oranges **pressées**.

J'ai rencontré le directeur **sortant** de son bureau.

À RETENIR

- Les formes verbales varient en fonction de la personne, du temps et du mode.
- Le verbe se compose de plusieurs éléments : le **radical** (qui comporte l'information lexicale) + la **terminaison** (porteuse des indications de personne, de temps et de mode).
- Pour réviser ces formes verbales, se reporter à des tables de conjugaison que l'on trouve dans les dictionnaires ou les utilitaires comme le *Bescherelle* qui proposent une vision complète de toutes les formes.

CORRIGÉS

ENTRAINEMENT 1

Énoncé p. 115

Exemple du verbe *tomber*

Exemples	Sens
Construction sans sujet et sans complément	
Ça tombe. (registre familier ; le sujet impersonnel peut être considéré comme nul)	Il pleut.
Construction impersonnelle avec sujet postposé (« sujet logique »)	
Il tombe des cordes.	Il pleut beaucoup.
Construction avec un sujet sans complément	
Tu tombes bien.	Tu arrives bien.
Cette robe tombe bien.	Cette robe est bien taillée.
Il tombe.	Il chute.
La pluie tombe.	Il pleut.
La nuit tombe.	La nuit survient.
Le vent tombe.	Le vent diminue en intensité.
Construction avec un complément construit directement	
Elle tombe le masque.	Elle se dévoile.
Noël tombe un mardi.	Noël se situe un mardi.
L'opposition a renversé le gouvernement.	L'opposition a renversé le gouvernement.
Construction avec un attribut	
Il est tombé malade.	Il est devenu malade, amoureux.
Il est tombé amoureux.	
Construction avec divers types de compléments prépositionnels	
Il tombe de haut.	Il déchante.
Il est tombé du cerisier.	Il a chuté du cerisier.
Il est tombé dans un piège.	Il s'est fourvoyé.
Il est tombé sur Racine au bac.	Il a été interrogé sur Racine au bac.
Ce projet est tombé à l'eau. (registre familier)	Ce projet a été abandonné.

Exemples	Sens
Construction pronominale	
Les bras m'en tombent. (registre familier)	J'en suis consterné.
Ce livre m'est tombé sous la main.	J'ai trouvé ce livre.
Ce livre m'est tombé des mains.	Ce livre m'a ennuyé.

ENTRAINEMENT 2

Énoncé p. 117

1. *je peins.* **2.** *il feignit.* **3.** *qu'il joignît* : l'accent circonflexe est caractéristique de la 3e personne du singulier de ce temps. Il permet de distinguer cette forme de celle de la 3e personne du singulier du passé simple. **4.** *il fut* (pas d'accent circonflexe). **5.** *j'ai eu.* **6.** *j'ai été.* **7.** *nous asseyons* ou *nous assoyons.* **8.** *j'assieds* ou *j'assois.* **9.** *tu cueilles.* **10.** *tu courrais.*

ENTRAINEMENT 3

Énoncé p. 117

– *aim+ai+s* (base + morphème de l'imparfait + morphème de la 1re ou 2e personne du singulier).
– *aim+i+ons* (base + morphème de l'imparfait + morphème de la 1re personne du pluriel).
– *aim+ai+ent* (base + morphème de l'imparfait + morphème de la 3e personne du pluriel).
– *aim+er+i+ons* (base + morphème du futur + morphème de l'imparfait + 1re personne du pluriel).
– *vau+x* (base + morphème de la 1re ou 2e personne du singulier : il n'y a pas de morphème de temps).
– *val+ons* (base + morphème de la 1re personne du pluriel : il n'y a pas de morphème de temps).
– *vaud+r+ai* (base + morphème du futur + morphème de la 1re personne du singulier).
– *val+u+s* (base + morphème du passé simple + morphème de la 1re ou 2e personne du singulier).
– *veuill+e* (base + morphème de la 1re personne du singulier).
– *veuill+es* (base + morphème de la 2e personne du singulier)

10 L'adjectif qualificatif

OBJECTIFS

– **Identifier un adjectif.**

– **Connaitre ses propriétés morphologiques, syntaxiques et sémantiques.**

VOIR AUSSI

– Les compléments du verbe p. 168
– Attribut et apposition p. 174
– Les expansions du nom p. 179
– Les chaines d'accord p. 332

TESTER SES CONNAISSANCES

Relevez les adjectifs et indiquez leur fonction.
Deux d'entre eux forment un groupe adjectival : relevez-les.

Nous entrons dans un monde jaune et bleu où nous accueille le soupir odorant et âcre de la terre d'été en Algérie. Partout, des bougainvillées rosat dépassent les murs des villas ; dans les jardins, des hibiscus au rouge encore pâle, une profusion de roses thé épaisses comme de la crème et de délicates bordures de longs iris bleus. Toutes les pierres sont chaudes. À l'heure où nous descendons de l'autobus couleur de bouton-d'or, les bouchers dans leurs voitures rouges font leur tournée matinale…

Albert Camus, *Noces à Tipasa*, © Éditions Gallimard, 2006.

– **jaune, bleu** : épithètes du nom *monde*. – **odorant, âcre** : épithètes du nom *soupir*. – **rosat** : épithète du nom *bougainvillées*. – **pâle** : épithète du nom *rouge*. – **thé, épaisses** : épithètes du nom *roses*. – **délicates** : épithète du nom *bordures*. – **longs, bleus** : épithètes du nom *iris*. – **chaudes** : attribut de *pierres*. – **rouges** : épithète du nom *voitures*. – **matinale** : épithète du nom *tournée*.

Groupes adjectivaux : *encore pâle* l. 3 / *épaisses comme de la crème* l. 4.

LE COURS

1 Définition

L'adjectif est un **mot variable** qui prend les marques de genre et du nombre du nom ou du terme auquel il se rapporte.
À la différence du nom, qui peut avoir deux formes (singulier, pluriel : le chat, les chats) l'adjectif peut avoir jusqu'à quatre formes différentes (grand, grande, grands, grandes).

2 Point de vue morphologique

2.1 Les marques du genre de l'adjectif

L'adjectif a une morphologie complexe, qui, de plus, diffère largement selon que l'on considère les formes orales et écrites. Cette complexité est d'ailleurs prise en compte par les dictionnaires de langue qui indiquent les deux formes en privilégiant le masculin : muet, *-ette* ; furieux, *-euse* ; bavard, *-arde*...

- **Formes écrites**

– Dans un grand nombre de cas, le féminin de l'adjectif se forme en ajoutant un ***-e*** à la forme du masculin : joli/jolie ; lent/lente ; lourd/lourde ; grand/grande.

– Logiquement, les adjectifs qui au masculin se terminent en ***-e*** ne varient pas au féminin, ils sont dits « épicènes » : triste, placide, propre, féroce, libre.

– Pour certains adjectifs, l'adjonction du ***-e*** va entrainer des modifications portant sur la consonne finale du masculin :

  – consonne doublée : fluet/fluette ; gros/grosse ; bon/bonne.
  – consonne différente : neuf/neuve ; affreux/affreuse.
  – modification de la voyelle : cher/chère.

– Certaines formes relèvent de variations lexicales : vieux/vieil/vieille ; d'autres connaissent un changement de suffixe : menteur/menteuse ; novateur/novatrice.

- **Formes orales**

– À l'oral, l'adjonction du ***-e*** final n'a aucun effet sur la prononciation quand le masculin se termine par une voyelle : joli/jolie, fourbu/fourbue.

– Elle entraine dans un grand nombre de cas la prononciation de la consonne finale non prononcée au masculin : petit/petite ; lourd/lourde ; délicat/délicate.

– À cette prononciation de la consonne finale, peut s'ajouter une modification de la voyelle, fermée au masculin et ouverte au féminin :
premier/première ; entier/entière ; sot/sotte.

– Dans le cas d'une voyelle nasale, celle-ci est remplacée par une voyelle orale :
voisin/voisine, brun/brune.

REMARQUE :
– Certains adjectifs sont uniquement employés au masculin :
pied bot, nez aquilin, hareng saur
– D'autres sont uniquement employés au féminin :
bouche bée, femme enceinte, porte cochère
– Les adjectifs de couleur dérivés de noms s'accordent ou non selon leur degré d'adjectivation. Ainsi, par exemple, marron, cerise, thé, rosat demeurent invariables mais pour orange, l'usage est indécis et il prend quelquefois un -s avec un nom pluriel.

2.2 Les marques du nombre de l'adjectif

Elles sont identiques à celles du nom.

Pluriel en *-s*	Pluriel en *-x*		Pluriel invariable
Cas général	Adjonction du *-x* final sans incidence sur l'oral	Variation de la finale à l'écrit et à l'oral	Mots se terminant par *-s*, *-x* au singulier
jolis, jolies utiles grands, grandes	beaux nouveaux	adjectifs en *-al* : amical/amicaux final/finaux	surpris doux gros heureux

2.3 Les degrés de l'adjectif : comparatif et superlatif

Les notions exprimées par les adjectifs sont généralement variables en degrés lorsque ceux-ci sont mis au comparatif ou au superlatif.

- **Le comparatif**

On distingue trois degrés de comparatif :
– de supériorité : Le choléra est **plus** grave **que** la rougeole.
– d'égalité : Le choléra est **aussi** mortel **que** la peste.
– d'infériorité : Le choléra est **moins** commun **que** la grippe.

Les qualités exprimées par l'adjectif : *grave*, *mortel*, *commun* sont mises en rapport avec celles d'autres éléments de référence, *la rougeole*, *la peste*, *la grippe*, qui jouent le rôle de compléments de comparaison, introduits par *que*.

Certains adjectifs ont un comparatif dit « irrégulier » : bon → meilleur, mauvais → pire…

La comparaison peut porter sur deux qualités qui s'appliquent à un même nom :

Les Dalton sont plus bêtes que méchants. (d'après Joe Dassin)

- **Le superlatif**

– **Le superlatif relatif** s'applique à un élément présentant la qualité dénotée par l'adjectif à son degré maximal ou minimal :

L'océan Pacifique est **le plus étendu** de la planète.
Le Vatican est **le plus petit** État d'Europe.

– **Le superlatif absolu,** qui exprime un degré d'intensité élevée de la qualité évoquée, est formé par un adjectif précédé d'un des adverbes *très, fort, bien, extrêmement* :

Il est très costaud mais **extrêmement naïf**.

DIFFICULTÉ RENCONTRÉE

Adjectif ou participe passé ?

On note une proximité entre les adjectifs et les participes passés, qui sont les formes adjectivales du verbe. Ces participes passés, dans leur forme adjectivale ont les différentes fonctions des adjectifs qualificatifs : épithètes (une actrice connue, un homme fatigué), attribut (elle est désespérée), apposés (rempli de honte, il bredouilla).

Attention : les formes du passif (ces villes sont surveillées par la police) ou du passé composé actif (elle est arrivée) ne doivent pas être confondues avec des constructions comportant des formes adjectivales de participes passés ayant la fonction d'attribut (son niveau est avancé, les pommes sont cuites…).

Un test utile pour distinguer l'adjectif et le participe passé consiste à essayer d'appliquer la transformation au comparatif et au superlatif (*plus, le plus*) :
* elle est plus arrivée / son niveau est plus avancé.

3 Point de vue syntaxique

3.1 Distinguer le déterminant et l'adjectif

La nomenclature grammaticale de 1975 réserve le terme « d'adjectif » au seul adjectif qualificatif, donc les appellations « d'adjectifs » démonstratif, possessif, interrogatif, indéfini, n'ont plus cours ; elles sont remplacées par celles de « déterminants ».

Alors que les déterminants sont des constituants obligatoires du groupe nominal

un joueur, ce joueur, quel joueur, certains joueurs, quelques joueurs, deux joueurs,...

et ne peuvent pas être affectés par le degré (*plus, moins, peu*), **les adjectifs sont facultatifs**, d'un point de vue syntaxique, et **sensibles au degré**.

> REMARQUE : accompagné d'un déterminant, l'adjectif peut devenir un nom : le rouge de cet hibiscus /l'ancien et le moderne,...

3.2 Les fonctions de l'adjectif

Voir FICHE 17 : Attribut et apposition.

L'adjectif a fondamentalement deux types d'emplois selon qu'il appartient au groupe nominal ou au groupe verbal.

- Dans les groupes (syntagmes) nominaux un tableau ancien, un bon enseignant, il est :

– **épithète** quand il est juxtaposé au nom : ce livre passionnant ;

– **apposé** quand il est mis entre virgules :

Ce livre, passionnant, a retardé mon endormissement. Il a alors une valeur explicative : *Parce qu'il est passionnant, ce livre a retardé mon endormissement*.

- Dans le groupe (syntagme) verbal, avec des verbes dits attributifs : *être, paraitre, sembler, devenir, rester, passer pour,...* il est :

– **attribut du sujet** : Toutes les pierres sont **chaudes**.

– **attribut du complément d'objet** : Je trouve cette histoire **effrayante**.

3.3 L'adjectif dans le groupe nominal : l'épithète

Un adjectif épithète peut se rapporter à un nom (un bel oranger), à plusieurs noms (une robe et une veste bleues), à un pronom (quelque chose de beau).
Il est, avec le complément du nom (le loup de l'histoire) et la proposition relative (l'ami que j'ai rencontré) un des types d'**expansions du nom**.

Diverses expansions peuvent être utilisées simultanément :

un match de tennis passionnant
complément du nom + adjectif

un spectacle émouvant et qui laissera des traces dans les mémoires
adjectif + proposition relative

- **La place de l'adjectif épithète**

La place de l'adjectif est soumise à un certain nombre de contraintes mais elle est aussi sujette au libre jeu des utilisateurs de la langue qui peuvent toujours chercher à rompre un l'ordre habituel pour des raisons d'expressivité ou de style.

a. La postposition

C'est l'ordre « normal », lorsque l'adjectif n'exprime que son sens descriptif ordinaire ou objectif. Certains adjectifs sont toujours postposés au nom :

– les adjectifs relationnels (voir plus bas « Point de vue sémantique ») :
l'armée américaine, l'ensemble monumental, le discours présidentiel.

– certains adjectifs qualificatifs indiquant notamment la forme et la couleur :
une cour rectangulaire, des volets violets, une eau claire, un bois touffu.

– les groupes adjectivaux :
un livre difficile à lire, une journée riche en émotions, un seau plein de lait.

– les adjectifs au comparatif suivis d'un complément :
une épreuve plus importante que toutes les autres.

b. L'antéposition

– Certains adjectifs trouvent assez naturellement leur place avant le nom. Ce sont des adjectifs souvent très fréquents comportant une nuance évaluative ou affective : beau, bon, joli, petit, vieux, ou susceptibles de porter des valeurs « affectives » ou « appréciatives » : atroce, merveilleux, épouvantable.

– Sont également antéposées les épithètes dites de nature, traditionnellement associées à un nom commun ou propre : les jeunes années, les vertes prairies, la belle Hélène.

c. Place libre

Certains adjectifs peuvent être placés avant ou après le nom sans modification de signification : l'immense maison/la maison immense, la longue plainte/la plainte longue, ou avec des significations différentes : un petit ami/un ami petit, un certain succès/un succès certain, un pauvre homme/un homme pauvre.

3.4 L'adjectif dans le groupe verbal : l'attribut

L'attribut du sujet est le second constituant d'un groupe verbal dont le verbe introducteur est le verbe *être* : il est très heureux ou un verbe d'état : *paraitre, sembler, demeurer, rester, passer pour,...*

L'adjectif attribut prend les marques de genre et de nombre du sujet :

Les acrobates sont légers.

Alors que le complément d'objet est pronominalisé par un pronom qui reprend le genre et le nombre du COD, l'attribut est pronominalisable par *le*, quels que soient le genre et le nombre.

Les forêts précèdent les peuples, les déserts **les** suivent. (Chateaubriand) : COD.

Le berger précède le troupeau, le chien **le** suit. : COD.

Le carton est ondulé, la tôle l'est aussi. : attribut.

Les acrobates sont légers, les écuyères **le** sont aussi. : attribut.

L'attribut du complément d'objet se rencontre dans des structures de type : Verbe + Groupe Nominal + Adjectif.

Pierre trouve sa voisine sympathique. Pierre la trouve sympathique.

Corrigé p. 126

ENTRAINEMENT 1

Indiquez la fonction de l'adjectif.
1. Marie semble pâle. 2. Marie se retourna toute pâle. 3. Pierre considère Paul comme fou. 4. Sois heureux ! 5. Ému par cette rencontre, il heurta un pylône.

3.5 Groupe adjectival

L'adjectif qualificatif peut être le noyau d'un groupe adjectival. Il peut être **complété par** :
– **un adverbe**, généralement antéposé : une histoire extrêmement **intéressante**, un homme jamais **satisfait**, une définition nécessairement **incomplète**.
– **un groupe prépositionnel** appelé complément de l'adjectif : il est **fou** à lier, elle est **apte** à faire ce travail, elles sont **fières** de leur réussite.
– **un complément propositionnel** : Pierre est **fier** que son fils ait réussi ce concours.

4 Point de vue sémantique

Des critères morphologiques, syntaxiques et sémantiques conduisent à distinguer deux sous-ensembles à l'intérieur de la classe des adjectifs.

4.1 Les adjectifs qualifiants

- Syntaxiquement, ils peuvent être affectés par la marque d'un degré :
  un livre plus/très/assez intéressant.
- Sémantiquement, ils énoncent une qualité ou une propriété, essentielle ou accidentelle du nom : une robe rouge.

4.2 Les adjectifs relationnels (ou classifiants)

- Ils sont généralement dérivés d'un nom :
  cœur/cardiaque, Asie/asiatique, terre/terrestre, route/routière.
- Syntaxiquement, ils connaissent certaines restrictions d'emploi :

– ils sont toujours postposés au nom : un arrêté municipal et non *un municipal arrêté ;
– ils ne peuvent généralement pas être attributs : *cette carte est routière / cette carte est illisible ;
– ils ne peuvent pas recevoir une marque de degré : *un jardin très municipal, *un décret très ministériel. Mais si, dans certains cas, ils marquent les degrés de la qualité signifiée (et non plus la relation), ils jouent alors le même rôle que les adjectifs qualifiants : un discours très présidentiel ;
– ils ne peuvent pas être coordonnés avec un adjectif qualifiant :
*une carte routière et illisible.

- Sémantiquement, ils indiquent les relations du nom avec d'autres éléments en délimitant une sous-classe du nom :
  une carte routière est une sous-classe des cartes.
  On les appelle parfois pseudo-adjectifs.
- Ils équivalent à un complément du nom dont ils sont dérivés :
  le discours présidentiel (du président).

ENTRAINEMENT 2

Corrigé p. 126

Parmi les adjectifs suivants, distinguez ceux qui sont des adjectifs qualifiants et ceux qui sont des adjectifs relationnels, en les associant au préalable à un nom : *ascensionnel, récent, administratif, léger, irascible, silencieux, matrimonial, maritime.*

À RETENIR

- L'adjectif est un **constituant facultatif du groupe nominal** (épithète, apposition) ou un **constituant obligatoire du groupe verbal** (attribut du sujet ou de l'objet).
- Il prend les **marques d'accord** en genre et en nombre du nom qu'il qualifie.
- Pour le sens, on distingue les adjectifs **qualifiants** (*grand, petit, rond..*) et les adjectifs **relationnels** (*municipal, présidentiel...*)

CORRIGÉS

ENTRAINEMENT 1

Énoncé p. 125

1. ***pâle*** : attribut du sujet *Marie*. Le verbe *sembler* est un verbe attributif au sens strict.
2. ***pâle*** : attribut du sujet *Marie*. Le verbe *se retourner* est un verbe occasionnellement attributif et *pâle* est considéré ici comme attribut.
3. ***fou*** : attribut du COD *Paul*.
4. ***heureux*** : la structure impérative ne comporte pas de sujet explicite mais *heureux* est tout de même considéré comme attribut du sujet implicite.
5. ***ému*** : participe passé employé comme adjectif. Apposé à *il*.

ENTRAINEMENT 2

Énoncé p. 126

– **Les adjectifs qualifiants : *récent, léger, irascible, silencieux.***

– **Les adjectifs relationnels : *ascensionnel, administratif, matrimonial, maritime.***

- Test morphologique : dérivation du nom (*ascension, administration, mariage, mer*).
- Tests syntaxiques difficilement applicables : emploi en fonction d'attribut, modification par l'adverbe *très*, coordination avec un adjectif qualifiant.

11 Les pronoms personnels

OBJECTIFS

Identifier les pronoms personnels : connaitre leurs propriétés morphologiques et syntaxiques.

VOIR AUSSI

– Les propositions subordonnées complétives et circonstancielles p. 73
– Les propositions subordonnées relatives p. 81
– Les déterminants p. 97
– Les pronoms autres que personnels p. 134
– Les expansions du nom p. 179
– Les reprises nominales et pronominales p. 264
– Les déictiques p. 286

TESTER SES CONNAISSANCES

Relevez tous les pronoms et distinguez les pronoms personnels des autres.

En tout cas, personne ne vous laissera dire que le docteur Knock est intéressé. C'est lui qui a créé les consultations gratuites, que nous n'avions jamais connues ici. Pour les visites, il fait payer les personnes qui en ont les moyens – avouez qu'autrement ce serait malheureux ! mais il n'accepte rien des indigents. On le voit traverser tout le canton, dépenser dix francs d'essence et s'arrêter avec sa belle voiture devant la cahute d'une pauvre vieille qui n'a même pas un fromage de chèvre à lui donner.

Jules Romains, *Knock*, acte III, sc. 3, © Éditions Gallimar, 1924.

En tout cas, ***personne*** *ne* ***vous*** *laissera dire que le docteur Knock est intéressé.* ***C'est lui qui*** *a créé les consultations gratuites,* ***que nous*** *n'avions jamais connues ici. Pour les visites,* ***il*** *fait payer les personnes* ***qui en*** *ont les moyens - avouez qu'autrement* ***ce*** *serait malheureux ! mais* ***il*** *n'accepte* ***rien*** *des indigents.* ***On le*** *voit traverser tout le canton, dépenser dix francs d'essence et* ***s'****arrêter avec sa belle voiture devant la cahute d'une pauvre vieille* ***qui*** *n'a même pas un fromage de chèvre à* ***lui*** *donner.*

Pronoms personnels : *vous, lui, nous, il, en, il, le, s'* (réfléchi), *lui.*
Pronoms indéfinis : *personne, rien* (qui forme avec *ne* la locution adverbiale de négation *ne… rien*), *on.*
Pronoms démonstratifs : *c', ce.*
Pronoms relatifs : *qui, que, qui, qui.*

LE COURS

1 Les pronoms

1.1 Définition

- Le pronom est traditionnellement défini, conformément à son étymologie, comme « un mot qui remplace le nom » mais cela crée un double malentendu. Le plus souvent, les pronoms ne remplacent pas un nom isolé mais un groupe nominal, voire d'autres termes :

– **groupe nominal** : Tu reprends du rôti ? J'**en** veux bien.

– **groupe nominal avec une ou plusieurs expansions** :

La servante au grand cœur dont vous étiez jalouse,
Et qui dort son sommeil sous une humble pelouse,
Nous devrions pourtant **lui** porter quelques fleurs.
(Baudelaire, *Les Fleurs du mal*)

– **adjectif** : Tu es insupportable ! Tu l'es aussi !

– **proposition complétive** : On me dit qu'on peut lui faire confiance. Je **le** pense aussi.

– **construction infinitive, précédée de la préposition *de*** : Dans le pays, on pensait que le vieux meunier, en renvoyant Vivette, avait agi par avarice ; et **cela** ne lui faisait pas honneur de laisser sa petite-fille ainsi trainer d'une ferme à l'autre [...]
(A. Daudet, *Lettres de mon moulin*)

- Les pronoms personnels des 1re et 2e personnes ne remplacent rien dans un texte, ils renvoient aux protagonistes impliqués dans la situation d'énonciation, ce sont des **déictiques**.

Voir FICHE 36 : Les déictiques.

1.2 Les fonctions des pronoms

Tout comme les noms, ils peuvent avoir différentes fonctions. Citons, parmi les plus courantes :

– **sujet** : J'arrive. **Quelqu'un** a sonné. **Celui-là** est moins cher.

– **complément d'objet direct** :
Pierre **t'**attend. Je préfère **l'autre**. Montrez-moi **quelque chose** de plus gai.

– **complément d'objet indirect** : Je me souviens bien de **lui**. On **lui** fait confiance.

– **attribut** : Ne te moque pas d'un éclopé. Tu risques de **l'**être à ton tour.

– **complément du nom** : Vous êtes le père de **qui** ? Je ne suis le père de **personne**.

– **complément circonstanciel** : Connaissez-vous la ville ? J'**y** habite.

1.3 Classification des pronoms

Nous suivrons la classification et la terminologie officielles qui distinguent les pronoms personnels, possessifs, démonstratifs, interrogatifs, indéfinis et relatifs.

2 Les pronoms personnels

Point de vue sémantique

- **Les pronoms personnels** regroupent deux types d'éléments au fonctionnement différent :
– *je, tu, nous, vous, on* qui sont des pronoms sans antécédent représentent toujours un des protagonistes d'une situation d'énonciation. Ce sont des **déictiques**.
– *il* et tous les pronoms de la 3e personne qui ont généralement un antécédent fonctionnent comme **substituts anaphoriques**.
- Les pronoms *nous* et *vous* ont également une valeur anaphorique quand ils incluent la 3e personne : *nous* = moi + lui ; *vous* = toi + lui. Jean est arrivé. Nous partons immédiatement. (*nous* = Jean et moi). Ta sœur et toi, vous marchez beaucoup. (*vous* = ta sœur et moi).

Voir FICHE 32 : Les reprises nominales et pronominales.

Point de vue morpho-syntaxique

<table>
<tr><th rowspan="2">Personnes</th><th colspan="4">Formes conjointes</th><th rowspan="2">Formes disjointes</th></tr>
<tr><th>Sujet</th><th>Complément direct</th><th colspan="2">Complément indirect</th></tr>
<tr><td>1re personne du singulier</td><td>je/j'</td><td colspan="3">me/m'</td><td>moi</td></tr>
<tr><td>2e personne du singulier</td><td>tu</td><td colspan="3">te/t'</td><td>toi</td></tr>
<tr><td rowspan="3">3e personne du singulier</td><td rowspan="3">il, elle, on</td><td rowspan="2">le, la, l'</td><td rowspan="2">lui</td><td rowspan="2">y, en</td><td>lui, elle</td></tr>
<tr><td>lui, elle (-même)</td></tr>
<tr><td colspan="3">se/s'</td><td>soi (-même)</td></tr>
<tr><td>1re personne du pluriel</td><td colspan="5">nous</td></tr>
<tr><td>2^e personne du pluriel</td><td colspan="5">vous</td></tr>
<tr><td rowspan="2">3^e personne du pluriel</td><td rowspan="2">ils, elles</td><td>les</td><td>leur</td><td>y, en</td><td>eux, elles</td></tr>
<tr><td colspan="3">se/s'</td><td>eux, elles (-mêmes)</td></tr>
</table>

Remarque : seuls les pronoms de la 3e personne du singulier et du pluriel varient en genre et en nombre : *il/elle* ; *le/la* ; *lui/elle* ; *ils/elles* ; *eux/elles*.
Les 1re et 2e personnes sont communes au masculin et au féminin.

2.1 Formes conjointes et disjointes

Selon leur place par rapport au verbe et leur fonction, les pronoms personnels ont des formes **conjointes** et des formes **disjointes**.

- Les **formes conjointes** sont directement liées au verbe : Viendras-**tu** ? **Je** sais.
Elles ne peuvent en être séparées que par une autre forme conjointe ou par le premier élément de la négation : **Je** ne le sais pas.

André était l'ami des chats : **il** les respectait et **ils** le lui rendaient bien.
(il : Sujet ; les : COD ; le : COD ; lui : COS)

- Les pronoms conjoints des 1re et 2e personnes (singulier et pluriel) *me*, *te*, *nous*, *vous* peuvent occuper indifféremment des fonctions de complément d'objet direct et indirect :

Je **te** vois. (complément d'objet direct). Je **te** parle. (complément d'objet indirect).

- En revanche, les pronoms conjoints de la 3e personne (singulier et pluriel) *le*, *la*, *les*, *lui*, *leur* possèdent des formes distinctes selon qu'ils sont compléments d'objet direct ou indirect :

Je **le** vois. (complément d'objet direct). Je **lui** parle. (complément d'objet indirect).

Les formes **disjointes** se comportent exactement comme un groupe nominal séparé du verbe par une préposition, une pause syntaxique, un présentatif, etc.

C'est **toi** qui as raison. Je ne me prends pas pour une star, **moi** !

ENTRAINEMENT 1

Corrigé p. 133

Relevez les pronoms personnels et indiquez leur fonction.

« […] Mais pour cette fille et ce théatin[1], [dit Candide] je gage que ce sont des créatures très heureuses.

1. Membre d'une congrégation religieuse.

– Je gage que non, dit Martin.
– Il n'y a qu'à les prier à dîner, dit Candide, et vous verrez si je me trompe. »
Aussitôt il les aborde, il leur fait son compliment, et les invite à venir à son hôtellerie manger des macaronis, des perdrix de Lombardie, des œufs d'esturgeon…

Voltaire, *Candide,* 1759.

2.2 *On*

- ***On*** est un pronom « **personnel indéfini** » aux emplois multiples. Il a trois emplois principaux.

– Il peut signifier « les gens » en général, l'espèce humaine :
On a souvent besoin d'un plus petit que soi.
– Il peut représenter une ou plusieurs personnes de genre indéterminé :
On frappe à la porte.
– Dans un usage familier, il équivaut à *nous*, par lequel il est souvent repris en position détachée : Nous, **on** attend de tes nouvelles.

- Le caractère indéterminé de ce pronom lui permet de prendre la place des pronoms des autres personnes (effet stylistique) :

Alors, on se moque de ses petits camarades ? = *tu* ou *vous*.
– Comment ça va aujourd'hui ? – On fait aller, on fait aller. = *je*.
Je leur avais bien dit de ne pas y aller mais on n'a pas voulu m'écouter. = *ils*.

2.3 Le pronom réfléchi

On le trouve dans les formes verbales dites « pronominales ».

- Avec certains verbes, le pronom réfléchi exerce une fonction syntaxique, comme un non réfléchi : cas des pronoms réfléchis (l'agent et l'objet de l'action ne font qu'un) et des réciproques (l'agent de l'un est l'objet de l'autre ou plusieurs agents interagissent) :

Je **me** lave. Le pronom **réfléchi** : ***me*** est COD comme ***la*** dans Je **la** lave.
Ils **se** sont battus comme des chiffonniers. Le pronom **réciproque**, ***se*** est COD.

- Avec certains verbes, le pronom réfléchi ne peut pas s'analyser, il fait corps avec le verbe : cas du pronominal passif : cette voiture se vend bien.

Voir FICHE 22 : La forme passive.

- Il existe : des verbes qui ne connaissent pas d'emploi autre que pronominal les **verbes uniquement pronominaux** comme *se* souvenir, s'évanouir, s'abstenir…

DIFFICULTÉS RENCONTRÉES

Le pronom réfléchi ***se*** peut poser un problème d'accord du participe passé dans les formes verbales composées.

- Quand on peut assigner une fonction au pronom réfléchi, le participe passé s'accorde avec ce pronom s'il est COD.

Ils **se** sont battus. Elles se sont battues. (*se* est COD)
Ils **se** sont fichu une peignée. (*se* est COS, le COD étant *une peignée*).
Ils **se** sont succédé à la barre. (*se* est COI, l'un a succédé à l'autre)

- Quand le réfléchi n'est pas analysable, le participe passé s'accorde avec le sujet (sauf exceptions) : Elle s'est évanouie / Il s'est évanoui.

ENTRAINEMENT 2

Corrigé p. 133

Dans les phrases suivantes, accordez ou non les participes.

1. Dès qu'ils se sont (voir), ils se sont (plaire).
2. Elles se sont (lancer) des invectives puis se sont (apaiser) et, en fin de compte, (réconcilier).
3. Les deux merles se sont (défier), ils se sont (égosiller) et finalement se sont (envoler).

2.4 *En, y*

Les pronoms ***en*** et ***y*** se comportent comme des formes conjointes.

- *Y* représente un groupe prépositionnel incluant la préposition *à* (ou *dans*). Il peut être COI : j'**y** pense ; complément circonstanciel : Il **y** fait beau ; complément essentiel de lieu : Il **y** va.
- ***En*** représente un groupe prépositionnel incluant la préposition *de*. Il peut avoir de multiples fonctions :

– COI : Je m'**en** soucie. ;
– COD quand il reprend un GN indéfini : Des fleurs, j'**en** ai cueilli.
– complément circonstanciel : Viens-tu de Saint-Nazaire ? Oui, j'**en** viens.
– complément d'un nom : J'aime cet auteur et j'**en** apprécie le style.
– complément d'un adjectif : J'**en** suis très heureux.

En et *y* représentent en principe des êtres non animés mais leur usage s'étend aux êtres animés :

Je me méfie de Stanislas.→ Je m'**en** méfie. Ce type-là, je ne m'**y** fierais pas.

Attention : Ne pas confondre le pronom ***en*** et la préposition ***en***.

Il travaille **en** chantant
prép.

Remarque : Les pronoms personnels *en* et *y* sont quelquefois appelés « pronoms adverbiaux » en raison de leur origine adverbiale.

ENTRAINEMENT 3

Corrigé p. 134

Donnez la fonction des pronoms *en* et *y*.

1. J'irai fouler l'herbe menue et j'en sentirai la fraicheur à mes pieds. (d'après Rimbaud)
2. Il fait bien chaud. Qu'en dites-vous ?
3. As-tu des amis ? Oui, j'en ai.
4. Je vais à Albi. J'y rencontrerai peut-être Anne.
5. Il faut que j'aille acheter du pain. Tu ferais bien de m'y faire penser.
6. Juliette a eu 18 en philosophie et elle en est très fière.
7. On me dit que vous obtenu une mention. J'en suis très content.
9. Ce gâteau est excellent. Pourras-tu m'en donner la recette ?
10. J'en doute.
11. J'y cours.

3 *Le, la, les*... déterminant ou pronom personnel ?

3.1 Place

- Déterminants, ils constituent le premier élément d'un groupe nominal : le voyageur, la belle meunière.
- Pronoms, ils précèdent ou suivent une forme verbale dont ils sont COD : Il les cueille. Apporte-le.

3.2 Des formes semblables mais des emplois différents

- Certaines formes, ***le, l', la, les***, peuvent, selon le contexte, appartenir à deux classes grammaticales différentes : déterminants (articles définis) ou pronoms personnels. La différence de leur fonctionnement syntaxique permet normalement d'éviter toute confusion.
- Selon les cas, ***le, l', la, les***, ont un rapport très différent avec le nom.

– Quand ils sont articles définis, ils déterminent le nom pour constituer avec lui un groupe nominal : **le** voyageur, **la** belle meunière.

– Quand ils sont pronoms personnels, ils sont des substituts (le plus souvent d'un groupe nominal) et ils sont compléments d'objet direct d'un verbe : Il **la** demande en mariage.

3.3 Genre et nombre

– Quand ils sont déterminants, ils indiquent le genre et le nombre du nom qu'ils précèdent, le pétrel (masc. sing.), la mouette (fém. sing.), ou seulement son nombre : les martinets (pl.), les hirondelles (pl.), l'albatros (sing.), l'alouette (sing.).

– Quand ils sont pronoms personnels, ils prennent le genre et le nombre du nom noyau du groupe nominal dont ils sont les substituts.

REMARQUE : un autre pronom personnel peut s'interposer entre *le, l', la, les* et la forme verbale :

Le Corbeau, honteux et confus,
Jura, mais un peu tard, qu'on ne **l'y** prendrait plus.

(La Fontaine, *Fables*)

DIFFICULTÉ RENCONTRÉE

Attention, certains mots peuvent être nom ou verbe selon le contexte, et le mot qui les précède peut être en conséquence pronom personnel ou déterminant. Un minimum d'attention suffit généralement à éviter toute confusion.

Quand tu te seras lavé les cheveux, il faudra que tu les peignes.

Quel est ce papier ? Faut-il que je le signe ?

Son voisin l'aimant, elle préféra déménager.

Hors contexte, *les peignes, le signe, l'aimant* pourraient constituer des groupes nominaux, mais les phrases qui précèdent permettent de lever toute ambiguïté.

Corrigé p. 134

ENTRAINEMENT 4

Pour chaque mot souligné, relevez quelle classe de mot le suit immédiatement. Classez-les en pronoms personnels et déterminants.

Pierre ne connaissait pas Marie. Quand il la vit pour la première fois, la belle le fascina. Lui ne l'impressionna pas, au contraire. Elle l'observa, intriguée par l'espèce de primate qui la dévisageait. Aussi les amis de Marie furent-ils étonnés le lendemain quand il les virent attablés à l'auberge de la Jument verte.

À RETENIR

- **La classe des pronoms** comporte de nombreux types, affectant des formes diverses, simples ou complexes.
- Les pronoms personnels correspondent **aux trois personnes du singulier et aux trois personnes du pluriel.**
- **Leur forme dépend de la place et de la fonction** qu'ils occupent dans la phrase.

CORRIGÉS

ENTRAINEMENT 1

Énoncé p. 129

- ***Je*** (*je gage que ce sont*) : 1re personne du singulier, sujet du verbe *gage*.
- ***Je*** (*je gage que non*) : 1re personne du singulier, sujet du verbe *gage*.
- ***Il*** (*n'y a*) : la structure *il y a* constitue un présentatif dans lequel on peut repérer le pronom *il* comme 3e personne du singulier, sujet du verbe *a* mais il n'est plus vraiment « personnel ». Le pronom *y*, qui entre dans la composition de ce présentatif, n'est plus vraiment analysable.
- ***les*** (*les prier*) : 3e personne du pluriel, représente *cette fille et ce théatin*, complément d'objet direct du verbe *prier*.
- ***vous*** (*vous verrez*) : 2e personne du pluriel, sujet du verbe *verrez*.
- ***je*** (*je me trompe*) : 1re personne du singulier, sujet du verbe *me trompe*.
- ***me*** (*je me trompe*) : 1re personne du singulier, pronom réfléchi.
- ***il*** (*il les aborde*) : 3e personne du singulier, représente *Candide*, sujet du verbe *aborde*.
- ***les*** (*il les aborde*) : 3e personne du pluriel, représente *cette fille et ce théatin*, complément d'objet direct du verbe *aborde*.
- ***il*** (*il leur fait*) : 3e personne du singulier, représente *Candide*, sujet de la locution verbale *fait (son) compliment*.
- ***leur*** (*il leur fait*) : 3e personne du pluriel, représente *cette fille et ce théatin*, complément d'objet indirect de la locution verbale *faire (son) compliment*.
- ***les*** (*les invite*) : 3e personne du pluriel, représente *cette fille et ce théatin*, complément d'objet direct du verbe *invite*.

ENTRAINEMENT 2

Énoncé p. 131

1. ***vus*** (COD réciproque) ; ***plu*** (plaire à quelqu'un COI).
2. ***lancé*** (COI, le COD est *invectives*) ; ***apaisées*** (COD réfléchi) ; ***réconciliées*** (COD réciproque).
3. ***défiés*** (COD réciproque) ; ***égosillés, envolés*** (verbes uniquement pronominaux).

ENTRAINEMENT 3

Énoncé p. 131

1. *j'**en** sentirai* : complément du nom *fraicheur.*
2. *qu'**en** dites-vous* : COI du verbe *dites.*
3. *j'**en** ai* : COD du verbe *ai.*
4. *J'**y** rencontrerai* : complément circonstanciel de lieu du verbe *rencontrerai.*
5. *m'**y** faire penser* : COI du verbe *penser.*
6. *elle **en** est très fière* : complément de l'adjectif *fière*
7. *J'**en** suis très content* : complément de l'adjectif *content.*
8. *m'**en** donner la recette* : complément du nom *recette.*
9. *J'**en** doute* : COI du verbe *doute.*
10. *J'**y** cours* : complément circonstanciel de lieu du verbe *cours.*

ENTRAINEMENT 4

Énoncé p. 133

Précèdent un nom	**la** *(belle),* **l'***(espèce),* **les** *(amis),* **le** *lendemain,* **l'***(auberge),* **la** *(Jument verte)*	déterminants
Précède un adjectif	**la** *(première)*	
Précèdent un verbe	**la** *(vit),* **le** *(fascina),* **l'***(impressionna),* **l'***(observa),* **la** *(dévisageait),* **les** *(virent)*	pronoms personnels

***la** (première fois)* : un adjectif s'intercale, comme souvent, entre le déterminant et le nom.
***la** (belle)* : *belle* est bien un nom (adjectif substantivé).

12 Les pronoms autres que personnels

OBJECTIFS

Identifier et distinguer les différents pronoms autres que les pronoms personnels.

VOIR AUSSI

– Les propositions subordonnées relatives p. 81
– Les expansions du nom p. 179
– Les reprises nominales et pronominales p. 264
– Les déictiques p. 286

TESTER SES CONNAISSANCES 1

Relevez et classez les divers pronoms de ce texte.

On nous a donné l'autre jour comme sujet, « Thémistocle haranguant les Grecs ».
Je n'ai rien trouvé, rien, rien !
« J'espère que voilà un beau sujet, hé ! » a dit le professeur en se passant la langue sur les lèvres, – une langue jaune, des lèvres crottées.
C'est un beau sujet certainement, et, bien sûr, dans les petits collèges, on n'en donne pas de comme ça ; il n'y a que dans les collèges royaux, et quand on a des élèves comme moi.
Qu'est-ce que je vais donc bien dire ?
« Mettez-vous à la place de Thémistocle. »
Ils me disent toujours qu'il faut se mettre à la place de celui-ci, de celui-là, – avec le nez coupé comme Zopyre ? avec le poignet rôti comme Scévola ?
C'est toujours des généraux, des rois, des reines !
Mais j'ai quatorze ans, je ne sais pas ce qu'il faut faire dire à Annibal, à Caracalla, ni à Torquatus, non plus !

Jules Vallès, *L'Enfant*, « Mes Humanités », 1879.

– **Pronoms personnels** : **on**, **nous**, **je/j'**, **en**, **se** (*passant*) (*donne*), **il**, **y** (*il y a*), **moi**, **vous**, **ils**.
– **Pronoms démonstratifs** : **c'** (*est*), (*comme*) **ça**, **celui-ci**, **celui-là**, **ce** (*qu'il faut faire dire*).
– **Pronom indéfini** : **rien**.
– **Pronoms relatifs** : (*ce*) **qu'** (*il faut faire dire*), **que** (*je vais donc bien dire*).
– **Pronom interrogatif** : **qu'** (*qu'est-ce*).

**Qu'est-ce que je vais donc bien dire ?* Dans cette forme complexe, le premier *que* (*qu'*) est un pronom interrogatif (non animé) et le second *que* est un pronom relatif. Cette forme est COD de *dire*.

TESTER SES CONNAISSANCES 2

Dans ces phrases, relevez les pronoms relatifs, indiquez leur genre, leur nombre et leur fonction grammaticale et donnez leur antécédent.

1. L'homme qui en savait trop ignorait ce qu'il savait.
2. Cet ordinateur, c'est celui dont je rêve et sur lequel je compte pour Noël.
3. Le château dont il apercevait les tours pointues était celui de la Belle au bois dormant.
4. Qui vole un boulon, vole un camion.
5. Le marché où j'ai mes habitudes se tient le jeudi.
6. Il obéit à des principes auxquels je ne crois pas.
7. Celui que l'on appelait Don Sebastian était un étranger dont on ignorait la véritable identité.

1. ***qui*** : masc. sing. (= *l'homme*) sujet de *savait*. ***qu'*** : masc. sing. (ce) COD de *savait*.
2. ***dont*** : masc. sing. (*celui* = *cet ordinateur*) COI de *je rêve*. ***lequel*** : masc. sing. (celui = cet ordinateur) COI de *je compte*.
3. ***dont*** : masc. sing. (= *le château*) compl. du nom *tours*.
4. ***Qui*** : masc. sing (sans antécédent) sujet de *vole*
5. ***où*** : masc. sing. (= *le marché*) CC de lieu de *j'ai mes habitudes*.
6. ***auxquels*** : masc. pl. (= *des principes*) COI de *je crois*.
7. ***que*** : masc. sing. (*celui*) COD de *appelait*. ***dont*** : masc. sing. (= *un étranger*) compl. du nom *identité*.

LE COURS

1 Les pronoms possessifs

Les pronoms possessifs sont formés de l'article défini et d'une forme accentuée du possessif. Ils varient avec :
– la personne du « possesseur », dont ils portent la trace à l'initiale (*tien* = *tu*) ;
– le genre et le nombre du nom (antécédent) qu'ils représentent (finale variable).

Ton couteau est neuf. **Le mien** est usé. (1re pers. du sing. antécédent masc. sing.)
Leurs assiettes sont propres. **Les nôtres** sont sales. (1re pers. du pl. antécédent fém. pl.)

Relation avec la personne	Antécédent singulier		Antécédent pluriel	
	Masculin	Féminin	Masculin	Féminin
moi toi lui, elle	le mien le tien le sien	la mienne la tienne la sienne	les miens les tiens les siens	les miennes les tiennes les siennes
nous vous ils, elles	le nôtre le vôtre le leur	la nôtre la vôtre la leur	les nôtres les vôtres les leurs	

On notera qu'à la différence du déterminant possessif, les pronoms possessifs ont un accent circonflexe aux 1re et 2e personnes du pluriel.

2 Les pronoms démonstratifs

– Les pronoms démonstratifs varient en genre et en nombre en fonction du référent désigné.

Son comportement est **celui** d'un enfant gâté.

– Le pronom *celui* est au masculin singulier parce qu'il fait référence à *son comportement*.
– Ils peuvent être déictiques : Qu'est-ce que **cela** veut dire ? Une explication s'impose. ou anaphoriques : Henri III désigna Henri de Navarre pour lui succéder, **celui-ci** régna donc sous le nom d'Henri IV.

Pour la distinction entre les anaphoriques et les déictiques, voir respectivement les FICHES 32 et 36.

	Variables				Invariables
	Singulier		Pluriel		Singulier
	Masculin	Féminin	Masculin	Féminin	Neutre
Simples	celui	celle	ceux	celles	ce
Composés	celui-ci celui-là	celle-ci celle-là	ceux-ci ceux-là	celles-ci celles-là	ceci cela, ça

- Ils possèdent deux formes, une simple et une composée par adjonction des particules *-ci* et *-là*. Leur répartition obéit en principe à une règle de proximité.

Celui-ci désigne, le plus proche et **celui-là** le plus éloigné.
Caïn et Abel étaient frères. **Celui-là** assassina **celui-ci**.

Remarque : dans la pratique courante, cette règle pose souvent problème ; on s'en tire avec d'autres formulations : *le premier... le second.*

- **Les formes simples** ne sont pas autonomes. Elles doivent toujours être accompagnées d'une expansion qui les détermine.

Je connais la voisine du dessous. Je n'ai jamais vu **celle** du dessus. (groupe prépositionnel)

Ceux qui vivent, ce sont **ceux** qui luttent. V. Hugo (relative)

En matière de pain, le meilleur est **celui** cuit au feu de bois. (participe + complément)

- Dans les **formes neutres,** ***cela*** reprend ce qui a été dit (anaphore), ***ceci*** annonce ce qui va suivre (cataphore).

La forme ***ça***, fréquente à l'oral en référence à la situation d'énonciation, est souvent péjorative et considérée comme familière :

Passe-moi **ça**, oui ce truc émaillé...

La confiture **ça** dégouline...

- La **forme atone** ***ce, c'*** est très employée :

– comme sujet du verbe *être* : **C'**est bien... Est-**ce** tout ?

– dans le présentatif : *c'est... qui, c'est... que* servant à détacher un élément dans une tournure emphatique :

C'est le piston **qui** fait marcher la machine.

C'est à Cambrai **qu'**on fait les plus savoureuses bêtises.

– comme antécédent d'une relative (•) ou d'une interrogative indirecte (••) :

Ce• qui me préoccupe, **c'**est que je me demande **ce** •• qui te tracasse.

ENTRAINEMENT 1

Corrigé p. 141

Complétez les phrases suivantes avec des déterminants ou des pronoms démonstratifs en soulignant les pronoms.

1. Comment … va ? Couci-couça.
2. Regardez-moi … maquereaux, lequel p•renez-vous ? … ou ….
3. … saucissons… sont plus secs que … saucissons….
4. … dit, écoutez bien … : … dépend des goûts mais … qui m'en achètent ne se sont jamais plaints.
5. Napoléon 1er et Napoléon III furent tous deux empereurs. … était le neveu de ….
6. Napoléon 1er et Napoléon III furent tous deux empereurs. … était l'oncle de ….

3 Les pronoms interrogatifs

On distingue :

– des formes simples : **Qui** est venu ? (sujet animé) **Qu'**as-tu vu ? (COD non-animé) À **quoi** penses-tu ? (complément prépositionnel non-animé).

– et parallèlement, des formes renforcées : **Qui est-ce qui** est venu ? (sujet animé) **Qu'est-ce qui** est arrivé ? (sujet inanimé) **Qui est-ce que** tu attends ? (objet animé) **Qu'est-ce que** tu fais ? (objet inanimé).

- La forme *quoi* dans tu as vu **quoi** ? est considérée comme familière ; **qu'est-ce que** tu as vu ? est la tournure courante ; **qu'**as-tu vu ? est du style plus soutenu.
- Il existe aussi un pronom complexe (*lequel, laquelle, lesquels, lesquelles*) servant lorsque l'interrogation porte sur un ou plusieurs éléments d'un ensemble.

Il peut être anaphorique :

Il existe plusieurs Saint-Michel en France, **lequel** est celui de Montaigne ?

Il peut être aussi déictique : **Lequel** de ces champignons est comestible ?

4 Les pronoms indéfinis

Ils constituent une catégorie hétéroclite composée de formes très diverses et parfois inattendues. Leur complexité est moins grande quand on les représente sous forme de tableau :

Quantificateurs				Identificateurs
Quantité nulle	Singularité	Pluralité	Totalité	
nul(le) personne rien aucun(e) pas un(e)	l'un(e) quelqu'un(e), quelque chose n'importe qui, n'importe quoi je ne sais qui, je ne sais quoi n'importe lequel, laquelle qui que ce soit, quoi que ce soit	quelques un(e)s plusieurs certain(e)s beaucoup peu la plupart	tout tous, toutes chacun(e)	le (la, les) même(s) l'autre (les autres) autrui autre chose tel

DIFFICULTÉ RENCONTRÉE

Beaucoup de pronoms indéfinis sont les homonymes de déterminants et il faut être attentif, lors d'une éventuelle analyse, à ne pas confondre les uns et les autres.
Pour cela, il suffira de vérifier si le mot qui fait problème fait partie d'un groupe nominal (déterminant) ou s'il remplit à lui seul les fonctions d'un groupe nominal (pronom).

Beaucoup de joueurs (déterminant) ont parié, **peu** ont gagné. (pronom)
J'ai vu **la même** robe dans plusieurs vitrines. (déterminant)
Tu as une belle robe, je veux **la même**. (pronom)
Tout homme est faillible. (déterminant)
Tout va très bien, Madame la marquise. (pronom)

ENTRAINEMENT 2

Corrigé p. 141

Dans les énoncés suivants, distinguez les déterminants indéfinis et les pronoms indéfinis.

Des six vaches landaises échappées, une a été reprise, deux ont été aperçues dans un champ de maïs, trois se sont évanouies dans la nature. Toutes sont des coursières expérimentées, aucune n'est cependant dangereuse si aucun présomptueux ne vient se planter en face d'elles. N'importe quel citadin, même peu au fait des choses de la campagne, fera la différence entre une vache de course et une vache laitière. Chacune appartient à l'espèce bovine mais autant l'une est mince et nerveuse, autant l'autre est massive et placide.

5 Le pronom relatif

5.1 Un pronom au fonctionnement spécifique

Le pronom relatif occupe une place particulière dans l'ensemble des pronoms car il remplit une triple fonction :
– il introduit une proposition subordonnée dite relative ;
– il représente un groupe nominal, son antécédent ;
– il a une fonction grammaticale par rapport à un élément de la proposition qu'il introduit.

pronom relatif
introduit la proposition relative
sujet de mange
↓
Le chat de la voisine **qui** mange de la bonne cuisine fait ronron.
antécédent — proposition relative complément du groupe nominal *le chat de la voisine*

● **L'antécédent** du pronom relatif peut être aussi :
– un pronom personnel : Lui **qui** déteste le flamenco s'est entiché d'une Andalouse.
– un pronom démonstratif : Celui **qui** a posé ce robinet n'était pas très doué.

● Le pronom relatif étant un « opérateur » de subordination, il est **toujours en tête de la proposition**, quelle que soit sa fonction.

5.2 Morphologie du pronom relatif

	Formes simples	
	Antécédent animé	Antécédent non-animé
Sujet	*qui*	
Complément d'objet direct et attribut	*que*	
Complément prépositionnel : COI, CC, CDN, CDAdj.	prép. + *qui* *dont*	prép + *quoi* *dont* *où*

Formes composées			
Singulier		Pluriel	
Masculin	Féminin	Masculin	Féminin
lequel	laquelle	lesquels	lesquelles
duquel	de laquelle	desquels	desquelles
auquel	à laquelle	auxquels	auxquelles

a. Formes simples

● On remarque que les formes simples, ***qui*** et ***que***, sont identiques au masculin et au féminin, au singulier comme au pluriel, que l'antécédent soit ou non animé.

Le chat **qui** pelote. — Les chats **qui** pelotent.
La vache **qui** rit. — Les vaches **qui** rient.
Le chat **que** l'on caresse. — Les chats **que** l'on caresse.
La vache **que** l'on trait. — Les vaches **que** l'on trait.

Cependant si ces pronoms relatifs ont un attribut, ce dernier s'accorde en genre et en nombre avec l'antécédent :

Le gamin, qui était **transi**, s'abritait sous un porche.
transi : attribut du sujet *qui*, masc. sing., ayant pour antécédent *gamin*

Les clés que je croyais **perdues** étaient restées dans une poche.
perdues : attribut du COD *que*, fém. pl., ayant pour antécédent *clés*

- Dans les compléments prépositionnels, le pronom simple ***qui*** est réservé aux référents animés, alors que les formes composées s'emploient avec n'importe quel référent :

C'est la starlette par **qui** le scandale est arrivé.
C'est le gigolo par **lequel** le scandale est arrivé.
C'est le naufrage par **lequel** la côte a été souillée.
C'est la catastrophe par **laquelle** le malheur est arrivé.

b. Formes composées

Elles varient en genre, en nombre et selon leur fonction syntaxique. Elles prennent le genre et le nombre de leur antécédent et peuvent exercer la fonction sujet (*lequel*, ...) ou complément prépositionnel (*auquel, duquel*, ...) dans la relative.

Il a fait un discours interminable **duquel** personne ne se souviendra.

Duquel est au masculin singulier, en accord avec son antécédent *un discours*, et COI de *se souvenir*.

5.3 Cas particulier du pronom *dont*

Quand, dans un groupe prépositionnel, la préposition serait ***de***, le relatif a une forme unique : *dont*.

La maison **dont** tu vois le toit est inhabitée.
dont est ici complément du nom *maison*.

En cas de doute, on peut décomposer la phrase en deux propositions indépendantes :

→ Tu vois le toit de la maison. La maison est inhabitée.

Le pays **dont** je parle connait des hivers rudes.
dont est complément d'objet indirect du verbe *parler*.

→ Je parle d'un pays. Ce pays connaît des hivers rudes.

J'ai engagé un jardinier **dont** je suis satisfait.
dont est complément de l'adjectif *satisfait*.

→ J'ai engagé un jardinier. Je suis satisfait de ce jardinier.

ENTRAINEMENT 3

Corrigé p. 141

Complétez les phrases suivantes par les pronoms relatifs qui conviennent.

1. J'ai revu le film … tu m'avais parlé et … tu m'avais chaudement recommandé.

2. C'est une petite ville … les trains ne s'arrêtent pas mais … a une salle d'art et d'essai.

3. Le chemin, par … tu es arrivé et … tu as dû trouver bien étroit, a été emprunté par Louis XIV.

4. La femme … me fait penser à cette chanson est celle-là même … tu viens de prononcer le nom.

À RETENIR

• On distingue plusieurs sous-classes de pronoms, qui ont des propriétés référentielles, morphologiques et syntaxiques différentes : à côté de la classe centrale des pronoms personnels, on distingue des **pronoms possessifs, démonstratifs, interrogatifs, indéfinis et relatifs**. Dans la structure d'une phrase, ils tiennent la place d'un groupe nominal et peuvent en avoir les diverses fonctions. Ils ne doivent pas être confondus avec les déterminants correspondants.

• Pour bien **analyser un pronom relatif**, il faut **identifier son antécédent** et trouver la fonction syntaxique de ce pronom dans la subordonnée relative. Cette analyse peut s'avérer parfois délicate ; on peut alors décomposer la phrase complexe comportant cette relative et retrouver deux propositions indépendantes plus faciles à analyser.

CORRIGÉS

ENTRAINEMENT 1

Énoncé p. 137

1. *Comment* ***ça*** *va ? Couci-couça.*
2. *Regardez-moi* ***ces*** *maquereaux, lequel prenez-vous ?* ***Celui-ci*** *ou* ***celui-là*** *?*
3. ***Ces*** *saucissons-****ci*** *sont plus secs que* ***ces*** *saucissons-****là****.*
4. ***Cela*** *dit, écoutez bien* ***ceci*** *:* ***ça*** *(****cela****) dépend des goûts mais* ***ceux*** *qui m'en achètent ne se sont jamais plaints.*
5. *Napoléon 1er et Napoléon III furent tous deux empereurs.* ***Celui-ci*** *était le neveu de* ***celui-là****.*
6. *Napoléon 1er et Napoléon III furent tous deux empereurs.* ***Celui-là*** *était l'oncle de* ***celui-ci****.*

ENTRAINEMENT 2

Énoncé p. 138

– **Déterminants** : *un* (champ), *des* (coursières) *aucun* (présomptueux), *n'importe quel* (citadin), *une* (vache).
– **Pronoms** : *toutes, aucune, chacune, l'une, l'autre.*

ENTRAINEMENT 3

Énoncé p. 140

1. J'ai revu le film **dont** tu m'avais parlé et **que** tu m'avais chaudement recommandé.
2. C'est une petite ville **où** les trains ne s'arrêtent pas mais **qui** a une salle d'art et d'essai.
3. Le chemin par **lequel** tu es arrivé et **que** tu as dû trouver bien étroit a été emprunté par Louis XIV.
4. La femme **à qui** (ou **à laquelle**) me fait penser cette chanson est celle-là même **dont** tu viens de prononcer le nom.

13 Les emplois de *que*

OBJECTIFS

Identifier la nature et la fonction des formes *que*.

VOIR AUSSI

– Les propositions subordonnées complétives et circonstancielles p. 73
– Les propositions subordonnées relatives p. 81
– Les pronoms autres que personnels p. 134
– Adverbe ou préposition ? p. 147
– Les fonctions des adverbes p. 189

TESTER SES CONNAISSANCES

À quelle classe de mots appartient le mot *que* dans les phrases suivantes ? Justifiez votre réponse.

1. **Que** sais-je ?
2. C'est à Toulouse **que** j'ai rencontré Sylvie.
3. Certains ont affirmé avec véhémence **qu**'ils avaient déjà connu cela.
4. Elle est plus grande **qu**'eux.
5. Les arbres **que** vous regardez sont centenaires.
6. **Que** je t'aime, **que** je t'aime !
7. Il ne s'interrompit **qu**'une fois.
8. Il est à craindre **que**, parmi ces livres, certains soient abimés.

1. pronom interrogatif, COD de *sais*. **2.** *que* est associé au présentatif *c'est*. **3.** et **4.** conjonctions de subordination. **5.** pronom relatif COD de *regardez*. **6.** adverbe exclamatif. **7.** *ne… qu'* locution adverbiale de négation exceptive. **8.** conjonction de subordination.

Corrigé détaillé p. 145

LE COURS

1 Définition

Seul ou associé à d'autres mots dans des locutions, le mot ***que*** est le mot grammatical le plus employé dans la langue française. Il peut, selon le contexte, appartenir à des classes de mots différentes : le plus souvent **conjonction de subordination** ou **pronom relatif**, il peut aussi être **pronom** ou **adverbe interrogatif**, **adverbe exclamatif**, élément de la locution adverbiale de **négation** *ne … que* ainsi que **marqueur de subjonctif**.

2 *Que* conjonction de subordination

Les conjonctions de subordination introduisent une proposition subordonnée. Elles n'ont pas de fonction dans la proposition introduite :

Il sait **que** vous écoutez.

Il était occupé **si bien qu'**il n'est pas venu.

● ***Que* est la conjonction de subordination par excellence** et ses emplois sont très nombreux :

– introduction d'une proposition subordonnée complétive : (il sait) que vous écoutez ;

– introduction d'une proposition subordonnée circonstancielle : si bien qu'il n'est pas venu. (*que* forme avec *si bien* une locution conjonctive).

– remplacement de tout autre type de conjonction de subordination lorsque deux propositions subordonnées sont coordonnées :

Quand tu viendras	**et** que tu verras	tu comprendras.
Proposition subordonnée circonstancielle de temps	2e prop. sub. circ. de temps, coordonnée à la 1re par la conj. de coordination ***et***. ***Que*** est mis à la place de *quand*.	Proposition principale

● Associée à d'autres mots (souvent un adverbe), la conjonction ***que*** forme un grand nombre de **locutions conjonctives** : *parce que, alors que, avant que, après que, si bien que, dès que, au fur et à mesure que, vu que, étant donné que*... dans lesquelles elle assure la fonction de subordonnant.

DIFFICULTÉS RENCONTRÉES

● La conjonction ***que*** peut aussi introduire le deuxième terme d'une comparaison sans qu'il y ait de proposition subordonnée complète :

Il est plus bête **que** méchant. Elle est aussi grande **que** lui.

● La conjonction ***que*** intervient aussi dans des constructions avec les présentatifs ***c'est... que, il y a... que*** pour mettre en valeur le terme encadré :

C'est ce livre **que** je veux.

3 *Que* pronom

3.1 Pronom relatif

Voir FICHE 12 : Les pronoms autres que personnels.

***Que* pronom relatif introduit une proposition subordonnée relative.** Il représente un antécédent (très généralement un nom) et assume la fonction d'un groupe nominal dans la proposition subordonnée introduite.

Que peut occuper les fonctions :

– de complément d'objet : Elle revenait dans une voiture **qu'**elle conduisait elle-même.
(voiture : antécédent ; qu'elle conduisait elle-même : prop. sub. relative)

– d'attribut du sujet : La femme **que** je suis devenue pense toujours à son enfance.
(femme : antécédent ; que je suis devenue : prop. sub. relative)

DIFFICULTÉ RENCONTRÉE

Que associé à ***ce*** peut former **une locution relative *ce que***, qu'il ne faut pas confondre avec **la locution conjonctive** *ce que* introductrice d'une subordonnée complétive.
Pour éviter cette confusion, il convient de vérifier si le mot *que* a ou non une fonction dans la subordonnée introduite :

Voilà ce **que** j'ai à te dire. *que* est COD du verbe *dire*, il forme avec *ce* une locution relative.

Je m'oppose à ce **que** tu viennes. *que* n'a aucune fonction dans la proposition introduite, il forme avec *ce* une locution conjonctive ; *ce* est un support obligatoire de *que* après une préposition.

ENTRAINEMENT 1

Corrigé p. 146

Distinguez *que* pronom relatif et *que* conjonction de subordination. Justifiez la réponse.

1. Les gens **que** les instituts de sondage interrogent n'ont pourtant pas de temps à perdre.
2. Ces propos sont d'autant plus étonnants **que** les gens n'agissent plus de la sorte.
3. Elle se moque de ce **que** vous pensez.
4. Le tourisme **que** nous voyons se développer de façon anarchique menace les équilibres.
5. Je me réjouis de ce **qu**'il soit venu.
6. Il comprit un soir **qu**'il allait tout quitter.
7. Il ne prévoyait pas **que** le nombre d'erreurs pût être si grand.
8. Son père accorda à Jean ce **qu**'il lui demandait.

3.2 Pronom interrogatif

Que **pronom interrogatif introduit :**
– **une phrase interrogative directe** marquée par un point d'interrogation :
Que se passe-t-il ? **Que** faire ?
– **une subordonnée interrogative indirecte** :
Je ne sais **que** faire. *que faire* équivaut à *que vais-je faire ?*

● Le pronom interrogatif *que* placé en tête de phrase peut être COD ou attribut du sujet : **Que** voulez-vous ? *que* COD. **Que** serais-je sans toi ? *que* attribut.

REMARQUE : on trouve aussi ***que*** adverbe interrogatif dans quelques emplois marginaux comme. **Qu**'avais-tu besoin d'acheter ces chaussures ?

4 *Que* adverbe

4.1 Adverbe exclamatif

Que **adverbe exclamatif introduit une phrase exclamative.** Il pourrait être remplacé par *comme* :
Que c'est bête ! **Que** je t'aime ! **Qu**'il court vite !
L'adverbe exclamatif ***que*** modifie un adjectif (*bête*), un verbe (*aime*) ou un adverbe (*vite*).

4.2 Deuxième élément d'une locution adverbiale de négation

Que associé à ***ne*** forme la locution adverbiale *ne… que* chargée de marquer la négation exceptive (l'exception) :

Je **ne** bois **que** de l'eau. *ne … que* équivaut à seulement.

5 *Que* marqueur du subjonctif

En français moderne, *que* est le marqueur obligatoire du subjonctif employé en proposition indépendante ou principale :

Qu'il vienne tout de suite.

Il figure, de ce fait, dans les tableaux de conjugaison des verbes.

Voir Annexe.

ENTRAINEMENT 2

Corrigé p. 146

Quelle est la nature de *que* dans chaque phrase ?

1. Le sentier *que* je suivais était bien raide.
2. Il n'habitait cette maison *que* depuis quelques jours.
3. *Que* voyez-vous ?
4. Je ne pense pas *que* tu trouves la solution.
5. Je ne veux *que* ton bien.
6. *Qu*'il parte.
7. Ils ne pensent *qu*'à rencontrer leurs amis sur la plage.
8. *Qu*'as-tu ?
9. Je m'étonne *qu*'il ose encore se montrer.
10. « *Que* d'amis, *que* de parents naissent en une nuit au nouveau ministre ! »

(La Bruyère, *Les Caractères*, VIII, 57).

À RETENIR

Il ne faut pas confondre ***que*** **pronom relatif** et ***que*** **conjonction de subordination**.

Que a aussi d'autres emplois : pronom interrogatif, adverbe exclamatif et, associé à ***ne***, locution adverbiale de négation exceptive. Il sert également à indiquer le subjonctif.

CORRIGÉS

TESTER SES CONNAISSANCES

Énoncé p. 142

1. Pronom interrogatif, COD du verbe *sais*.
2. La conjonction *que* est associée au présentatif *c'est* pour mettre en valeur *à Toulouse*.

3. Conjonction de subordination, introduit la proposition subordonnée complétive *qu'ils avaient déjà connu cela.*

4. Conjonction de subordination, introduit le complément du comparatif *plus grande.*

5. Pronom relatif, représente l'antécédent *les arbres*, COD du verbe *regardez.*

6. Adverbe exclamatif, modifie le verbe *aimer* (marque le haut degré de l'amour).

7. *Ne… que* est une locution adverbiale de négation exceptive (= « seulement »).

8. Conjonction de subordination, introduit la proposition complétive *que… certains soient abimés.*

ENTRAINEMENT 1

Énoncé p. 144

1. Pronom relatif, représente *les gens*, introduit la proposition subordonnée relative *que les instituts de sondage interrogent* ; *que* est COD du verbe *interrogent.*

2. Conjonction de subordination, introduit la proposition subordonnée circonstancielle de cause *que les gens n'agissent plus de la sorte,* en corrélation avec *d'autant* dans la principale. (C'est parce que les gens n'agissent plus de la sorte que ce rapport au monde est étonnant.)

3. Pronom relatif, forme avec *ce* une locution relative, introduit la proposition relative périphrastique *(de) ce que vous pensez* ; *que* est COD du verbe *pensez.*

4. Pronom relatif, représente *le tourisme*, introduit la proposition relative *que nous voyons se développer de façon anarchique* ; *que* est COD du verbe *voyons.*

5. Conjonction de subordination, introduit la subordonnée complétive *(de ce) qu'il soit venu.* (*que* n'a pas de fonction dans la subordonnée introduite.)

6. Conjonction de subordination, introduit la proposition subordonnée complétive *qu'il allait tout quitter.*

7. Conjonction de subordination, introduit la proposition subordonnée complétive *que le nombre d'erreurs pût être si grand.*

8. Pronom relatif, forme avec *ce* une locution relative, introduit la proposition relative périphrastique *ce qu'il lui demandait* ; *que* est COD du verbe *demandait.*

ENTRAINEMENT 2

Énoncé p. 145

1. Pronom relatif. **2.** adverbe de négation exceptive. **3.** pronom interrogatif. **4.** conjonction de subordination. **5.** adverbe de négation exceptive. **6.** marqueur du subjonctif. **7.** adverbe de négation exceptive. **8.** pronom interrogatif. **9.** conjonction de subordination **10.** adverbes exclamatifs.

14 Adverbe ou préposition ?

OBJECTIFS

Reconnaitre et distinguer les adverbes et les prépositions.

VOIR AUSSI

– Les types et formes de phrases p. 63
– Les compléments circonstanciels p. 185
– Les fonctions des adverbes p. 189
– Les connecteurs p. 269
– La modalisation p. 290

TESTER SES CONNAISSANCES

Dans les phrases suivantes, distinguez les prépositions et locutions prépositionnelles des adverbes et locutions adverbiales. Justifiez votre réponse.

1. Ce sont des livres pour enfants.
2. Ils ont un air de famille.
3. Je n'ai jamais été très fort en mathématiques.
4. Poussé par le désir de vaincre, il rassembla toutes ses forces.
5. Nous sommes trop fatigués pour continuer.

1. ***pour*** : préposition. **2.** ***de*** : préposition. **3.** ***n'… jamais*** : locution adverbiale. ***très*** : adverbe. ***en*** : préposition. **4.** ***par*** et ***de*** : prépositions. **5.** ***trop*** : adverbe. ***pour*** : préposition.

Corrigé détaillé p. 151

LE COURS

1 Les adverbes

Les adverbes forment une classe de mots nombreuse et assez difficile à définir.
À part la série formée avec le suffixe *-ment*, facile à identifier, on trouve des formes très disparates.

- On peut éventuellement regrouper les adverbes par le sens :

– adverbes de **degré** : *plus*, *moins*, *aussi*, …
– adverbes de **manière** : *bien*, *honnêtement*, *sérieusement*, *mieux*, *vite*, …
– adverbes de **lieu** et de **temps** : *ici*, *ailleurs*, *loin*, *hier*, *demain*, *aussitôt*, …

– adverbes de **commentaire** : *peut-être, sans doute, probablement, ...*
– adverbes de **relation logique** : *pourtant, cependant, ...*
– adverbes de **négation** : *ne... pas, ne... plus, rien... ne,...*

Voir FICHE 33 : Les connecteurs.

● Lorsqu'il y a plusieurs mots pour jouer le rôle de l'adverbe, on parle de **locution adverbiale** : *au-delà, ça et là, en vain, ne... pas, tout de suite...*

On peut reconnaitre les adverbes à l'aide de trois critères :
la plupart du temps, ils sont à la fois **invariables, dépendants, intransitifs.**

● **Invariabilité**

Les adverbes ne changent pas de forme.

● **Dépendance**

L'adverbe dépend d'un autre élément de la phrase qu'il modifie. Cet élément peut être :
– un verbe : Il court **vite** ;
– un adverbe : Il rit **très** sottement ;
– un adjectif qualificatif : Elle est **fort** belle ;
– une préposition : Il est appuyé **tout** contre la porte ;
– une conjonction : Il leva les yeux **juste** comme elle arrivait ;
– un groupe de mots ou une proposition :
Une bonne promenade fait du bien **même** lorsqu'on est fatigué.

● **Intransitivité**

L'adverbe n'assure pas de liaison entre différents éléments de la phrase.

Il la trouva **franchement** laide : l'adverbe *franchement* modifie l'adjectif qualificatif *laide* mais il ne sert pas à relier le verbe *trouva* à cet adjectif. On peut d'ailleurs se passer de l'adverbe sans que la phrase perde sa grammaticalité : *Il la trouva laide.*

DIFFICULTÉS RENCONTRÉES

Ces trois critères connaissent des exceptions.

● **Le critère d'invariabilité** connait une exception pour l'adverbe *tout* qui s'accorde devant un adjectif au féminin dont la lettre initiale est une consonne ou un ***h*** aspiré :

Elle est **toute** penaude. Elles sont **toutes** penaudes.

Elle est **toute** honteuse. Elles sont **toutes** honteuses.

● **Le critère de dépendance** ne s'applique pas à certains adverbes qui représentent à eux seuls une phrase ou une proposition :

As-tu réussi ton épreuve ? – **Oui** / **Non** / Je pense que **oui**.

Il ne s'applique pas non plus aux adverbes d'énonciation qui apportent un commentaire de l'énoncé :

Malheureusement, il a perdu. = « je trouve malheureux qu'il ait perdu ».

● **Le critère d'intransitivité** ne joue plus quand l'adverbe est complété par une subordonnée :

Peut-être que nous aurons fini à temps.

Corrigé p. 151

ENTRAINEMENT 1

Relevez les adverbes et indiquez le mot ou le groupe de mots qu'ils modifient.

1. Il ment toujours.
2. Non, je n'irai pas plus loin.
3. Sur le coup, je n'ai su que répondre.
4. Cette chaise est vraiment plus stable.
5. Il faut travailler toujours plus vite.

2 Les prépositions

- Les prépositions partagent avec les adverbes le critère d'**invariabilité** mais elles en diffèrent par leur caractère **transitif**.

Les prépositions sont des **mots de relation** qui servent d'« attache » entre un élément qui les précède et un autre élément (mot ou groupe de mots) qu'elles introduisent.

- L'ensemble formé de la préposition et du groupe (souvent un groupe nominal) est généralement appelé **groupe prépositionnel** et exerce une fonction dans la phrase, notamment COI, C. Circonstanciel, C. du nom, C. d'adjectif.

Il va **à** Périgueux. La préposition *à* relie le verbe *va* au nom *Périgueux* ; à *Périgueux* est un groupe prépositionnel, complément essentiel de lieu du verbe *aller*.

Je l'ai vue **dans** la rue. La préposition *dans* relie le verbe *ai vue* au groupe nominal *la rue* ; le groupe prépositionnel *dans la rue* est complément circonstanciel de lieu.

Une voiture **de** fonction. La préposition *de* relie les noms *voiture* et *fonction*. Le groupe prépositionnel *de fonction* est complément du nom *voiture*.

Fier **de** son succès. La préposition *de* relie l'adjectif *fier* au nom *succès*. Le groupe prépositionnel *de son succès* est complément de l'adjectif *fier*.

- Les prépositions les plus fréquentes sont ***à*** et ***de***. Elles se bornent à la mise en relation de deux éléments et n'ont souvent aucun contenu sémantique à la différence des autres prépositions, qui peuvent exprimer :

– la manière : *en*, *avec*, *par*, *sans*,...
– le lieu : *en*, *chez*, *dans*, *devant*, *parmi*, *sur*, *sous*,...
– le temps : *avant*, *après*, *vers*, *entre*, *depuis*, *pendant*,...
– le but : *pour*,...

- Lorsqu'il y a plusieurs mots pour jouer le rôle de la préposition, on parle de **locution prépositionnelle** : *à côté de, par rapport à, au-dessus de, au haut de, grâce à*,...

3 Manipulations pour éviter les confusions entre adverbes et prépositions

- Les adverbes et les prépositions se ressemblent beaucoup et un certain nombre de mots peuvent, selon les contextes, appartenir aux deux classes :

Il est perché **en haut du** mur. (locution prépositionnelle)
Il est perché **en haut**. (locution adverbiale)

- Pour éviter les confusions, il faut prendre en compte les notions d'intransitivité ou de transitivité et effectuer un **test de suppression** :

  Il est perché **en haut du** mur. On supprime 1. la locution prépositionnelle → * Il est perché mur – ou 2. l'élément introduit → * Il est perché en haut du.

Les énoncés sont agrammaticaux car on ne peut, en général, se passer ni de la locution prépositionnelle (énoncé 1) ni de l'élément introduit par la locution prépositionnelle (énoncé 2). → **La suppression de la préposition est généralement impossible.**

- Si on applique le même test à : Il est perché **en haut**. → Il est perché.

On obtient une phrase grammaticalement correcte : Il est perché car la locution *en haut* est intransitive, elle ne relie rien. → **La suppression de l'adverbe est en général grammaticalement possible.**

- Pour vérifier que l'on a affaire à un adverbe, on peut aussi essayer la **substitution par un autre adverbe** : Il est perché **en haut** (bravement, crânement, mollement, etc.).

ENTRAINEMENT 2

Corrigé p. 151

Effectuez le test de suppression et distinguez les prépositions et les adverbes.

1. Il a souvent visité le musée.
2. J'habite chez mes parents.
3. Il faut creuser ici dans le mur.
4. Il est parti sans un sou.
5. Pour bien respirer, il faut inspirer profondément.
6. Demain, dès l'aube, je partirai. (Victor Hugo)

À RETENIR

Pour faire la **distinction** entre l'adverbe et la préposition, essayer les manipulations de :
– **suppression** : c'est généralement impossible avec la préposition ; généralement possible avec l'adverbe ;
– **substitution** pour l'adverbe : généralement un adverbe remplace aisément un autre adverbe.

CORRIGÉS

TESTER SES CONNAISSANCES

Énoncé p. 147

1. ***pour*** : préposition. Le groupe prépositionnel *pour enfants* est une expansion du groupe nominal, un complément du nom *livres* équivalant à un adjectif épithète (*attrayants*).
2. ***de*** : préposition. Le groupe prépositionnel *de famille* est une expansion du groupe nominal *un air.*
3. ***n'… jamais*** : l'adverbe *jamais* forme avec l'adverbe ***n' (ne)*** une locution adverbiale servant à marquer la négation. ***très*** : adverbe modificateur de l'adjectif *fort.* ***en*** : préposition. Le groupe prépositionnel *en mathématiques* est complément de l'adjectif *fort.*
4. ***par et de*** : prépositions. Le groupe prépositionnel *par le désir de vaincre* est complément d'agent du participe passé *poussé.* À l'intérieur de ce groupe prépositionnel, le groupe prépositionnel à l'infinitif *de + vaincre* constitue un complément du nom *désir.*
5. ***trop*** : adverbe, modifie l'adjectif *fatigués.* ***pour*** : préposition. Le groupe prépositionnel *pour continuer* en corrélation avec l'adverbe *trop* est complément de conséquence du groupe verbal *sommes trop fatigués.*

ENTRAINEMENT 1

Énoncé p. 149

1. ***toujours*** : adverbe de temps, modifie le verbe *ment.*
2. ***n'… pas*** : locution adverbiale de négation, modifie le verbe *irai.* ***plus*** : adverbe d'intensité, modifie l'adverbe *loin.* ***loin*** : adverbe indiquant la distance, modifie le verbe *irai.*
3. ***sur le coup*** : locution adverbiale indiquant le temps, modifie la proposition *je n'ai su que répondre.* ***n'… que*** : locution adverbiale de négation exceptive (voir Fiche 13), modifie le verbe *ai su.*
4. ***vraiment*** : adverbe de manière, modifie l'adverbe *plus.* ***plus*** : adverbe de comparaison, modifie l'adjectif *stable.*
5. ***toujours*** : adverbe de temps, modifie l'adverbe *plus.* ***plus*** : adverbe d'intensité, modifie l'adverbe *vite.* ***vite*** : adverbe de manière, modifie le verbe *travailler.*

ENTRAINEMENT 2

Énoncé p. 150

1. ***souvent*** : adverbe, on peut le supprimer (*Il a visité le musée*).
2. ***chez*** : préposition, (* *J'habite mes parents*).
3. ***ici*** : adverbe, on peut le supprimer (*Il fait creuser le mur*).
4. ***sans*** : préposition, impossible de la supprimer (**Il est parti un sou*).
5. ***bien*** et ***profondément*** : adverbes, on peut les supprimer (*pour respirer, il faut inspirer*).
6. ***demain*** : adverbe, on peut le supprimer (*dès l'aube, je partirai*).
dès : préposition (**Demain, l'aube, je partirai* ; **dès** = **à** *l'aube*).

Les classes de mots

EXERCICE 1

Corrigé p. 157

Analysez les déterminants dans le texte suivant.

Je ne pense pas qu'il y ait de l'orgueil et de l'impertinence à écrire l'histoire de sa propre vie, encore moins à choisir, dans les souvenirs que cette vie a laissés en nous, ceux qui nous paraissent valoir la peine d'être conservés. Pour ma part, je crois accomplir un devoir, assez pénible même, car je ne connais rien de plus malaisé que de se définir et de se résumer en personne. L'étude du cœur humain est de telle nature, que plus on s'y absorbe, moins on y voit clair ; et, pour certains esprits actifs, se connaitre est une étude fastidieuse et toujours incomplète. Pourtant, je l'accomplirai, ce devoir ; je l'ai toujours eu devant les yeux ; je me suis toujours promis de ne pas mourir sans avoir fait ce que j'ai toujours conseillé aux autres de faire pour eux-mêmes : une étude sincère de ma propre nature et un examen attentif de ma propre existence.

George Sand, incipit de *Histoires de ma vie*, 1855.

EXERCICE 2

Corrigé p. 157

Analysez les déterminants, justifiez leur emploi et dites quels effets en tire l'auteur.

« Je crois que tu as un poisson au bout de ta ligne. Qu'est-ce que c'est que ce bestiau ? Une tanche ? Une carpe ?
– Mais non, c'est un brochet ! C'est même le brochet qui me nargue depuis des semaines et, quand il sera dans mon épuisette, ce sera MON brochet ! »

EXERCICE 3

Corrigé p. 158

Analysez les adjectifs et les participes passés employés comme adjectifs. Relevez les groupes adjectivaux et indiquez la nature des éléments qui les composent.

Pour les auteurs qui, dans les discours préliminaires de leurs tragédies ou comédies tombées dans un éternel oubli, entrent amicalement dans tous les détails de leurs pièces, vous prouvent que l'endroit le plus sifflé est le meilleur ; que le rôle qui a le plus fait bâiller est le plus intéressant ; que leurs vers durs, hérissés de barbarismes et de solécismes, sont des vers dignes de Virgile et de Racine…

Voltaire, *Mélanges*, « Les honnêtetés littéraires », © Éditions Gallimard, 1961.

EXERCICE 4

Corrigé p. 158

Analysez les adjectifs et les participes passés employés comme adjectifs. Relevez les groupes adjectivaux et indiquez la nature des éléments qui les composent.

P. et J. n'aimaient pas les compositions larges avec de grandes marges, où les auteurs et les lecteurs raffinés se complaisent, mais les pages pleines de petits caractères courant le long de lignes étroitement justifiées, remplies à ras bord de mots et de phrases, comme ces énormes plats rustiques où l'on peut manger beaucoup et longtemps sans jamais les épuiser et qui seuls peuvent apaiser certains énormes appétits.

Camus Albert, *Le Premier Homme*, coll. Folio, © Éditions Gallimard, 1994.

EXERCICE 5

Corrigé p. 159

Dans le texte suivant relevez, classez et analysez toutes les formes *le*, *l'*, *la*, *les*.

Un loup n'avait que les os et la peau,
Tant les chiens faisaient bonne garde.
Ce loup rencontre un dogue aussi puissant que beau,
Gras, poli, qui s'était fourvoyé par mégarde.
L'attaquer, le mettre en quartiers,
Sire loup l'eût fait volontiers ;
Mais il fallait livrer bataille,
Et le mâtin était de taille
À se défendre hardiment.
Le loup donc l'aborde humblement,
Entre en propos, et lui fait compliment
Sur son embonpoint, qu'il admire.

La Fontaine, *Fables*, « Le loup et le chien », 1668.

EXERCICE 6

Corrigé p. 159

Relevez, classez et analysez tous les pronoms de ce texte.

Avant de quitter le bureau pour aller déjeuner, je me suis lavé les mains. À midi, j'aime bien ce moment. Le soir, j'y trouve moins de plaisir parce que la serviette roulante qu'on utilise est tout à fait humide : elle a servi toute la journée. J'en ai fait la remarque un jour à mon patron. Il m'a répondu qu'il trouvait cela regrettable, mais que c'était tout de même un détail sans importance. Je suis sorti un peu tard, à midi et demi, avec Emmanuel, qui travaille à l'expédition. Le bureau donne sur la mer et nous avons perdu un moment à regarder les cargos dans le port brulant de soleil. À ce moment, un camion est arrivé dans un fracas de chaines et d'explosions. Emmanuel m'a demandé « si on y allait », et je me suis mis à courir. Le camion nous a dépassés et nous nous sommes lancés à sa poursuite. J'étais noyé dans le bruit et la poussière. Je ne voyais plus rien et ne sentais que cet élan désordonné de la course, au milieu des treuils et des machines, des mâts qui dansaient sur l'horizon et des coques que nous longions.

Albert Camus, *L'Étranger*, © Éditions Gallimard, 1942.

EXERCICE 7 : QCM

Corrigé p. 160

Quelle est la valeur de *que* dans chaque phrase ?

1. Dans la phrase : « Les arbres **que** j'y ai plantés prospèrent… », *que* est :
- **A.** une conjonction de subordination
- **B.** un adverbe
- **C.** un pronom relatif
- **D.** une conjonction de coordination

2. Dans la phrase : « Ils sont encore si petits **que** je leur donne de l'ombre quand je me place entre eux et le soleil. », *que* est :
- **A.** une conjonction de subordination
- **B.** un adverbe
- **C.** un pronom relatif
- **D.** une conjonction de coordination

3. Dans la phrase : « **Que** de choses dans le monde finissent comme les amours de ma tante, ture lure ! », *que* est :
A. une conjonction de subordination
B. un pronom interrogatif
C. un pronom relatif
D. une conjonction de coordination
E. un adverbe exclamatif

4. Dans la phrase « Si jamais les Bourbons remontent sur le trône, je ne leur demanderai, en récompense de ma fidélité, **que** de me rendre assez riche pour joindre à mon héritage la lisière des bois… », *que* est :
A. une conjonction de subordination
B. un adverbe de négation exceptive
C. un pronom relatif
D. une conjonction de coordination
E. un pronom interrogatif

5. Dans la phrase : « il est bien temps **que** je quitte un monde […] que je ne regrette pas. », le premier *que* introduit une proposition :
A. subordonnée relative
B. principale
C. subordonnée circonstancielle
D. subordonnée infinitive
E. subordonnée complétive

6. Dans la phrase : « il est bien temps que je quitte un monde […] **que** je ne regrette pas. », le deuxième *que* est :
A. un pronom relatif, complément d'objet direct du verbe *regrette*
B. un pronom relatif, complément d'objet indirect du verbe *regrette*
C. un pronom relatif, sujet du verbe *regrette*
D. un pronom relatif, complément du nom *monde*

7. Dans la phrase : « Mes pins, mes sapins, mes mélèzes, mes cèdres tenant jamais ce **qu**'ils promettent, la Vallée-aux-Loups deviendra une véritable chartreuse. », *qu'* est :
A. un élément de la locution conjonctive *ce que*
B. un élément de la locution relative *ce que*
C. un adverbe
D. une préposition

8. Dans la phrase : « **Que** ne me laissait-on mourir ? », *que* est :
A. une conjonction de subordination
B. un pronom ou un adverbe interrogatif
C. un pronom relatif
D. un marqueur du subjonctif
E. un adverbe de négation

9. Dans la phrase : « Il n'y a pas un seul d'entre eux **que** je n'aie soigné de mes propres mains. », *que* est :
A. un pronom relatif sujet du verbe *aie soigné*
B. un pronom relatif complément du nom *mains*
C. un pronom relatif complément d'objet indirect de *aie soigné*
D. une conjonction de subordination
E. un pronom relatif complément d'objet direct de *aie soigné*

10. Le mot ***que*** ne peut pas être :

A. une conjonction de coordination.
B. une conjonction de subordination.
C. un pronom relatif.
D. un adverbe
E. un marqueur du subjonctif

Les phrases supports sont extraites de Chateaubriand, *Mémoires d'outre-tombe*, 1848.

EXERCICE 8

Corrigé p. 160

Quelle est la nature des *que* soulignés ?

Un loup survient à jeun, qui cherchait aventure,
Et que (1) la faim en ces lieux attirait.
Qui te rend si hardi de troubler mon breuvage ?
Dit cet animal plein de rage :
Tu seras châtié de ta témérité.
Sire, répond l'agneau, que (2) votre Majesté
Ne se mette pas en colère ;
Mais plutôt qu' (3) Elle considère
Que (4) je me vas désaltérant
Dans le courant,
Plus de vingt pas au dessous d'Elle ;
Et que (5) par conséquent, en aucune façon,
Je ne puis troubler sa boisson.
– Tu la troubles, reprit cette bête cruelle,
Et je sais que (6) de moi tu médis l'an passé.

La Fontaine, *Fables*, « Le loup et l'agneau », 1668.

EXERCICE 9

Corrigé p. 160

Analysez les *que* du texte.

Pendant bien des années, où […] M. Swann, le fils, vint souvent les voir à Combray, ma grand'tante et mes grands-parents ne soupçonnèrent pas **qu'**il ne vivait plus du tout dans la société **qu'**avait fréquentée sa famille et **que** sous l'espèce d'incognito **que** lui faisait chez nous ce nom de Swann, ils hébergeaient, avec la plus parfaite innocence […] un des membres les plus élégants du Jockey-Club.

Marcel Proust, *À la recherche du temps perdu*, « Du côté de chez Swann »,

EXERCICE 10

Corrigé p. 160

Distinguez les adverbes (ou locutions adverbiales) et les prépositions (ou locutions prépositionnelles).

Quelques fenêtres grillées apparaissaient ça et là sur la nudité des murs. Un large perron, raide et droit, de vingt-deux marches, sans rampes, sans garde-fou, remplaçait sur les fossés comblés l'ancien pont-levis ; il atteignait la porte du château, percée au milieu de la courtine. Au dessus de cette porte on voyait les armes des seigneurs de Combourg et les ouvertures à travers lesquelles sortaient jadis les bras et les chaînes du pont-levis.

Chateaubriand, *Mémoires d'outre-tombe*, 1848.

EXERCICE 11

Corrigé p. 161

Les mots soulignés sont-ils des prépositions (ou locutions prépositionnelles) ou des adverbes (ou locutions adverbiales) ?

Rien ne sert de courir ; il faut partir à point.
Le lièvre et la tortue en sont un témoignage.
« Gageons, dit celle-ci, que vous n'atteindrez point
Sitôt que moi ce but ; – Sitôt ? Êtes-vous sage ?
Repartit l'animal léger.
Ma commère, il vous faut purger
Avec quatre grains d'ellébore.
– Sage ou non, je parie encore. »
Ainsi fut fait.

La Fontaine, *Fables*, « Le lièvre et la tortue ».

ANALYSE D'ERREURS 1

Corrigé p. 161

1. Classez les verbes soulignés en fonction du mode et du temps.

2. Corrigez les formes erronées suivantes : *entenda, se mettoua, disa, metta* (en caractères gras dans le texte ci-dessous) et analysez les erreurs de conjugaison.

« Alors le cauchemar i, le cauchemar il sortit du placard et le petit garçon l'**entenda** glisser vers, vers son lit. Après, il **se mettoua** au coin du lit, sur le pied du lit et le le petit garçon : « Va t'en, va... ». Et le petit garçon **disa** : « Va t'en, va t'en ! car maintenant je tire sur toi ! » Après, il tira et puis il se mit à pleurer. Et il dit : « Arrête, arrête de pleurer, tu vas réveiller mon papa et ma maman. » Comme il arrêtait, comme il arrêtait pas de pleurer, il il prend par sa main et il le **metta** dans son lit. »

Transcription de l'énoncé oral d'un élève de petite section de maternelle dans le cadre d'un rappel de récit[1].

1. Cet exercice faisait partie des questions sur la connaissance de la langue données au CRPE en 2009 (groupement académique 6).

ANALYSE D'ERREURS 2

Corrigé p. 162

Analysez les erreurs affectant les formes verbales de ce texte.

Jazz allait très vite. « Jazz vat moins vite » dis Jules. Jazz s'arrêta. Il vis un chat est couru pour l'attrapper et Jules tomba. Il enleva ses rollers et couru derrière Jazz.

Extrait d'une production écrite d'un élève de CM2.

Corrigé p. 162

ANALYSE D'ERREURS 3

Relevez et analysez les erreurs concernant les pronoms personnels.
Vous émettrez une hypothèse sur l'origine de l'erreur.

1. Mais Jazz se fichait des dames donc il leurs fonça dedans.
2. A ce moment-là, j'ai pensé à ce qui allait ce produire.
3. Jules prend son téléphone et appelle l'urgence et l'urgence arrive au parc. Il prenne Jules et le mette sur un brancard.

Extraits de productions écrites d'élèves de CM2.
Orthographe partiellement révisée.

CORRIGÉS EXERCICES

EXERCICE 1

Énoncé p. 152

– **Articles définis :** ***les*** (*souvenirs*), ***la*** (*peine*), ***les*** (*yeux*) ;
définis élidés : ***l'***(*histoire*), ***l'***(*étude du cœur*) ; **contractés :** ***du*** (*cœur*) ***aux*** (autres) ; **partitifs :** ***de l'***(*orgueil*), ***de l'***(*impertinence*).

– **Articles indéfinis :** ***un*** (*devoir*), ***une*** (étude fastidieuse, étude sincère), un (examen attentif).

– **Déterminants possessifs :** ***sa*** (*propre vie* – l'adjectif *propre* intensifie le rapport de possession), ***ma*** (*part*), ***ma*** (*propre nature*), ***ma*** (*propre existence*).

– **Déterminants démonstratifs :** ***cette*** (*vie*), ***ce*** (*devoir*), avec deux emplois anaphoriques.

– **Déterminants indéfinis :** ***telle*** (*nature*), ***certains*** (*esprits actifs*).

EXERCICE 2

Énoncé p. 152

Les déterminants soulignés sont des constituants de groupes nominaux qui désignent tous le même référent :

– *un poisson, une tanche, une carpe, un brochet* : le déterminant est un article indéfini, singulier, masculin (*un*) ou féminin (*une*), selon le genre du nom qu'il détermine. L'indéfini détermine chaque fois un être qui n'est pas supposé connu et qui n'a pas déjà été présenté dans le texte (ici, une conversation).

– *ce bestiau* : le déterminant démonstratif, masculin singulier, est employé comme déictique. Il désigne un élément présent dans la situation d'énonciation. Mais on ne peut pas exclure, en plus, une valeur anaphorique. Les deux valeurs peuvent se cumuler.

– *le brochet* : l'article défini masculin singulier se justifie car le nom est déterminé par la proposition relative *qui me nargue*.

– *MON brochet* : le déterminant possessif, masculin singulier, est ici employé, avec sa pleine valeur possessive (avec les capitales expressives = « à moi, et à personne d'autre »).

EXERCICE 3

Énoncé p. 152

Adjectifs et participes passés employés comme adjectifs :

– ***préliminaires*** : épithète du nom *discours.*

– ***tombées*** : participe passé employé comme adjectif, épithète du nom *comédies.*

– ***éternel*** : épithète du nom *oubli.*

– *(le plus)* ***sifflé*** : participe passé employé comme adjectif, mis au superlatif relatif, épithète du nom *endroit.*

– *(le)* ***meilleur*** : superlatif relatif de l'adjectif *bon*, attribut du nom *endroit.*

– *(le plus)* ***intéressant*** : superlatif relatif, attribut du nom *rôle.*

– ***durs*** : épithète du nom *vers.*

– ***hérissés*** : participe passé employé comme adjectif, juxtaposé à l'adjectif *durs*, apposé au nom *vers.*

– ***dignes*** : épithète du nom *vers.*

Groupes adjectivaux :

– ***préliminaires de leurs tragédies ou comédies*** : adjectif + groupe prépositionnel (préposition *de*).

– ***tombées dans un éternel oubli*** : participe passé + groupe prépositionnel (préposition *dans*).

– ***hérissés de barbarismes et de solécismes*** : participe passé + groupe prépositionnel (préposition *de*).

– ***dignes de Virgile et de Racine*** : adjectif + groupe prépositionnel (préposition *de*).

EXERCICE 4

Énoncé p. 152

Adjectifs et participes passés employés comme adjectifs :

– ***larges*** : épithète du nom *compositions.*

– ***grandes*** : épithète du nom *marges.*

– ***raffinés*** : participe passé employé comme adjectif, épithète du nom *lecteurs.*

– ***pleines*** : épithète du nom *pages.*

– ***petits*** : épithète du nom *caractères.*

– ***justifiées*** : participe passé employé comme adjectif, épithète du nom *lignes.*

– ***remplies*** : participe passé employé comme adjectif, apposé au nom *lignes.*

– ***énormes*** : épithète du nom *plats.*

– ***rustiques*** : épithète du nom *plats.*

– ***seuls*** : apposé au pronom *qui.*

– ***énormes*** : épithète du nom *appétits.*

Le mot *ras* entre dans la composition de la locution adverbiale *à ras bord* et sa nature d'adjectif n'est plus active.

Groupes adjectivaux :

– ***larges avec de grandes marges*** : adjectif + groupe prépositionnel (préposition *avec*).

– ***pleines de petits caractères*** : adjectif + groupe prépositionnel (préposition *de*).

– ***étroitement justifiées*** : adverbe + participe passé.

– ***remplies à ras bord de mots et de phrases*** : participe passé + locution adverbiale + groupe prépositionnel (préposition *de*).

Énoncé p. 153

EXERCICE 5

– **Article définis :**

vers 1 : ***les***, détermine *os* ; *la*, détermine *peau*.

vers 2 : ***les***, détermine *chiens*.

vers 8 : ***le***, détermine *mâtin*.

vers 10 : ***le***, détermine *loup*.

– **Pronoms personnels :**

vers 5 : ***l'***, masc. sing., mis pour *le chien*, COD de *attaquer*. ***le***, masc. sing. mis pour ***le*** *chien*, COD de *mettre*.

vers 6 : ***l'***, pronom neutre, équivalent de *cela* = *attaquer le chien, le mettre en quartier*, COD de *eût fait*.

vers 10 : ***l'***, masc. sing., mis pour *le chien*, COD de *aborde*.

Énoncé p. 153

EXERCICE 6

Pronoms personnels :

– ***je/j'*** (1re pers. sing.) est sujet du verbe (déictique) : *je me suis lavé les mains – j'aime bien ce moment – j'y trouve moins de plaisir – J'en ai fait la remarque – Je suis sorti un peu tard – je me suis mis à courir – J'étais noyé dans le bruit – Je ne voyais plus rien.*

– le pronom ***me*** (ligne 1) est réfléchi : dans *je me suis lavé les mains*, il indique le « possesseur » des mains ; dans *je me suis mis à courir* (ligne 9), il fait partie de la forme figée du semi-auxiliaire *se mettre à*.

(ligne 9) ***me*** est complément d'objet second de *demander* : *Emmanuel m'a demandé* (*si on y allait* est une interrogative indirecte COD de *demander*).

– ***il*** masculin et ***elle*** féminin (3e pers. sing.) sont sujets du verbe :

(ligne 3) *elle* (= la serviette) *a servi toute la journée* – (ligne 4) *Il* (= mon patron) *m'a répondu* – (ligne 4) *il* (= mon patron) *trouvait cela regrettable.*

– ***on*** est sujet du verbe :

(ligne 3) *on utilise* (sens indéfini) – (ligne 9) *si on y allait* (emploi pour *nous* dans le discours ici familier).

– ***y*** (3e pers. sing.) ne s'analyse pas dans une locution verbale figée : (ligne 9) *si on y allait.*

– ***en*** (3e pers. sing.) est complément du nom *remarque*, équivalent à « de cela » ; il représente le contenu de la phrase précédente : (ligne 3) *J'en ai fait la remarque.*

– ***nous***, forme unique (= moi + lui, Emmanuel) (1re pers. plur.), est sujet du verbe (ligne 7) (*nous avons perdu un moment*) – (ligne 13) *nous longions*) et COD (*Le camion nous a dépassés* (ligne 9)).

– (ligne 10) Dans *nous nous sommes lancés à sa poursuite*, le premier ***nous*** est sujet ; le second, qui fait partie de la forme pronominale *se lancer*, ne peut guère s'analyser (figement).

Pronoms démonstratifs :

– (ligne 4) *qu'il trouvait cela regrettable* : ***cela*** est COD de *trouver* ; il représente le contenu de la phrase précédente.

– (ligne 5) *c'était tout de même un détail sans importance* : ***c'*** (*ce* élidé) est sujet de *être* ; il a la même référence que *cela*.

Pronom indéfini :

– (ligne 11) *Je ne voyais plus rien : rien* est COD de *voir.*

Pronoms relatifs :

– (ligne 6) ***qui*** est sujet du verbe de la relative : *Emmanuel* (ligne 6) (antécédent) *qui travaille à l'expédition* – (ligne 12) *des mâts* (antécédent) *qui dansaient.*

– (ligne 13) ***que*** est COD du verbe de la relative : *des coques* (antécédent) *que nous longions.*

EXERCICE 7 : QCM

Corrigé p. 153

1 C ; **2** A ; **3** A ; **4** B ; **5** E ; **6** A ; **7** B ; **8** B ; **9** E ; **10** A.

EXERCICE 8

Énoncé p. 155

1. Pronom relatif.

2. 3. Dans ces deux cas, *que* est le marqueur du subjonctif à la 3e personne du singulier : la phrase injonctive exprime une requête polie de l'agneau (qui aurait été « ne vous mettez pas », « considérez » à la 2e personne).

4. 5. 6. Conjonctions de subordination.

EXERCICE 9

Énoncé p. 155

Conjonctions de subordination :

– Ligne 2 : ***qu'****(il ne vivait plus…)* : introduit la subordonnée complétive *qu'il ne vivait plus du tout dans la société.*

– Ligne 3 : ***que*** *(sous l'espèce…)* : introduit la subordonnée complétive *que sous l'espèce d'incognito ils hébergeaient, avec la plus parfaite innocence un des membres les plus élégants du Jockey-Club*, coordonnée à la complétive précédente par la conjonction de coordination *et.*

Pronoms relatifs :

– Ligne 3 : ***qu'****(avait fréquentée…)* : introduit la proposition relative *qu'avait fréquentée sa famille*, représente l'antécédent *société*, COD du verbe *avait fréquentée.*

– Ligne 4 : ***que*** *(lui faisait chez nous…)* : introduit la proposition relative *que lui faisait chez nous ce nom de Swann*, représente l'antécédent *incognito*, COD du verbe *faisait.*

EXERCICE 10

Énoncé p. 155

– Les adverbes sont en caractères gras et les prépositions sont soulignées.
– Les mots en italiques sont des articles contractés, formés de la contraction d'une préposition et d'un article défini : ***des*** **= de + les ;** ***du*** **= de + le ;** ***au*** **= à + le**

Quelques fenêtres grillées apparaissaient **ça et là** <u>sur</u> la nudité *des* murs. Un large perron, raide et droit, <u>de</u> vingt-deux marches, <u>sans</u> rampes, <u>sans</u> garde-fou, remplaçait <u>sur</u> les fossés comblés l'ancien pont-levis ; il atteignait la porte *du* château, percée <u>*au* milieu de</u> la courtine. <u>*Au* dessus de</u> cette porte on voyait les armes *des* seigneurs de Combourg et les ouvertures à travers lesquelles sortaient **jadis** les bras et les chaînes *du* pont-levis.

EXERCICE 11

Énoncé p. 156

Adverbes et locutions adverbiales :

vers 1 ***ne*** ; vers 1 ***à point*** ; vers 3 ***n'… point*** ; vers 4 ***sitôt*** (2e emploi). Au 1er emploi, cet adverbe forme avec *que* une locution conjonctive. vers 8 ***encore*** ; vers 9 ***ainsi***.

Les caractéristiques habituelles des adverbes : invariabilité, dépendance, intransitivité, se vérifient pour la plupart des mots relevés ci-dessus sauf pour *sitôt* (vers 4) qui constitue à lui seul une phrase du fait de la reprise anaphorique.

Prépositions :

vers 1 ***de*** : le groupe prépositionnel *de courir* est complément essentiel du verbe *servir.*

vers 7 ***d'*** : le groupe prépositionnel *d'ellébore* est une expansion du nom *grains.*

vers 7 ***avec*** : le groupe prépositionnel *avec quatre grains* est complément circonstanciel de moyen du verbe *purger.*

Les caractéristiques des prépositions : invariabilité, dépendance, transitivité se vérifient pour ces trois mots.

CORRIGÉS ANALYSES D'ERREURS

ANALYSE D'ERREURS 1

Énoncé p. 156

1. Classement des verbes :

Mode indicatif	Mode infinitif	Mode impératif
Présent *je tire* (tirer)	Présent *glisser* *pleurer*	Présent *va* (aller) *Arrête* (arrêter)
Imparfait *il arrêtait* (arrêter)		
Passé simple *il sortit* (sortir) *il tira* (tirer) *il se mit* (se mettre) *il dit* (dire)		

2. **Les quatre formes erronées** correspondent à des formes du passé simple des verbes du 3e groupe, à la 3e personne du singulier.

Les erreurs proviennent toutes d'une surgénéralisation de la manière de composer les verbes du 1er groupe au passé simple dont le morphème de temps est -*a*- pour les personnes 2 à 5.

– *le petit garçon l'**entenda*** → ***entendit***. La base utilisée (*entend-*) sert à composer de nombreuses formes du verbe **entendre** : *entend-ais*, *entend-ons*, etc. Pour les verbes du 1er groupe, il n'y a pas de désinence de la 3e personne.

– *il se mettoua* → **mit** / *il le metta* → **mit**. La base utilisée pour la première forme (**mettou*) n'existe pas, mais on peut y retrouver la base *mett-* qui entre dans la composition de nombreuses formes du verbe *mettre* : *mett-ons, mett-ez, mett-ais*, etc.

– *le petit garçon disa* → **dit**. La base utilisée (*dis-*) entre dans la composition de plusieurs formes de ce verbe : *dis-ons, dis-ais*, etc.

ANALYSE D'ERREURS 2

Énoncé p. 156

Pour les analyses d'erreurs, nous utilisons la grille d'analyse et la terminologie de Nina Catach. (Voir chapitre II « Phonologie et orthographe).

– ***vat*** (*Jazz vat moins vite*) : ajout par analogie (*il écrit*) d'un morphogramme (-*t*) non pertinent. La 2e personne du singulier de l'impératif présent s'écrit *va*.

– ***dis*** (*dis Jules*) : choix d'un morphogramme (accord) erroné. La désinence de la 3e personne du singulier du passé simple des verbes du 3e groupe est -*t*.

– ***vis*** (*il vis*) : choix d'un morphogramme (accord) erroné. La 3e personne du singulier du passé simple des verbes du 3e groupe est -*t*.

– ***est*** (*est couru*) : confusion de deux homophones : *et* / *est*. Erreur de type logogrammique.

– ***couru*** (*et couru derrière*) : absence du morphogramme -*t*, indicateur de la 3e personne du passé simple pour les verbes du 3e groupe.

– ***attrapper*** (*pour l'attrapper*) : erreur d'orthographe portant sur le radical : *attraper.*

ANALYSE D'ERREURS 3

Énoncé p. 157

1. ***leurs*** (*il leurs fonça dedans*) : erreur d'orthographe sur le pronom personnel complément *leur.* Ce pronom correspondant à la 3e personne du pluriel, on peut penser que cette erreur provient d'une surgénéralisation de l'accord par ajout d'un « s ».

2. ***ce*** (*ce produire*) : erreur d'orthographe sur le pronom personnel réfléchi *se.* Confusion entre deux homophones : *ce* (pronom démonstratif) et *se* (pronom personnel réfléchi).

3. ***Il*** (*il prenne*) : erreur d'orthographe concernant le pronom personnel sujet de la 3e personne du pluriel *ils.*
L'élève utilise une forme du verbe correspondant, au moins dans sa réalisation orale [pʀɛn], à la 3e personne du pluriel du présent de l'indicatif mais il n'écrit pas la désinence du pluriel qui ne s'entend pas.
On peut noter que le pronom *il* représente correctement le groupe nominal *l'urgence* (pour *les urgences*) mais que la forme verbale anticipe un accord par le sens (*les urgences* sont toujours au pluriel).

15 La fonction sujet

OBJECTIF

Identifier le sujet et les éléments qui peuvent assurer cette fonction.

À VOIR AUSSI

– Les propositions subordonnées complétives et circonstancielles p. 73

– Les propositions subordonnées relatives p. 81

– Comment identifier un nom ? p. 106

– Les pronoms personnels p. 126

– Les pronoms autres que personnels p. 134

TESTER SES CONNAISSANCES

Dans les phrases suivantes, identifiez les sujets puis classez les groupes sujets selon leur classe grammaticale.

1. Le football plait aux garçons et aux filles.
2. As-tu terminé tes exercices ?
3. Les cerises qui étaient trop mûres sont tombées de l'arbre.
4. Que tu aies réussi ton examen me fait vraiment plaisir.
5. Dans le ciel volaient des cigognes.
6. Qui m'aime me suive !

Les sujets : **1.** *Le football.* **2.** tu. **3.** *Les cerises/qui* **4.** *Que tu aies réussi ton examen / tu.* **5.** *des cigognes.* **6.** *Qui m'aime / Qui.*
Leur structure syntaxique : **groupes nominaux** : *Le football, les cerises qui étaient trop mûres, des cigognes* ; **pronoms personnels** : *tu* (phrases **2** et **4**) ; **pronom relatif** : *qui* ; **proposition complétive** : *Que tu aies réussi ton examen* ; **proposition relative substantive** : *Qui m'aime.*

LE COURS

1 Définition

La fonction sujet est la fonction fondamentale dans la phrase.
Il importe particulièrement de bien l'identifier en raison de ses incidences orthographiques : sujet et verbe varient simultanément, ce qui fait dire que le « sujet commande l'accord du verbe ».

1.1 Un constituant obligatoire

Le sujet est le premier des deux éléments nécessaires à la constitution d'une phrase. Il n'est pas effaçable.

Rappel : les phrases impératives ne comportent pas de sujet :

Regarde. Regardons. Regardez.

> REMARQUE : dans Marie, regarde. *Marie* est apostrophe, fonction syntaxique correspondant au vocatif du grec ou du latin, qui désigne la personne à qui s'adresse le locuteur.

1.2 L'accord sujet-verbe

Le sujet régit l'accord du verbe toujours en personne et en nombre, parfois en genre lorsqu'il s'agit de formes de participes passés qui s'accordent :

Pierre et Jacques parl**ent**. **Marie** est ven**ue** ce matin.

ENTRAINEMENT 1

Corrigé p. 167

Accordez les verbes entre parenthèses avec leur sujet.

1. Pierre achète des enveloppes et les (*timbrer*) ensuite.
2. Paul regardait la voiture et vous (*demander*) de la lui vendre.
3. Marie achète les fleurs et les (*porter*) à sa sœur.
4. Les parents, le mercredi, (*transporter*) leurs enfants pour leurs activités.
5. Il les (*voir* au passé composé) hier.

2 Manipulations pour reconnaitre le sujet

Trois manipulations (tests) peuvent être utilisées pour la reconnaissance du sujet.

2.1 La pronominalisation

Le groupe sujet peut être pronominalisé, lorsqu'il n'est pas déjà un pronom. Ce test permet de délimiter les frontières du groupe nominal sujet.

Les élèves sont arrivés en retard. → **Ils** sont arrivés en retard.

Le fait qu'il pleuve tous les jours me chagrine. → **Cela** me chagrine.

2.2 L'extraction par *c'est... qui*

Le groupe sujet peut être encadré par *c'est... qui*. Ce test permet de percevoir les frontières du groupe sujet, notamment lorsqu'il est long.

Pierre écoute Marie. → **C'est** Pierre **qui** écoute Marie.

Les feuilles qui sont tombées des arbres jonchent le sol. → **Ce sont** les feuilles qui sont tombées des arbres **qui** jonchent le sol.

Que tu aies réussi ton examen me réjouit. → **C'est** (le fait) que tu aies réussi ton examen **qui** me réjouit.

DIFFICULTÉ RENCONTRÉE

Lorsque le sujet est un pronom personnel (*je*, *tu*, *il*, *elle*, *nous*, *vous*...), l'extraction en *c'est... qui* entraîne parfois une modification de la forme du pronom.

Je viendrai demain. → C'est **moi** qui viendrai demain.

Il est arrivé en retard. → C'est **lui** qui est arrivé en retard.

Vous avez réussi le test. → C'est **vous** qui avez réussi le test.

Cette mise en relief de l'information encadrée par *c'est... qui*, qu'on appelle parfois transformation emphatique, entraine la forme tonique du pronom personnel (*moi*, *toi*, *lui*). En revanche, pour les pronoms *elle*, *nous*, *vous*, il n'y a pas de modification du pronom lorsqu'on l'encadre par *c'est... qui*.

2.3 La transformation passive

Si le verbe l'admet, on peut procéder à une transformation passive : le sujet devient alors complément d'agent du verbe désormais à la forme passive.

L'ogre a mangé les petits enfants. → Les petits enfants ont été mangés **par l'ogre**.

ENTRAINEMENT 2

Corrigé p. 168

Utilisez la pronominalisation et l'extraction par *c'est... qui* pour identifier les sujets.

1. Pendant l'orage, les pommes sont tombées.
2. Odile et son frère partagent les mêmes gouts.
3. Les albums que tu m'as prêtés m'ont beaucoup plu.
4. Les filles, les garçons et le professeur se préparent pour la sortie au musée.
5. Au milieu de cette cohue, Jean-Claude vous attend depuis trois heures.

3 Les formes du sujet

Le sujet peut être :

– **un groupe nominal**, plus ou moins étendu :

Le vent souffle. **Un vent violent venant du large** souffle. **Le vent qui vient du large** souffle.

– **un pronom** : **Il** souffle.

– ou toute autre forme qui peut commuter avec ces structures syntaxiques, par exemple **l'infinitif** à valeur nominale : **Souffler** n'est pas jouer.

Voir FICHE 24 : L'infinitif.

3.1 Le pronom relatif *qui*

Parmi les pronoms sujets, ne pas oublier *qui*. Le pronom relatif fait à la fois office de subordonnant et de pronom ayant une fonction dans la proposition qu'il introduit :

Les chiens **qui** sont en liberté inquiètent les troupeaux.

Qui est sujet du verbe *sont* et introduit la proposition relative *qui sont en liberté*.

3.2 La proposition complétive sujet

Paradoxalement, bien que l'appellation de « complétives » semble signaler qu'elles occupent une fonction de complément du verbe, les propositions complétives peuvent occuper la fonction sujet :

Que tu viennes me voir demain me réjouit le cœur.

4 Place du sujet

Contrairement à des langues à cas, comme l'allemand, le latin ou le grec, qui indiquent la fonction syntaxique d'un mot par une désinence spécifique et qui ont, de ce fait, un ordre des mots relativement libre, le français fait intervenir des critères de position pour permettre l'identification du sujet. Ainsi, dans des phrases dites « réversibles » comme Pierre poursuit le chien / Le chien poursuit Pierre, c'est bien la position du sujet par rapport au verbe qui permet de l'identifier. Généralement le sujet est situé à gauche du verbe et il est souvent le premier groupe de la phrase.

DIFFICULTÉS RENCONTRÉES

- **Le sujet n'est pas toujours le premier constituant de la phrase** :

Dans sa maison, **Pierre** a fait beaucoup de travaux.

Le lundi, **Pierre** est en congé.

- **Le sujet peut être séparé du verbe** par un mot ou un groupe de mots, ce qui occasionne des difficultés pour les accords. On parle dans ce cas de « rupteur ». Cela peut être :

– un complément circonstanciel : **Pierre et Paul**, le samedi, jouent aux cartes.

– une proposition relative enchâssée :

Les hommes, qui se sont levés tôt, sont arrivés avant les autres.

– un adverbe : **Les enfants**, souvent, jouaient dans la cour.

– un pronom personnel « écran » : **Je** vous avais donné ma parole.

- Dans certains cas, le sujet est à droite du verbe. On parle alors de « **sujet inversé** ». L'inversion peut être :

– pronominale : Avez-**vous** l'heure ?

– nominale : Quand part **le prochain train** ?

Elle apparait souvent en corrélation avec l'antéposition d'un élément :

Dans le ciel passaient **des vols d'oiseaux migrateurs**.

ou dans certaines structures de phrases :

– phrases interrogatives : Peux-**tu** venir demain ?

– périphrase verbale exprimant un souhait, avec un verbe au subjonctif :

Vienne **la nuit**, sonne **l'heure**. (Apollinaire)

- Elle peut aussi être liée à des effets d'euphonie (harmonie des sons qui se suivent) ou à des intentions stylistiques.

5 Sujet grammatical/sujet logique

Certains verbes qui se rencontrent d'ordinaire dans des constructions personnelles : il court sur la piste, il arrive au bout de ses peines, peuvent être construits à la forme impersonnelle : il court de drôles de bruits, il est arrivé un accident. Ils présentent alors un double sujet :

– d'une part, un sujet, dit quelquefois « apparent », qui n'a que les propriétés formelles du sujet (situation à gauche du verbe, rection des accords) et que nous appelons « sujet grammatical »

– et un sujet souvent appelé « sujet réel » parce qu'il est porteur des propriétés sémantiques que nous appelons « sujet logique » :

Il (sujet grammatical) est arrivé **un accident** (sujet logique).

ENTRAINEMENT 3

Corrigé p. 168

Identifiez, pour chaque phrase, l'origine de la difficulté de repérage du sujet.

1. Écoute André !
2. C'est Pierre que le chien enragé poursuit.
3. Il est tombé de gros grêlons.
4. Fallait y penser.
5. Quand part le prochain train pour Perpignan ?

À RETENIR

Le sujet est un constituant obligatoire de la phrase qui fait varier le verbe en personne et en nombre.

Cette fonction peut être occupée par un groupe nominal, un pronom, ou toute autre forme qui peut commuter avec ces structures, le pronom *qui*, une subordonnée complétive.

CORRIGÉS

ENTRAINEMENT 1

Énoncé p. 164

1. *Pierre achète des enveloppes et les **timbre** ensuite.*
2. *Paul regardait la voiture et vous **demandait** de la lui vendre.*
3. *Marie achète les fleurs et les **porte** à sa sœur.*
4. *Les parents, le mercredi, **transportent** leurs enfants pour leurs activités.*
5. *Il les a **vus** (ou **vues**) hier.*

Les mots *timbre* ou *porte* peuvent être des noms ou des verbes. Ils sont plus fréquents dans les énoncés écrits comme noms que comme verbes, d'où des erreurs récurrentes.

ENTRAINEMENT 2

Énoncé p. 165

1. *Ce sont* ***les pommes*** *qui sont tombées…/* ***Elles*** *sont tombées…*

2. *C'est* ***Odile et son frère*** *qui partagent…/* ***Ils*** *partagent…*

3. *Ce sont (ou c'est)* ***les albums que tu m'as prêtés*** *qui m'ont beaucoup plu. /* ***Ils*** *m'ont beaucoup plu. Dans la relative : c'est toi qui m'as prêté les albums.*

4. *Ce sont (ou c'est)* ***les filles, les garçons et le professeur*** *qui se préparent… /* ***Ils*** *se préparent…*

5. *C'est* ***Jean-Claude*** *qui vous attend… /* ***Il*** *vous attend…*

ENTRAINEMENT 3

Énoncé p. 167

1. La phrase impérative ne comporte pas de sujet.

2. Cette phrase est déjà à la forme emphatique par la mise en relief du COD *Pierre* qui ne peut donc pas être sujet du verbe. Pour trouver le sujet, il faut revenir à la phrase de base : *Le chien enragé poursuit Pierre.*

3. Phrase comportant un sujet grammatical *il* et un sujet logique *de gros grêlons.*

4. La phrase appartient au registre familier ; le verbe impersonnel est dépourvu de son sujet.

5. Cas d'inversion du sujet dû au type interrogatif de la phrase.

16 Les compléments du verbe

OBJECTIFS

Identifier et distinguer les différents compléments du verbe.

VOIR AUSSI

– Les propositions subordonnées complétives et circonstancielles p. 73
– Attribut et apposition p. 174
– Les compléments circonstanciels p. 185

TESTER SES CONNAISSANCES

1. Analysez les compléments dans ces trois phrases :

1. Le boulanger expose son pain aux raisins.
2. Le boulanger expose son pain aux clients.
3. Le boulanger expose son pain au milieu de sa vitrine.

2. Pourquoi la citation suivante pose-t-elle un problème d'analyse ?

Il y a tant de vagues et de fumée
Qu'on n'arrive plus à distinguer
Le blanc du noir
Et l'énergie du désespoir.

Michel Berger, *Le Paradis blanc*, Label WEA, 1990.

1. Phrase 1. COD *son pain aux raisins* incluant un complément du nom *aux raisins*.
Phrase 2. COD *son pain* et un complément d'objet second *aux clients*.
Phrase 3. COD *son pain* et un complément circonstanciel de lieu *au milieu de sa vitrine*.
2. Le verbe *distinguer* est construit normalement avec un complément direct (*le blanc*) et un complément indirect (*du noir*). Le compositeur s'appuie sur cette construction pour créer l'ambiguïté. *L'énergie du désespoir* est une expression lexicalisée dans laquelle *du désespoir* est complément du nom *énergie*.

Corrigé détaillé p. 173

LE COURS

1 Dans la phrase simple

1.1 La fonction complément du verbe

- Un verbe peut recevoir des compléments essentiels.
  Il regarde **la télévision** : le verbe *regarder* appelle un complément indiquant l'objet du regard.
  Il pense **aux vacances** : le verbe *penser* appelle un complément indiquant l'objet de la pensée.

C'est le verbe qui détermine la construction (avec ou sans préposition), le sens et le nombre de ses compléments.

– **Les verbes transitifs ont des compléments essentiels,** construits directement (*regarder*) ou indirectement (*penser*). La plupart des verbes appellent un complément, mais certains verbes peuvent avoir deux compléments essentiels :

Il donne **une sucette à l'enfant.**

– **Les verbes intransitifs ne reçoivent en principe aucun complément** :

Il dort.

- Les compléments du verbe sont des constituants du groupe verbal. On fait traditionnellement la distinction entre les verbes attributifs (*être*, *sembler*, etc.) et les autres verbes :

– Les verbes attributifs sont suivis d'un attribut du sujet, qui peut être principalement un adjectif qualificatif, un groupe nominal ou un nom ;
– Les autres verbes sont suivis de différents compléments d'objet, qui peuvent être un groupe nominal ou un pronom, un groupe infinitif ou une subordonnée complétive.

Voir FICHE 17 : Attribut et apposition.

- Certains verbes peuvent être transitifs ou intransitifs, ce changement syntaxique s'accompagne ou non d'un changement de sens : L'herbe pousse (intransitif).
  La maman pousse le landau (transitif + COD).

- La présence ou l'absence d'un complément fait souvent varier le sens d'un verbe :
Soit la phrase Le facteur glisse une lettre sous la porte. Si l'on efface le COD *une lettre*, on obtient une phrase grammaticale certes, mais peu plausible : Le facteur glisse sous la porte. Si l'on efface alors le groupe prépositionnel *sous la porte*, on obtient une phrase grammaticalement et sémantiquement acceptable : Le facteur glisse... au prix d'un changement de sens (ou dérapage sémantique) fâcheux pour le facteur.

1.2 Les compléments essentiels du verbe : COD et COI

Le complément d'objet direct (COD, construit directement, sans préposition), lorsque le verbe est transitif direct : Sophie joue **cette sonate** à merveille.

- **Manipulations pour reconnaitre un COD**
– Le COD n'est pas déplaçable : *Sophie la sonate joue à merveille est agrammatical.
– Il peut être repris par un pronom : Cette sonate, Sophie la joue à merveille.
– Il peut être encadré par *c'est... que* : C'est cette sonate que Sophie joue à merveille.
– Il peut devenir sujet de la phrase à la tournure passive :
  Cette sonate est jouée à merveille par Sophie.

Ces manipulations syntaxiques sont souvent décisives pour déterminer la fonction d'un complément. Si l'on considère les deux phrases suivantes : Pierre enseigne le matin / Pierre enseigne le latin, le recours à la transformation passive évite une éventuelle confusion.
*Le matin est enseigné par Pierre est toujours inacceptable alors que Le latin est enseigné par Pierre peut apparaître en contexte.

Le complément d'objet indirect (COI, construit indirectement, avec préposition), lorsque le verbe est transitif indirect.

– Les deux prépositions les plus fréquentes sont *à* et *de* :
  Nicolas parle **à ses perruches**. Marie s'occupe **de ses camélias**.

- **Manipulations pour reconnaitre un COI**
– Le COI peut être repris par un pronom :
  Ses perruches, Nicolas **leur** parle. Ses camélias, Marie s'**en** occupe.
– Il peut être encadré par *c'est... que* :
  C'est à ses perruches que parle Nicolas.
  C'est de ses camélias que Marie s'occupe.

DIFFICULTÉ RENCONTRÉE

Attention à une confusion possible. Dans la phrase Gino mange de la pizza, *de la pizza* est en réalité un **complément d'objet direct**, car *de la* est un article partitif.
Le verbe *manger* est **transitif direct**. Gino pourrait en fait manger *la pizza*, *une pizza*, *toute la pizza* (test : remplacer *de la* ou *du* partitif par *la*, *une* ou *le*, *un*).

1.3 Le groupe verbal peut comporter éventuellement deux compléments

- Un complément d'objet direct (COD) et un complément d'objet dit second (COS), appellation qui a succédé à celle de complément d'attribution parfois peu adaptée :

Il a vendu son âme (COD) au diable (COS). Il a volé une pomme (COD) au marchand (COS).

- Un complément d'objet indirect et un complément d'objet second :

Ernest parle de ses ennuis (COI) à ses collègues (COS).

1.4 *Être* se construit avec un attribut

Le verbe *être* et les autres verbes d'état (*paraitre*, *sembler*, *devenir*, *rester*...) sont suivis d'un attribut du sujet qui peut appartenir à différentes classes de mots :
Justin est jardinier (nom). Gontran est un numismate passionné (groupe nominal).
Lionel est compétent (adjectif).

Voir FICHE 17 : Attribut et apposition.

- Le COD peut aussi avoir un attribut :

Ses concitoyens l'ont élu **maire** (*l'* est COD du verbe ; *maire* est attribut du COD).

REMARQUE : bien qu'ils soient également nécessaires et liés au verbe, les attributs du sujet ne sont pas admis comme compléments du verbe par certaines grammaires, qui tiennent à distinguer artificiellement les verbes attributifs des autres verbes.

DIFFICULTÉS RENCONTRÉES

- Le recours à la question ***quoi ?*** posée sans discernement aboutit à des confusions entre le COD et l'attribut : Paul cherche quoi ? (COD) – Pierre est quoi ? (attribut du sujet)
  Paul cherche un garagiste consciencieux, COD.
  Pierre est un garagiste consciencieux, attribut.
- Les verbes ne sont pas toujours suivis d'un complément :

– C'est le cas des verbes intransitifs. Les chiens aboient, la caravane passe.
– C'est parfois aussi le cas de verbes transitifs « employés absolument » quand le contexte le permet : La Castafiore chante, le capitaine Haddock fume, Tintin lit.

REMARQUE : les compléments circonstanciels posent un problème selon qu'on les envisage du point de vue de la grammaire traditionnelle ou de la grammaire structurale.

Voir FICHE 19 : Les compléments circonstanciels.

ENTRAINEMENT 1

Corrigé p. 173

Dans les phrases suivantes, relevez et analysez les compléments du verbe.

1. Claire a cueilli de la lavande.
2. Antoine a vu une étoile filante.
3. Les paysans s'attendent à un violent orage.
4. Il faudra arracher les mauvaises herbes de ce jardin.
5. Œdipe ressemble à son père.
6. Ce galet a servi de stylet à Jules.
7. Baudelaire a traduit Edgar Poe de l'anglais en français.

ENTRAINEMENT 2

Corrigé p. 173

Dans les phrases suivantes, analysez les compléments soulignés.

1. Il a pris une glace <u>à la vanille</u>.
2. Il a mangé une glace <u>au café</u>.
3. Il a renoncé <u>au bout d'un quart d'heure</u>.
4. Il n'a pas voulu renoncer <u>à son parachute doré</u>.
5. Il a vu la belle <u>à sa demande</u>.
6. Il a cru à <u>sa bonne foi</u>.
7. Il l'a cru <u>de bonne foi</u>.

2 Dans la phrase complexe

Voir FICHE 4 : Les propositions subordonnées complétives et circonstancielles.

Un verbe peut avoir pour compléments des propositions subordonnées compléments d'objet :

– les propositions complétives introduites par la conjonction *que* ou les locutions *à ce que* et *de ce que* : Je souhaite <u>que tu réussisses</u>. Je tiens <u>à ce que</u> / Je m'étonne <u>de ce que Philippe vienne à cette réunion</u>.

– les propositions interrogatives indirectes :
Je me demande <u>si vous m'avez bien compris</u>.

– les propositions infinitives :
J'entends <u>les oiseaux chanter</u>.

À RETENIR

- Les compléments essentiels sont appelés par le verbe qui détermine leur nombre, leur construction et leur sens.
- Dans la phrase simple, la fonction de complément essentiel peut être exercée par un groupe nominal (ou un pronom) ou un groupe prépositionnel.
- Dans la phrase complexe, le complément essentiel peut être une subordonnée complétive (Il espère **qu'elle viendra**), interrogative indirecte (Il se demande **si elle viendra**) ou infinitive (J'entends **les oiseaux chanter**).
- La plupart des verbes transitifs reçoivent un seul complément essentiel, COD (Retiens **la nuit**) ou COI (Elle ressemble **à sa mère**). Certains peuvent recevoir deux compléments essentiels (Elle donne **la luzerne à ses lapins** : COD + Cplt d'objet second).
Les verbes intransitifs sont construits sans complément (Eugénie dort).

CORRIGÉS

TESTER SES CONNAISSANCES

Énoncé p. 169

1. Dans les trois phrases, nous trouvons *son pain*, COD du verbe *expose*, mais la similitude s'arrête là.
– Dans la phrase 1, nous avons seulement un complément : *son pain aux raisins* COD comportant une expansion, le complément du nom *aux raisins*.
– Dans la phrase 2, nous avons le COD *son pain* et un complément d'objet second *aux clients*.
– Dans la phrase 3, nous avons le COD *son pain* et un complément circonstanciel de lieu *au milieu de sa vitrine*.

2. Ce problème d'analyse, au demeurant, donne une tonalité poétique à la phrase.
Le verbe *distinguer* est construit normalement avec un complément direct (ici *le blanc*) et un complément indirect (ici *du noir*). Le compositeur s'appuie sur cette construction pour créer l'ambigüité. *L'énergie du désespoir* est une expression lexicalisée, figée, dans laquelle *du désespoir* est complément du nom *énergie*.

ENTRAINEMENT 1

Énoncé p. 172

1. ***de la lavande*** : COD (la construction est directe : *de la* est l'article partitif = *la*).
2. ***une étoile filante*** : COD
3. ***à un violent orage*** : COI (le pronom réfléchi *s'* n'est pas analysable).
4. ***les mauvaises herbes*** : COD + *de ce jardin* = COS, mais considérer ce groupe prépositionnel comme le complément du nom *herbes* est possible.
5. ***à son père*** : COI.
6. ***de stylet à Jules*** : deux compléments prépositionnels, le premier est COI, le second est COS.
7. ***Edgar Poe de l'anglais en français*** : cas exceptionnel d'un verbe à trois compléments, un COD et deux COS.

ENTRAINEMENT 2

Énoncé p. 172

1. ***à la vanille*** → complément du nom *glace*.
2. ***au café*** → complément du nom *glace* (comme *à la vanille*) ou complément circonstanciel de lieu (= *dans le café*).
3. ***au bout d'un quart d'heure*** → complément circonstanciel de temps.
4. ***son parachute doré*** → complément d'objet indirect du verbe *renoncer*.
5. ***à sa demande*** → complément circonstanciel de cause avec une équivoque due à *sa* : parce qu'il (ou elle) l'a demandé.
6. ***à sa bonne foi*** → complément d'objet indirect.
7. ***de bonne foi*** → attribut du COD ou équivoque (= *il était de bonne foi et l'a cru*).

17 Attribut et apposition

OBJECTIF

Identifier les fonctions attribut du sujet, attribut du complément d'objet direct et apposition.

VOIR AUSSI

– L'adjectif qualificatif p. 119
– Les compléments du verbe p. 168
– Les expansions du nom p. 179
– Les emplois du verbe *être* p. 213

TESTER SES CONNAISSANCES

Indiquez la fonction des termes ou expressions soulignés.

1. La chair est triste, hélas, et j'ai lu tous les livres. (Mallarmé)
2. Ce vase semble fragile.
3. Dominique est architecte informatique.
4. Sa sortie en mer a rendu Bruno malade.
5. Michel considère Étienne comme un véritable ami.
6. La mer, démontée, ne permet pas la navigation.
7. La Réunion, l'île intense, attire de nombreux sportifs.
8. Alexandre, las de travailler, a décidé de rester au lit.

1. ***triste*** : attribut du sujet *la chair* ; *tous les livres* : complément d'objet direct de *ai lu*.
2. ***fragile*** : attribut du sujet *ce vase*.
3. ***architecte informatique*** : attribut du sujet *Dominique*.
4. ***malade*** : attribut du complément d'objet direct *Bruno*.
5. ***un véritable ami*** : attribut du complément d'objet direct *Étienne*.
6. ***démontée*** : mis en apposition à *la mer*.
7. ***l'île intense*** : mis en apposition à *La Réunion*.
8. ***las de travailler*** : mis en apposition à *Alexandre*.

LE COURS

1 La fonction attribut

La tradition scolaire distingue l'attribut des autres compléments du verbe, sur la base de propriétés spécifiques, l'accord jouant un rôle discriminant important.

1.1 L'attribut du sujet

L'attribut du sujet est le deuxième constituant du groupe verbal, dont le premier est le verbe *être* ou un équivalent : La terre est ronde ; *ronde* est attribut du sujet *la terre*. L'attribut du sujet exprime une caractéristique du sujet.

- **Les classes grammaticales de l'attribut du sujet**

– Le plus souvent, un **adjectif qualificatif**, ou un participe à valeur adjectivale : Il est vaillant, fatigué.

REMARQUE : tous les adjectifs ne peuvent pas être attributs *cette carte est géographique.

Voir FICHE 10 : L'adjectif qualificatif.

– Un **nom sans déterminant** : Il est **professeur des écoles**.
– Un **groupe nominal minimal ou étendu** : La baleine est **un grand mammifère**.
– Le **pronom personnel neutre *le*** : La terre est ronde → la terre **l'**est.
– Une **relative substantive** (périphrastique) : Je ne suis pas **celle que vous croyez**.
– Un **groupe prépositionnel** : Nicolas est **en colère**. (équivaut à un adjectif : *colérique*)
– Un **adverbe** : N'y pense plus, tout est **bien**.
– Un **groupe infinitif** : Souffler n'est pas **jouer**.

Ces différentes classes apportent diverses informations sur le sujet : l'adjectif indique une caractéristique du sujet ; le groupe nominal permet souvent de le ranger dans une classe (Paul est peintre.) ou de l'identifier (C'est ma sœur.) ; etc.

- **Les verbes suivis d'un attribut du sujet**

Ce sont principalement le verbe *être* et les verbes dits d'état (*sembler*, *devenir*, *rester*, etc.) : Nadine est / semble / devient / reste **triste**.

L'attribut du sujet se rencontre aussi avec des verbes occasionnellement attributifs, en particulier des verbes de mouvement : Il est rentré **furieux**. Il est parti **content**.

On pourrait découper ces constructions en deux propositions : *il est parti ; il était content*.

- **L'accord de l'attribut avec le sujet**

L'adjectif (ou participe passé) et le nom attribut s'accordent avec le sujet auquel ils sont reliés par le verbe *être* ou un équivalent.
L'adjectif attribut s'accorde en genre et en nombre avec le sujet :
La terre est **ronde** → accord au féminin singulier.

– **Cas particuliers** :
Soyons réalistes. La forme verbale appelle le pluriel
Pour certains, Sade est l'incarnation de la débauche. Sujet masculin, attribut féminin.
Les femmes ne sont pas une minorité. Sujet pluriel, attribut singulier.

ENTRAINEMENT 1

Corrigé p. 178

Relevez les classes de l'attribut du sujet dans les phrases suivantes :

1. Les épouses sont complaisantes et obligeantes.
2. L'amour est le roman du cœur, le plaisir en est l'histoire.
3. Ce n'est pas moi.
4. La tâche des hommes est de conquérir les femmes.
5. Le comte est amoureux de Suzanne.
6. Figaro est le valet du comte.
7. Sans sa femme, il n'est plus rien.
8. Figaro est toujours de bonne humeur.

D'après Beaumarchais, *Le Mariage de Figaro*, 1778.

1.2 L'attribut du complément d'objet direct

Certains verbes transitifs associent à leur complément d'objet direct un attribut ; le groupe verbal possède alors trois constituants (V + COD + Attribut du COD) :

Je trouve Sylvie dynamique. Attribut du COD *Sylvie*.

- **L'attribut du COD n'est pas un constituant du groupe nominal objet direct** ; il reste en dehors du remplacement du COD par un pronom : Je la trouve **dynamique**.
Mais il entretient avec le COD une relation analogue à celle qu'entretient l'attribut du sujet avec le sujet, comme on peut le montrer en développant après certains verbes (*trouver*, *considérer*, *penser*, ...) une complétive comportant un attribut du sujet :
Je trouve que Sylvie est dynamique.

- **L'attribut du COD est habituellement un nom** (ou un groupe nominal) ou un adjectif qualificatif (ou participe à valeur adjectivale) :
Je la considère comme **une grande amie**. Je crois Pierre **malade**.

- **L'attribut du COD se construit habituellement directement** : J'ai une dent **cassée**.
Mais il peut parfois être introduit par une préposition,
notamment *comme* : François considère Nicolas **comme un dangereux rival**.
ou *pour* : Madame de la Môle accepte Julien **pour gendre**.

DIFFICULTÉ RENCONTRÉE

Un adjectif suivant directement un nom en position d'objet est-il épithète de ce nom ou attribut du COD ?

Pierre juge les enfants coupables.

L'adjectif *coupable* peut être épithète (par exemple, pour évoquer le métier de juge pour enfants de Pierre) ou attribut du COD (= Il juge que les enfants sont coupables).

Deux tests sont possibles :
– Le remplacement du groupe nominal par un pronom : l'épithète est incluse dans le groupe nominal (*Pierre les juge*), l'attribut du COD reste en dehors (*Pierre les juge coupables*).
– La suppression de l'adjectif, possible s'il est épithète (*Pierre juge les enfants*), impossible s'il est attribut du COD.

ENTRAINEMENT 2

Corrigé p. 179

Relevez les classes de l'attribut du complément d'objet. Commentez les constructions.

1. Les notes de Clément rendent inquiets ses parents.
2. Le juge a trouvé invraisemblables les explications du prévenu.
3. Le président a désigné Ilham comme son successeur.
4. La tribu l'a choisi pour chef.
5. Qui l'a fait roi ?

2 La fonction apposition

Venue de la rhétorique, l'apposition concerne au départ les noms qui dépendent d'un autre nom :

Paris, **capitale de la France**, est visitée chaque année par des millions de touristes.

Elle a été ensuite appliquée aux adjectifs qualificatifs séparés du nom par une pause (virgule à l'écrit) :

Federer, **malade**, a été éliminé en quart de finale.

> ATTENTION : certaines grammaires refusent l'extension de l'apposition aux adjectifs et préfèrent parler d'*épithète détachée*.

On a dit que **l'apposition est un attribut sans verbe *être*** :

Federer, [qui était] **malade**, a été éliminé en quart de finale.

- **Les classes de l'apposition**

Suivant la terminologie grammaticale de 1997, on retiendra comme appositions :

– Les **adjectifs qualificatifs** : **Attentif**, le chat guette la souris.

– Les **participes** présents ou passés :

Les spectateurs, **retenant leur souffle**, attendaient le dénouement (part. présent).

– Les **noms ou groupes nominaux** (souvent sans déterminant) :

Bernadette Lafont, **actrice de la nouvelle vague**, est décédée.

– Les **constructions infinitives** : Il a réalisé son rêve, **vivre à la campagne**.

– Les **subordonnées complétives** : Je ne souhaite qu'une chose, **que vous réussissiez**.

– Les **subordonnées relatives adjectives explicatives** :

Cette agglomération, **qui n'était qu'une bourgade**, est devenue une grande cité.

- Les adjectifs et les noms ou groupes nominaux entretiennent avec le terme dont ils dépendent, très souvent un nom, la même relation qu'un attribut avec le sujet. On dit aujourd'hui que l'apposition apporte une information supplémentaire au noyau de la phrase.

- La **pause à l'oral et la virgule à l'écrit** permettent d'identifier un adjectif, un participe ou un groupe nominal apposé. Cette pause permet de distinguer en particulier l'adjectif apposé de l'adjectif épithète, qui est contigu au nom.

Ce coureur **blessé** par une chute a dû abandonner : le participe est épithète.

Ce coureur, **blessé** par une chute, a dû abandonner : le participe est apposé. Il ajoute une valeur circonstancielle (cause).

Voir FICHE 10 : L'adjectif qualificatif.

L'adjectif apposé est **mobile**, contrairement à l'adjectif épithète :

Attentif, le chat guette la souris. Le chat, **attentif**, guette la souris. Le chat guette la souris, **attentif**.

ENTRAINEMENT 3

Corrigé p. 179

Relevez les classes de l'apposition dans les phrases suivantes.

1. Je me souviens de la terre ocreuse, fendillée entre les tiges de blé.
2. La chute de neige, calme et verticale, devenait oblique.
3. Avertie par ses antennes, ma mère s'avançait sur la terrasse.
4. J'arpentais le jardin, happant la neige volante.
5. Mousse exalté du navire fatal, je m'élançais dans l'escalier, claquant des sabots.
6. Le ciel était chargé de nuages noirs, qui présageaient un violent orage.
7. Un vif éclair, précurseur lumineux du tonnerre, remplit le ciel.

D'après Colette, *Sido*, 1929.

À RETENIR

- On distingue les fonctions **attribut du sujet** et **attribut du complément d'objet direct**, qui peuvent être de classes variées, principalement adjectivales ou nominales.
- **L'attribut du sujet est relié à celui-ci par le verbe *être* ou un verbe équivalent.** L'adjectif et le nom attributs du sujet s'accordent avec lui.
- **L'apposition repose sur une relation de dépendance** entre un adjectif, un participe ou un groupe nominal, principalement, et un nom. L'apposition est analogue à un attribut sans verbe exprimé. L'adjectif, participe ou groupe nominal est séparé du terme dont il dépend par une pause à l'oral et une virgule à l'écrit.

CORRIGÉS

ENTRAINEMENT 1

Énoncé p. 176

1. ***complaisantes et obligeantes*** : adjectifs attributs du sujet *les épouses*.
2. ***le roman du cœur, l'histoire*** : groupes nominaux attributs respectifs des sujets *l'amour* et *le plaisir*.
3. ***moi*** : pronom personnel attribut du sujet *c'*.
4. ***de conquérir les femmes*** : groupe infinitif, attribut du sujet *La tâche des hommes*.
5. ***amoureux de Suzanne*** : groupe adjectival attribut du sujet *le comte*.
6. ***le valet du comte*** : groupe nominal attribut du sujet *Figaro*.
7. ***rien*** : pronom indéfini attribut du sujet *il*.
8. ***de bonne humeur*** : groupe prépositionnel attribut du sujet *Figaro*.

Énoncé p. 177

ENTRAINEMENT 2

1. ***inquiets*** : adjectif attribut du COD ses parents, auquel il est relié par le verbe *rendre.*
2. ***invraisemblables*** : adjectif attribut du COD les explications, auquel il est relié par le verbe *trouver.*
3. ***son successeur*** : groupe nominal en construction indirecte (*comme*), attribut du COD *Ilham*, auquel il est relié par le verbe *désigner.*
4. ***chef*** : nom en construction indirecte (*pour*), attribut du COD *l'* (pronom personnel), auquel il est relié par le verbe *choisir.*
5. ***roi*** : nom attribut du COD *l'* (pronom personnel), auquel il est relié par le verbe *faire.*

Énoncé p. 178

ENTRAINEMENT 3

1. ***fendillée entre les tiges de blé*** : groupe participe passé, apposé à *la terre ocreuse.*
2. ***calme et verticale*** : adjectifs coordonnés, apposés à *la chute de neige.*
3. ***Avertie par ses antennes*** : groupe participe passé, apposé à *ma mère.*
4. ***happant la neige volante*** : groupe participe présent, apposé à *J'*, sujet du verbe.
5. ***Mousse exalté du navire fatal*** : groupe nominal, apposé à *j'*, sujet du verbe ; ***claquant des sabots*** : groupe participe présent, apposé à *j'*, sujet du verbe.
6. ***qui présageaient un violent orage*** : proposition relative explicative, apposée à *nuages noirs.*
7. ***précurseur lumineux du tonnerre*** : groupe nominal, apposé à *un vif éclair.*

18 Les expansions du nom

OBJECTIF

Reconnaitre les expansions et identifier leur fonction.

VOIR AUSSI

– Les propositions subordonnées relatives p. 81
– L'adjectif qualificatif p. 119
– Les pronoms autres que personnels p. 134
– Adverbe ou préposition ? p. 147
– Attribut et apposition p. 174

TESTER SES CONNAISSANCES

Dans la phrase suivante, relevez et classez les expansions du nom.

Il portait un vaste tablier de cuir qui montait jusqu'à son épaule gauche et dans lequel faisaient ventre un marteau, un mouchoir rouge, une poire à poudre, toutes sortes d'objets que la ceinture retenait comme dans une poche.

Victor Hugo, *Les Misérables*, Livre I, 1862.

- **Adjectifs épithètes** : *vaste tablier ; épaule gauche ; mouchoir rouge.*
- **Groupes prépositionnels** : *tablier de cuir ; poire à poudre ; toutes sortes d'objets.*
- **Propositions subordonnées relatives** : *Tablier [...] qui montait jusqu'à son épaule gauche ; Tablier [...] et dans lequel faisaient ventre un marteau, un mouchoir rouge, une poire à poudre, toutes sortes d'objets ; objets que la ceinture retenait comme dans une poche.*

LE COURS

1 Définition

L'expansion du nom désigne la fonction des mots ou des groupes de mots qui complètent le nom[1]. Cette notion générique regroupe donc plusieurs catégories : les adjectifs, les groupes prépositionnels compléments du nom, les propositions subordonnées relatives et, dans quelques cas, les propositions subordonnées complétives.

1. Elle complète le nom mais l'étiquette *complément du nom* est réservée à certains groupes prépositionnels.

Ces différentes expansions sont cumulables.

Le **jeune** homme : adjectif épithète + nom.

Le **jeune** homme **du troisième rang** : adjectif épithète + nom + groupe prépositionnel.

Le **jeune** homme **du troisième rang qui veut étudier le droit** : adjectif épithète + nom + groupe prépositionnel + proposition subordonnée relative.

2 Point de vue syntaxique

2.1 Les épithètes

La fonction épithète est habituellement associée à l'adjectif.

Les adjectifs qualificatifs épithètes se placent juste à côté du nom qu'ils complètent :

un nuage **immobile** — l'adjectif est postposé

une **vilaine** blessure — l'adjectif est antéposé

- **Place de l'adjectif épithète**

– Certains adjectifs, peu nombreux, sont généralement **antéposés** :
un **beau** village, une **grande** fille, une **jolie** maison...

– Beaucoup d'adjectifs, comme les adjectifs relationnels, sont toujours **postposés** :
l'armée **romaine** (*la romaine armée) ;
l'industrie **sidérurgique** (*la sidérurgique industrie).

– D'autres adjectifs **changent de sens en fonction de leur place** :
un **pauvre** homme/un homme **pauvre**.

Voir FICHE 10 : L'adjectif qualificatif.

– Enfin, pour certains adjectifs, le changement de **place** est relativement **libre** mais il introduit des nuances sémantiques :
une **vilaine** blessure (valeur subjective) ; une blessure **vilaine** (nuance objective).

- Les adjectifs peuvent avoir leurs compléments propres pour former des **groupes adjectivaux** :

– une **très vilaine** blessure → l'adjectif est modifié par un adverbe d'intensité ;
– cet homme **fier de sa réussite** → l'adjectif est complété par un groupe prépositionnel ;
– les enfants **heureux d'être ensemble** → l'adjectif est complété par un complément prépositionnel.

- **Les participes, passés et présents**

– Les participes passés et présents peuvent occuper la fonction épithète et constituer des expansions du nom. Employés comme épithètes, les participes présents peuvent avoir leurs compléments propres et restent invariables :
Les enfants **jouant** <u>au ballon</u> n'entendirent pas la sonnerie.

– Les participes passés peuvent également avoir leurs compléments mais s'accordent en genre et en nombre avec le nom qu'ils complètent :
Les enfants **plongés** <u>dans leur livre</u> en oublièrent de goûter.

- **Les noms**

La fonction épithète peut aussi être occupée par un nom dépourvu de déterminant. Le nom épithète se place après le nom qu'il complète et s'accorde généralement avec lui : un avion **fantôme**/des avions **fantômes** ; un paysan **propriétaire**/des paysans **propriétaires**.

- **Cas des appositions**

Les adjectifs qualificatifs, participes présents et passés, noms peuvent se trouver séparés du nom qu'ils complètent. On parlera alors d'apposition et nous préférerons l'étiquette d'**adjectif apposé** à celle d'épithète détachée quelquefois utilisée. Ce détachement est généralement marqué par des virgules. Dans ce cas, l'apposition ne complète pas le nom seul mais le groupe nominal en entier.

– Le grand Verlaine, **poète soucieux de mélodie**, aimait les vers impairs.
Le GN apposé *poète soucieux de mélodie* complète le GN *Le grand Verlaine*.

– Les pêcheurs, **attentifs**, étaient assis au bord de l'eau.
L'adjectif apposé *attentifs* complète le GN *les pêcheurs*.

Voir FICHE 17 : Attribut et apposition.

– **Brulant**, le sable lui permit de se réchauffer.
L'adjectif apposé *brulant* complète le GN *le sable*.

– **Vif comme l'éclair**, le chat Félix sauta sur la table.
Le groupe adjectival apposé *vif comme l'éclair* complète le GN *le chat Félix*.

DIFFICULTÉS RENCONTRÉES

- **L'attribut qui est séparé du nom par un verbe d'état** (*être, sembler, devenir, paraitre*...) **ou un verbe attributif** (*ils vécurent heureux*) **n'est pas une expansion du nom.** Il appartient au groupe verbal.

Cette histoire	est	amusante.
nom	verbe d'état	adjectif attribut du sujet

- **Les adjectifs placés à côté d'un nom ne sont pas nécessairement épithètes de ce nom.** Dans les constructions avec un attribut de l'objet, l'adjectif n'est pas une expansion du nom à côté duquel il se trouve mais son attribut :

Il croit son frère malade. *malade* n'est pas une expansion de *frère* mais son attribut : « il croit que son frère est malade ». On peut remplacer *son frère* par un pronom, ce qui prouve que l'attribut du COD est extérieur au GN (et donc n'est pas épithète du nom) : *Il le croit malade*.

Voir FICHE 17 : Attribut et apposition.

ENTRAINEMENT 1

Corrigé p. 184

Les adjectifs sont-ils épithètes, apposés ou attribut ?

1. Je vis qu'elle était petite.
2. Elle comprit cette attention d'une politesse toute française.
3. La belle baigneuse et moi, nous causâmes longtemps.
4. Sa peau, d'ailleurs parfaitement unie, approchait de la teinte du cuivre.
5. Ses yeux étaient obliques, mais admirablement fendus.
6. Ses cheveux, peut-être un peu gros, étaient noirs.

D'après Mérimée, *Carmen*, 1847.

2.2 Les groupes prépositionnels compléments du nom

Le groupe prépositionnel constitué d'une préposition et d'un groupe nominal a souvent la fonction de complément du nom. Il est le plus souvent placé à la suite du nom qu'il complète.

Très fréquemment, c'est la préposition *de* qui introduit ces groupes prépositionnels :

le livre **de** Pierre, la forêt **de** chênes

Mais la plupart des prépositions sont aptes à jouer ce rôle :

le hollandais **sans** peine, une histoire **à** quatre voix, l'homme **derrière** le pilier.

REMARQUE : certaines constructions constituées d'un verbe à l'infinitif introduit par une préposition sont équivalentes à des groupes prépositionnels compléments du nom : une histoire **à dormir debout**, du fil **à retordre**, l'envie **de fuir**...

DIFFICULTÉ RENCONTRÉE

Le groupe prépositionnel peut occuper diverses fonctions : complément circonstanciel, complément d'objet indirect, attribut, etc. et n'est donc pas toujours une expansion du nom, même s'il suit un nom. J'ai prêté mes lunettes **à Juliette** (*à Juliette* est bien un groupe prépositionnel mais ne constitue pas une expansion du nom *lunettes*). C'est un complément d'objet second du verbe *prêter* ; on peut permuter les deux objets : J'ai prêté à Juliette mes lunettes.

2.2 Les propositions subordonnées relatives

La proposition subordonnée relative qui suit le nom est une expansion de celui-ci (elle peut alors commuter avec un adjectif).

J'aime les histoires **que vous racontez**. (drôles, émouvantes)

L'homme **qui avait perdu l'usage de ses jambes** (infirme) a traversé la Manche à la nage.

Voir FICHE 5 : Les propositions subordonnées relatives.

2.3 Les propositions subordonnées complétives

Certains noms abstraits (idée, espoir, fait, hypothèse...) peuvent avoir pour expansions des subordonnées complétives.

L'idée **qu'elle puisse échouer** ne lui est pas venue.

que est une conjonction qui introduit la subordonnée complétive *qu'elle puisse échouer*.

Je me suis fait à l'idée **que je ne serai jamais champion olympique**.

que est une conjonction qui introduit la subordonnée complétive *que je ne serai jamais champion olympique*.

ENTRAINEMENT 2

Corrigé p. 184

Classez les expansions du nom des GN ci-dessous. *(Ce sont des titres de romans)*

1. Une histoire à quatre voix
2. Le Collectionneur d'instants
3. L'ogresse en pleurs
4. La poule qui voulait pondre des œufs en or
5. Le livre disparu
6. Le fil à retordre
7. L'homme qui plantait des arbres
8. Le jour où j'ai raté le bus
9. Le monstre que personne n'a vu
10. Les orangers de Versailles
12. Un secret pour grandir
13. Le cochon à l'oreille coupée
14. Une histoire à dormir debout
15. Le loup rouge

ENTRAINEMENT 3

Corrigé p. 185

Relevez et identifiez les expansions du nom dans ce texte.
Puis expliquez pourquoi les groupes prépositionnels *à souper*, *de compagnie* et *au prieuré de Notre-Dame de la Montagne* ne sont pas des expansions du nom.

Mlle de Kerbadon, étonnée et enchantée de voir un Huron qui lui avait fait des politesses, pria le jeune homme à souper : il ne se fit pas prier deux fois, et tous trois allèrent de compagnie au prieuré de Notre-Dame de la Montagne.

Voltaire, *L'Ingénu*, 1767.

3 Point de vue sémantique

3.1 Les expansions déterminatives

Les expansions sont parfois présentées comme facultatives. Cependant, les informations qu'elles apportent peuvent être nécessaires pour **identifier le nom ou le GN qu'elles complètent**. Ces expansions sont dites déterminatives.

Le mois **de février** est toujours très froid dans cette région.

Le groupe prépositionnel *de février* est nécessaire pour identifier le nom *mois* et son absence provoque d'ailleurs une anomalie : *le mois est toujours très froid dans cette région.*

3.2 Les expansions explicatives

Les autres expansions apportent effectivement une information complémentaire, parfois importante, mais ne participent pas à la détermination complète du nom ou du GN. Ce sont les expansions explicatives.

La voiture, **qui roulait sur le bas côté de la route**, dérapa.

La proposition relative *qui roulait sur la bas côté de la route* apporte une information, une explication, mais n'est pas indispensable pour identifier le GN *la voiture*.

ENTRAINEMENT 4

Corrigé p. 185

En vous reportant au texte du test initial, distinguez les expansions déterminatives et les expansions explicatives.

À RETENIR

L'expansion du nom est une fonction : elle complète le nom.

Il y a plusieurs catégories d'expansions :

– l'**adjectif épithète ou apposé** principalement,

– le **groupe prépositionnel complément du nom,**

– la **proposition subordonnée relative**.

CORRIGÉS

ENTRAINEMENT 1

Énoncé p. 182

1. ***petite*** : attribut du sujet *elle.*
2. ***française*** : épithète du nom *politesse.*
3. ***belle*** : épithète du nom *baigneuse.*
4. ***unie*** : apposé au GN *sa peau.*
5. ***obliques*** : attribut du sujet *ses yeux* ; ***fendus*** : attribut du sujet *ses yeux.* (Il y a ellipse du verbe).
6. ***gros*** : apposé au GN *ses cheveux* ; ***noirs*** : attribut du sujet *ses cheveux.*

ENTRAINEMENT 2

Énoncé p. 183

Adjectif épithète	Groupe prépositionnel	Groupe infinitif	Proposition relative
5. (Le livre) *disparu* 14. (Le loup) *rouge*	1. (Une histoire) ***à quatre voix*** 2. (Le collectionneur) ***d'instants*** 3. (L'ogresse) ***en pleurs*** 10. (Les orangers) ***de Versailles*** 12. (Le cochon) ***à l'oreille coupée***	11. (Un secret) ***pour grandir*** 6. (Le fil) ***à retordre*** 13. (Une histoire) ***à dormir debout***	4. (La poule) ***qui voulait pondre des œufs en or*** 7. (L'homme) ***qui plantait des arbres*** 8. (Le jour) ***où j'ai raté le bus*** 9. (Le monstre) ***que personne n'a vu***

Énoncé p. 183

ENTRAINEMENT 3

Adjectif qualificatif	Groupe prépositionnel	Proposition relative
étonnée (apposé) *enchantée* (apposé coordonné) *jeune* (épithète)	*de Kerbadon* *de Notre-Dame de la Montagne*	*qui lui avait fait des politesses*

– Le groupe prépositionnel *à souper* est CO second du verbe *pria*.
– Le groupe prépositionnel *au prieuré de Notre-Dame de la Montagne* est complément essentiel de lieu du verbe *allèrent*.
– Le groupe prépositionnel *de compagnie* est complément circonstanciel de manière du verbe *allèrent*.

Énoncé p. 184

ENTRAINEMENT 4

Trois expansions ne sont pas explicatives mais déterminatives : l'épithète *à poudre* qui permet d'identifier correctement le GN *une poire* (une *poire à poudre* n'est pas *une poire William*), l'épithète *gauche*, nécessaire pour identifier le GN *son épaule*, et le groupe prépositionnel *d'objets* qui est nécessaire à la détermination complète du nom *sortes*.

19 Les compléments circonstanciels

OBJECTIFS

Distinguer les différentes sortes de compléments circonstanciels et connaitre les problèmes d'analyse qu'ils suscitent.

VOIR AUSSI

– Les propositions subordonnées complétives et circonstancielles p. 73
– Les compléments du verbe p. 168
– Les fonctions des adverbes p. 189

TESTER SES CONNAISSANCES

Relevez les compléments circonstanciels dans ces deux phrases.
Dites lesquels sont facultatifs.

Dans le soir tombant, au bord d'un chemin creux, un petit bandit était embusqué derrière un gros arbre. C'était en Angleterre, en octobre 1730.

Dick King Smith, Toby, *Le petit bandit de grands chemins*, coll. « Castor poche », © Éditions Flammarion, 1999.

– **Compléments facultatifs :** *Dans le soir tombant – au bord d'un chemin creux – derrière un gros arbre* → compléments circonstanciels, compléments de phrase (effaçables, déplaçables).
– **Compléments essentiels :** *en Angleterre – en octobre 1730* → compléments essentiels, compléments de verbe (nécessaires, non déplaçables).

Corrigé détaillé p. 189

LE COURS

Du point de vue de la linguistique on distingue les compléments essentiels et les compléments circonstanciels.

1 Les compléments essentiels ou compléments du verbe

Les compléments dits essentiels sont des constituants du groupe verbal qui répondent à trois conditions :
– **ils ne peuvent pas être supprimés** (sauf cas d'espèce ou possibilité en contexte) ;
– **ils ne peuvent en aucun cas être déplacés** ;
– **ils peuvent être pronominalisés en *le*, *la*, *les*, *lui*, *en*, ou *y*.**

Voir FICHE 16 : Les compléments du verbe.

Ce sont : le **complément d'objet direct**, le **complément d'objet indirect**, le **complément d'objet second**, l'**attribut** dans les phrases attributives.

2 Les compléments circonstanciels ou compléments de phrase

2.1 Caractéristiques

Les compléments circonstanciels se distinguent des précédents car :
– ils sont mobiles et peuvent prendre place en différents points de la phrase :
L'année dernière, **avec nos enfants**, nous avons visité le Mont-Saint-Michel.
→ **Avec nos enfants**, nous avons visité le Mont-Saint-Michel, **l'année dernière**.
→ Nous avons visité le Mont-Saint-Michel, **avec nos enfants**, **l'année dernière**,
et autres agencements possibles.
– ils sont effaçables : Nous avons visité le Mont-Saint-Michel.
– ils ne se prêtent pas à la pronominalisation.

– ils ne sont pas liés au verbe : **L'année dernière**, avec nos enfants, nous avons fait des confitures. (*variantes* : nous avons retapissé le couloir, nous avons installé des nichoirs…).

2.2 Les classes grammaticales des compléments circonstanciels

- Groupe prépositionnel :
  Au bord de l'océan, on pratique la pêche à pied **lors des grandes marées**.
- Groupe nominal : Le bébé a pleuré **toute la nuit**.
- Adverbe : **Demain**, M. Hulot part en vacances. **Ici**, tout est calme.
- Proposition subordonnée circonstancielle :
  Quand j'aurai gagné au casino, j'achèterai une villa à La Baule.
  Des arbres étant tombés sur les caténaires, la circulation des trains est interrompue en Dordogne.

Voir FICHE 4 : Les propositions subordonnées complétives et circonstancielles.

DIFFICULTÉS RENCONTRÉES

La contradiction entre la tradition scolaire et la linguistique

- Dans l'analyse grammaticale traditionnelle, la notion de complément circonstanciel est d'ordre **sémantique** : les compléments circonstanciels expriment une circonstance accessoire et indiquent, en réponse aux questions *où, quand, comment, pourquoi*… etc., a lieu l'action exprimée par celui-ci.

  Quand avons-nous visité le Mont-Saint-Michel ?
  → L'année dernière : complément circonstanciel de temps.
  Avec qui avons-nous visité le Mont-Saint-Michel ?
  → Avec nos enfants : complément circonstanciel d'accompagnement.

- L'analyse traditionnelle (sémantique) et l'analyse structurale (formelle) semblent s'accorder mais **un problème se pose** :

Dans les deux phrases suivantes : J'habite **à Fleurance**. Je vais **à Lectoure**. et selon l'analyse traditionnelle, les deux compléments sont sans conteste deux compléments circonstanciels de lieu répondant à la question *où*.

Tout change si on leur applique l'effacement ou le déplacement : les phrases obtenues sont agrammaticales, ce qui prouve que ces compléments ne sont pas accessoires, mais nécessaires : *À Fleurance, j'habite. *J'habite. *À Lectoure, je vais. *Je vais.

En revanche, dans cette phrase : À Périgueux, l'Isle a débordé et inondé les quartiers la bordant, le complément À Périgueux, qui répond aussi à la question *où*, peut être déplacé (L'Isle a débordé et inondé les quartiers la bordant, à Périgueux) et supprimé (L'Isle a débordé et inondé les quartiers la bordant). Ce complément est facultatif, non lié au verbe (Philippe aime se promener, connait de bons restaurants, etc. à Périgueux).

Donc, parmi les compléments circonstanciels de la grammaire traditionnelle, certains sont facultatifs, ce sont des compléments de phrase ; d'autres, sont essentiels, ce sont des compléments du verbe, constituants du groupe verbal.

REMARQUE : **que signifie facultatif (ou optionnel) ?**
Lorsque l'on parle de groupe facultatif, on se place du point de vue de la syntaxe et non de celui du sens.
Soit la phrase : Un taxi t'attendra à huit heures trente devant la gare.
Les deux compléments circonstanciels sont facultatifs mais qu'en serait-il dans la réalité ? Cela dépend de la connaissance partagée par le locuteur et l'interlocuteur.
Il en va de même pour d'autres éléments tels que les expansions.

Voir FICHE 18 : Les expansions du nom.

3 L'état officiel de la question pour l'Éducation nationale

La *Terminologie grammaticale* de 1997, répartit les compléments circonstanciels traditionnels en deux listes selon qu'ils sont considérés comme « essentiels » ou toujours « circonstanciels ».

- **Compléments essentiels** (pronominalisables) exprimant :

– le lieu : Je reviens **de Menton**. J'**en** reviens. / Je vais à la pêche. J'**y** vais. / Anne est montée **sur la tour**. Elle **y** est montée.
– le prix : Ce livre vaut **soixante francs**. Il **les** vaut.
– le poids : La pierre pesait **trois tonnes**. Elle **les** pesait.
– la mesure : Il mesure **un mètre quatre-vingts**. Il **les** mesure.
– la durée : La secousse a duré **deux minutes**. Elle **les** a duré (ou durées).

Dans les exemples ci-dessus, les verbes ont un complément qui occupe une place identique à celle du COD ou COI des verbes transitifs, ce qui explique qu'on les range dans la même catégorie.

- **Compléments circonstanciels**

– de but : Il a fait cela **pour la gloire**.
– de lieu : **À Digne**, le ciel est toujours bleu.
– de temps : Le vent a soufflé **toute la nuit**.
– de manière : La guichetière m'a renseigné **avec une courtoisie extrême**.
– de cause : **Par souci d'écologie**, il recycle presque tout.

Ces « nouveaux » compléments circonstanciels ne reprennent qu'une partie de la liste traditionnelle.

ENTRAINEMENT

Corrigé p. 189

Indiquez si les compléments circonstanciels des phrases suivantes sont facultatifs ou essentiels.

1. Ce baladeur m'a coûté trente euros.
2. Nous irons en Galice cet été.
3. La Castille est austère en toute saison.
4. Je descendrai sur la jetée dès mon arrivée.
5. Il pleut sur la façade atlantique.
6. Nous sommes à Amboise, nous vous attendons.
7. La terre a tremblé durant deux minutes.

À RETENIR

- Parmi les compléments traditionnellement dits **circonstanciels**, certains sont **facultatifs**, ce sont des **constituants de phrase** : on leur réserve aujourd'hui l'appellation de circonstanciels.
- D'autres, sont **essentiels**, ce sont des **compléments du verbe**, constituants du groupe verbal. On peut les remplacer par un pronom personnel complément.

CORRIGÉS

TESTER SES CONNAISSANCES

Énoncé p. 186

– Les trois compléments de la première phrase sont tous déplaçables et effaçables sans problème. On peut les mettre tous les trois, dans un ordre indifférent, avant ou après la phrase minimale qui reste grammaticale : *Un petit bandit était embusqué.* Ce sont des compléments circonstanciels et des compléments de phrase.

– Dans la seconde phrase, les deux compléments circonstanciels de lieu (*en Angleterre*) et de temps (*en octobre 1730*) ne peuvent pas être déplacés en tête de phrase. Ils peuvent permuter mais cela ne change pas leur statut, car chacun d'eux ne peut être effacé qu'à condition de ne pas effacer l'autre. Ce sont des compléments circonstanciels en grammaire traditionnelle mais des compléments essentiels et des compléments de verbe en grammaire structurale.

ENTRAINEMENT

Énoncé p. 188

1. ***Trente euros*** est un complément essentiel de prix.
2. ***En Galice*** est essentiel, ***cet été*** facultatif.
3. ***En toute saison*** est facultatif .
4. ***Sur la jetée*** est essentiel, ***dès mon arrivée*** facultatif.
5. ***Sur la façade atlantique*** est facultatif.
6. ***À Amboise*** est essentiel.
7. ***Durant deux minutes*** est facultatif.

20 Les fonctions des adverbes

OBJECTIFS

Identifier les adverbes et distinguer leurs différentes fonctions.

VOIR AUSSI

– Types et formes de phrases p. 63
– Classes et fonctions grammaticales p. 86
– Adverbe ou préposition ? p. 147
– Les compléments circonstanciels p. 185
– Les connecteurs p. 269

TESTER SES CONNAISSANCES

Identifiez les adverbes dans les phrases suivantes :

1. Cette histoire m'a beaucoup fait rire.
2. Elle n'est pas drôle.
3. J'en ris encore.
4. Non, vraiment, ce n'est pas possible.
5. Vous m'avez parfaitement compris.
6. Demain il fera beau.
7. Elle était si jolie.
8. Alors, le bus est arrivé.

1. beaucoup : adverbe de degré. **2. n'(e), pas** : adverbes de négation. **3. encore** : adverbe de temps. **4. vraiment** : adverbe de commentaire ; **Non, n'(e), pas** : adverbes de négation. **5. parfaitement** : adverbe de manière. **6. Demain** : adverbe de temps. **7. si** : adverbe de degré. **8. Alors** : adverbe de temps (ou de liaison dans cette phrase).

LE COURS

1 Définition

L'adverbe est un terme invariable, dépendant d'un autre élément de la phrase ou de la phrase elle-même, généralement intransitif (ce qui le distingue de la préposition) **et souvent facultatif.**

Hier, j'ai nagé un kilomètre dans la piscine.

Hier est un adverbe, complément circonstanciel de temps de la phrase. Il peut être supprimé.

Yannick Agnel nage **très vite**.

vite est un adverbe, qui modifie le verbe *nage*, et *très* est un adverbe, qui modifie l'adverbe *vite* (intensité élevée).

Très peut être supprimé, *vite* aussi : Yannick Agnel nage.

Voir FICHE 14 : Adverbe ou préposition ? pour les exceptions à ces propriétés.

2 Morphologie : les formes des adverbes

– Les adverbes simples viennent directement du latin :
plus, puis, assez, si, souvent, loin, bien, ...

– Certains adverbes simples aujourd'hui étaient composés en ancien français :
pourquoi, toujours, enfin, déjà, cependant, plutôt, ...

– Des adverbes dérivés sont formés par suffixation, notamment avec le suffixe *-ment* indiquant la manière : vraiment, parfaitement, sincèrement, ...

– Des adverbes viennent par conversion d'une autre classe grammaticale (nom, adjectif, …) : pas, point, bref, …
– On rencontre de nombreuses locutions adverbiales (adverbes composés) :
à la fin, de nouveau, tout à coup, au contraire, …

2 Syntaxe : fonctions des adverbes

L'hétérogénéité de la classe des adverbes explique la diversité de leurs fonctions grammaticales.

2.1 L'adverbe dépend d'un constituant de la phrase

- **On rencontre les trois fonctions traditionnelles :**

– L'adverbe **modifie un verbe** (comme son nom l'indique) :
Il nage **vite** – Il roule **doucement**.
Il ne faut pas parler **sèchement** à un Numide (Astérix).
– L'adverbe **modifie un adjectif** :
Paul est **plus** grand que Pauline. Pierre est **très** mécontent.
Ce livre est **terriblement** intéressant.
– L'adverbe **modifie un autre adverbe** :
Il nage **très** vite. Il reviendra **plus** tard.

C'est le cas entre autre du comparatif : voir FICHE 10.

- Certains adverbes **peuvent modifier un groupe nominal ou un pronom** :

Le dernier coureur est arrivé deux heures **plus tard**. Moi **aussi**, j'aime le chocolat.

Ils peuvent être compléments du nom : Je préfère le vin **d'ici** à l'eau de **là** !

- Certains adverbes **peuvent modifier une expression numérale** (déterminant ou pronom) :

Nous étions **presque** cinquante. Il me manque **juste** deux euros.

2.2 L'adverbe est un constituant de la phrase

- Il est **complément circonstanciel**, notamment de temps ou de lieu :

Demain, je partirai. **Ici**, la mer est dangereuse.

On peut l'identifier grâce à sa mobilité : Je partirai demain.

- Il ajoute un **commentaire** à la phrase :

Franchement, le dernier livre de Dan Brown est invraisemblable.

2.3 L'adverbe joue un rôle de connecteur, qui met en relation des phrases d'un texte :

Les voyageurs attendaient le TGV de Paris depuis 2 heures. **Enfin**, le train est annoncé.
La Ministre n'a pas accepté la baisse de son budget. **Alors** elle a démissionné.

Voir FICHE 33 : Les connecteurs.

2.4 Un adverbe peut à lui seul représenter toute une phrase

– Regrettez-vous votre action ? – **Non** / **Oui**.

2.5 Une sous-classe à part : les adverbes de négation

Les adverbes de négation contribuent à former une phrase de forme négative : *ne, pas, point, plus, jamais, …* Ils peuvent aussi modifier un constituant particulier de la phrase :

Elle ne le voit **jamais plus**. C'est une leçon **pas** facile.

Voir FICHE 2 : Types et formes de phrases.

ENTRAINEMENT

Corrigé p. 193

Relevez les adverbes et indiquez leur fonction grammaticale.

1. Un jour, peut-être, mon prince viendra.
2. Au virage, les trois arbres ont brusquement disparu.
3. Le gardien mènera tout à l'heure les vaches à l'étable.
4. Je sais bien que j'ai tort.
5. On peut vivre très longtemps en France.
6. Les gens d'ici sont accueillants.
7. Que c'est petit, un village !
8. Jacques n'aime guère Nicolas.

3 Sémantique : l'interprétation sémantique des adverbes

Comme beaucoup d'adverbes peuvent se rencontrer dans plusieurs constructions, on présente un classement sommaire de leurs principaux emplois, qui n'épuise pas tous les cas possibles.

3.1 Adverbes de degré

Ils indiquent le degré de comparaison ou d'intensité des adjectifs ou des adverbes :

Albertine est **plus** / **moins** / **aussi** [grande] qu' Odette. Kirikou est **très** [petit].

Voir FICHE 10 : L'adjectif qualificatif

Ils peuvent aussi modifier un verbe : Il [crie] **fort**. Il [chante] **doucement**.

3.2 Adverbes de manière

Il travaille **bien**, **sérieusement**, **honnêtement**.

3.3 Adverbes de lieu et de temps

Là-bas, l'herbe est tendre. **Demain**, je partirai.

3.4 Adverbes de commentaire

– **phrastique** : certains adverbes expriment une appréciation du degré de réalité ou une évaluation du contenu de la phrase :

Pierre viendra **sans doute** / **probablement** / **peut-être** demain.

– **énonciatif** : d'autres adverbes commentent l'énonciation :

Franchement, il est bon à mettre au cabinet. (Molière)

3.5 Adverbes de relation logique, jouant un rôle de connecteur

Pourtant les villes sont tranquilles, du blanc lever au blanc coucher. (J. Brel)

(voir 2.3 supra)

3.6 Adverbes de négation (voir 2.3 supra).

DIFFICULTÉ RENCONTRÉE

Des termes appartenant à d'autres classes grammaticales peuvent avoir des emplois adverbiaux :
– certains adjectifs : il parle **fort** ; il chante **juste / faux**.
– certaines prépositions : les carabiniers sont arrivés **après** ; je suis **contre / pour** ; il fallait y penser **avant**.
On considère que les termes associés à la préposition ont été effacés et sont récupérables dans le contexte ou la situation : les carabiniers sont arrivés après (le départ des brigands) ; il fallait y penser avant (de faire une bêtise).

À RETENIR

- Les adverbes constituent une **classe hétérogène** ; généralement, ils sont **invariables, intransitifs**, souvent facultatifs et ils **dépendent d'un autre terme**.
- Pour la forme, les adverbes peuvent être **simples**, **dérivés**, **composés** ou être issus d'une autre classe grammaticale.
- Les adverbes peuvent exercer **diverses fonctions** : modifier un adjectif, un verbe, un adverbe, un groupe nominal ou un pronom ; compléter la phrase ou assurer la liaison entre les phrases d'un texte.
- Les adverbes peuvent prendre **différentes valeurs sémantiques** : degré, manière, lieu, temps, commentaire phrastique ou énonciatif, liaison, ...
- Les adverbes de négation constituent une sous-classe particulière.

CORRIGÉS

ENTRAINEMENT

Énoncé p. 192

1. ***peut-être*** : locution adverbiale, complément circonstanciel de la phrase.
2. ***brusquement*** : modifie le verbe *disparaître*.
3. ***tout à l'heure*** : locution adverbiale, complément circonstanciel de temps.
4. ***bien*** : modifie le verbe *savoir*.
5. ***très longtemps*** : *longtemps* modifie le verbe *vivre* ; *très* modifie l'adverbe *longtemps*.
6. ***ici*** : complément du nom *gens*, introduit par la préposition *de*.
7. ***Que*** : adverbe exclamatif, modifie l'adjectif *petit* = « c'est très petit ».
8. ***n'aime guère** Nicolas* : deux adverbes négatifs (négation totale de la phrase).

AU CONCOURS Les principales fonctions

EXERCICE 1

Corrigé p. 199

Relevez et analysez les sujets du texte. Indiquez leur nature.

Les canots s'avancent à la file : à la proue du premier se tient debout un chef qui répète la diphtongue *oah* : *o* sur une note sourde et longue, *a* sur un ton aigu et bref. Dans le dernier canot est un autre chef, debout encore, manœuvrant une rame en forme de gouvernail. Les autres guerriers sont assis sur leurs talons au fond des cales. À travers le brouillard et les vents, on n'aperçoit que les plumes dont la tête des Indiens est ornée, le cou tendu des dogues hurlants, et les épaules des deux sachems, pilote et augure : on dirait les dieux de ces lacs…

Chateaubriand, *Les Mémoires d'outre tombe*, tome 1, 1849.

EXERCICE 2 : QCM : fonction sujet

Corrigé p. 199

1. Dans la phrase : *Un film muet inédit d'Orson Welles vient d'être retrouvé*, quel est le sujet de la phrase :

A. *un film muet inédit d'Orson Welles*
B. *un film*
C. *un film muet inédit*

2. Dans la phrase : *Que tu ailles voir ce film avec moi me ferait plaisir*, quelle est la nature du sujet de *ferait plaisir* :

A. groupe nominal
B. proposition relative
C. proposition complétive

3. Un pronom relatif peut être le sujet d'un verbe :

A. OUI
B. NON

4. Un verbe à l'infinitif peut être le sujet d'un verbe :

A. OUI
B. NON

5. Que devient le sujet quand on fait passer une phrase de la forme active à la forme passive ?

A. COI
B. complément d'agent
C. COD

6. Dans cet enchainement de phrases : *Tu ne te souviens pas ? C'est ton frère et toi qui …… prêté cet album, l'an dernier*, la seconde phrase peut être complétée par :

A. *m'aviez prêté*
B. *m'avais prêté*
C. *m'avaient prêté*

7. Dans la phrase suivante : *Il allait d'abord dans la rue où donnait au rez-de-chaussée, entre les fenêtres toutes pareilles, mais obscures, des hôtels contigus, la fenêtre, seule éclairée, de sa chambre* (Marcel Proust, *Un amour de Swann*)**, quel est le sujet du verbe *donnait* ?**

8. Dans la phrase : *Il est arrivé un grand malheur dans cette ville*, le pronom *il* est :

A. le sujet grammatical
B. le sujet logique

9. Une phrase impérative comporte un sujet :

A. OUI
B. NON

10. Dans la phrase : « Un homme qui dort tient en cercle autour de lui le fil des heures, l'ordre des années et des mondes. (Marcel Proust, *Du côté de chez Swann*)**, le sujet du verbe *tient* est :**

A. *qui*
B. *qui dort*
C. *un homme qui dort*
D. *un homme*

EXERCICE 3

Corrigé p. 199

Relevez et analysez les compléments de verbe de ce texte.

Il monta, en corrigeant mieux les remous, grâce aux repères qu'offraient les étoiles. Leur aimant pâle l'attirait. Il avait peiné si longtemps, à la poursuite d'une lumière, qu'il n'aurait plus lâché la plus confuse. Riche d'une lueur d'auberge, il aurait tourné jusqu'à la mort, autour de ce signe dont il avait faim. Et voici qu'il montait vers des champs de lumière.

Il s'élevait peu à peu, en spirale, dans le puits qui s'était ouvert, et se refermait au-dessous de lui. Et les nuages perdaient, à mesure qu'il montait, leur boue d'ombre, ils passaient contre lui, comme des vagues de plus en plus pures et blanches. Fabien émergea.

Sa surprise fut extrême : la clarté était telle qu'elle l'éblouissait. Il dut, quelques secondes, fermer les yeux. Il n'aurait jamais cru que les nuages, la nuit, pussent éblouir. Mais la pleine lune et toutes les constellations les changeaient en vagues rayonnantes.

Saint-Exupéry, *Vol de nuit*, chapitre XVI (extrait), © Gallimard, 1930.

EXERCICE 4 : QCM

Corrigé p. 200

Je vis les arbres s'éloigner en agitant leurs bras **désespérés**, semblant **me** dire : ce que tu n'apprends pas **de nous** aujourd'hui tu ne le sauras jamais. Si tu nous laisses retomber au fond de ce chemin d'où nous cherchions à nous hisser jusqu'à toi, toute une partie de toi-même **que** nous **t'**apportions tombera pour jamais **au néant**. En effet, si dans la suite je retrouvai le genre de plaisir et d'inquiétude que je venais de sentir encore une fois, et si un soir — trop tard, mais pour toujours — je m'attachai à lui, **de ces arbres eux-mêmes** en revanche, je ne sus jamais ce qu'ils avaient voulu m'apporter ni **où je les avais vus**.

Marcel Proust, *À l'ombre des jeunes filles en fleurs* (1918), II : « Les arbres d'Hudimesnil ».

1. *désespérés* est :
A. épithète de *bras*
B. attribut du COD *bras*

2. *me (dire)* est :
A. COD de *dire*
B. COS de *dire*

3. *de nous* est :
A. COI
B. COS

4. *que (nous t'apportions)* est :
A. conjonction de subordination sans fonction
B. pronom relatif COD *d'apportions.*

5. t' *(apportions)* est :
A. COD
B. COS

6. *au néant* est :
A. Complément circonstanciel de lieu
B. COI

7. ***de ces arbres eux-mêmes* est :**
A. COI B. COS C. complément circonstanciel de lieu

8. ***où je les avais vus* est :**
A. subordonnée interrogative indirecte complément circonstanciel de lieu
B. subordonnée relative complément circonstanciel de lieu
C. subordonnée interrogative indirecte COD
D. subordonnée relative COD

EXERCICE 5

Corrigé p. 200

Relevez les appositions et les attributs dans le texte suivant :

Cette femme a passé : je suis fou. C'est l'histoire.
Ses cheveux étaient blonds, sa prunelle était noire ;
En plein midi, joyeuse, une fleur au corset,
Illumination du jour, elle passait ;
Elle allait, la charmante, et riait, la superbe ;
Ses petits pieds semblaient chuchoter avec l'herbe (...)

Victor Hugo, *Les Contemplations,* Livre III, X, juillet 1843.

EXERCICE 6

Corrigé p. 200

Analysez la constitution des groupes nominaux dans le paragraphe suivant :

Qui dira si tel squelette est un arbre mort ou tel autre un arbre qui fait le mort ? Une forêt en hiver est indéchiffrable. Le vivant endormi et le vrai cadavre se ressemblent à s'y méprendre.

J.M. Pelt, *Fleurs, fêtes et saisons*, Librairie Arthème Fayard, 1988.

EXERCICE 7 : QCM

Corrigé p. 201

1. Dans la phrase : *Quoique habillé d'un* [*complet*] *de soixante francs, il gardait une certaine* [*élégance*] *tapageuse...*, **soulignez les expansions des noms encadrés.**

2. Dans la phrase : *Duroy demeurait immobile*, **le mot *immobile* est une expansion du nom Duroy.**

A. OUI B. NON

3. Dans la proposition : *tandis que Duroy buvait la bière <u>à lentes gorgées</u>*, le groupe de mots souligné est une expansion du nom *bière*.

A. OUI B. NON

4. Dans la phrase : *Il se sentait au cœur tous les instincts du sous-off lâché <u>en pays conquis</u>*, le groupe de mots souligné est :
A. groupe prépositionnel complément circonstanciel de lieu
B. COD du verbe *se sentait*
C. groupe prépositionnel complément du nom *cœur*

5. Peuvent être expansions du nom :

A. les adjectifs qualificatifs	OUI	NON
B. les adverbes	OUI	NON
C. les groupes prépositionnels compléments du nom	OUI	NON
D. les propositions relatives	OUI	NON
E. les propositions subordonnées complétives	OUI	NON
F. les propositions subordonnées circonstancielles	OUI	NON

6. L'adjectif qualificatif :
A. n'est jamais une expansion du nom
B. est toujours une expansion du nom
C. est une expansion quand il est épithète ou apposé
D. est une expansion quand il est attribut

7. Dans la phrase : *Comme il portait beau, par nature et par pose d'ancien sous-officier, il cambra sa taille, frisa sa moustache d'un geste militaire et familier*, le groupe de mots souligné est :
A. un groupe prépositionnel complément circonstanciel de la locution verbale *portait beau*
B. un groupe prépositionnel complément du nom *pose*
C. un groupe prépositionnel complément de l'adjectif *beau*

8. Dans la phrase : *Comme il portait beau, par nature et par pose d'ancien sous-officier, il cambra sa taille, frisa sa moustache d'un geste militaire et familier*, le groupe de mots souligné est :
A. un groupe prépositionnel complément circonstanciel du verbe *frisa*
B. un groupe prépositionnel complément du nom *moustache*
C. un groupe prépositionnel COS du verbe *frisa*

9. Dans la phrase : *un groupe de femmes attendait les arrivants devant un des trois comptoirs où trônaient, fardées et défraichies, trois marchandes de boissons et d'amour*, les adjectifs soulignés complètent :
A. un groupe de femmes
B. les arrivants
C. trois marchandes de boissons et d'amour

10. Dans la phrase : *Et il se retrouva dans la rue avec son traitement dans sa poche*, le groupe de mots souligné est :
A. un groupe prépositionnel complément du nom *traitement*
B. un groupe prépositionnel complément circonstanciel de lieu

Les phrases sont extraites de Maupassant, *Bel-ami*, 1885.

EXERCICE 8

Corrigé p. 201

Sous les noirs acajous, les lianes en fleur,
Dans l'air lourd, immobile et saturé de mouches,
Pendent, et, s'enroulant en bas parmi les souches,
Bercent le perroquet splendide et querelleur,
L'araignée au dos jaune et les singes farouches.
C'est là que le tueur de bœufs et de chevaux,
Le long des vieux troncs morts à l'écorce moussue,
Sinistre et fatigué, revient à pas égaux.
Il va, frottant ses reins musculeux qu'il bossue ;
Et, du mufle béant par la soif alourdi,
Un souffle rauque et bref, d'une brusque secousse,
Trouble les grands lézards, chauds des feux de midi,
Dont la fuite étincelle à travers l'herbe rousse.
En un creux du bois sombre interdit au soleil
Il s'affaisse, allongé sur quelque roche plate ;

D'un large coup de langue il se lustre la patte ;
Il cligne ses yeux d'or hébétés de sommeil ;
Et, dans l'illusion de ses forces inertes,
Faisant mouvoir sa queue et frissonner ses flancs,
Il rêve qu'au milieu des plantations vertes,
Il enfonce d'un bond ses ongles ruisselants
Dans la chair des taureaux effarés et beuglants.

Leconte de Lisle, *Poèmes barbares : Le rêve du jaguar*, 1862.

1. Relevez les compléments circonstanciels des vers 1 à 8 et analysez-les. Corrigé p. 201

2. QCM

Vers 10 ***par la soif*** **est :**
A. complément circonstanciel de cause
B. complément de l'adjectif *béant*
C. complément du participe passé *alourdi*.

Vers 11 ***d'une brusque secousse*** **est :**
A. complément du nom *souffle*
B. complément circonstanciel de manière.

Vers 15 ***sur quelque roche plate*** **est :**
A. complément essentiel indiquant le lieu
B. complément circonstanciel de lieu

Vers 18 ***dans l'illusion de ses forces inertes*** **est :**
A. complément essentiel indiquant le lieu
B. complément circonstanciel de lieu

Vers 20 ***des plantations vertes*** **est :**
A. complément du nom *milieu*
B. partie du groupe prépositionnel *au milieu des plantations vertes*.

Vers 21 ***d'un bond*** **est :**
A. complément d'objet second
B. complément circonstanciel de manière.

EXERCICE 9

Corrigé p. 202

Relevez et analysez les adverbes dans le texte suivant :

Un quartier de tomate en vérité sans défaut, découpé à la machine dans un fruit d'une symétrie parfaite.

La chair périphérique, compacte et homogène, d'un beau rouge de chimie, est régulièrement épaisse entre une bande de peau luisante et la loge où sont rangés les pépins, jaunes, bien calibrés, maintenus en place par une mince couche de gelée verdâtre le long d'un renflement du cœur. Celui-ci, d'un rose atténué légèrement granuleux, débute, du côté de la dépression inférieure, par un faisceau de veines blanches, dont l'une se prolonge jusque vers les pépins – d'une façon peut-être un peu incertaine.

Tout en haut, un accident à peine visible s'est produit : un coin de pelure, décollé de la chair sur un millimètre ou deux, se soulève imperceptiblement.

Alain Robbe-Grillet, *Les Gommes*, © Les Éditions de Minuit, 1954.

CORRIGÉS EXERCICES

EXERCICE 1

Énoncé p. 194

Sujets	Verbes	Nature des sujets	Remarques
les canots	s'avancent	GN	
un chef qui répète la diphtongue oah	se tient debout	GN	sujet inversé
qui	répète	pronom relatif	antécédent : *un chef*
un autre chef	est	GN	sujet inversé
les autres guerriers	sont assis	GN	
on	aperçoit	pronom personnel indéfini	
la tête des Indiens	est ornée	GN	
on	dirait	pronom personnel indéfini	

EXERCICE 2 : QCM

Énoncé p. 194

1. A **2.** C **3.** A **4.** A **5.** B **6.** A ;
7. la fenêtre, seule éclairée, de sa chambre ;
8. A **9.** B **10.** C.

EXERCICE 3

Énoncé p. 195

1. Compléments d'objet direct :

a. Groupe nominal :

Ligne 1 : *(en corrigeant mieux) les remous*

Ligne 3 : *(il n'aurait plus lâché) la plus confuse* : adjectif substantivé (ellipse de *lumière*)

Ligne 7 : *(les nuages perdaient) leur boue d'ombre*

Ligne 10 : *(fermer) les yeux*

b. Pronom :

– Personnel (3e personne) : *l' (attirait) – l' (éblouissait) – les (changeaient).*

– Relatif : *qu'(offraient les étoiles).* Attention : *les étoiles* est sujet inversé.

– Subordonnée complétive : *(Il n'aurait jamais cru) que les nuages, la nuit, pussent éblouir.*

2. Compléments d'objet indirect :

a. Pronom personnel : *(ils passaient) contre lui*

b. Pronom relatif : *dont (il avait faim)* = il avait faim de ce signe : *dont* est COI de la locution verbale

3. Complément d'objet second :

Ligne 11 : *(les changeaient) en vagues rayonnantes* : groupe prépositionnel.

4. Attributs du sujet :

Ligne 9 : *(Sa surprise fut) extrême – (la clarté était) telle* : deux adjectifs attributs du sujet.

5. Cas particuliers :

Ligne 4 : *(voici) qu'il montait vers des champs de lumière* : subordonnée complétive, complément du présentatif *voici*.

Ligne 4/5 : *(il montait) vers des champs de lumière* : GPrép, complément essentiel exprimant le lieu.

EXERCICE 4 : QCM

Énoncé p. 195

1. A. ***désespérés*** est épithète de *bras*. Test : suppression *(agitant leurs bras)*, remplacement par un pronom *(les agitant)*

2. B. ***me (dire)*** est COS de *dire*. *Dire* se construit avec deux compléments (COD + COS) ; le COD est ici le discours direct.

3. B. ***de nous*** est COS. *Apprendre* se construit avec deux compléments (COD + COS) ; le COD est le relatif *que*.

4. B. *que (nous t'apportions)* est pronom relatif COD d'*apportions*.

5. B. ***t' (apportions)*** est COS. *Apporter* se construit avec deux compléments (COD + COS) ; le COD est le relatif *que*.

6. B. ***au néant*** est COI du verbe *tomber*.

7. B. ***de ces arbres eux-mêmes*** est COS. *Savoir*, comme *apprendre*, se construit avec deux compléments (COD + COS) ; le COD est la subordonnée interrogative indirecte qui suit.

8. C. ***où je les avais vus*** est subordonnée interrogative indirecte COD. Cette subordonnée est complément du verbe *savoir* à la forme négative, qui implique une demande d'information. Fonction à ne pas confondre avec celle du pronom *où* qui, lui, est complément circonstanciel de lieu à l'intérieur de cette subordonnée.

EXERCICE 5

Énoncé p. 196

Attributs du sujet : adjectifs *fou, blonds, noire* ; groupe nominal *l'histoire* ; groupe infinitif *chuchoter avec l'herbe*.

Appositions : adjectif antéposé *joyeuse* ; groupes nominaux : *illumination du jour, la charmante, la superbe* (2 adjectifs substantivés).

REMARQUE : *une fleur au corset* est une construction absolue détachée. Elle est formée d'un groupe nominal simple (*une fleur*) et d'un groupe prépositionnel (*au corset*), qui désigne une partie de l'habit du sujet *elle*. Cette construction, où le Groupe Prépositionnel ne peut pas se supprimer (**une fleur elle passait*), peut se paraphraser par *ayant une fleur au corset*, alors que l'apposition *joyeuse* peut se paraphraser par *étant joyeuse*. Elle est donc à mettre en rapport avec un groupe verbal comportant le verbe *avoir*, un GN COD et un groupe prépositionnel (ou un adjectif) attribut de ce complément : *elle avait une fleur au corset*.

EXERCICE 6

Énoncé p. 196

– ***tel squelette*** : déterminant (indéfini) + nom

– ***un arbre mort*** : déterminant (article indéfini) + nom + adjectif

– ***tel autre*** : déterminant (indéfini) + adjectif indéfini : l'ensemble est substantivé.

– ***un arbre qui fait le mort*** : déterminant (article indéfini) + nom + proposition relative

– ***une forêt en hiver*** : déterminant (article indéfini) + nom + groupe prépositionnel

– ***le vivant endormi*** : déterminant (article défini) + nom + participe passé adjectivé

– ***le vrai cadavre*** : déterminant (article défini) + adjectif épithète + nom : coordonné au GN précédent par *et*.

EXERCICE 7 : QCM

Énoncé p. 196

1. *complet de soixante francs ; certaine élégance tapageuse* **2.** non **3.** non **4.** A

5. A oui ; B non ; C oui ; D oui ; E oui ; F non

6. C **7.** B **8.** A **9.** C **10.** B.

EXERCICE 8

Énoncé p. 197

1. Les compléments circonstanciels sont en gras :

Sous les noirs acajous, *les lianes en fleur,*
Dans l'air lourd, immobile et saturé de mouches,
Pendent, et, s'enroulant en bas parmi les souches,
Bercent le perroquet splendide et querelleur,
L'araignée au dos jaune et les singes farouches.
C'est là que le tueur de bœufs et de chevaux,
Le long des vieux troncs morts à l'écorce moussue,
Sinistre et fatigué, revient ***à pas égaux.***

Des cinq compléments circonstanciels, quatre indiquent le lieu ; *à pas égaux* indique la manière.

À part *en bas*, locution adverbiale, ce sont des groupes prépositionnels, introduits par une préposition (*sous, dans, à*) ou une locution prépositionnelle (*le long de*).

REMARQUES :

– *parmi les souches* est complément essentiel de lieu de *s'enroulant* (participe présent).

– *là*, adverbe de lieu, mis en valeur par *c'est...que* (emphase), est complément essentiel de lieu de *revient*.

Attention : certains compléments prépositionnels sont compléments du nom qu'ils suivent : *en fleur* (v. 1), *au dos jaune* (v. 5), *à l'écorce moussue* (v. 7).

2. QCM

Vers 10 : **C.** Complément du participe passé *alourdi*, de sens passif.

Vers 11 : **B.** Complément circonstanciel de manière.

Vers 15 : **A.** Complément essentiel indiquant le lieu du participe *allongé*.

Vers 18 : **B.** Complément circonstanciel de lieu (figuré).

Vers 20 : **B.** partie du groupe prépositionnel *au milieu des plantations vertes*, qui est complément circonstanciel de lieu (*au milieu* de est une locution prépositionnelle, équivalant à *dans*).

Vers 21 : **B.** Complément circonstanciel de manière.

EXERCICE 9

Énoncé p. 198

Ligne 1 : **en vérité** *(sans défaut)* : locution adverbiale exprimant un commentaire phrastique, modifie le groupe prépositionnel *sans défaut*.

Ligne 4 : **régulièrement** *(épaisse)* : adverbe dérivé exprimant la manière, modifie l'adjectif *épaisse*.

Ligne 5 : **bien** *(calibrés)* : adverbe simple exprimant la manière, modifie le participe *calibrés*.

Ligne 6 : **légèrement** *(granuleux)* : adverbe dérivé exprimant la manière, modifie l'adjectif *granuleux*.

Ligne 8 : *(d'une façon)* **peut-être un peu** *(incertaine)* : *un peu*, adverbe de degré, modifie l'adjectif *incertaine* ; *peut-être*, locution adverbiale exprimant un commentaire phrastique, modifie le groupe adjectival *un peu incertaine*.

Ligne 10 : **Tout en haut** : *en haut*, locution adverbiale, complément circonstanciel de lieu ; *tout*, adverbe de degré, modifie cette locution.

Ligne 10 : *(un accident)* **à peine** *(visible)* : locution adverbiale exprimant le degré, modifie l'adjectif *visible*.

Ligne 11 : *(se soulève)* **imperceptiblement** : adverbe dérivé exprimant la manière, modifie le verbe *se soulever*.

21 Modes, temps, aspects du verbe

OBJECTIFS

– Découvrir les trois catégories majeures liées au verbe.

– Comprendre le classement des modes.

– Distinguer les différents aspects verbaux.

VOIR AUSSI

– Comment identifier un verbe ? p. 112
– Les différents systèmes d'énonciation p. 275

TESTER SES CONNAISSANCES

Analysez les verbes des phrases suivantes (mode, temps, personne, nombre).

1. J'aimerais visiter le Pérou. 2. Sortez !
3. Le village a appris que Marie Chazottes avait disparu.
4. Qu'il finisse rapidement ce travail.

1. *aimerais visiter* : verbe *aimer* à la 1re personne du singulier du conditionnel présent et verbe *visiter* à l'infinitif présent.
2. *sortez* : verbe *sortir* à la 2e personne du pluriel de l'impératif présent.
3. *a appris* : verbe *apprendre* à la 3e personne du singulier du passé composé de l'indicatif. *avait disparu* : verbe *disparaître* à la 3e personne du singulier du plus-que-parfait de l'indicatif.
4. *finisse* : verbe *finir* à la 3e personne du singulier du présent du subjonctif.

LE COURS

Le verbe se caractérise par sa conjugaison, c'est-à-dire par ses variations morphologiques. Ainsi, la forme chantait porte des marques de mode, de temps, de personne et de nombre (chanter est à la 3e personne du singulier de l'imparfait de l'indicatif).

Le verbe reçoit des marques spécifiques qui correspondent, pour le sens, à la personne, au nombre, au temps et au mode. Ce sont les terminaisons ou désinences qui s'ajoutent au radical verbal. Il peut aussi être accompagné d'auxiliaires qui marquent également le temps (il **a** chanté), et aussi l'aspect et la voix (la voiture **est révisée** par le garagiste : forme passive).

Voir FICHE 22 : La forme passive.

Trois notions sont particulièrement liées à la forme verbale : le mode, le temps et l'aspect.

1 Les modes du verbe

Dans les tableaux de conjugaison, les formes verbales sont réparties en différents modes. On distingue **cinq modes** en français :
– l'**indicatif** : il chante,
– le **subjonctif** : qu'il chante,
– l'**impératif** : chante,
– l'**infinitif** : chanter,
– le **participe** : chantant, chanté.
Le conditionnel (il chanterait) n'est plus considéré comme un mode, mais fait partie des temps de l'indicatif.
Le gérondif (en chantant) est considéré comme une forme particulière du participe.

• Chaque mode comporte plusieurs temps, au moins deux ; l'indicatif possède le plus grand nombre de temps.

On définit traditionnellement les modes suivant les **modalités** qui leur sont associées, c'est-à-dire les différentes attitudes du sujet parlant, soit dans sa relation à son interlocuteur (question, ordre, ...), soit à l'égard du contenu de son énoncé (vérité, possibilité, évaluation affective, ...). On dit par exemple que l'impératif est le mode de l'ordre.

• Ce faisant, on ne peut pas caractériser un mode par une modalité particulière. Par exemple, on ne peut pas dire que l'indicatif est le mode de la réalité, par opposition au subjonctif qui serait le mode de l'irréalité, car ces deux modes peuvent aussi bien exprimer la réalité et l'irréalité : quand on dit Si **j'avais** pu, je serais venu, l'indicatif exprime l'irréel du passé ; quand on dit Je regrette qu'il **soit venu**, le subjonctif passé *soit venu* présente un procès réalisé. Et l'infinitif et le participe n'expriment aucune modalité.

• Mieux vaut classer les modes comme des séries de formes, selon qu'ils portent ou non des marques de personne et de temps. On distingue :

– les **modes personnels**, qui apportent, par des désinences spécifiques, des indications de personnes, complètes (l'indicatif et le subjonctif) ou partielles (l'impératif ne distingue que trois personnes : chante, chantons, chantez).

– les **modes impersonnels** (l'infinitif et le participe) qui ne possèdent pas de désinences de personnes. On dit que l'infinitif (chanter) est la forme nominale du verbe et que le participe (chantant, chanté) est la forme adjective du verbe.

Voir FICHE 24 : L'infinitif.

DIFFICULTÉS RENCONTRÉES

Le terme *temps* est ambigu, car il a deux significations possibles : il désigne soit le **concept de temps** (idée de chronologie : présent, passé, avenir), soit la **forme verbale** elle-même, que certains appellent « tiroir verbal » pour éviter toute confusion.
Il faut bien distinguer ces **deux sens de *temps*** : le temps désigné ne correspond pas forcément à l'étiquette grammaticale.

- Par exemple, l'**infinitif présent** peut dénoter un procès situé à n'importe quelle époque, en fonction du verbe principal : Je veux / voulais / voudrai vous rencontrer.
- L'**impératif présent** oriente le procès vers l'avenir : Fermez la porte.
- Le **présent de l'indicatif** peut renvoyer à l'époque actuelle : En ce moment, il dort, ou à un futur proche : Je repasse demain à 8 heures.
- Le **subjonctif présent** peut situer le procès dans le présent ou dans l'avenir : Crois-tu qu'elle revienne un jour ?

2 Les temps du verbe

Seul l'indicatif est un mode temporel, apte à situer le procès dans les **trois époques** (**passé, présent, avenir**). La temporalité est établie en fonction de la situation d'énonciation, qui fournit le repère fondamental (le moment où le locuteur parle ou écrit).

- Tout procès est situé par rapport au moment de l'énonciation (T0) :

– si le moment du procès coïncide avec le moment de l'énonciation, il est situé dans **le présent** ;
– si le moment du procès est décalé avant le moment d'énonciation, il est situé dans **le passé** ;
– si le moment du procès est décalé après le moment d'énonciation, il est situé dans **l'avenir**.

passé	T0	avenir
il a chanté	il chante	il chantera

- La chronologie peut être indiquée par la forme verbale seule (*cf.* exemples). Mais dans certains cas, un complément circonstanciel de temps est nécessaire pour préciser l'époque du procès, notamment avec une forme verbale polyvalente.

Dans je repasse demain, l'adverbe *demain* est nécessaire pour situer le procès dans l'avenir.

ENTRAINEMENT 1

Corrigé p. 208

Identifiez le mode et le temps des verbes des phrases suivantes :

1. Thomas chante.
2. Pierre sortait son chien tous les soirs.
3. Fermer la lumière en quittant la pièce.
4. Frédéric partit en voyage.
5. Le train de Paris partira à 19h07.
6. J'eusse aimé que vous vinssiez plus souvent me voir.

3 L'aspect

Le procès peut être aussi envisagé dans son **déroulement interne**, indépendamment de toute dimension chronologique. Le procès peut être placé dans une sorte d'intervalle, compris entre deux bornes, initiale et finale. La prise en compte du déroulement interne du procès relève de ce qu'on appelle **l'aspect**.

- Le processus dénoté par le verbe peut en effet occuper un certain intervalle de temps (sauf dans le cas des verbes statifs, comme être, aimer, savoir, ou des procès momentanés, comme exploser). Le déroulement interne du procès peut être saisi à différents stades entre son début et sa fin, et même en deçà et au-delà de ces bornes :

```
        1 2              3               4 5 6
 ------- [-------------------------------] --------
         [ = début, borne initiale       ] = fin, borne finale
```

- Ainsi, à l'époque présente, on peut distinguer :

1 Il va chanter : le procès est saisi avant son début ;
2 Il commence à chanter : le procès est saisi à son commencement (aspect *inchoatif*) ;
3 Il chante : le procès est saisi en cours de déroulement (ou forme d'insistance : il est en train de chanter) ;
4 Il finit de chanter : le procès est saisi près de sa fin ;
5 Il vient de chanter : le procès est saisi juste après sa fin ;
6 Il a chanté : le procès est accompli.

Le procès peut aussi se produire une seule fois ou se répéter : Il chante tous les matins.

- Diverses oppositions aspectuelles sont exprimées en français par des moyens linguistiques différents, et pas seulement par la forme verbale elle-même. On présente les plus importantes :

3.1 Accompli / Inaccompli

En français, il n'existe qu'une seule opposition aspectuelle régulièrement marquée dans la morphologie verbale : les formes simples s'opposent aux formes composées (auxiliaire *avoir* ou *être* + participe passé) pour distinguer les aspects inaccompli et accompli.

- L'aspect accompli considère le procès comme achevé, au-delà de sa borne finale : il a chanté.
- L'aspect inaccompli envisage le procès en cours de déroulement, entre son début et sa fin : il chante.

L'opposition accompli / inaccompli est exprimée par les formes verbales à tous les modes :

– les temps simples expriment l'aspect inaccompli : il chante ;
– les temps composés expriment l'aspect accompli : il a chanté.

Les formes verbales des modes impersonnels expriment une opposition aspectuelle, et non chronologique : dans Je suis heureux de vous **rencontrer**, l'infinitif présent exprime une action en cours, alors que dans Je suis heureux de vous **avoir rencontré**, l'infinitif passé exprime une action accomplie.

3.2 Itératif

Un procès peut se produire une seule fois, ou bien se répéter un nombre de fois fixe ou indéterminé. On parle alors de l'aspect *itératif*, qui considère la répétition du procès :

Claude danse souvent / tous les soirs / chaque semaine/ une fois par an / ...

L'aspect itératif est indiqué principalement par des compléments circonstanciels de temps.

ENTRAINEMENT 2

Corrigé p. 208

Déterminez les aspects dans les phrases suivantes, en indiquant par quels moyens ils sont exprimés.

1. Elle vient sur cette plage chaque été.
2. J'espère avoir compris cette explication.
3. Je chante sur les chemins.
4. Le printemps est arrivé.
5. Elle regrette que Jean soit parti.
6. Vladimir et Estragon discutent en attendant Godot.
7. L'enfant abandonné se met à pleurer.

ENTRAINEMENT 3

Corrigé p. 208

Corrigez les analyses que vous jugez fausses.

1. Je souhaite qu'il ait compris.
*ait **compris*** = 3e personne du singulier de l'imparfait du subjonctif.
2. Margot était admirée de tout le village.
*était **admirée*** : 3e personne du singulier du plus-que-parfait de l'indicatif.
3. Bernadette était devenue célèbre dans le monde entier.
*était **devenue*** : 3e personne du singulier de l'imparfait de l'indicatif, au passif.
4. Après qu'elle eut disparu, tout le village partit à sa recherche.
*eut **disparu*** : 3e personne du singulier du plus-que-parfait du subjonctif.
5. J'aurais aimé qu'elle revienne :
*aurais **aimé*** : 2e personne du singulier du conditionnel passé.

À RETENIR

- On distingue **cinq modes** en français : **l'indicatif, le subjonctif, l'impératif, l'infinitif et le participe**, qui se différencient d'abord par les indications de personnes et de temps.
- La **temporalité** se définit par rapport à la situation d'énonciation.
- On distingue différents **aspects** du verbe ; la conjugaison marque systématiquement la distinction entre les aspects accompli et inaccompli.

CORRIGÉS

ENTRAINEMENT 1

Énoncé p. 205

1. ***chante*** : verbe *chanter* au présent de l'indicatif.

2. ***sortait*** : verbe *sortir* à l'imparfait de l'indicatif.

3. ***fermer*** : verbe *fermer* à l'infinitif présent.

4. ***partit*** : verbe *partir* au passé simple de l'indicatif.

5. ***partira*** : verbe *partir* au futur simple de l'indicatif.

6. ***eusse aimé*** : verbe *aimer* au plus-que-parfait du subjonctif.
vinssiez : verbe *venir* à l'imparfait du subjonctif.

ENTRAINEMENT 2

Énoncé p. 207

1. *Elle vient sur cette plage chaque été* : aspect itératif, exprimé par le complément de temps *chaque été.*

2. *J'espère avoir compris cette explication* :
– aspect inaccompli, exprimé par le présent du verbe *espérer* ;
– aspect accompli, exprimé par l'infinitif passé *avoir compris.*

3. *Je chante sur les chemins* : aspect inaccompli, exprimé par le présent du verbe *chanter.*

4. *Le printemps est arrivé* : aspect accompli, exprimé par le passé composé du verbe *arriver.*

5. *Elle regrette que Jean soit parti* :
– aspect inaccompli, exprimé par le présent du verbe *regretter* ;
– aspect accompli, exprimé par le subjonctif passé (actif) *soit parti.*

6. *Vladimir et Estragon discutent en attendant Godot* :
– aspect inaccompli, exprimé par le présent du verbe *discuter* ;
– aspect inaccompli, exprimé par le gérondif *en attendant* (l'action est simultanée à l'action principale).

7. *L'enfant abandonné se met à pleurer* : aspect inchoatif, exprimé par le semi-auxiliaire *se mettre à.*

ENTRAINEMENT 3

Énoncé p. 207

1. *ait compris* : FAUX. 3e personne du singulier du subjonctif passé.

2. *était admirée* : FAUX. 3e personne du singulier de l'imparfait de l'indicatif, au passif.

3. *était devenue* : FAUX. 3e personne du singulier du plus-que parfait de l'indicatif (actif).

4. *eut disparu* : FAUX. 3e personne du singulier du passé antérieur de l'indicatif.

5. *aurais aimé* : FAUX. 1re personne du singulier du conditionnel passé.

22 La forme passive

OBJECTIF

Identifier les formes passives du verbe.

VOIR AUSSI

– Qu'est-ce qu'une phrase ? p. 59
– Comment identifier un verbe ? p. 106
– La fonction sujet p. 163
– Les compléments du verbe p. 168

TESTER SES CONNAISSANCES

Voici un ensemble de phrases. Mettez-les au passif et classez les phrases obtenues en deux listes selon qu'elles vous paraissent ou non acceptables.

1. La tempête a abattu beaucoup de pins.
2. On n'autorise pas la culture du cannabis.
3. Mon facteur possède une grosse moto américaine.
4. J'aime les Impressionnistes.
5. Juliette aimait Roméo.
6. On a trouvé un portefeuille rue V. Hugo.
7. Charles X a succédé à Louis XVIII.
8. Cendrillon a quitté le bal.

– **Phrases acceptables**
1. *Beaucoup de pins ont été abattus par la tempête.* **2.** *La culture du cannabis n'est pas autorisée.* **5.** *Roméo était aimé de Juliette.* **6.** *Un portefeuille a été trouvé rue Victor-Hugo.*
– **Phrases inacceptables**
3. **Une grosse moto américaine est possédée par mon facteur.* **8.** **Le bal a été quitté par Cendrillon.* **4.** **Les Impressionnistes sont aimés de moi.* **7.** **Louis XVIII a été succédé par Charles X.*
NB. Certaines de ces phrases sont agrammaticales, d'autres théoriquement possibles sont inacceptables dans un discours réel.

LE COURS

1 La conjugaison des formes passives

- Les formes passives du verbe sont composées de l'auxiliaire *être* et du participe passé : Roméo était aimé de Juliette.

L'auxiliaire *être* est au temps et au mode qui seraient celui du verbe actif :

Juliette **aimait** Roméo / Roméo **était aimé** de Juliette. — Ce qui **est dit est dit**.
(indicatif imparfait) (indicatif imparfait à la forme passive) (indicatif présent passif)

Il faut que le dispositif **ait été mis** en place demain à midi.
(subjonctif passé passif)

- À la forme négative, l'encadrement par *ne … pas* porte en totalité ou en partie sur l'auxiliaire :

Cet arrêt **n'**est **pas** desservi. Le corbeau **n'**aurait **pas** été dupé si…

- Le participe passé s'accorde toujours avec le sujet puisqu'il est employé avec *être* :

Cette chanson est **reprise** en chœur par tous.

2 Caractéristiques de la transformation passive

« **La forme de phrase passive s'oppose à la forme active correspondante.** Leur sens global est équivalent, mais l'information et les constituants de la phrase ne sont pas identiques et sont répartis autrement. »[1]
La phrase passive est obtenue par une transformation de la phrase active.

1. Terminologie grammaticale de 1997.

Le passage d'une phrase active à la forme passive n'est possible que si le verbe est transitif direct et s'il admet un COD :

Le vent secoue les branches → Les branches sont secouées par le vent.

- La construction passive à laquelle on aboutit répond alors à quatre caractéristiques :

– l'objet de la phrase active (les branches) est devenu sujet ;
– le verbe de la phrase passive est composé de l'auxiliaire *être* au temps et au mode du verbe de la phrase active initiale (secoue/sont) ;
– le sujet de la phrase active est devenu complément d'agent, introduit ici par la préposition *par* (par le vent) ;
– le sujet et l'objet de la phrase active ont permuté, mais sémantiquement ils gardent le même rapport au procès exprimé par le verbe.

Le vent — secoue — les branches.
Les branches — sont secouées — par le vent.

On choisira l'une des deux formes selon l'élément que l'on veut mettre en valeur.

Jean Valjean arracha Cosette aux griffes des Thénardier.
→ C'est l'histoire de Jean Valjean.
Cosette fut arrachée aux griffes des Thénardier par Jean Valjean.
→ C'est l'histoire de Cosette.

- Le complément d'agent peut être sous-entendu,

– soit parce qu'on ignore qui ou quel est l'agent : La poubelle a été renversée.
– soit parce qu'il n'est pas utile de le mentionner : Le courrier a été distribué.
– ou bien qu'on ne veuille pas le mentionner : Tu seras châtié de ta témérité.

Lorsqu'on met à l'actif une phrase passive sans complément d'agent, on recourt au pronom *on* : L'affiche a été lacérée → **On** (quelqu'un) a lacéré l'affiche.

3 Limites à la transformation passive

- La transformation est impossible avec certains verbes tels qu'*avoir* :
  Fanchette a de beaux yeux. → *De beaux yeux sont eus par Fanchette.

- Elle n'est pas possible avec les expressions lexicalisées et figées à l'actif, même si elles comportent un COD :
  Boire du petit lait, perdre le nord, manger son pain blanc, etc.

- Elle n'est pas toujours possible si le sujet est un pronom personnel :
  Tu as embouti l'aile. → *L'aile a été emboutie par toi.
  Nous connaissons bien cet artiste → Cet artiste est bien connu de nous. (acceptable)

4 Variantes de la forme passive

- La forme passive peut se combiner avec la tournure impersonnelle :
  Il a été décidé d'augmenter la taxe sur les roudoudous.

Comme son nom l'indique, cette tournure a pour effet d'effacer l'agent de l'action. Son emploi est souvent choisi pour cette raison.

- *Se laisser* ou *se faire* + infinitif équivalent à un passif et permettent des nuances sémantiques :
  Le coureur échappé **s'est fait rattraper** par ses poursuivants. → Il été rattrapé malgré lui.
  Le coureur échappé **s'est laissé rattraper** par ses poursuivants. → Il a préféré attendre ses poursuivants.

- Certaines formes verbales pronominales équivalent de fait à un passif :
  Paris **ne s'est pas construit** en un jour.
  Les escargots **se ramassent** d'ordinaire après la pluie.
  La cathédrale de Chartres **se voit** de loin.

- La transformation passive s'effectue parfois à l'aide d'une forme impersonnelle ou infinitive ou encore à l'aide d'une phrase nominale :
  On défend de cracher. → Cracher est défendu. → Il est défendu de cracher.
  → Défense de cracher.

ENTRAINEMENT 1

Corrigé p. 212

Transformez les phrases à la forme active.

1. Il a été cherché en vain par tout le monde.
2. Elle a été applaudie.
3. Il s'est laissé envahir par le doute.
4. Les feuilles mortes se ramassent à la pelle.
5. Il n'est pas interdit d'espérer la pluie.

DIFFICULTÉS RENCONTRÉES

- Toutes les formes verbales composées avec l'auxiliaire *être* ne sont pas au passif et un groupe introduit par la préposition *par* n'est pas forcément un complément d'agent :
  Il est arrivé par le train.
- Il peut s'agir aussi d'un temps composé d'un verbe conjugué à l'actif avec l'auxiliaire *être* :
  Il a été battu, passé composé **passif** du verbe *battre* (transitif direct) ;
  Il est passé par la Lorraine, passé composé **actif** du verbe *passer* (intransitif).

Le passage à l'actif n'est possible qu'avec la forme passive :
  On l'a battu vs *La Lorraine l'a passé.

Selon le contexte, on peut avoir affaire à une véritable forme passive :
  Le navire fut désemparé par la tempête ;

ou au verbe *être* suivi d'un adjectif :
  Face à l'adversité, il fut tout désemparé.

ENTRAINEMENT 2

Corrigé p. 212

Parmi les formes verbales suivantes lesquelles sont à la forme active, lesquelles à la forme passive ?

1. La farine a été passée au tamis.
2. Il est tombé sur nous par surprise.
3. La petite écuyère a été tuée d'un coup de couteau.
4. Il est égaré par la passion.
5. Nous sommes passés par l'autoroute.
6. Il est entré dans un restaurant végétarien par inadvertance.

À RETENIR

La forme passive résulte d'une transformation de la phrase active. Bien qu'elle semble avoir souvent un contenu identique, elle n'en est pas l'équivalent exact selon les contextes et les situations d'énonciation.
Elle pose parfois des problèmes d'identification.

CORRIGÉS

ENTRAINEMENT 1

Énoncé p. 211

1. *Tout le monde l'a cherché en vain.* 2. *On l'a applaudie.* 3. *Le doute l'a envahi.* (suppression de la nuance de sens apportée par *se laisser*). 4. *On ramasse les feuilles mortes à la pelle.* 5. *Rien n'interdit d'espérer la pluie.*

ENTRAINEMENT 2

Énoncé p. 212

1. passif 2. actif 3. passif 4. passif 5. actif 6. actif.

23 Les emplois du verbe *être*

OBJECTIF

Connaitre les différents emplois du verbe *être*.

VOIR AUSSI

– Comment identifier un verbe ? p. 112
– L'adjectif qualificatif p. 119
– Mode, temps, aspects du verbe p. 203
– La forme passive p. 209
– Le passé composé p. 234

TESTER SES CONNAISSANCES

Ces dix phrases correspondent à cinq types d'emplois du verbe *être*. Regroupez-les par paires en indiquant quel rôle joue chaque fois le verbe *être*.

1. La pierre de Rosette est au British Museum.
2. Alfred est le garagiste le plus sérieux de la ville.
3. C'est mon premier motoculteur, il fonctionne toujours.
4. Milady a été marquée au fer rouge.
5. Dominique est entre le marteau et l'enclume.
6. Eugène est hors de ses gonds.
7. Il est parti à l'aube sans saluer personne.
8. Ce sont les meilleurs qui s'en vont des premiers.
9. Personne n'est plus actif qu'un paresseux qui se détraque.
10. Edouard est dans les jardins de Marqueyssac, il t'attend.

1 et 10 : verbe copule suivi d'un groupe prépositionnel. Dans ces deux cas, *être* dénote une localisation. **2 et 9** : verbe copule situé entre son sujet et un attribut du sujet. **3 et 8** : *être* élément de présentatifs. La phrase 8 est clivée avec extraction de *les meilleurs*. **4 et 7** : auxiliaire dans des formes verbales composées ; *a été marquée* est un passé composé passif, *est parti* est un passé composé actif. **5 et 6** : verbe support d'une expression figurée attribut du sujet.

LE COURS

1 *Être*, verbe multiforme

- Le verbe *être*, le plus complexe du point de vue de la morphologie, de par le nombre de ses bases (8), est aussi le plus fréquemment employé de la langue française.

Comme les autres verbes, il a des emplois avec un sens lexical plein.

Voir FICHE 9 : Comment identifier un verbe ?

- Il a surtout de très nombreux emplois dans lesquels il devient un outil grammatical. Il convient donc de bien distinguer ces divers emplois, lexicaux et/ou grammaticaux.

Pour un relevé très complet, on peut se connecter au site du *Trésor de la Langue française* (TLF) http://atilf.atilf.fr/ qui les répertorie et les classe de manière très détaillée.

2 *Être*, de sens plein (sens lexical)

Quand le verbe *être* est employé absolument, sans complément, comme dans la traduction du *cogito* de Descartes :

Je pense donc **je suis**, il a un sens plein équivalent à *exister*.

Avec ce sens, il est souvent employé à la forme négative comme dans le proverbe :

On ne peut pas **être** et **avoir été**

ou dans l'euphémisme : Il n'**est** plus pour éviter de dire *Il est mort*.

3 Emplois grammaticaux du verbe *être*

Être est l'outil verbal par excellence de la langue française. Il a donc plusieurs emplois pour lesquels il sert de lien ou de support à des mots qui apportent l'information proprement lexicale.

3.1 *Être* comme copule

- Le terme copule désigne un mot qui lie le sujet d'une proposition avec l'attribut dans les constructions « attributives ». **Le verbe *être* est le plus fréquent parmi ces verbes dits « d'état »** : *être*, *paraitre*, *rester*, *sembler*, *devenir*, ...

Voir FICHE 17 : Attribut et apposition.

Dans cet emploi, *être* peut être suivi par :

– un adjectif : La chair **est** faible.
– un participe ayant valeur d'adjectif : Je **suis** ravi.
– un nom sans déterminant : Pierre **est** égyptologue.
– un groupe nominal : Pierre **est** un égyptologue reconnu par ses pairs.
– un groupe nominal sans déterminant : L'amour **est** enfant de Bohême.

On peut appliquer à ces phrases le **test de la pronominalisation** (par le pronom neutre *l'*, *le*) qui confirme l'attribut du sujet : Faible, la chair l'est. Ravi, je **le** suis.

- Suivi d'un groupe prépositionnel, *être* peut servir à **dénoter divers types de localisation ou de relations** comme l'appartenance, l'accompagnement, l'origine, etc. :

– localisation spatiale : Sophie **est** dans la cuisine.
– localisation temporelle : Le petit déjeuner **est** à sept heures.
– datation : Cette armoire **est** du XVIIIe.
– matière : Ce collier **est** en plastique.
– provenance : Jean-Claude **est** de Besançon.

3.2 *C'est, ce sont, il est...*, le verbe *être* dans des présentatifs

Le verbe *être* est employé très fréquemment dans certaines des phrases dites à présentatifs :

On sonna à la porte. **C'était** Pierre.

C'est toujours la même rengaine.

Il est midi.

C'était pendant l'horreur d'une profonde nuit. (Racine)

L'élément qui suit le présentatif fonctionne comme son complément et doit être analysé comme tel. Dans la citation de Racine, le présentatif introduit le complément circonstanciel de temps qui donne la tonalité du récit qui va suivre.

C'est ... qui, c'est ... que servent à « extraire » un constituant de la phrase qui est alors dite ***phrase clivée***. Des constituants de nature et de fonction différentes sont ainsi détachés et mis en évidence :

C'est toi **qui** l'as nommé (pronom personnel sujet) au lieu de *Tu l'as nommé* ;

C'est à minuit **que** commence la nouvelle année (adverbe, complément circonstanciel de temps) au lieu de *La nouvelle année commence à minuit*.

La nouvelle phrase ainsi obtenue est à la forme « emphatique », mais les relations syntaxiques restent les mêmes ; les éléments qui la composent remplissent les mêmes fonctions.

Pour le sens, on notera cependant que : C'est toi qui l'as nommé sous-entend *Ce n'est pas moi*. L'élément extrait « récuse » un autre élément possible.

Voir FICHE 2 : Types et formes de phrases.

3.3 *Être* auxiliaire

Le verbe *être* est l'auxiliaire utilisé pour conjuguer :

– **les temps composés d'un certain nombre de verbes fréquents** dont beaucoup marquent un changement de lieu ou d'état : *aller*, *arriver*, *partir*, *repartir*, *entrer*, *sortir*, *tomber*, *monter*, *descendre*, etc.

Il **est arrivé** par une matinée pluvieuse et il **est reparti** par un bel après-midi.

Rousseau **était né** à Genève et il **est mort** à Ermenonville.

– **les temps composés des verbes pronominaux** :

Je me **suis** promené dans les allées et je me **suis** aperçu que vous vous **étiez** permis d'y piqueniquer.

– **les verbes à la forme passive** à tous les temps et à tous les modes :

Pierre **a été** muté à Arras. Il **sera** remplacé par un contractuel qui **est** choisi on ne sait par qui.

ENTRAINEMENT 1

Corrigé p. 217

***Être* auxiliaire ou copule ?**

Gaëtan **est** outré, il **a été** menacé par une vieille dame. Elle **était** dans une rogne épouvantable. Tout ça parce qu'il **s'est** permis de lui dire que son affreux cabot **était** une erreur de la nature. Il faut dire qu'il **était** minuit et que le cabot en question **avait été** surpris par lui en train de dilacérer consciencieusement le paillasson qui lui **avait été** offert par sa mère.

3.4 *Être* dans des expressions lexicalisées

Comme d'autres verbes usuels [faire, donner, etc.], le verbe ***être*** concourt à de nombreuses expressions lexicalisées, c'est-à-dire figées, de sens figuré :

être dans la lune, être comme l'oiseau sur la branche, être du côté du manche, être au four et au moulin, etc.

DIFFICULTÉS RENCONTRÉES

Complément circonstanciel ou attribut ?

- Quand le verbe *être* est suivi d'un groupe prépositionnel, ce dernier peut être un complément circonstanciel :

Le centre culturel est près de la médiathèque.
CC de lieu

Le concert est à 21 heures.
CC de temps

- Il peut être aussi une expression lexicalisée et constituer de fait un attribut :

Le conseiller est hors de lui.
attribut

Hors de lui peut commuter avec un adjectif attribut : Le conseiller est outré, irrité, hagard...
De même dans Pierre est à l'heure, le groupe prépositionnel équivaut à l'adjectif *ponctuel* et il est donc attribut comme lui.

3.5 *Être* ou *avoir*

Certains verbes se construisent avec l'un ou l'autre auxiliaire selon leur signification ou leur aspect.

Voir FICHE 21 : Modes, temps et aspects du verbe.

Quand on veut insister sur l'action, ces verbes prennent l'auxiliaire *avoir* et quand on veut plutôt mettre l'accent sur l'état résultant de l'action, l'auxiliaire *être*.

La marquise **est sortie** à cinq heures. / John **a sorti** son Austin.
Le marquis **est monté** dans sa chambre. / Le groom **a monté** les valises.

ENTRAINEMENT 2

Corrigé p. 217

Complétez les formes verbales en employant l'auxiliaire *être* ou *avoir*.

1. Quand il … entré au club, personne n' … pu penser que ça deviendrait un tel malabar.
2. Je … venu, j' … vu et je … reparti comme j' … venu : à pied.
3. Hier, dès qu'il … passé la porte, tout le monde lui … tombé dessus et l' … pressé de questions.
4. Nous … convenus de nous rencontrer après que nous … venus à bout du dossier.

À RETENIR

- Le verbe *être* est employé comme auxiliaire : temps composés des verbes pronominaux et autres, forme passive.
- Il relie au sujet un adjectif, un groupe nominal ou prépositionnel, etc.
- Il a parfois un sens plein : *exister*.

CORRIGÉS

ENTRAINEMENT 1

Énoncé p. 215

Copule

– ***est** outré* : impossible de tourner la phrase à l'actif, *outré* est un adjectif attribut.

– *Elle **était** dans une rogne épouvantable* : la pronominalisation est possible, *en rogne, elle l'était* ; expression lexicalisée équivalant à un adjectif attribut.

– ***était** une erreur de la nature* : le verbe *être* est suivi d'un GN attribut.

Auxiliaire

– *il **a été menacé*** : passé composé passif ; à l'actif, on aurait *la vieille dame l'a menacé.*

– *il **s'est** permis* : verbe au passé composé à la forme pronominale.

– *le cabot **avait été** surpris* : plus-que-parfait passif.

À l'actif on aurait : *il avait surpris le cabot.*

– *qui lui **avait été** offert* : plus-que-parfait passif.

À l'actif on aurait : *sa mère le lui avait offert.*

Autre emploi de *être*

– ***il était** minuit* : on a ici affaire au présentatif *il est*, d'emploi restreint aujourd'hui.

ENTRAINEMENT 2

Énoncé p. 216

1. *Quand il **est** entré au club, personne n'**aurait** pu penser que ça deviendrait un tel malabar.*
2. *Je **suis** venu, j'ai **vu** et je **suis** reparti comme j'**étais** venu : à pied.*
3. *Hier, dès qu'il **a (a eu)**[1] passé la porte, tout le monde lui **est** tombé dessus et l'**a** pressé de questions.*
4. *Nous **sommes**[2] convenus de nous rencontrer après que nous **serons** venus à bout du dossier.*

1. On peut ici employer le passé composé ou le passé surcomposé pour marquer l'antériorité.
2. Le pluriel de *convenus* invitait à utiliser l'auxiliaire *être* plutôt qu'*avoir*.

24 L'infinitif

OBJECTIFS

– Connaitre les principes généraux de la formation de l'infinitif.

– Distinguer les différents emplois de l'infinitif.

VOIR AUSSI

– Phrase simple et phrase complexe p. 67

– Comment identifier un verbe ? p. 112

– La fonction sujet p. 163

– Modes, temps et aspects du verbe p. 203

TESTER SES CONNAISSANCES

Expliquez les emplois de l'infinitif.

1. Je vois l'avion atterrir.
2. Couper les tomates en petits dés.
3. Où aller ?
4. L'accusé refuse de répondre.
5. Raconte-lui une histoire drôle pour le dérider.
6. Garder un secret est parfois difficile.

1. *Je vois l'avion atterrir* : l'infinitif est le noyau verbal d'une proposition subordonnée infinitive, qui est COD du verbe *voir.* **2.** *Couper les tomates en petits dés* : l'infinitif est le noyau verbal d'une phrase injonctive, sans sujet exprimé. **3.** *Où aller ?* l'infinitif est le noyau verbal d'une phrase interrogative, sans sujet exprimé. **4.** *L'accusé refuse de répondre* : l'infinitif est le noyau d'un groupe ayant la fonction de complément d'objet, qui équivaut à un groupe nominal COD (*refuse cela*). **5.** *Raconte-lui une histoire drôle pour le dérider* : l'infinitif est le noyau d'un groupe prépositionnel complément circonstanciel de but. **6.** *Garder un secret est parfois difficile* : l'infinitif est le noyau d'un groupe ayant la fonction de sujet du verbe *être* (fonction nominale).

LE COURS

1 Morphologie de l'infinitif

• **L'infinitif présent** possède à l'écrit quatre terminaisons comportant chacune un *r* : *-er* (aimer), *-ir* (partir), *-oir* (savoir), *-re* (mettre). L'oral oppose une désinence [e] (*aimer*) et une désinence [ʀ] : [paʀtiʀ], [savwaʀ], [mɛtʀ]. La voyelle qui précède le *-r* fait partie de la terminaison d'infinitif (aim-er, part-ir, sav-oir) ou appartient au radical du verbe (fini-r).

- **L'infinitif passé** se forme avec l'infinitif des auxiliaires *être* ou *avoir* suivi du participe passé du verbe : avoir aimé, être parti.

2 Emplois de l'infinitif

L'infinitif est un **mode non personnel**, qui ne porte pas de marques de personne et de nombre. C'est le contexte qui situe chronologiquement le procès à l'infinitif.

Compte tenu de ses emplois, l'infinitif est considéré comme la **forme nominale du verbe** : il a des emplois verbaux et il peut aussi être le noyau d'un groupe ayant les fonctions d'un groupe nominal (sujet, COD, ...), mais sans recevoir la détermination du nom, sauf quand il est substantivé : les rires.

La tradition scolaire accorde une place importante à l'infinitif, en distinguant trois groupes de verbes en grande partie par la forme de leur infinitif (*chanter, finir*, autres verbes). Et dans les articles de dictionnaires, c'est l'infinitif qui constitue l'entrée du verbe.

Le classement des emplois de l'infinitif repose sur la distinction entre les fonctionnements verbaux et nominaux de l'infinitif. En fait, ces deux types de fonctionnement correspondent à un continuum, allant des emplois pleinement verbaux à des emplois totalement nominaux, avec des degrés intermédiaires.

2.1 Emplois verbaux de l'infinitif

L'infinitif constitue le noyau verbal d'une phrase, soit seul, soit associé à un semi-auxiliaire. C'est le verbe à l'infinitif qui sélectionne les compléments et régit les compatibilités sémantiques avec ceux-ci et avec le sujet.

- **En proposition indépendante ou principale :**

L'infinitif s'emploie dans les quatre types de phrases :
– **Infinitif injonctif** : Éteindre la lumière en sortant. Ne pas cracher par terre.
Sans sujet exprimé, l'infinitif remplace l'impératif pour exprimer un ordre général, dans les recettes, les avis au public, etc.
– **Infinitif exclamatif** : Ah ! Faire le tour du monde ! Moi, faire une chose pareille !
La phrase exclamative exprime un sentiment vif (ici, un souhait ardent et une protestation). Il peut avoir un sujet, de forme tonique (*moi*), ou s'employer sans sujet.
– **Infinitif délibératif** : Que dire ? Quand partir ?
Le sujet non exprimé peut être le locuteur ou un agent général indéfini.
– **Infinitif de narration** : Ainsi dit le Renard, et flatteurs d'applaudir. (La Fontaine)
Cet emploi de l'infinitif dans des textes narratifs est lié au contexte. Il doit avoir un sujet propre et s'insérer dans une série d'actions ; la phrase est reliée le plus souvent par *et* à la précédente. La forme *de*, obligatoire, sert d'introducteur à l'infinitif, à distinguer de la préposition *de* (elle joue le même rôle que *to* en anglais et *zu* en allemand : *to see ; zu gehen*).

- **En proposition subordonnée :**

– Une proposition subordonnée relative : Elle cherche un ami à qui se confier, ou interrogative indirecte : Il ne sait quoi dire, peut comporter un verbe à l'infinitif.

Dans ces deux exemples, le sujet non exprimé de l'infinitif est celui du verbe principal. Ce peut être aussi un sujet général indéfini. La subordonnée à l'infinitif exprime en outre l'idée d'éventualité : Elle cherche un ami à qui (elle puisse) se confier.

– La tradition grammaticale a inventé la « **proposition subordonnée infinitive** », qui répond à deux conditions précises :

• La subordonnée est complément d'objet direct d'un verbe de perception (entendre, voir, sentir, ...) ou causatif de mouvement (emmener, envoyer, ...)

• Elle doit avoir un sujet propre, distinct de celui du verbe principal.

J'entends siffler le train. Elle envoie Cosette chercher de l'eau.

> ATTENTION : on ne peut pas parler de subordonnée infinitive dans Je veux chanter, car *chanter* a le même sujet que le verbe principal ; *chanter* est simplement COD de *veux*.

- **En corrélation avec un semi-auxiliaire :**

L'infinitif associé à un semi-auxiliaire constitue le noyau verbal d'une phrase. Il exprime le sens lexical et sélectionne le sujet et les compléments, alors que le semi-auxiliaire porte les désinences de temps, personne, nombre et peut indiquer :

Voir FICHE 9 : Comment identifier un verbe ?

– l'aspect : il commence à pleuvoir (inchoatif), il va chanter (imminence du procès), il finit d'écrire (terminatif) ;

– la modalité : il doit partir (obligation ou probabilité), il peut rester (possibilité, permission) ;

– la causation du procès à l'infinitif : il fait construire une maison ; il laisse parler son adversaire. Le sujet de *faire* ou *laisser* est la cause du procès à l'infinitif, qui peut avoir son propre sujet (*son adversaire*).

DIFFICULTÉ RENCONTRÉE

On ne confondra pas les constructions de l'infinitif avec un semi-auxiliaire et les emplois de l'infinitif comme COD d'un verbe transitif : Elle souhaite rencontrer le directeur.
Dans ce cas, le verbe principal n'est pas un auxiliaire, mais garde son sens lexical plein et sélectionne son sujet et son complément.

2.2 Emplois nominaux de l'infinitif

- **Fonctions nominales**

L'infinitif peut être le centre d'un groupe exerçant les fonctions syntaxiques du groupe nominal (sujet, objet, etc.). Cependant, à l'intérieur de ce groupe, il garde des propriétés verbales (compléments du verbe, négation, mise au passif, expression de l'aspect, etc.). On peut globalement remplacer tout le groupe par un groupe nominal ou un pronom : Roberto aime **chanter** / le chant / cela.

– **Sujet :** **Se croire** un personnage est fort commun en France. (La Fontaine)

– **Complément du verbe** :
Elle souhaite **rencontrer** le directeur. Tristan espère **revoir** Iseult.
Le complément du verbe est construit directement (COD)

Elle propose d'**aller** à la mer. Il lui demande de **rester**.
Le complément du verbe est construit indirectement (COI) avec les prépositions *à* ou *de*.

> Remarque : la construction de l'infinitif peut être identique à celle d'un groupe nominal : elle souhaite une rencontre. Dans certains cas, l'infinitif est en construction indirecte : apprendre à, proposer de, alors que le groupe nominal (ou le pronom) est en construction directe : apprendre quelque chose, proposer quelque chose.

– **Attribut du sujet** : Vouloir, c'est **pouvoir**. Dire, c'est **faire**.
L'infinitif sujet doit être repris par *c'* devant le verbe *être*.
– **Complément de verbe impersonnel** : Il faut **remplacer** la batterie.
– **Complément du nom** : La joie de **vivre** (Zola) L'art de **recevoir**.
– **Complément d'adjectif** : Il est incapable de **se taire**. Elle est soucieuse de **réussir**.
– **Complément circonstanciel introduit par une préposition** :
Revenez sans **tarder**. Coupez le moteur avant de **prendre** de l'essence.
Triez vos déchets pour **réduire** le volume des ordures.

- **L'infinitif substantivé** a le statut d'un nom véritable, bénéficiant d'une entrée séparée dans les dictionnaires : l'être, l'avoir, le pouvoir, le devoir, le savoir, ...
Il reçoit la détermination nominale (déterminant, adjectif, ...) et il peut varier en nombre : des rires discrets.

ENTRAINEMENT

Corrigé p. 222

Analysez les emplois de l'infinitif dans les textes suivants.

1. Je veux, pour composer chastement mes églogues,
Coucher auprès du ciel comme les astrologues,
Et, voisin des clochers, écouter en rêvant
Leurs hymnes solennels emportés par le vent.

Baudelaire, *Les Fleurs du mal*, « Paysage », 1857.

2. Un jour deux Pèlerins sur le sable rencontrent
Une Huitre que le flot y venait d'apporter :
Ils l'avalent des yeux, du doigt ils se la montrent ;
À l'égard de la dent il fallut contester.
L'un se baissait déjà pour amasser la proie ;
L'autre le pousse et dit : Il est bon de savoir
Qui de nous en aura la joie.
Celui qui le premier a pu l'apercevoir
En sera le gobeur ; l'autre le verra faire.

La Fontaine, *Fables*, « L'Huitre et les Plaideurs », Livre IX, 1678.

À RETENIR

- **L'infinitif**, qui ne comporte pas de terminaisons de personne et de nombre, est la **forme nominale du verbe**.
- Il peut constituer le **noyau verbal** d'une phrase indépendante, principale ou subordonnée, seul ou associé à un semi-auxiliaire.
- Il peut être le **centre d'un groupe** exerçant la fonction syntaxique d'un groupe nominal (sujet, objet, etc.). Quand il est substantivé, il devient un nom véritable.

CORRIGÉS

ENTRAINEMENT

Énoncé p. 221

1. – ***Composer*** : l'infinitif est le noyau d'un groupe prépositionnel complément circonstanciel de but.
– ***Coucher, écouter*** : les deux infinitifs constituent deux groupes coordonnés, COD du verbe *vouloir* (fonction nominale).

2. – ***Apporter*** : l'infinitif est le noyau verbal de la phrase, associé au semi-auxiliaire d'aspect *venir de*.
– ***Contester*** : l'infinitif est le noyau d'un groupe ayant la fonction de complément du verbe impersonnel *falloir*, qui équivaut à un groupe nominal.
– ***Amasser*** : l'infinitif est le noyau d'un groupe prépositionnel complément circonstanciel de but.
– ***Savoir*** : l'infinitif est le noyau d'un groupe qui est « sujet logique » de la construction impersonnelle *il est bon*.
– ***Apercevoir*** : l'infinitif est le noyau verbal de la phrase, associé au semi-auxiliaire *pouvoir*.
– ***Faire*** : malgré la forme objet *le* de son sujet, on peut analyser l'infinitif comme le noyau verbal d'une proposition subordonnée infinitive, qui est elle-même COD de *voir*.

25 Le présent de l'indicatif

OBJECTIFS

– Connaitre la morphologie du présent de l'indicatif.

– Distinguer les différentes valeurs du présent de l'indicatif.

VOIR AUSSI

– Modes, temps, aspects du verbe p. 203
– Les différents systèmes d'énonciation p. 275

TESTER SES CONNAISSANCES

Expliquez l'emploi du présent de l'indicatif.

1. Le train en provenance de Bordeaux entre en gare.
2. Je te promets que je viendrai demain.
3. Toujours par quelque endroit fourbes se laissent prendre. (La Fontaine)
4. Yves se promène tous les soirs au bord de la mer.
5. Les ministres des finances européens se réunissent à Londres lundi prochain.
6. L'eau bout à 100 degrés.

1. L'énoncé présente une action actuelle, d'une durée limitée. **2.** En permettant d'accomplir un acte de promesse, cet énoncé performatif coïncide avec le présent du locuteur. **3.** Cette morale de la fable exprime une vérité générale, valable à toute époque (présent omnitemporel). **4.** Le complément circonstanciel *tous les soirs* indique que l'action au présent se répète régulièrement. **5.** Grâce à l'indication d'une date postérieure au moment de l'énonciation (*lundi prochain*), cet énoncé situe le procès dans l'avenir. **6.** Cette vérité d'expérience est admise à n'importe quelle époque.

LE COURS

1 Morphologie du présent de l'indicatif

Les formes verbales du présent de l'indicatif sont nombreuses et variées, à la fois par leur radical et leurs terminaisons.

1.1 Radical du présent

Si certains verbes possèdent un radical unique comme chanter ou deux bases comme finir (fini-, finiss-), de nombreux verbes présentent trois bases comme vouloir (veu-, voul-, veul-), boire (boi-, buv-, boiv-) ou davantage comme être.

Le choix de ces bases est conditionné par les personnes. En règle générale, les trois personnes du singulier sont formées sur la même base : je dois, tu dois, il doit ; les 1re et 2e personnes du pluriel également, mais souvent sur une base différente du singulier : nous devons, vous devez. Les trois personnes du pluriel peuvent être formées sur la même base : nous finissons, vous finissez, ils finissent ; ou bien la 3e personne du pluriel a une base différente des deux autres : ils doivent, ils veulent.

1.2 Terminaisons du présent (personne et nombre)

- **À l'écrit**, on distingue deux séries de terminaisons **au singulier** :

– Série *-e, -es, -s*, pour les verbes en *-er* : type chanter, sauf *aller* ; certains verbes en *-ir* dont le radical se termine par une consonne : cueillir, offrir, ouvrir, ...
– Série *-s, -s, -t* pour les autres verbes : il finit, voit, peint.

Certains verbes de cette série n'ont pas de terminaison de 3e personne :
il va, vainc, rend.

Quelques verbes prennent les terminaisons *-x, -x, -t* : je peux, veux, vaux.

- **Au pluriel**, l'écrit possède des terminaisons régulières : *-ons, -ez, (e)nt*, sauf *sommes, êtes, dites, faites* pour la 2e personne.

- **À l'oral**, on n'entend pas les désinences des trois personnes du singulier et de la 3e personne du pluriel : aime, aimes, aime, aiment = [ɛm], alors que les 1re et 2e personnes du pluriel sont marquées : [õ], [e].

2 Emplois du présent de l'indicatif

Le présent de l'indicatif est très employé à l'oral et à l'écrit. Cependant, comme il ne possède pas de marques spécifiques de temps, contrairement aux temps du passé et du futur, il n'est pas vraiment apte à exprimer par lui-même des valeurs temporelles. C'est tout l'énoncé qui prend une valeur temporelle en fonction de la situation d'énonciation, du contexte ou des termes employés.

2.1 Du présent étroit au présent permanent

Un énoncé au présent est situé par défaut, c'est-à-dire en l'absence d'indication contraire, dans l'époque présente. Selon son sens, il peut occuper un intervalle de temps plus ou moins vaste :

- Un **énoncé performatif**, qui sert à accomplir un acte de langage, coïncide avec le moment de l'énonciation : Je vous remercie pour ce beau cadeau. Le locuteur accomplit par cet énoncé un acte de remerciement en employant la 1re personne du singulier et en s'adressant explicitement à son interlocuteur. Cet intervalle temporel est le plus étroit.

- Un **énoncé ordinaire** au présent peut occuper un intervalle étroit, notamment dans un reportage sportif en direct : Thierry Henry intercepte le ballon. Le reporter évoque l'action au moment où elle se produit.

- Suivant le sens du verbe ou les indications temporelles, un énoncé au présent peut occuper un intervalle temporel plus ou moins étendu :
Les camions attendent l'autorisation d'entrer sur l'autoroute.

Un complément peut indiquer le début ou la fin du procès :

Marc est professeur des écoles **depuis trois ans**.

Le procès se déroule **jusqu'à vendredi**.

- Le « présent d'habitude » indique un procès qui se répète (aspect itératif) grâce à un complément de temps : Elle lit un roman policier **tous les soirs**.
- Un énoncé au présent permanent occupe un intervalle temporel très vaste englobant aussi le passé et l'avenir. C'est le cas :

– des faits d'expérience : La terre tourne autour du soleil,
– des définitions : Une épigramme est un petit poème satirique,
– des proverbes ou des maximes : La fortune et l'humeur gouvernent le monde. (La Rochefoucauld). On parle de présent omnitemporel ou gnomique.

- On rencontre le présent dans des expressions figées comme *est-ce que, n'importe, on ne sait qui*, qu'on emploie dans un énoncé situé à n'importe quelle époque :

Est-ce qu'il est venu / vient / viendra ?

2.2 Des époques variées

Un énoncé au présent peut se situer dans une autre époque que le présent.

- Un énoncé au présent peut situer le procès dans le futur, grâce à un complément de temps :

Je pars **demain** en vacances.

La certitude de la réalisation de ce procès est plus forte qu'avec le futur qui indique un fait probable (*je partirai*).
Une subordonnée de condition au présent situe le procès dans l'avenir, en corrélation avec le futur de la principale :

S'il vient à Paris, nous serons heureux de le recevoir.

- Un énoncé au présent peut situer le procès dans le passé, grâce à un complément de temps et au sens du verbe, exprimant souvent un mouvement :

Je quitte le restaurant **à l'instant**. Il s'agit le plus souvent d'un passé proche.

- Dans un récit littéraire, le **présent historique** évoque des faits passés :

Le ton dont il parla fit retentir les bois,
Et découvrit tout le mystère.
Chacun **se réveille** à ce son,
Les Brebis, le Chien, le Garçon. (La Fontaine, *Fables*, III, 3)

L'énoncé au présent prend cette valeur grâce au contexte passé où il est employé. L'emploi inattendu du présent après les passés simples peut mettre en valeur un évènement important et donner plus de vivacité au récit.

ENTRAINEMENT

Corrigé p. 226

Indiquez les valeurs temporelles des phrases au présent de l'indicatif.

1. Je me trompe d'heure ; ce n'est que la demie. Quelle est donc cette lumière sous le portique de l'église ? On taille, on remue les pierres. Il parait que ces hommes sont courageux avec les pierres. Comme ils coupent, comme ils enfoncent ! Ils font un crucifix ; avec quel courage ils le clouent !

Musset, *Lorenzaccio*, IV, 9.

2. On voit ici que de jeunes enfants,
Surtout de jeunes filles,
Belles, bien faites, et gentilles,
Font très mal d'écouter toutes sortes de gens,
Et que ce n'est pas chose étrange,
S'il en est tant que le loup mange.

Perrault, *Le Petit Chaperon rouge.*

À RETENIR

- Un énoncé au présent de l'indicatif situe, par défaut, dans l'époque présente, le procès qui peut occuper un intervalle de temps plus ou moins vaste, du plus étroit [énoncé performatif] au plus étendu [présent omnitemporel].
- Suivant le contexte, le sens du verbe ou une indication temporelle, un énoncé au présent peut situer le procès dans l'avenir ou dans le passé, notamment dans un récit.

CORRIGÉS

ENTRAINEMENT

Énoncé p. 225

1. Dans cet extrait de pièce de théâtre, les énoncés au présent sont repérés par rapport à l'actualité du personnage qui parle, Lorenzo.

– *Je me trompe d'heure ; ce n'est que la demie* : présent ponctuel (repérage horaire).

– *Quelle est donc cette lumière sous le portique de l'église ? On taille, on remue les pierres. Comme ils coupent, comme ils enfoncent ! Ils font un crucifix ; avec quel courage ils le clouent !* : ces énoncés au présent situent les actions des tailleurs de pierre dans l'actualité du locuteur. Leur durée est plus vaste que le moment de leur perception par le locuteur.

– *Il parait que ces hommes sont courageux avec les pierres* : cette phrase exprime une opinion d'autrui (*il parait*) que le locuteur fait sienne dans son présent et qui se situe dans un intervalle de temps étendu.

2. Dans cette moralité du *Petit Chaperon rouge*, la proposition principale au présent (*on voit ici*) établit un lien avec la lecture du conte grâce au déictique *ici*, la situant dans un passé proche (= « on vient de voir ici »). Les autres énoncés au présent (*font, est*) expriment une vérité d'expérience qui occupe un vaste espace temporel (présent permanent).

26 L'imparfait de l'indicatif

OBJECTIFS

– Connaitre la morphologie de l'imparfait de l'indicatif.

– Distinguer les différentes valeurs de l'imparfait de l'indicatif.

VOIR AUSSI

– Modes, temps, aspects du verbe p. 203

– Le passé simple p. 230

– Le passé composé p. 234

TESTER SES CONNAISSANCES

Expliquez l'emploi des imparfaits dans ce texte.

C'était l'hiver dernier, dans une forêt du nord-est de la France. La nuit vint deux heures plus tôt, tant le ciel était sombre. J'avais pour guide un paysan qui marchait à mon côté, par un tout petit chemin, sous une voûte de sapins dont le vent déchaîné tirait des hurlements. Entre les cimes, je voyais courir des nuages en déroute, des nuages éperdus qui semblaient fuir une épouvante. Parfois, sous une immense rafale, toute la forêt s'inclinait dans le même sens avec un gémissement de souffrance ; et le froid m'envahissait, malgré mon pas rapide et mon lourd vêtement.

Maupassant, *Contes de la Bécasse*, « La Peur », 1883.

Les imparfaits sont employés dans une séquence descriptive pour présenter des faits passés. Les verbes à l'imparfait expriment des faits d'arrière-plan. *C'était* introduit une localisation temporelle et spatiale. La plupart des verbes s'emploient dans des phrases qui décrivent la situation météorologique (*était, tirait, s'inclinait*) ou la situation (*avais*) et les perceptions (*voyais, envahissait*) du narrateur. La tombée de la nuit constitue l'événement marquant, présenté au passé simple (*La nuit vint deux heures plus tôt*). La marche du paysan (*qui marchait*) est décrite dans sa continuité, sans indication d'une limite finale.

LE COURS

1 Morphologie de l'imparfait de l'indicatif

- L'imparfait de l'indicatif se forme sur un seul radical, il marchait, qui correspond à la base de la 1re personne du pluriel du présent de l'indicatif des verbes à plusieurs bases : nous finissons / il finissait ; nous pouvons / il pouvait, sauf pour le verbe *être*, il était.

- L'imparfait de l'indicatif a des terminaisons caractéristiques :

– ***-ai-*** [ɛ] au singulier et à la 3e personne du pluriel, à laquelle s'ajoutent à l'écrit les marques de personne *-s, -s, -t, -ent* :

je marchais, tu marchais, il marchait, ils marchaient ;

– ***-i-*** à la première et à la deuxième personne du pluriel, à laquelle s'ajoutent les marques de personne *-ons, -ez* : nous marchions, vous marchiez. Cette voyelle s'ajoute au *i-* du radical des verbes en *-ier* : nous appréciions, vous appréciiez.

2 Emplois de l'imparfait de l'indicatif

2.1 Un temps du passé

- L'imparfait de l'indicatif est un **temps du passé**, qui s'oppose au passé simple ou au passé composé. Il situe un procès dans le passé avec une valeur aspectuelle qui l'oppose à ces deux temps. L'imparfait n'envisage pas les limites du procès, qu'il présente sans début ni fin, ce qui lui permet de s'accorder avec l'expression de la durée quand le sens du verbe le permet : ainsi, dans il marchait, la marche est présentée dans sa continuité, sans limite finale assignée. En l'absence de limite finale, le procès à l'imparfait peut être interrompu par un procès au passé simple :

Les explorateurs **dormaient** (imparfait), quand ils **furent** réveillés (passé simple [passif]) par un cri sauvage.

Le sommeil aurait pu se prolonger, mais il est interrompu par la perception auditive.

Comme le procès n'est pas borné, l'imparfait peut difficilement introduire à lui seul un repère temporel, qui est indiqué par un verbe au passé simple, au passé composé, ou par un complément de temps. Dans un récit, l'imparfait est employé pour exprimer des faits d'arrière-plan (commentaires, descriptions, etc.), par rapport aux évènements exprimés par le passé simple ou le passé composé. Il ne peut guère présenter la succession chronologique des procès, sauf si la succession des verbes le permet.

- Dans le discours indirect, l'imparfait est employé dans la subordonnée pour transposer le présent du discours direct après un verbe principal au passé :

Voir FICHE 35 : Le discours rapporté.

Charles a dit : « **J'ai** peur » → Charles a dit qu'il **avait** peur.

L'imparfait exprime la simultanéité par rapport au temps du verbe principal. L'imparfait a la même valeur dans le style indirect libre.

2.2 Différentes valeurs modales

L'imparfait de l'indicatif possède aussi différentes valeurs modales, sans forcément situer le procès dans le passé :

– **dans un système conditionnel**, l'imparfait employé dans la subordonnée introduite par *si*, en corrélation avec le conditionnel présent de la principale, exprime un fait possible ou impossible selon le contexte, situé dans l'avenir ou dans le présent, qui conditionne la réalisation du procès principal :

Si **j'avais** de l'argent, je ferais le tour du monde en bateau.

– **l'imparfait contrefactuel** équivaut à un conditionnel passé : associé à un complément circonstanciel indiquant le plus souvent une cause empêchante, il présente un fait contraire à la réalité passée :

Sans l'intervention courageuse d'un promeneur, l'enfant **se noyait**.

= « se serait noyé » : le pire ne s'est pas produit.

– dans une proposition principale ou indépendante, l'imparfait peut exprimer une **demande polie**, dont la force est atténuée parce qu'elle est fictivement rejetée dans le passé :

Je **voulais** / **venais** vous demander l'autorisation de m'absenter la semaine prochaine.

L'imparfait a d'autres valeurs spécifiques, dans des conditions d'emploi particulières : consulter les grammaires et voir FICHE 27 : Le passé simple.

ENTRAINEMENT

Corrigé p. 230

Expliquez les valeurs de l'imparfait.

1. Quelque part, près de nous, dans une direction indéterminée, un tambour battait, le mystérieux tambour des dunes ; il battait distinctement, tantôt plus vibrant, tantôt affaibli, arrêtant, puis reprenant son roulement fantastique.

Maupassant, *Contes de la Bécasse*, « La Peur », 1883.

2. Je lui demandai ce qui l'amenait à Amiens et si elle y avait quelques personnes de connaissance. Elle me répondit ingénument qu'elle y était envoyée par ses parents pour être religieuse.

L'abbé Prévost, *Manon Lescaut*, 1753.

3. TRISSOTIN – Si la France pouvait connaitre votre prix...
VADIUS – Si le siècle rendait justice aux beaux esprits...
TRISSOTIN – En carrosse doré vous iriez par les rues.
VADIUS – On verrait le public vous dresser des statues.

Molière, *Les Femmes savantes*, III, 3, 1672.

À RETENIR

- **L'imparfait de l'indicatif** présente des faits passés sans leur assigner de limite initiale et finale. **Dans un récit**, il est employé pour exprimer des faits d'arrière-plan (commentaires, descriptions, etc.).
- **Dans le discours indirect**, l'imparfait transpose le présent du discours direct et exprime la simultanéité par rapport au verbe principal au passé.
- **Dans un système conditionnel**, il indique un fait possible ou impossible.
- L'imparfait peut servir à exprimer une **demande polie**.

CORRIGÉS

ENTRAINEMENT

Énoncé p. 229

1. Ces deux phrases contiennent le même verbe *battait*, répété.
Elles décrivent un fait passé (perception auditive), que l'imparfait présente comme une circonstance du récit.

2. Les imparfaits *amenait, avait, était envoyée* (imparfait passif d'*envoyer*) sont employés dans des propositions subordonnées qui sont successivement des interrogatives indirectes (complément du verbe *demandai*) et une complétive (complément du verbe *répondit*). Ils indiquent des procès simultanés par rapport aux verbes principaux et transposent le présent du discours direct (Je lui demandai : « Qu'est-ce qui vous amène à Amiens ? Est-ce que vous y avez quelques personnes de connaissance ? ». Elle me répondit ingénument : « J'y suis envoyée par mes parents pour être religieuse »).
NB : Le passage du discours direct au discours indirect implique également une transposition des personnes.

3. Dans ces deux phrases conditionnelles enchevêtrées, les deux pédants rivalisent de compliments. Compte tenu de leur animosité à l'égard du monde qui ne reconnait pas leur immense talent, les propositions conditionnelles en *si* expriment deux conditions non réalisées, et la phrase entière exprime l'irréel du présent (= « Hélas ! Ce n'est pas le cas ! »).

27 Le passé simple

OBJECTIFS

– Connaitre les principes généraux de la formation du passé simple.

– Différencier les emplois du passé simple.

VOIR AUSSI

– Modes, temps, aspects du verbe p. 203
– L'imparfait de l'indicatif p. 227
– Le passé composé p. 234
– Les différents systèmes d'énonciation p. 275

TESTER SES CONNAISSANCES

Expliquez l'emploi des passés simples.

Ils allèrent dans une forêt fort épaisse, où à dix pas de distance on ne se voyait pas l'un l'autre. Le Bûcheron se mit à couper du bois et ses enfants à ramasser les broutilles pour faire des fagots. Le père et la mère, les voyant occupés à travailler, s'éloignèrent d'eux insensiblement, et puis s'enfuirent tout à coup par un petit sentier détourné.
Lorsque ces enfants se virent seuls, ils se mirent à crier et à pleurer de toute leur force.

Charles Perrault, *Contes de ma mère l'Oye*, « Le Petit Poucet », 1697.

Attention ! C'est *tout à coup* qui indique une action subite et rapide, et non le passé simple *s'enfuirent* par lui-même.

– L'imparfait *voyait* indique une action secondaire (circonstance visuelle).

– Dans la dernière phrase, l'action exprimée par le verbe (*se virent*) de la subordonnée circonstancielle de temps est antérieure à celle qui est exprimée par le verbe de la principale (*se mirent* ; le verbe *se mettre* indique en outre le début de l'action de *crier* et de *pleurer*).

– Ces passés simples indiquent des faits de premier plan et marquent la succession chronologique des actions de la famille (*allèrent*), du bûcheron (*se mit*), des parents (*s'éloignèrent, s'enfuirent*) et les réactions des enfants (*se virent, se mirent*). La succession est aussi marquée par *et puis* (*s'enfuirent*).

Relevé des verbes au passé simple : *allèrent, se mit, s'éloignèrent, s'enfuirent, se virent, se mirent.*

LE COURS

1 Morphologie du passé simple

- Le **radical** du passé simple peut être identique (il finit) ou différent (il sut) de celui d'autres temps, quand les verbes ont plusieurs bases.

- Le passé simple se caractérise par la présence d'une **voyelle spécifique**, ajoutée au radical du verbe ou fondue dans celui-ci : *-a-* et *-è-* (il chanta, ils chantèrent), *-i-* (il finit, comprit, servit), *-in-* (il vint) et *-u-* (il courut, sut, parut).

- Le passé simple se caractérise surtout par ses **terminaisons de personne** :

– **au pluriel** de tous les verbes, on ajoute les terminaisons particulières *-mes*, *-tes* (avec l'accent circonflexe sur la voyelle précédente), *-rent* : nous chantâmes / courûmes ; vous chantâtes / courûtes ; ils chantèrent / coururent ;

– **au singulier** des verbes du type *chanter*, on ajoute à l'écrit ***-i*** à la 1re personne et ***-s*** à la 2e personne : je chantai, tu chantas ; la 3e personne chanta ne comporte pas de marque ;

– au singulier des autres verbes, on ajoute à l'écrit ***-s***, ***-s***, ***-t*** : je courus, tu courus, il courut.

ENTRAINEMENT 1

Corrigé p. 233

Mettez les verbes suivants au passé simple.

1. Je lis. 2. Tu conclus. 3. Il choisit. 4. Nous connaissons. 5. Vous comprenez. 6. Ils vendent. 7. On craint.

2 Emploi du passé simple

2.1 Valeur de base : passé simple et imparfait

Le passé simple, qui a presque disparu de l'usage oral en français moderne, est réservé à l'écrit ; c'est le temps de base du récit littéraire classique (voir l'extrait de Perrault ci-dessus).

Il situe dans le passé le procès exprimé par le verbe, mais il diffère par son aspect des autres temps du passé, notamment de l'imparfait. Le passé simple donne une vision globale du procès, qu'il présente comme nettement délimité dans son déroulement et clos par une borne finale.

– Dans Ils allèrent dans une forêt, l'action de se déplacer est nettement délimitée par le passé simple, qui lui assigne un terme, contrairement à l'imparfait.

– Dans Ils allaient dans une forêt, l'action n'a pas de fin assignée, d'où l'impression de durée ; elle peut être interrompue : quand ils furent arrêtés par un énorme tronc couché en travers du chemin.

ATTENTION : il est erroné d'opposer le passé simple et l'imparfait suivant la distinction scolaire « action ponctuelle / action qui dure ». Certes, l'imparfait n'assigne pas de borne finale au procès, ce qui donne une impression de durée. Mais, selon le sens du verbe, le passé simple peut exprimer une action ponctuelle : la bombe explosa, ou aussi une action qui dure : il attendit très longtemps ; il plut 40 jours et 40 nuits.

2.2 Temps du récit : passé simple et passé composé

- Dans un récit, comme le passé simple présente un procès bien délimité, il sert à introduire un repère temporel nouveau, tout en donnant au procès une certaine importance. Le passé simple présente les faits de premier plan, les évènements qui engagent la suite du récit. Une série de verbes au passé simple, qui introduisent chacun un nouveau repère temporel, marque la succession chronologique des évènements.

- Cette valeur narrative rapproche le passé simple du passé composé. Mais leur valeur énonciative est différente : le passé simple présente des faits passés coupés de la situation d'énonciation, donnant l'impression que les évènements sont éloignés dans le temps, comme dans les contes. En outre, comme cette coupure par rapport à la situation d'énonciation est manifeste à la troisième personne (il chanta, ils chantèrent), les 1re et 2e personnes du passé simple sont les moins employées, surtout au pluriel (nous chantâmes, vous chantâtes).

Voir FICHE 28 : Le passé composé.

ENTRAINEMENT 2

Corrigé p. 233

Expliquez l'emploi des passés simples.

Le Petit Poucet ouït tout ce qu'ils dirent (…). Il alla se recoucher et ne dormit point le reste de la nuit, songeant à ce qu'il avait à faire. Il se leva de bon matin, et alla au bord d'un ruisseau où il emplit ses poches de petits cailloux blancs, et ensuite revint à la maison. On partit, et le Petit Poucet ne découvrit rien de tout ce qu'il savait à ses frères.

Charles Perrault, *Contes de ma mère l'Oye*, « Le Petit Poucet », 1697.

À RETENIR

Le passé simple présente un **procès bien délimité** dans le passé.
Dans un récit, il marque la succession chronologique des faits de premier plan.

CORRIGÉS

ENTRAINEMENT 1

Énoncé p. 232

1. Je lus.
2. Tu conclus.
3. Il choisit.
4. Nous connûmes.
5. Vous comprîtes.
6. Ils vendirent.
7. On craignit.

ENTRAINEMENT 2

Énoncé p. 233

– **Relevé des verbes au passé simple :** *ouït* (ancien verbe *ouïr*), *dirent, alla, dormit, se leva, alla, emplit, revint, partit, découvrit.*
– Ces passés simples indiquent des faits de premier plan et marquent la succession chronologique des actions du Petit Poucet (*ouït, alla, dormit, se leva, alla, emplit, revint*), puis de la famille et du Petit Poucet (*partit, découvrit*). Dans la première phrase, les actions de la principale et de la subordonnée relative sont simultanées (*Le Petit Poucet ouït tout ce qu'ils dirent*). La conjonction de coordination *et* contribue à marquer la succession chronologique (*et ne dormit point ; et alla ; et le Petit Poucet ne découvrit rien*), renforcée par l'adverbe *ensuite* (*et ensuite revint à la maison*).
N.B. : dans le conte de Perrault, le texte de l'entrainement 2 précède immédiatement le texte du test initial.

28 Le passé composé

OBJECTIFS

– Connaitre la formation du passé composé (choix de l'auxiliaire).

– Différencier les emplois du passé composé.

– Connaitre aussi les valeurs du plus-que-parfait.

VOIR AUSSI

– Modes, temps, aspects du verbe p. 203

– Les emplois du verbe *être* p. 213

– L'imparfait de l'indicatif p. 227

– Le passé simple p. 230

– Les différents systèmes d'énonciation p. 275

TESTER SES CONNAISSANCES

Expliquez la formation et l'emploi des passés composés.

1. Longtemps Philippe s'est couché de bonne heure. Ce soir-là, après avoir fait le tour des écuries, il s'est endormi facilement. Vers minuit, il a été réveillé par les hennissements des chevaux. Il est sorti rapidement de sa chambre et a perçu une forte odeur de brulé : l'écurie était en flammes. Il a fait sortir les chevaux puis il a téléphoné aux pompiers qui sont rapidement arrivés sur les lieux et ont pu éteindre l'incendie. Aucun cheval n'a été blessé.

2. Quand Pierre a pris son petit déjeuner, il lit son journal avant de partir travailler.

3. – Est-ce que Luc est là ? – Non, il est sorti.

1. Tous les passés composés expriment des évènements passés dans leur succession chronologique, par opposition à l'imparfait *était* qui sert à indiquer un état passé.
Les verbes transitifs *sentir*, *téléphoner*, *faire* forment leur passé composé avec l'auxiliaire *avoir*.
Dans les formes passives *a été réveillé*, *a été blessé*, le verbe *être* forme son passé composé avec l'auxiliaire *avoir*. Les verbes de mouvement *sortir*, *arriver* et les verbes pronominaux *se coucher*, *s'endormir* forment leur passé composé avec l'auxiliaire *être*.

2. Le passé composé *a pris* employé dans une subordonnée circonstancielle de temps exprime l'antériorité par rapport au verbe principal *lit* au présent. Le verbe *prendre* forme son passé composé avec l'auxiliaire *avoir*.

3. Dans cette réponse à une question, le passé composé *est sorti* exprime l'accompli du présent (au moment où je parle). Le verbe *sortir* forme son passé composé avec l'auxiliaire *être*.

LE COURS

1 Morphologie du passé composé

Comme temps composé du verbe, le passé composé de l'indicatif est formé d'un auxiliaire, *être* ou *avoir*, conjugué au présent de l'indicatif, et de la forme du participe passé du verbe.

Être ou *avoir* ?

Voir FICHE 23 : Les emplois du verbe *être*.

- La plupart des verbes forment leur passé composé avec l'auxiliaire *avoir* :
  il a chanté, il a dormi ; il a couru.
- L'auxiliaire *être* s'emploie dans des cas précis :

– avec certains verbes qui expriment un mouvement ou un changement d'état :
  il est allé, il est arrivé, il est né, il est tombé.

– avec les verbes à la forme pronominale :
  il s'est sauvé / il a sauvé un enfant.

- Selon leur sens, certains verbes s'emploient avec *être* ou *avoir* :
  Il est monté au 40e étage / Il a monté le courrier – Il a changé / Il est changé.

REMARQUE : les raisons du choix de l'auxiliaire, présentées ici pour le passé composé, sont les mêmes pour tous les temps composés du verbe.

2 Valeurs du passé composé

2.1 Un évènement passé

- En français moderne, le passé composé remplace le passé simple, pour indiquer un évènement passé, un fait de premier plan qui s'est produit dans le passé, par opposition à l'imparfait qui indique un fait passé secondaire :

Voir FICHE 26 : L'imparfait de l'indicatif.

  Le défilé du carnaval de Strasbourg a été annulé, parce qu'une violente tempête s'annonçait.

En général, quand le passé composé est employé dans plusieurs phrases d'un récit, il marque la succession chronologique des évènements :

  Il est allé au cinéma voir *Avatar* en 3D. Mais il n'a pas pu avoir de place. Il est rentré chez lui regarder le DVD de *Titanic*.

- Cependant, le passé composé ne présente pas l'évènement passé de la même manière que le passé simple. Grâce à son auxiliaire au présent, le passé composé marque un lien entre cet évènement et le moment présent où il est évoqué. Autrement dit, le locuteur relie au moment de son énonciation le fait passé qu'il évoque. Par exemple, si je dis : J'ai manqué le train, je relie cet évènement à mon présent.

Voir FICHE 27 : Le passé simple.

2.2 L'accompli du présent

Comme tout temps composé, le passé composé garde sa valeur aspectuelle première : il exprime l'accompli du présent. Si je dis : J'ai déjeuné, c'est moins l'action passée qui importe que l'achèvement de l'action de déjeuner au moment où je parle (= « je suis rassasié »).

Cette valeur accomplie est particulièrement nette avec les verbes employés avec l'auxiliaire *être*, qui expriment souvent davantage le résultat présent que l'action passée. Si je dis : Les pompiers sont arrivés, je veux d'abord signifier que « les pompiers sont là ».

2.3 Un antérieur du présent

En relation avec cette idée d'accompli, le passé composé peut aussi exprimer un antérieur du présent, en particulier dans une phrase complexe où il est employé en corrélation avec le présent.

Le samedi soir, quand ils ont dîné, ils vont au cinéma.

Le passé composé *ont dîné* indique une action qui est antérieure au présent *vont*.

REMARQUE : la valeur du passé composé dépend du contexte où il est employé :
– L'antérieur du présent [2.3] se manifeste surtout dans une corrélation entre deux propositions, l'une au passé composé, l'autre au présent.
– Une phrase comme : Les pompiers sont arrivés, peut exprimer l'accompli du présent [2.2] (= « Ils sont là »), mais elle peut aussi simplement indiquer un évènement passé [2.1] dans un récit : Les pompiers sont arrivés rapidement.

ENTRAINEMENT 1

Corrigé p. 238

Mettez les verbes du texte suivant au passé composé ou à l'imparfait.

Une nuit qu'il dort, il croit entendre quelqu'un l'appeler. Il tend l'oreille et ne distingue que le mugissement des flots. Mais la même voix reprend :

– Julien !

Elle vient de l'autre bord, ce qui lui parait extraordinaire, vu la largeur du fleuve. Une troisième fois, on appelle : « Julien ! ».

Et cette voix a l'intonation d'une cloche d'église. Ayant allumé sa lanterne, il sort de la cahute.

D'après Gustave Flaubert, *La Légende de saint Julien l'Hospitalier.*

DIFFICULTÉS RENCONTRÉES

Une forme verbale comprenant le verbe *être* et un participe passé n'est pas toujours un passé composé :

- Pierre est venu est bien un passé composé actif, qu'on peut remplacer par une forme simple : Pierre vient.
- La voiture est réparée par le garagiste est une phrase passive ; *est réparée* est une forme du présent passif du verbe *réparer*, comme le prouve le retour à l'actif : *le garagiste répare la voiture*.
- Les enfants sont très fatigués est une simple phrase attributive, ni au passé composé, ni au passif. L'adjectif *fatigués* est attribut du sujet *les enfants*. Il est modifié par l'adverbe *très*, comme tout adjectif gradable, et il peut être remplacé par un adjectif comme *las*, *calmes*, *nerveux*.

Voir FICHE 23 : Les emplois du verbe *être*.

Attention : ces confusions sont également possibles avec les autres temps composés, par exemple dans le cas du **plus-que-parfait** et d'une séquence *être* à l'imparfait + participe passé : Pierre était venu / La voiture était réparée / Les enfants étaient très fatigués.

ENTRAINEMENT 2

Corrigé p. 238

Distinguez les différentes valeurs de *être* + participe passé dans les phrases suivantes.

1. L'avion de Paris est arrivé avec une heure de retard.
2. Nicolas est complètement épuisé.
3. Les poubelles sont sorties tous les mardis par le concierge.
4. Pierre est descendu par erreur du tram à l'arrêt Broglie.
5. Des trafiquants sont régulièrement arrêtés par la police à la frontière de la Bordurie.
6. Ce manteau est usé jusqu'à la corde.

POUR ALLER PLUS LOIN

Le plus-que-parfait

- Le plus-que-parfait est la forme composée correspondant à l'imparfait ; il situe le procès par rapport à un repère temporel passé. Comme tout temps composé :

– il exprime l'**accompli** : le procès est achevé au point de référence passé :

À la fin de la nuit, il **avait dépensé** tout son argent dans les machines à sous de Las Vegas.

– il marque **l'antériorité** par rapport à un repère passé, souvent dans un système principale-subordonnée, en corrélation avec un verbe à l'imparfait, au passé simple ou au passé composé :

Comme il **avait perdu** ses clés, il sonna / a sonné chez la voisine.

Quand il **avait vidé** son premier verre de lait, il en demandait un autre.

Cependant, ces deux valeurs, aspectuelle et temporelle, sont souvent indissociables.

- Le plus-que-parfait possède des emplois symétriques à ceux de l'imparfait, entre autres :

– dans un **système hypothétique** avec *si*, le plus-que-parfait s'emploie en corrélation avec le conditionnel passé de la principale ; la phrase exprime l'irréel du passé :

Si j'**avais gagné** au tiercé, j'aurais acheté une voiture de course.

– dans une **formule de politesse**, il sert aussi à atténuer une assertion, en la rejetant dans le passé :

J'**étais venu** vous demander de me permettre de m'inscrire en master.

À RETENIR

- **Le passé composé** est formé de l'auxiliaire *être* ou *avoir* au présent de l'indicatif et du participe passé. Il s'emploie le plus souvent pour indiquer un évènement de premier plan qui s'est produit dans le passé. Dans certains cas, il peut indiquer l'accompli du présent ou l'antériorité par rapport au présent.
- **Le plus-que-parfait,** forme composée correspondant à l'imparfait, exprime l'accompli ou l'antériorité par rapport à un repère passé.

CORRIGÉS

ENTRAINEMENT 1

Énoncé p. 236

Une nuit qu'il ***dormait****, il* ***a cru*** *entendre quelqu'un l'appeler. Il* ***a tendu*** *l'oreille et n'****a distingué*** *que le mugissement des flots. Mais la même voix* ***a repris*** *:*
– Julien !
Elle ***venait*** *de l'autre bord, ce qui lui* ***a paru*** *extraordinaire, vu la largeur du fleuve. Une troisième fois, on* ***a appelé*** *: « Julien ! ».*
Et cette voix ***avait*** *l'intonation d'une cloche d'église. Ayant allumé sa lanterne, il* ***est sorti*** *de la cahute.*

Les faits passés de premier plan (actions, perceptions, réactions subjectives) sont au passé composé. L'imparfait est employé dans des phrases présentant des descriptions ou des circonstances des actions principales.

ENTRAINEMENT 2

Énoncé p. 237

1. *L'avion de Paris* ***est arrivé*** *avec une heure de retard* : passé composé.
2. *Nicolas* ***est*** *complètement* ***épuisé*** : *être* + adjectif attribut.
3. *Les poubelles* ***sont sorties*** *tous les mardis par le concierge* : présent passif.
4. *Pierre* ***est descendu*** *par erreur du tram à l'arrêt Broglie* : passé composé.
5. *Des trafiquants* ***sont*** *régulièrement* ***arrêtés*** *par la police à la frontière de la Bordurie* : présent passif.
6. *Ce manteau* ***est usé*** *jusqu'à la corde* : *être* + adjectif attribut.

29 Le futur de l'indicatif

OBJECTIFS

– Connaitre les principes généraux de la formation du futur.

– Distinguer les valeurs des futurs simple et composé.

VOIR AUSSI

– Modes, temps, aspects du verbe p. 203
– Le présent de l'indicatif p. 223
– Le conditionnel p. 242

TESTER SES CONNAISSANCES

Expliquez l'emploi des futurs dans les phrases suivantes.

1. Je passerai vous voir demain sans faute.
2. Vous adresserez cette lettre au président du Conseil régional.
3. Je vous demanderai de ne pas parler de l'enquête en cours.
4. Nous partirons en vacances quand nous aurons passé les épreuves orales.
5. Je me demande pourquoi il revient. Il aura oublié de me demander quelque chose.

1. Avec un sujet à la 1re personne du singulier, le futur simple exprime une promesse faite par le locuteur. **2.** Le futur simple exprime un ordre à la personne désignée par la 2e personne. **3.** Le futur simple sert à atténuer la demande du locuteur. **4.** Le futur simple *partirons* situe le procès principal dans l'avenir ; le futur antérieur *aurons passé* indique que le procès de la subordonnée de temps est antérieur dans l'avenir au procès principal. **5.** Le futur antérieur *aura oublié* exprime une explication probable portant sur le passé (= « je suppose qu'il a oublié... »).

LE COURS

1 Morphologie du futur

1.1 Le **futur simple** se reconnait d'abord à ses terminaisons spécifiques :

– **à l'écrit**, la marque *-r-* du futur est suivie de six terminaisons de personnes différentes : *-ai, -as, -a, -on, -ez, -ont* :

chanterai, chanteras, chantera, chanterons, chanterez, chanteront.

> ATTENTION : ne pas confondre, à la 1re personne du singulier, le futur *-rai* et le conditionnel *-rais*.

– **à l'oral**, la marque [ʀ] est suivie de terminaisons de personnes qui ne sont pas totalement différentes : celles des 2e et 3e personnes du singulier sont identiques [a], ainsi que celles des 1e et 3e personnes du pluriel [ɔ̃].

Contrairement à ce qu'on dit dans les grammaires, la formation du futur n'est pas toujours prévisible à partir de l'infinitif du verbe. Les verbes en *-er* forment leur futur sur le radical du présent de l'indicatif : chante-ra. Le radical du futur des autres verbes correspond à l'infinitif : fini-ra, prend-ra, ou aux deux premières personnes du pluriel du présent de l'indicatif : recev-rons. Les verbes *courir* et *mourir* cumulent la marque *-r-* du futur avec le *-r* final de leur radical : cour-ra, mour-ra.

Certains verbes fréquents ont une base spécifique au futur :

avoir / au-ra, *être* / se-ra, *pouvoir* / pour-ra, *savoir* / sau-ra, *venir* / viend-ra, etc.

1.2 Le **futur antérieur** est formé des auxiliaires *avoir* ou *être* au futur simple, suivis du participe passé du verbe : il aura chanté, il sera venu.

2 Emplois du futur

En français, seul l'indicatif possède des temps verbaux appelés futurs, une forme simple (futur simple) et une forme composée (futur antérieur). On présente ici les valeurs les plus courantes du futur.

2.1 Emplois du futur simple

- **Valeur temporelle**

Comme son nom l'indique, le futur simple situe le procès dans l'avenir par rapport au moment de l'énonciation, seul : Je reviendrai, ou accompagné d'un adverbe ou d'un complément de temps : Je reviendrai demain / la semaine prochaine.

Des verbes au futur qui se suivent peuvent indiquer :
– la succession des procès, le plus souvent :
J'irai à la bibliothèque, (puis) j'irai retirer mes billets de train à la gare.
– la simultanéité des procès, surtout dans une phrase complexe : Qui vivra verra.

Dans l'expression de l'avenir, le futur simple est concurrencé :
– par le présent de l'indicatif, obligatoirement accompagné d'un complément de temps :
Je reviens demain.

Voir FICHE 25 : Le présent de l'indicatif.

– par le semi-auxiliaire *aller* au présent suivi de l'infinitif du verbe (Je vais revenir). Dans ce cas, *aller* + infinitif présente le procès à venir comme imminent (« futur proche »). Comparer : Le train de Paris partira à 10h24 et Le train de Paris va partir.
– par les semi-auxiliaires *pouvoir* et *devoir* qui expriment respectivement la possibilité et la probabilité : Il peut pleuvoir. Il doit pleuvoir.

- **Valeurs modales**

Le futur simple peut exprimer différentes valeurs modales associées à l'avenir, qui sont reconnues par la situation dans laquelle la phrase est employée :

– **Futur injonctif** : une phrase au futur ayant un sujet à la 2e personne peut avoir une valeur injonctive, moins pressante que l'impératif :
Vous me rendrez ce devoir mardi prochain.

– **Futur de promesse** : en employant *je*, le locuteur peut s'engager à accomplir une action dans l'avenir :
Je ferai des réformes pour moderniser le pays.

– **Futur d'atténuation** : le futur employé au lieu du présent peut atténuer une affirmation, souvent à la première personne :
En ce cas, Monsieur, je vous dirai franchement que je n'approuve point votre méthode. (Molière, *Dom Juan*.)

2.2 Emplois du futur antérieur

- Comme tout temps composé, le futur antérieur exprime l'accompli ou l'antérieur :

– Il peut présenter un procès accompli dans l'avenir, généralement associé à un complément de temps qui apporte un repère temporel :
Au XXVe siècle, les hommes **auront découvert** d'autres planètes semblables à la Terre.
– En corrélation avec un futur simple dans une phrase complexe, il marque l'antériorité :

L'épreuve de sauts d'obstacles commencera quand les cavaliers **auront reconnu** le parcours.

- Le futur antérieur peut parfois exprimer une supposition portant sur le passé, et non sur l'avenir : Je pense que Philippe vous **aura appris** cette bonne nouvelle.

ENTRAINEMENT

Corrigé p. 241

Analysez les valeurs du futur dans le texte suivant.

Encore deux ou trois réflexions de haute politique, et vous verrez le monde comme il est. En y jouant quelques petites scènes de vertu, l'homme supérieur y satisfait toutes ses fantaisies au grand applaudissement des niais du parterre. Avant peu de jours vous serez à nous. (…) Je vous permets de me mépriser encore aujourd'hui, sûr que plus tard vous m'aimerez. Vous trouverez en moi de ces immenses abimes, de ces vastes sentiments concentrés que les niais appellent des vices ; mais vous ne me trouverez jamais ni lâche ni ingrat.

Balzac, *Le Père Goriot*, 1835.

À RETENIR

- Les temps du futur ont d'abord une **valeur temporelle** : le futur simple situe le procès dans l'avenir ; le futur antérieur présente un procès accompli ou antérieur dans l'avenir.
- Le futur simple peut aussi avoir une valeur injonctive, exprimer une promesse ou atténuer une affirmation. Le futur antérieur peut, quant à lui, exprimer une supposition sur le passé.

CORRIGÉS

ENTRAINEMENT

Énoncé p. 241

Ce texte est un extrait du discours de Vautrin à Rastignac.
– *Vous verrez* : Vautrin présente une action probable dans l'avenir.
– *Avant peu de jours vous serez à nous* : Vautrin prédit un procès qui se réalisera dans l'avenir proche (*avant peu de jours*).
– *Sûr que plus tard vous m'aimerez* : Vautrin situe le procès dans un avenir plus ou moins éloigné (*plus tard*) et l'envisage avec certitude (*sûr*).
– *Vous trouverez* (deux occurrences) : on peut considérer que la découverte de la personnalité de Vautrin par Rastignac est située dans l'avenir, mais surtout que cette formulation au futur constitue une affirmation atténuée de certains traits de cette personnalité complexe.

30 Le conditionnel

OBJECTIFS

– Connaitre les principes généraux de la formation du conditionnel.

– Distinguer les valeurs des conditionnels présent et passé.

VOIR AUSSI

– Modes, temps, aspects du verbe p. 203

– Le présent, l'imparfait et le futur de l'indicatif p. 223

TESTER SES CONNAISSANCES

Expliquez l'emploi des conditionnels dans les phrases suivantes.

1. Je savais bien que le chat reviendrait à la maison.
2. Si l'hiver se prolongeait, je partirais en vacances en Australie.
3. Le président viendrait prochainement rencontrer le maire de Bordeaux.
4. J'aimerais réserver deux places pour Bakou.
5. L'Iran aurait expérimenté un missile de longue portée.
6. Si j'avais sauvegardé à temps mon fichier, je n'aurais pas perdu mon dossier de candidature.

1. Ce conditionnel présent employé dans une subordonnée complétive exprime un futur par rapport au passé (imparfait de la principale).
2. Dans ce système hypothétique, le conditionnel présent exprime une action possible dans l'avenir ou non réalisée dans le présent, selon que la condition est placée dans l'avenir (= *l'hiver se prolongera peut-être*) ou non vérifiée dans le présent (= *l'hiver est fini*).
3. Ce conditionnel présent indique une information incertaine à propos d'un procès situé dans l'avenir.
4. Ce conditionnel présent sert à formuler une demande polie.
5. Ce conditionnel passé indique une information incertaine à propos d'un procès situé dans le passé.
6. Dans ce système hypothétique, le conditionnel passé exprime une action non réalisée dans le passé = *comme je n'ai pas sauvegardé à temps mon fichier, j'ai perdu mon dossier.*

LE COURS

1 Morphologie du conditionnel

1.1 Le **conditionnel présent** est formé, comme le futur, par l'adjonction de la marque *-r-* au radical du verbe, suivie des terminaisons de l'imparfait de l'indicatif :

je parlerais, tu parlerais, il parlerait, nous parlerions, vous parleriez, ils parleraient.

1.2 Le **conditionnel passé** est formé des auxiliaires *avoir* ou *être* au conditionnel présent suivis du participe passé du verbe : il aurait chanté, il serait venu.

• Pour le choix du radical verbal, voir FICHE 29, Le futur de l'indicatif.
• Pour le fonctionnement des terminaisons, voir FICHE 26, L'imparfait de l'indicatif.

2 Emplois du conditionnel

On ne traite plus le conditionnel comme un mode, mais comme un temps de l'indicatif, les deux formes du conditionnel (parlerait, aurait parlé) s'opposent aux deux formes correspondantes du futur (parlera, aura parlé), dont elles partagent la marque *-r-*.

2.1 Emplois du conditionnel présent

a. Valeur modale

• Même si le conditionnel n'est pas un mode, il possède une valeur modale fondamentale qui s'oppose à celle du futur. Avec le conditionnel présent, le procès à venir est envisagé avec une **forte dose d'incertitude**, que le futur simple tend au contraire à réduire. Le conditionnel présent est une sorte de **futur hypothétique** :

– quand je dis Je viendrais demain, je n'en suis pas sûr ;

– quand je dis Je viendrai demain, c'est probable.

– Au conditionnel, la réalisation de l'action est envisagée négativement : au mieux, elle est possible.

Cette valeur du conditionnel se manifeste nettement dans les **systèmes hypothétiques**. En corrélation avec une subordonnée à l'imparfait introduite par *si*, le conditionnel de la principale présente une action possible dans l'avenir ou impossible dans le présent, en fonction du contexte :

Si j'avais de l'argent, je **ferais** un tour du monde en bateau.

Cette phrase, ambigüe hors contexte, peut exprimer un fait possible dans l'avenir, si la condition est satisfaite (= j'aurai de l'argent), ou impossible dans le présent si la condition n'est pas réalisée au moment où je parle (= je n'ai pas d'argent). La tradition parle de **potentiel** dans le premier cas et d'**irréel du présent** dans le second.

• On peut aussi rencontrer le conditionnel dans deux propositions juxtaposées, la première exprimant la condition :

J'**aurais** de l'argent, je **ferais** un tour du monde en bateau.

• En dehors des systèmes hypothétiques, le conditionnel, malgré son nom, n'indique pas forcément qu'un fait est soumis à une condition.

– Le conditionnel peut aussi exprimer une **opinion illusoire**, souvent avec un verbe déclaratif (*on dirait*) ou un verbe d'opinion :

Avec toute cette neige et ce froid, on **se croirait** en Sibérie.

– Le conditionnel peut aussi **atténuer** une demande, une volonté ou un conseil :

Je **voudrais** savoir si le directeur peut me recevoir. J'**aimerais** vous parler.

L'atténuation est plus marquée qu'avec le futur, en raison de la valeur hypothétique du conditionnel.

– La presse emploie fréquemment le conditionnel pour indiquer une **information incertaine**, en précisant que cette information est donnée... « au conditionnel » :

Les cendres d'Albert Camus **seraient transférées** au Panthéon.
conditionnel présent passif

Le conditionnel présent évoque un procès situé dans l'avenir (ici) ou dans le présent.

b. Valeur temporelle

• Le conditionnel peut avoir aussi une valeur temporelle : il présente un futur vu à partir du passé dans des contextes bien précis :

Iseult espérait que Tristan reviendrait.
Iseult espère que Tristan reviendra.

Dans une subordonnée complétive, le conditionnel présent (*reviendrait*) indique le futur par rapport au passé indiqué dans la principale par l'imparfait (*espérait*), de la même manière que le futur simple (*reviendra*) indique le futur par rapport au présent (*espère*) de la principale.

Cette règle de concordance des temps s'applique au style indirect libre, fréquent dans la littérature : Tristan reviendrait. Iseult en était persuadée.

Voir la FICHE 35 : Le discours rapporté.

• On ne peut pas exclure totalement dans ces emplois temporels la valeur modale du conditionnel : le procès au conditionnel peut aussi être senti comme possible ou incertain. Dans cet emploi temporel, le conditionnel présent est concurrencé par le verbe *aller* à l'imparfait suivi de l'infinitif : Iseult pensait que Tristan allait revenir. On dit *qu'aller* + infinitif exprime le **prospectif**.

2.2 Emplois du conditionnel passé

Les emplois du conditionnel passé sont parallèles à ceux du conditionnel présent.

a. Valeur modale

Le conditionnel passé situe un fait dans le passé, alors que le conditionnel présent le situe dans le présent ou dans l'avenir.

• Dans les **systèmes hypothétiques**, en corrélation avec une subordonnée au plus-que-parfait introduite par *si*, le conditionnel passé de la principale présente une action qui ne s'est pas réalisée dans le passé (on parle d'irréel du passé) :

Si j'avais acheté des chaines, j'aurais pu passer ce col enneigé avec ma voiture.

• Le conditionnel passé peut aussi exprimer une **opinion illusoire** dans le passé :

Avec toute cette neige et ce froid, on se serait cru en Sibérie.

- Le conditionnel situe dans le passé une **information incertaine** :
  On aurait découvert des traces de vie sur Mars.

- Avec le conditionnel passé, l'**atténuation** est plus forte qu'avec le conditionnel présent, car elle est fictivement rejetée dans un passé hypothétique :
  J'aurais voulu rencontrer le directeur.

b. **Valeur temporelle**

Dans une phrase complexe, comme tout temps composé, le conditionnel passé peut exprimer l'antériorité par rapport au conditionnel présent :

Il disait qu'il reviendrait quand elle l'aurait appelé.

Comme le conditionnel présent transpose le futur simple après un verbe principal au passé, le conditionnel passé transpose le futur antérieur :

Fabrice disait qu'il serait parti avant l'orage.

ENTRAINEMENT

Corrigé p. 245

Analysez les valeurs du conditionnel dans le texte suivant.

Eh bien, vous m'auriez fait de la peine de parler autrement, reprit le tentateur. Vous êtes un beau jeune homme, délicat, fier comme un lion et doux comme une jeune fille. Vous seriez une belle proie pour le diable. (...) Ah ! si vous vouliez devenir mon élève, je vous ferais arriver à tout. Vous ne formeriez pas un désir qu'il ne fût à l'instant comblé, quoi que vous puissiez souhaiter : honneur, fortune, femmes. On vous réduirait toute la civilisation en ambroisie. Vous seriez notre enfant gâté, notre Benjamin, nous nous exterminerions tous pour vous avec plaisir. Tout ce qui vous ferait obstacle serait aplati.

Balzac, *Le Père Goriot*, 1835.

À RETENIR

- **Le conditionnel** présente un fait comme hypothétique, possible ou impossible.
- Le conditionnel présent situe le procès dans l'avenir ou dans le présent, le conditionnel passé le situe dans le passé.
- Le conditionnel peut aussi avoir une valeur temporelle, pour exprimer un futur vu du passé.

CORRIGÉS

ENTRAINEMENT

Énoncé p. 245

Ce texte est un extrait du discours de Vautrin à Rastignac.

– *Vous m'auriez fait de la peine de parler autrement* : le conditionnel passé exprime un fait passé qui ne s'est pas réalisé, autrement dit un irréel du passé (= « vous ne m'avez pas fait de peine »). Le groupe infinitif *de parler autrement* exprime la condition qui n'a pas été remplie (= « si vous aviez parlé autrement »).

– *Vous seriez une belle proie pour le diable* : avec ce conditionnel présent, Vautrin fait une hypothèse sur l'avenir de Rastignac, fondée sur une condition implicite inférée de la phrase précédente (par exemple, « si vous restiez comme vous êtes maintenant »).

– *Si vous vouliez devenir mon élève, je vous ferais arriver à tout* : dans ce système hypothétique, Vautrin formule une hypothèse sur l'avenir et fait imaginer à Rastignac un monde possible si la condition qu'il pose (*si* + imparfait) est acceptée (*devenir mon élève*) ; il détaille ces possibles dans les différentes phrases au conditionnel présent : *je vous **ferais** arriver à tout ; on vous **réduirait** toute la civilisation en ambroisie ; vous **seriez** notre enfant gâté ; nous nous **exterminerions** tous pour vous ; tout ce qui vous **ferait** obstacle **serait aplati*** (forme passive).

31 Le subjonctif

OBJECTIF

Connaitre la conjugaison du subjonctif présent et les emplois du subjonctif en général.

VOIR AUSSI

– Phrase simple et phrase complexe p. 67
– Les propositions subordonnées p. 73
– Les emplois de *que* p. 142
– Modes, temps, aspects du verbe p. 203

TESTER SES CONNAISSANCES

Relevez les verbes au subjonctif et expliquez ses emplois.

1. Qu'il vienne immédiatement.
2. Nous souhaitons que vous réussissiez ce concours.
3. Il est possible que Schumacher gagne cette course.
4. Jean Valjean est le seul qui puisse sauver Marius.
5. Je resterai ici jusqu'à ce que le directeur me reçoive.
6. Quoi qu'il fasse, il ne parvient pas à séduire les électeurs.
7. Ne plantez pas de maïs OGM dans ce champ, de peur que les champs voisins soient contaminés.

1. *vienne*, exprime un ordre. **2.** *réussissiez*, après un verbe exprimant une volonté. **3.** *gagne*, construction impersonnelle comportant l'adjectif *possible*. **4.** *puisse* : *seul* exprime une restriction qui implique le subjonctif. **5.** *reçoive*, subordonnée introduite par la locution *jusqu'à ce que*. **6.** *fasse* : *quoique* exprime la concession. **7.** *soient*, après *de peur que* exprimant un but négatif.

Corrigé détaillé p. 252

LE COURS

1 Définition

Le subjonctif est un **mode personnel**, qui comprend quatre temps dans les tableaux de conjugaison, où il est marqué par *que* :

– **deux formes simples** : le présent qu'il parle et l'imparfait qu'il parlât ;
– **deux formes composées** : le passé qu'il ait parlé et le plus-que-parfait qu'il eût parlé.

En français courant, on emploie surtout le présent et le passé ; l'imparfait et le plus-que-parfait, usuels en français classique, s'emploient aujourd'hui dans un registre recherché ou littéraire.

2 Morphologie du présent du subjonctif

2.1 Radical

Règle pratique : la forme du radical de la 3ᵉ personne du pluriel de l'indicatif présent donne la forme du radical du subjonctif présent :

ils doivent → que je doive, que tu doives…

Quelques verbes courants ont une base spécifique au subjonctif présent :

qu'il aille, qu'il fasse, qu'il puisse, qu'il sache, qu'il veuille, qu'il ait, qu'il soit.

2.2 Terminaisons

- L'oral ne distingue pas les trois personnes du singulier et la 3e personne du pluriel : [paʀl] = que je parle, que tu parles, qu'il parle, qu'ils parlent.

Les 1re et 2e personnes du pluriel prennent respectivement les terminaisons [jɔ̃] et [je], qui sont identiques à celles de l'imparfait de l'indicatif :

que nous parlions, que vous parliez.

- À l'écrit, tous les verbes, sauf *être* et *avoir*, prennent les mêmes désinences aux six personnes : *-e, -es, -e, -ions, -iez, -ent*. Dans les verbes du type *chanter*, le *-e* fait généralement partie du radical. Comme à l'imparfait de l'indicatif, les verbes qui se terminent en *-i* présentent deux ***i*** successifs :

que nous riions, que vous criiez.

> ATTENTION : comme le présent de l'indicatif et le présent du subjonctif peuvent avoir la même forme aux trois personnes du singulier et à la 3e personne du pluriel (surtout pour les verbes comme *chanter*), on peut facilement les confondre. On sera guidé par le sens (voir ci-après) ou l'on essaiera de remplacer le verbe en question par une forme des verbes *être* ou *avoir* : Je crains qu'elle chante = qu'elle ait envie de chanter : subjonctif présent, après *craindre*.

ENTRAINEMENT 1

Corrigé p. 253

Mettez les verbes suivants au subjonctif présent.

1. *voir* à la 1re personne du singulier.
2. *conclure* à la 2e personne du singulier.
3. *savoir* à la 3e personne du singulier.
4. *faire* à la 1re personne du pluriel.
5. *connaitre* à la 2e personne du pluriel.
6. *crier* à la 3e personne du pluriel.

3 Valeurs et emplois du subjonctif présent

- Sur le plan **sémantique**, comme le subjonctif est plus pauvre en temps que l'indicatif, il ne peut pas situer parfaitement le procès dans la chronologie. Ainsi, le subjonctif présent exprime un procès présent ou futur. On considère que le subjonctif est un mode de « **l'interprétation du procès** »[1] : dans je souhaite qu'il vienne, l'action de venir est présentée à partir d'un souhait, et non considérée en elle-même. Cependant, on évitera l'assimilation tentante subjonctif = subjectif, car l'indicatif s'emploie aussi après des verbes exprimant la subjectivité du locuteur : j'espère/je pense qu'il viendra.

On peut dire, en termes logiques, que le subjonctif suspend la valeur de vérité de la proposition où il est employé. Dans Je souhaite qu'il vienne, la venue est simplement envisagée, sans que la vérité du procès soit prise en considération, contrairement à il vient.

1. Wagner & Pinchon, *Grammaire du français classique et moderne*, Hachette, 1962, p. 318.

- Sur le plan **syntaxique**, le subjonctif s'emploie surtout en proposition subordonnée, se présentant ainsi comme un **mode de la dépendance**. Mais il connait aussi des emplois en proposition indépendante. Pour classer et expliquer les emplois du subjonctif, on tient compte de la structure syntaxique de la phrase.

3.1 Le subjonctif en proposition indépendante ou principale

- Le subjonctif s'emploie le plus souvent dans une **phrase injonctive** pour exprimer un ordre, une exhortation ou, négativement, une défense. Obligatoirement précédé de *que* en français moderne, le subjonctif présent complète l'impératif présent :

– surtout la 3e personne du singulier : qu'il parte, ou du pluriel : qu'ils partent ;

– plus rarement la 1re personne du singulier, quand le locuteur se donne un ordre à lui-même : Que je ne fasse pas d'erreur.

- Le subjonctif s'emploie aussi dans des phrases pour **exprimer un souhait** :

Que le sort vous soit favorable !

Il se rencontre aussi sans *que* dans des expressions figées :

Vive la France ! Vivent les vacances !

- Diverses sortes de phrases exprimant **la supposition** ont leur verbe au subjonctif :

– des énoncés de problèmes : Soit un triangle isocèle… ;

– des phrases juxtaposées dont la première, au subjonctif, équivaut à une subordonnée hypothétique introduite par *si* :

Qu'il arrive en retard, je ne l'attendrai pas = S'il arrive en retard…

3.2 Le subjonctif en proposition subordonnée

L'emploi du subjonctif dans une proposition subordonnée est déterminé par un élément de la principale. Cet emploi est, selon les cas, obligatoire ou optionnel.

- **Le subjonctif en proposition subordonnée complétive**

– Dans les complétives compléments d'objet introduites par *que*, c'est le **verbe principal**, exprimant le plus souvent une volonté ou un sentiment, qui **demande l'emploi du subjonctif** : Je veux, souhaite, regrette, me réjouis que Pierre parte.

– La complétive peut aussi être complément d'un nom ou d'un adjectif :

Notre crainte que l'équipe de France soit éliminée est justifiée.

Tony est heureux que Maria le rejoigne ce soir.

– Une complétive sujet est généralement au subjonctif :

Qu'elle fasse un parcours sans faute m'étonnerait.

Dans tous ces cas, l'emploi du subjonctif est obligatoire. Il est toutefois **possible de choisir entre l'indicatif et le subjonctif après certains verbes principaux** :

– des **verbes polysémiques** dont le sens change selon le mode de la complétive :

J'ai dit qu'il sorte (ordre) / J'ai dit qu'il sortira (affirmation) ;

– des **verbes d'opinion** (*croire, penser*) employés dans une phrase principale interrogative ou négative :

Crois-tu ? / Je ne crois pas que la France gagne/gagnera le match contre l'Irlande.

– des **verbes comme *imaginer, supposer*** :

Imagine qu'elle fasse/fera une brillante carrière politique.

Le choix de l'indicatif ou du subjonctif donne une appréhension différente du procès subordonné : avec le subjonctif, ce procès est vu à travers une interprétation subjective ; avec l'indicatif, il est envisagé en tant que tel (dans nos exemples au futur, l'accent est mis sur la probabilité du procès). La nuance de sens apportée par le mode explique que la norme demande l'indicatif après *espérer* (action probable) et le subjonctif après *souhaiter* (action possible, voulue) :

Il espère que la France gagnera. / Il souhaite que la France gagne.

- **Le subjonctif en proposition subordonnée circonstancielle**

En général, l'emploi du mode est fixé de manière obligatoire dans les subordonnées circonstancielles, par leur sémantisme ou par le sens de la conjonction de subordination.
– La plupart des **subordonnées temporelles** (*quand, lorsque, ...*) sont à l'indicatif, y compris celles introduites par *après que* :

Le train pour Offenburg partira après que le TGV de Paris sera arrivé.

Elles sont au subjonctif quand elles sont introduites par *avant que, en attendant que, jusqu'à ce que* :

Ne descendez pas avant que le train soit complètement arrêté.

– Les **subordonnées de but**, qui expriment une intention (*pour que, afin que, de peur que, ...*), sont au subjonctif :

Le chasse-neige dégage le col pour que les voitures puissent passer.

– Les **subordonnées concessives**, qui expriment souvent une cause possible mais inopérante (*bien que, quoique, ...*) sont au subjonctif :

Bien que l'autoroute soit interdite aux poids lourds, beaucoup de camions s'y sont engagés.

– Les **subordonnées conditionnelles** (ou hypothétiques) introduites par *si* sont à l'indicatif, alors que celles introduites par *à moins que, pourvu que, pour peu que* sont au subjonctif : Je viendrai à moins que cela vous déplaise (Académie).

- **Le subjonctif en proposition subordonnée relative**

Dans les subordonnées relatives déterminatives, une restriction exprimée dans la principale implique souvent l'emploi du subjonctif :
– quand l'antécédent contient un superlatif relatif (*le plus* + ADJ) ou un adjectif de valeur analogue (*dernier, premier, seul, ...*) :

Avatar est le film le plus impressionnant que j'aie vu depuis *Titanic*.

– quand la phrase principale est négative :

Le Ministère n'a trouvé personne qui veuille aller en mission à Kaboul.

– quand le verbe principal exprime une intention ou une évaluation :

Elle cherche à Paris un studio qui soit spacieux et bon marché.

L'indicatif n'est pas totalement exclu, mais le subjonctif est habituellement préféré.

ENTRAINEMENT 2

Corrigé p. 253

Justifiez l'emploi du subjonctif dans les phrases suivantes.

1. Je crains que les élèves ne trouvent cet exercice trop difficile.
2. Que le diable l'emporte !
3. Il est regrettable que le concert d'Indochine soit annulé.
4. Armstrong est le premier homme qui ait marché sur la Lune.
5. Inscrivez-vous aux examens avant que les délais soient dépassés.
6. Pensez-vous que le réchauffement climatique soit inévitable ?
7. Faites en sorte que l'épidémie de grippe soit efficacement combattue.

POUR ALLER PLUS LOIN

1. Seuls les principaux emplois du subjonctif ont été présentés. Pour connaitre d'autres valeurs du subjonctif, consulter les grammaires universitaires.

2. La présentation des emplois du subjonctif, limitée au présent, convient globalement à l'ensemble des temps de ce mode. Cependant, chacun des trois autres temps a des emplois spécifiques :

- **Le subjonctif passé** s'oppose au subjonctif présent sur le plan de l'aspect, notamment dans les subordonnées. Le subjonctif présent indique un procès simultané ou postérieur au procès principal, alors que le subjonctif passé indique un procès accompli ou antérieur : Je regrette qu'elle parte/soit partie.
- **L'imparfait et le plus-que-parfait du subjonctif** conservent, dans un registre littéraire ou recherché, certaines valeurs qu'ils avaient en français classique. Ainsi, on peut employer le plus-que-parfait dans une proposition principale au lieu du conditionnel passé : J'eusse aimé que vous vinssiez m'annoncer votre départ (= *J'aurais aimé...*).

Pour cet emploi, les « vieilles » grammaires parlent de « conditionnel passé deuxième forme » ; il est inutile de s'embarrasser de cette étiquette obsolète, puisque l'étiquette du temps du subjonctif suffit.

À RETENIR

- **Le subjonctif** est le mode de l'interprétation du procès.
- Il s'emploie dans une proposition indépendante ou principale exprimant l'ordre, le souhait ou la supposition.
- Son emploi dans les propositions subordonnées peut être obligatoire ou facultatif, suivant la contrainte exercée par un terme ou par le sens de la principale ou de la subordonnée.

Récapitulatif des valeurs et emplois principaux du subjonctif

Cadre syntaxique	Emploi, valeurs	Exemple
Proposition principale ou indépendante	– injonction – supposition	– Qu'il parte. – Soit un triangle isocèle…
Proposition subordonnée complétive	– COD d'un verbe de volonté ou de sentiment – sujet	– Je **veux, souhaite, regrette**, que Pierre parte. – Qu'elle vienne m'étonnerait.
Proposition subordonnée circonstancielle	– temporelle – de but – de concession – de condition	– Il vient **avant que** Luc parte. – La circulation est déviée **pour que** la route soit réparée. – Il vient travailler **bien qu'**il soit malade. – Je viendrai **à moins que** cela vous déplaise.
Proposition subordonnée relative	– après un superlatif – après une négation – avec une intention	– C'est **le plus beau** paysage que j'aie vu. – Il n'a trouvé **personne** qui le comprenne. – Elle **cherche** à Paris un studio qui soit bon marché.

CORRIGÉS

TESTER SES CONNAISSANCES

Énoncé p. 247

1. *Qu'il **vienne** immédiatement* : dans cette phrase indépendante, le verbe à la 3e personne du subjonctif exprime un ordre adressé à autrui.
2. *Nous souhaitons que vous **réussissiez** ce concours* : le verbe principal *souhaiter* exprimant une volonté demande le subjonctif dans cette subordonnée complétive COD.
3. *Il est possible que Schumacher **gagne** cette course* : cette complétive est au subjonctif parce qu'elle est complément d'une construction impersonnelle comportant l'adjectif *possible*.

4. *Jean Valjean est le seul qui **puisse** sauver Marius* : l'adjectif attribut *seul* exprime une restriction qui implique l'emploi préférentiel du subjonctif dans la subordonnée relative.

5. *Je resterai ici jusqu'à ce que le directeur me **reçoive*** : le subjonctif est obligatoire dans cette subordonnée circonstancielle de temps introduite par la locution *jusqu'à ce que*.

6. *Quoi qu'il **fasse**, il ne parvient pas à séduire les électeurs* : dans cette relative exprimant la concession, le subjonctif est obligatoire.

7. *Ne plantez pas de maïs OGM dans ce champ, de peur que les champs voisins **soient contaminés*** : après *de peur que* qui exprime un but négatif (« pour que ne … pas »), le subjonctif (présent passif) est obligatoire.

Énoncé p. 248

ENTRAINEMENT 1

1. *Que je voie* (1re personne du singulier) # Indicatif présent : *je vois.*
2. *Que tu conclues* (2e personne du singulier) # Indicatif présent : *tu conclus.*
3. *Qu'il sache* (3e personne du singulier).
4. *Que nous fassions* (1re personne du pluriel).
5. *Que vous connaissiez* (2e personne du pluriel).
6. *Qu'ils crient* (3e personne du pluriel) = Indicatif présent.

Énoncé p. 251

ENTRAINEMENT 2

1. *Je crains que les élèves ne* ***trouvent*** *cet exercice trop difficile* : après le verbe *craindre*, le subjonctif est obligatoire dans la complétive COD.
N.B. Le *ne* dans la complétive n'a pas de valeur négative (suppression possible) ; on dit qu'il est explétif.
2. *Que le diable l'emporte !* : le subjonctif est employé dans une phrase indépendante exprimant un souhait (ici, une malédiction).
3. *Il est regrettable que le concert d'Indochine* ***soit*** *annulé* : cette complétive est au subjonctif parce qu'elle est complément d'une construction impersonnelle comportant l'adjectif *regrettable* qui exprime un sentiment.
4. *Armstrong est le premier homme qui* ***ait marché*** *sur la Lune* : l'adjectif ordinal *premier* exprime une restriction qui implique l'emploi préférentiel du subjonctif dans la subordonnée relative. Le subjonctif passé *ait marché* exprime l'antériorité.
5. *Inscrivez-vous aux examens avant que les délais* ***soient dépassés*** : le subjonctif (présent passif) est obligatoire dans cette subordonnée circonstancielle de temps introduite par la locution *avant que.*
6. *Pensez-vous que le réchauffement climatique* ***soit*** *inévitable ?* : l'emploi du subjonctif est possible dans cette complétive COD du verbe *penser* qui est le noyau d'une principale interrogative. L'indicatif n'est pas exclu (*sera inévitable*), mais le subjonctif permet de mettre en valeur l'opinion sollicitée.
7. *Faites en sorte que l'épidémie de grippe* ***soit*** *efficacement* ***combattue*** : le subjonctif (présent passif) est obligatoire dans cette subordonnée circonstancielle de but introduite par la locution *en sorte que.*

AU CONCOURS Le verbe

EXERCICE 1 (Vrai ou faux ?)

Corrigé p. 258

1. L'infinitif est un mode impersonnel.

2. Le futur peut exprimer le passé.

3. Dans *Claire étudiait la guitare*, l'imparfait exprime une action accomplie.

4. Le futur antérieur peut exprimer une action accomplie.

5. Le présent peut exprimer le futur.

EXERCICE 2

Corrigé p. 258

1. Relevez et analysez les formes passives.

Je descendis [...] dans la cabine. Il y régnait un désordre difficile à imaginer. Tout ce qui fermait à clé avait été éventré pour chercher la carte. Le plancher était couvert de boue, car les bandits s'étaient installés là pour boire ou discuter après avoir pataugé dans les marais autour de leur camp. Les cloisons, autrefois peintes en blanc et ornées de dorures, étaient maculées de mains sales. Des douzaines de bouteilles vides s'entrechoquaient dans les coins, au roulis du navire. L'un des livres de médecine du docteur était ouvert sur la table ; la moitié des feuilles avaient été arrachées pour allumer des pipes, j'imagine.

Stevenson, *L'Île au trésor,* 1883.

2. Pour quelle raison l'auteur a-t-il choisi la forme passive ?

EXERCICE 3

Corrigé p. 258

Relevez et analysez tous les emplois du verbe *être*.

1. Alors, brusquement, Jeanne fut traversée par un élan d'affection, remuée jusqu'aux larmes devant cette petite mécanique qui semblait vivante, qui lui chantait l'heure et palpitait comme une poitrine.

2. Certes, elle n'avait pas été aussi émue en embrassant père et mère.

3. Pour la première fois depuis son mariage, elle était seule en son lit...

4. Elle fut réveillée au matin par une grande lueur qui teignait son lit de sang...

5. Cette facilité de donner était du reste un des grands bonheurs de leur vie...

D'après Maupassant, *Une vie*, 1883.

ANALYSE D'ERREURS 1

Corrigé p. 259

Identifiez les modes et temps des verbes en commentant les erreurs d'un élève de CE2 à l'évaluation de 1998.

Le dragon l'entdit, levat les yeux est il appercut petit Jules qui tranblet de peur il lui dit : n'est pas peur je suis un jentit dragon je ne vais pas te mangait.

ANALYSE D'ERREURS 2

Corrigé p. 259

Commentez cet exercice fait par un élève de CE2.
« Souligne le verbe en rouge dans chaque phrase puis écris-le à l'infinitif. »

1. Anatole attend son papa. *attendre*
2. Balthazar pourchasse une bécasse. *pourchasser*
3. Charles fait un cadeau. *faier*
4. David part en voyage. *voyager*
5. Éloi gagne aux points. *gagner*
6. Félix visite une exposition. *visiter*
7. Grégory réfléchit. *réfléchiter*
8. Henri teste une nouvelle invention. *tester*
9. Isidore a faim. *faim*
10. Joseph est en plein rêve. *rêver*
11. Karim connait un tas de filles. *connaiter*
12. Lino surveille étroitement sa sœur. *surveiller*
13. Max et Maurice s'ennuient. *s'ennuienter*

ANALYSE D'ERREURS 3

Corrigé p. 259

Commentez les formes et l'emploi du présent dans ce texte d'un élève en début de CE2.

Deux souris discute :
- Je fait un régime.
- Tu ne mange plus de gruillere.
- Si ! Mais que les trous.

ANALYSE D'ERREURS 4

Corrigé p. 260

Dans ce texte d'un élève de CM2, écrit en totalité à l'imparfait, remplacez les imparfaits qui ne conviennent pas par un autre temps du passé.
« Écris un rêve que tu as fait ou que tu aurais aimé faire. »

Avant de m'endormir, j'avais l'habitude de lire une petite histoire. Un soir, l'histoire que je lisais racontait la vie des animaux. Au bout d'un moment, j'avais sommeil, je posais mon livre sur la table de nuit, j'éteignais ma lampe de chevet puis je m'endormais. Je rêvais que tou les animaux vivaient autour de moi. Je voyais des cochons d'Inde, des chiens loup qui surveillaient ma porte ; les lapins se cachaient sous ma couette. Les oiseaux volaient dans toute ma chambre. Le plus drôle, je rêvais d'une baleine à bicyclette. C'était la poésie que j'apprenais à l'école. Les animaux, les mots se mélangeaient dans ma tête. Tous les animaux s'envolaient avec moi dans le ciel. Soudain, la sonnerie de mon réveil arrêtait mon rêve. J'ouvrais mes yeux et tout était calme dans ma chambre.

ANALYSE D'ERREURS 5

Corrigé p. 260

Dans ce texte d'élève de CE2 :

1. Relevez et analysez les erreurs morphologiques sur les passés simples.

2. Commentez les emplois du passé simple et de l'imparfait dans ce récit.

C'était un pauvre ourson qui etait ataqué par des chasseurs.
Ils tiraient des coups de feu. Le pauvre petit ours courait, courait
mais n'arriver pas à les semer.
Alors croâ leur donna de bon coup de bec, mais les chasseur tirra en
même tans que croâ, mais il ne se fit pas toucher et il u une idée il dit
a l'ourson d'aplée ses parent, l'ourson aplat ses parent qui arriva
furrieux. Ils fit peur aux chasseurs qui sennala en courant l'ourson
sera dans ses bras croâ, croâ contante d'avoir un copain sauta de jois.

ANALYSE D'ERREURS 6

Corrigé p. 261

Analysez les erreurs de cet élève de CE2 sur le passé composé.

Samedi je suis aller fair les soldes avec ma mère j'ai acheter des habit
et des basket. Et je suis rentrer chez moi.

ANALYSE D'ERREURS 7

Corrigé p. 261

Commentez ce travail d'un élève de CE2 sur la conjugaison du futur.

1. « Conjugue les verbes au futur de l'indicatif. »

Mentir : Vous ne lui …*mentiez*… jamais.

Devoir : Je …*devrai*… préparer le déjeuner de mon frère avant de sortir.

Décrire : L'auteur …*d'écrira*… une scène émouvante.

Se souvenir : Vous …*souvenirez*… encore de ce moment.

Croire : Quand j'étais jeune, je ………….. que les fantômes existaient.

2. **Commentez ce travail d'un élève de CE2 sur la conjugaison et l'emploi du futur.**
« Conjugue les verbes à l'infinitif, entre parenthèses, au temps qui convient dans les phrases suivantes. »

Dès qu'ils (arriver) …*arriveront*… au port, les marins (jeter) …*jetteront*… l'ancre.

Quand nous (avoir) …*allons*… terminé de peindre, nous (nettoyer) … *nettoyeront*… notre matériel.

Quand ils (être) …*sont*… arrivés au bord de la mer, j'espère qu'ils m'(envoyer) … *envoyeront*… une carte postale.

ANALYSE D'ERREURS 8

Corrigé p. 262

Analysez la formation et l'emploi du conditionnel dans ces textes d'élèves.

1. **Antoine, élève de CE1.**

Si j'étai chevalier je serai garde et roi du chateau.

2. **Jules, élève de CE2.**

Si j'étai un super-héros j'obeirai a la justice et combatrai le mal.
Sauverai les gens.
Comme habit de justicier je porterais une cape rouge.

ANALYSE D'ERREURS 9

Corrigé p. 263

1. **Relevez et expliquez les erreurs de cet élève de CE1.**
« Si tu devais choisir un pouvoir, lequel choisirais-tu et pourquoi ? »

Aimerais avoir le pouvoir de changer de couleur comme les caméléon pour qu'ont crois que je suis par exemple un buisson.

2. **Relevez et expliquez les erreurs d'un élève de CM1 dans ces phrases.**

Est-ce que je sui aussi gros que toi
Pas la paine de me resembler je n'ai pas envie que tu es un accident.

CORRIGÉS EXERCICES

EXERCICE 1

Énoncé p. 254

Pour davantage d'explications, voir les fiches détaillées des modes et temps concernés.

1. VRAI : ce mode ne porte aucune marque de personne.

2. VRAI : dans certains emplois du futur antérieur. Dans *On vous aura mis au courant de cette disparition,* le futur antérieur exprime une action probable, réalisée dans le passé.

3. FAUX : l'imparfait exprime certes une action passée, mais inaccomplie. Il n'indique pas la fin de l'action ; pour cela, il faut employer un temps composé du passé, le passé composé (*elle a étudié*) ou le plus-que-parfait (*elle avait étudié*).

4. VRAI : on peut aussi exprimer une action accomplie dans l'avenir. Dans *Au XXVe siècle, les hommes auront découvert / découvriront d'autres planètes semblables à la Terre,* le futur antérieur *auront découvert* présente la découverte comme accomplie, par opposition au futur simple qui la présente comme inaccomplie, en cours de réalisation.

5. VRAI : la phrase au présent doit comporter un complément de temps mentionnant l'époque future (Ex. *Je reviens demain soir, dans une semaine, ...*).

EXERCICE 2

Énoncé p. 254

– (ligne 2) *avait été éventré* : plus-que-parfait passif du verbe éventrer, 3e personne du singulier, sujet : la proposition *tout ce qui fermait à clé.* Le complément d'agent implicite est *les bandits.*

– (ligne 5) *étaient maculées* : imparfait passif du verbe *maculer,* 3e personne du pluriel, sujet *les cloisons.* Le complément d'agent introduit par la préposition *de* est *mains sales.*

– (ligne 7) *avaient été arrachées* : plus-que-parfait passif du verbe arracher, 3e personne du pluriel, sujet : le GN *la moitié des feuilles.* Le complément d'agent implicite est *les bandits.*

L'auteur a vraisemblablement choisi la forme passive dans ces phrases pour maintenir la continuité thématique du texte qui repose sur la succession des objets détériorés qu'il décrit. La forme passive permet de rappeler, même implicitement, le rôle négatif des pirates.

EXERCICE 3

Énoncé p. 254

1. ***fut*** *traversée* / ***(fut)*** *remuée* : auxiliaire d'un passé simple passif, 3e personne du singulier. L'auxiliaire n'est pas répété (ellipse) pour le deuxième verbe.

2. *n'**avait** pas **été** aussi émue* : copule au plus-que-parfait de l'indicatif, 3e personne du singulier, introduit l'attribut du sujet *émue.*

3. *elle **était** seule* : copule à l'imparfait de l'indicatif, 3e personne du singulier, introduit l'attribut du sujet *seule.*

4. *Elle **fut** réveillée* : auxiliaire d'un passé simple passif, 3e personne du singulier.

5. ***était*** *du reste* : copule suivie d'un groupe nominal complexe (avec expansion), 3e personne du singulier.

CORRIGÉS ANALYSES D'ERREURS

ANALYSE D'ERREURS 1

Énoncé p. 254

– Les passés simples (3e personne du singulier) : *entendit* (**entdit* : raccourcissement fautif du radical du verbe) ; **levat* (surgénéralisation de la terminaison *–t*, ajoutée à tort à un verbe du 1er groupe) ; *aperçut* (**appercut* : doublement fautif de *p* et absence de cédille) ; *dit* (même forme que le présent ; le contexte implique le passé).

– L'imparfait de l'indicatif : *tremblait* (**tranblet* : graphie erronée *an* du phonogramme [ɑ̃] et ignorance de la graphie *ai*).

– Le présent de l'indicatif : *suis, vais.*

– L'impératif présent : *n'**aie** pas peur* (**n'est* : confusion des homonymes grammaticaux ; on relève aussi *est* pour *et*).

– L'infinitif présent : *manger* (**mangait* : confusion entre l'imparfait et l'infinitif des verbes en *-er* ; ignorance de la règle phonographique de position : *ge* note [ʒ] devant *a*).

ANALYSE D'ERREURS 2

Énoncé p. 255

a. Repérage des verbes

– L'élève a des difficultés avec les locutions verbales dont il ne dissocie pas le verbe : **3.** *fait un cadeau* **9.** *a faim.*

– Il a quelquefois pris des noms à la place des verbes pour fabriquer des infinitifs : **4.** *voyage* **9.** *faim* **10.** *rêve.*

b. Restitution des infinitifs

– En toute logique, il donne comme infinitifs les noms relevés à tort : **4.** *voyager* **9.** *faim* **10.** *rêver.* Mais dans deux cas, il a fabriqué un vrai infinitif.

– L'élève ignore l'infinitif des verbes **7.** *réfléchir* et **13.** *ennuyer,* qu'il forme par ajout de la terminaison *-er* au verbe conjugué de la phrase (**réfléchiter,* **s'ennuienter*).

– Il se trompe de groupe pour les verbes **3.** *faire* et **11.** *connaitre* (**faier,* **connaiter*), formés de la même façon.

Dans ces quatre dernières erreurs, on remarque la force du modèle verbal en *-er* que l'élève applique mécaniquement. On peut s'étonner qu'il ignore l'infinitif du verbe *faire*, ce qui peut faire penser que la relation d'une forme verbale conjuguée avec l'infinitif ne va pas de soi.

ANALYSE D'ERREURS 3

Énoncé p. 255

a. L'élève a commis trois erreurs d'accord du verbe avec son sujet : **deux souris discute ;* **je fait ;* **tu mange.* Dans les trois cas, il emploie une forme de 3e personne du singulier du verbe, qu'il n'adapte pas à son contexte graphique, se contentant de noter ce qui se dit oralement (à l'oral, au présent, *discute, mange* ont quatre formes semblables, *fait* en a trois).

b. La première phrase narrative introduit un dialogue : l'emploi du présent a ici une valeur actuelle, repérée par rapport au moment de l'énonciation (fictif), où parlent les deux souris.

ANALYSE D'ERREURS 4

Énoncé p. 255

– Mettre à l'imparfait tous les verbes a pour effet « d'aplatir » le récit, en plaçant tous les faits évoqués sur le même plan. Or, à la lecture de ce texte, on perçoit une hiérarchie entre ces faits (premier plan ≠ arrière-plan). Pour la faire apparaitre, il faut remplacer certains imparfaits présentant des évènements, des faits de premier plan, par des passés composés ou des passés simples.

– S'agissant d'un récit à la 1re personne, on choisit le passé composé. Dans une écriture littéraire, on pourrait employer le passé simple (pour plus d'explications, voir les FICHES 27 et 28).

– En outre, on introduit une conjonction de temps (*comme*) pour maintenir un imparfait (ligne 3) et on remplace un imparfait par un plus-que-parfait (ligne 8) dans une subordonnée relative (*avais apprise*) pour marquer l'antériorité par rapport à l'imparfait de la principale (*était*).

Avant de m'endormir, j'avais l'habitude de lire une petite histoire. Un soir, l'histoire que je lisais racontait la vie des animaux. Au bout d'un moment, ***comme*** *j'avais sommeil,* ***j'ai posé*** *mon livre sur la table de nuit,* ***j'ai éteint*** *ma lampe de chevet puis je me* ***suis endormi****. Je rêvais que tous les animaux vivaient autour de moi. Je voyais des cochons d'Inde, des chiens loups qui surveillaient ma porte ; les lapins se cachaient sous ma couette. Les oiseaux volaient dans toute ma chambre. Le plus drôle, je rêvais d'une baleine à bicyclette. C'était la poésie que* ***j'avais apprise*** *à l'école. Les animaux, les mots se mélangeaient dans ma tête. Tous les animaux s'envolaient avec moi dans le ciel. Soudain, la sonnerie de mon réveil* ***a arrêté*** *mon rêve.* ***J'ai ouvert*** *mes yeux et tout était calme dans ma chambre.*

ANALYSE D'ERREURS 5

Énoncé p. 256

1. Erreurs morphologiques

a) Formes justes, mais erreurs d'accord avec le sujet :

– **les chasseur tirra (tirèrent)* : à part le doublement fautif du *r*, la terminaison *-a* est juste, mais elle est au singulier.

– **ses parent qui arriva (arrivèrent)* : la terminaison *-a* est juste, mais l'antécédent de *qui*, *ses parents*, demande l'accord au pluriel.

– **Ils fit (firent) peur* : même absence d'accord avec le sujet au pluriel.

b) Formes verbales erronées :

– **il u (eut)* : écriture phonétique du verbe *avoir*, ignorance de la base verbale *eu* et de la terminaison *-t* (3e singulier).

– **aplat (appela)* : erreur sur le radical verbal *appel-* et ajout d'une terminaison erronée *-t* à la terminaison normale *-a* de ce verbe du 1er groupe.

– **chasseurs qui sennala (s'en allèrent)* : absence d'accord avec l'antécédent de *qui*, *chasseurs*, absence de segmentation *de s'en aller*, avec le non doublement du *l*, et altération sensible de la valeur sonore [senala].

– ** sera (serra)* : la terminaison serait juste, mais le non doublement du *r* du verbe *serrer* altère la valeur phonique et entraine une confusion possible avec le futur du verbe *être*.

N.B. Les formes justes sont *fit, dit, donna, sauta* : l'accord au singulier ne pose pas de problèmes et les verbes sont courants.

2. Dans ce récit au passé qui suit le schéma narratif classique (situation initiale, dynamique narrative, équilibre final), l'élève emploie l'imparfait et le passé simple conformément à leurs valeurs.

– Le passé simple présente dans l'ordre chronologique les actions de premier plan, les évènements qui font progresser le récit : action initiale de Croâ (*donna*) soulignée par *alors*, réaction des chasseurs (*tirra*) et actions successives de Croâ (*fit, u, dit*), puis de l'ourson et de ses parents (*aplat, arriva, fit*), réactions des chasseurs (*s'ennala*) et actions finales de l'ourson et de Croâ (*sera, sauta*).

– L'imparfait est employé pour indiquer les faits d'arrière-plan, qui décrivent la situation initiale du récit *: c'était, était, tiraient, courait, arriver* (*=arrivait*).

L'élève rencontre donc plus de difficultés dans la conjugaison du passé simple que dans l'emploi des deux temps du passé, qu'il maitrise fort bien.

ANALYSE D'ERREURS 6

Énoncé p. 256

Cet élève a bien choisi les auxiliaires : le verbe *être* avec deux verbes de mouvement (*aller, rentrer*), le verbe *avoir* avec *acheter*. Mais il emploie par surgénéralisation la forme de l'infinitif présent après l'auxiliaire, signe qu'il ignore la règle contextuelle qui veut que *être* et *avoir* soient suivis d'un participe passé (ici, *suis allé, ai acheté, suis rentré* – au masculin après *suis* si *je* est un garçon).

Par ailleurs, ces verbes indiquent trois actions au passé de l'élève, faits de premier plan qui impliquent l'emploi du passé composé.

ANALYSE D'ERREURS 7

Énoncé p. 256

1. Conjugaison

– Un verbe est bien conjugué : *devrai* ; l'élève a choisi la bonne base et la bonne terminaison.

– Un verbe comporte une erreur graphique (mauvaise segmentation) : **d'écrira*. Il semble qu'un schéma mémorisé (préposition + verbe : cf. *l'envie d'écrire*) l'emporte sur le modèle donné.

– La formation de **souvenirez* est erronée, par application mécanique de la règle scolaire de formation du futur sur l'infinitif, alors qu'il faut ici changer la base (*souviendrez*).

– Pour deux verbes, l'élève n'a pas trouvé le futur : il emploie l'imparfait *mentiez* ou il n'écrit rien (*croire*). Pour **mentiez*, il manquait des éléments contextuels pouvant induire le futur (mais la consigne de l'exercice était claire). En revanche, pour le dernier exemple, il ne faut absolument pas le futur. Erreur des concepteurs de l'exercice ou piège volontaire, évité d'ailleurs par cet élève qui a préféré ne pas répondre.

2. Conjugaison et emploi

a) Conjugaison

– L'élève a bien formé le futur *arriveront*. Et *nettoyeront* est fautif car la norme veut que *y* soit remplacé par *i* devant *e* caduc (*nettoieront*).

– Il a oublié de doubler le *t* dans **jeteront*. Ce doublement du *t* est nécessaire pour marquer la prononciation [ɛ] du *e* qui précède dans la base de *jeter* employée au futur (la règle mécanique de formation sur l'infinitif *jeter* peut avoir provoqué l'erreur).

– Il a aligné *envoyeront* sur *nettoyeront*, alors que les verbes *envoyer* et *renvoyer* forment leur futur sur une autre base que les autres verbes en *-oyer* (*enverront*).

b) Emploi du futur dans une phrase complexe

– L'élève a respecté la concordance des temps dans la première phrase, en mettant au futur deux phrases dont les procès se succèdent rapidement (*arriveront, jetteront*).

– Dans la deuxième phrase où il fallait marquer l'antériorité de la subordonnée en mettant l'auxiliaire au futur pour former un futur antérieur (*aurons terminé*), l'élève n'a pas employé *avoir* comme demandé, mais il a utilisé *aller* au présent (*allons*), sans doute sous l'influence du futur immédiat, ce qui crée aussi une faute d'orthographe (**allons terminé*).

– Dans la troisième phrase impliquant aussi l'antériorité de la subordonnée, l'élève a employé le verbe *être* au présent (bon choix de l'auxiliaire), formant un passé composé (*sont arrivés*) au lieu d'un futur antérieur (*seront arrivés*). Il a sans doute voulu marquer l'antériorité par rapport au présent de la principale *j'espère*, alors qu'il fallait la marquer par rapport au verbe de la complétive *qu'ils m'enverront*, ce qui est bien compliqué.

À sa décharge, on peut remarquer que le futur antérieur est explicitement étudié au CM2 et qu'un élève de CE2 ne maitrise pas encore l'emploi des temps dans des systèmes complexes principale-subordonnée mettant en jeu le rapport entre les formes simples et composées.

ANALYSE D'ERREURS 8

Énoncé p. 257

Bien que le conditionnel soit au programme du CM2, il peut se rencontrer comme ici dans les productions d'élèves dès le CE1.

1. Texte de CE1

Dans le système hypothétique induit par la consigne d'écriture, on attend l'imparfait dans la subordonnée conditionnelle, et le conditionnel présent dans la principale. L'élève n'a pas utilisé le conditionnel ; pourtant, on peut considérer que le système des temps est compris et que les erreurs sont principalement d'ordre orthographique :

– Absence de la marque morphologique de la 1re personne du singulier de l'imparfait pour **étai*.

– Et surtout, confusion entre deux formes homophones (1re personne du singulier du futur et du conditionnel : les élèves ont tendance à écrire la forme du futur simple (*serai*), immédiatement disponible), confusion d'autant plus acceptable qu'il s'agit d'une copie d'un élève de CE1 et qu'il n'y a eu aucun apprentissage explicite de la formation du conditionnel.

2. Texte de CE2

On rencontre la même difficulté : la morphologie des temps du futur et du conditionnel est correcte, mais les emplois sont confondus.

Dans un contexte (subordonnée conditionnelle, avec une erreur d'accord orthographique sur l'imparfait (**j'était*) appelant le conditionnel dans la principale, l'élève emploie trois fois la 1re personne du futur simple (*j'obéirai, je *combatrai* – non doublement du *t* du radical, *sauverai*). Cependant, dans une phrase indépendante, il emploie la forme correcte du conditionnel (*je porterais*), qu'il a sans doute rencontrée lors d'une lecture, ou se laissant influencer par l'imparfait.

ANALYSE D'ERREURS 9

Énoncé p. 257

1. **Pour qu'ont crois* : hormis *ont* au lieu de *on* (homonymes grammaticaux : voir fiche 44), *crois* est la forme des 1re ou 2e personnes du singulier du présent de l'indicatif de *croire*. Dans cette subordonnée de but où le subjonctif est obligatoire, l'élève aurait dû écrire *pour qu'on croie*. En revanche, *je suis* est juste dans la complétive objet de *croire*.

2. **Que tu es un accident* : *es* représente une erreur graphique, la confusion avec l'homophone *aies*, qui est demandé par la locution verbale *avoir envie* (= « souhaiter »), obligatoirement suivie d'une complétive au subjonctif.

32 Les reprises nominales et pronominales

OBJECTIF

Identifier les différents types de reprises anaphoriques.

VOIR AUSSI

– Les déterminants p. 97
– Les pronoms personnels p. 126
– Les pronoms autres que personnels p. 134

TESTER SES CONNAISSANCES

Relevez tous les mots et expressions qui reprennent et représentent le GN *les robots*.

Les robots footballeurs ont disputé leur première Coupe du monde.
Les robots ressemblent souvent à des jouets inspirés de véhicules tout-terrain, bardés de capteurs et surmontés d'une caméra. Les plus petits mesurent 15 centimètres de haut, contre 50 centimètres pour la classe « moyenne ». Ils s'affrontent sur des terrains spécialement construits pour eux. Les règles de la compétition excluent les systèmes télécommandés : une fois programmés, les robots sont livrés à eux-mêmes. Ceux de petite taille s'y disputent une balle de golf, qu'ils doivent propulser dans des buts de 50 centimètres de large sur une surface de la taille d'une table de pingpong.

D'après Michel Alberganti, © *Le Monde*, 31 août-1er septembre 1997.

Corrigé détaillé p. 268

Les plus petits – Ils s' – eux – les robots – eux-mêmes – Ceux de petite taille – s' – ils.

LE COURS

1 Quelques définitions : anaphore, cataphore, substitut

• Les termes de reprise (quelquefois nommés *substituts*) sont des mots ou des groupes de mots qui rappellent une expression déjà présente dans le texte ou le discours et qui ne peuvent se comprendre qu'en étant mis en relation avec elle. On parle de **reprise anaphorique**.

Le loup va et vient. **Il** marche de long en large et ne s'arrête jamais.

Daniel Pennac, *L'œil du loup*, 1984.

Si le substitut précède et annonce cette expression, on parle alors de **cataphore** :

Il marche de long en large et ne s'arrête jamais, **le loup**.

REMARQUE : l'anaphore au sens linguistique du terme n'a rien à voir avec l'anaphore comme figure de rhétorique. Cette dernière consiste à répéter le ou les même(s) mot(s) en tête d'une structure (groupe de mots, phrase, vers, paragraphe...).

Rome, l'unique objet de mon ressentiment !
Rome, à qui vient ton bras d'immoler mon amant
Rome, qui t'a vu naître et que ton cœur adore !

Corneille, *Horace*.

- Les reprises anaphoriques sont des moyens de se référer à un individu, un objet, un fait, une idée déjà évoqués dans un texte ou un discours. On parle alors de **référent** et les différents mots ou expressions qui reprennent ce référent constituent ce qu'on appelle la **chaine référentielle**.
- Les reprises sont coréférentielles lorsqu'elles réfèrent exactement au même objet que celui de l'antécédent, on parle de coréférence :

Le loup va et vient. **Il** marche...

Mais certains substituts ne reprennent pas le même référent :

La robe de Micheline est bleue, **celle** de Claude est rouge.

celle désigne bien une ***robe***, mais ce n'est pas la même ! Il n'y a pas de coréférence.

2 Les différentes catégories de termes anaphoriques

Les reprises anaphoriques peuvent **remplacer les noms propres et représenter les personnages**, mais elles peuvent également **prendre la place de noms communs ou de groupes nominaux** désignant n'importe quelle réalité, du monde : des objets, des actions, des groupes de mots à valeur abstraite.

Une grande variété d'expressions peut servir à ces reprises : des noms, des pronoms, des déterminants, des groupes nominaux, mais on distingue deux grands types : les reprises pronominales et les reprises nominales.

2.1 Les reprises pronominales

Les pronoms, que leur étymologie voue théoriquement à **prendre la place d'un nom**, sont évidemment tout désignés pour référer à ce qui a déjà été évoqué.

Voir FICHES 11 et 12 : Les pronoms.

Dans ce rôle de reprises pronominales on rencontre aussi bien :

– **des pronoms personnels de 3e personne, sujets ou compléments** :

Le sécateur du vigneron est bien affûté quand **il lui** permet de couper tous les sarments qu'**il** doit éliminer lors de la taille annuelle.

– **des pronoms relatifs** :

Je décroche le téléphone **qui** se trouve sur le bureau.

– **des pronoms démonstratifs** :

Dans les classes, il y a quelquefois des animaux domestiques. **Ceux-ci** sont généralement très appréciés des enfants.

– **des pronoms possessifs** :
Il dispose de livres personnels et de livres empruntés. **Les siens** sont toujours bien rangés.

– **des pronoms indéfinis** :
Les espèces de champignons sont nombreuses. **Certaines** sont plus comestibles que d'autres.

> REMARQUE : les pronoms ne sont pas limités à la reprise de noms ou de groupes nominaux, ils peuvent aussi reprendre des propositions :
> Tu penses qu'elle viendra ? – Oui, elle me **l'**a dit.

DIFFICULTÉS RENCONTRÉES

Tous les pronoms ne sont pas anaphoriques.

- Ainsi, les pronoms personnels des 1re et 2e personnes renvoient à la situation de communication pour désigner l'émetteur ou le récepteur du message. Ces pronoms sont **déictiques**, et ils ne peuvent être interprétés que par rapport à la situation :
  Je **te** demande de partir.

Voir FICHE 36 : Les déictiques.

- Certains pronoms ne réfèrent pas à un élément antérieur parce qu'ils contiennent en eux-mêmes la référence :
  Quelqu'un m'a dit que... / **Qui** dort dine.
- Enfin, certains pronoms peuvent être :

– soit déictiques : exemple d'un locuteur qui, en montrant une fenêtre de la pièce où il se trouve, dit : Fermez **celle-ci**.

– soit anaphoriques : Le garnement jeta une pierre dans la vitre. **Celle-ci** se brisa instantanément.

2.2 Les reprises nominales

Lorsque la reprise est constituée d'un groupe nominal organisé autour d'un nom commun, il s'agit d'une reprise nominale qui accepte les expansions habituelles du nom :

Voir FICHE 18 : Les expansions du nom.

– reprise fidèle du même terme avec un **passage de l'indéfini au défini** : une maison... **la** maison (le déterminant défini *la* donne une valeur anaphorique au GN) ;

– reprise du même terme par un **démonstratif** : une maison... **cette** maison ;

– reprise par un **déterminant possessif** : une maison... **sa** maison ;

– reprise par un **hyperonyme**, c'est-à-dire par un mot générique :
un lion s'est échappé d'une ménagerie... **le fauve** (ou **le félin**) ;

– reprise par un **hyponyme**, c'est-à-dire par un mot plus spécifique (ce mode de reprise est beaucoup moins fréquent que le précédent) :
Les hommes politiques deviennent vite impopulaires. **Les ministres en exercice** sont particulièrement affectés par ce phénomène ;

– reprise par un **synonyme** ou un quasi-synonyme :
Qui a vu la bête qui terrorise les Deux-Sèvres ? **L'animal** a été aperçu ;

– reprise par une **périphrase** (le plus souvent pour les noms propres) :
Ils arrivèrent à Avignon. Ils tombèrent aussitôt sous le charme de **la cité des Papes**.

REMARQUE : toutes les reprises anaphoriques ne sont pas nominales ou pronominales.
D'autres classes de mots peuvent jouer ce rôle :
– des **adverbes**, *ainsi*, *là*... :
Il lui a fait des remarques blessantes et elle n'a pas compris pourquoi il lui parlait **ainsi** ;
Ils s'arrêtèrent au bord de la rivière. **Là**, ils...
– des **adjectifs** :
Son intervention a été remarquable. Je ne m'attendais pas à une **telle** intervention ;
– des **verbes** ou des groupes verbaux :
J'ai rentré ma voiture au garage comme je **le fais** chaque soir.

3 Les possibilités d'expression offertes par les reprises anaphoriques

3.1 Construction de la représentation du référent

C'est par le biais des reprises que se construit la représentation du référent.

- Dans les textes informatifs par exemple, les reprises anaphoriques apportent des informations supplémentaires nécessaires à une meilleure compréhension. Ainsi tel texte sur les techniques de chasse du léopard va désigner l'animal tantôt par son nom particulier, le léopard, tantôt par son appartenance à des familles plus larges, le carnivore ou le félin.

- Dans les textes narratifs, outre les caractéristiques des personnages, les reprises indiquent souvent les relations qui existent entre eux : relations de parenté (son oncle), relations hiérarchiques ou sociales (son cuisinier vénitien Chichibio), relations créées par le contexte (ce traitre)...

3.2 Expression du point de vue

Les reprises anaphoriques permettent également aux auteurs de faire connaître leur point de vue ou les points de vue de leurs personnages. Ainsi dans cet extrait de la fable de La Fontaine, *Les animaux malades de la peste*, peut-on voir la façon dont l'Âne est présenté et désigné comme coupable à travers l'évolution des reprises anaphoriques :

L'Âne vint à son tour et dit : [...]
À ces mots on cria haro sur **le baudet**.
Un Loup quelque peu clair prouva par sa harangue
Qu'il fallait dévouer **ce maudit animal**,
Ce pelé, ce galeux, d'où venait tout leur mal ;

De même, dans les textes argumentatifs, l'orientation argumentative se perçoit notamment au travers des reprises employées. Par exemple, il parait assez évident qu'un texte qui présente la didactique en employant des reprises anaphoriques telles qu'une nouvelle conception de la pédagogie de la langue, cette démarche, cette démarche nouvelle, la didactique contemporaine, plaide en faveur de cette discipline.

ENTRAINEMENT 1

Corrigé p. 268

En vous reportant au texte du test initial p. 00, cherchez :

1. À quelles classes ou groupes de mots de la grammaire de phrase appartiennent les reprises du GN *les robots* relevées ?

2. À quelles catégories de substituts ces reprises appartiennent-elles en grammaire de texte ?

ENTRAINEMENT 2

Corrigé p. 269

Relevez toutes les reprises anaphoriques concernant *Stépane Arcadiévitch.*

Stépane Arcadiévitch ne se faisait point illusion : il n'éprouvait aucun remords et s'en rendait fort bien compte. Cet homme de trente-quatre ans, bien fait de sa personne et de complexion amoureuse, ne pouvait vraiment se repentir de négliger sa femme, à peine plus jeune que lui d'une année et mère de sept enfants, dont cinq vivants ; il regrettait seulement de ne pas avoir mieux caché son jeu.

Léon Tolstoï, *Anna Karénine* (1877), 1re traduction française 1885.

À RETENIR

Les **reprises anaphoriques**, nominales ou pronominales, rappellent une expression déjà présente dans le texte ou le discours et ne peuvent se comprendre qu'en étant mises en relation avec elle. Elles **peuvent être coréférentielles ou non**.

CORRIGÉS

TESTER SES CONNAISSANCES

Énoncé p. 264

Les robots ressemblent souvent à des jouets inspirés de véhicules tout-terrain, bardés de capteurs et surmontés d'une caméra. ***Les plus petits*** *mesurent 15 centimètres de haut, contre 50 centimètres pour la classe « moyenne ».* ***Ils s'****affrontent sur des terrains spécialement construits pour* ***eux****. Les règles de la compétition excluent les systèmes télécommandés : une fois programmés,* ***les robots*** *sont livrés à* ***eux-mêmes. Ceux de petite taille s'****y disputent une balle de golf, qu'****ils*** *doivent propulser dans des buts de 50 centimètres de large sur une surface de la taille d'une table de pingpong.*

D'après Michel Alberganti, *Le Monde*, 31 août-1er septembre 1997.

ENTRAINEMENT 1

Énoncé ci-dessus

1. ***Les plus petits*** : GN avec ellipse du complément *des robots.*
– ***Ils*** : pronom personnel.
– ***S'*** *(affrontent)* : pronom personnel réfléchi (emploi réciproque).
– ***Eux*** : pronom personnel.
– ***Les robots*** : GN.
– ***Eux-mêmes*** : pronom personnel + adjectif indéfini.

– *Ceux de petite taille* : pronom démonstratif + groupe prépositionnel complément du pronom.
– *S' (y disputent)* : pronom personnel réfléchi (emploi réciproque)
– *Ils* : pronom personnel.

2. **Reprises pronominales : *ils/s'/eux/eux-mêmes/ceux (de petite taille).***
Reprises nominales :
– ***les plus petits*** : reprise non coréférentielle par une périphrase ;
– ***les robots*** : reprise coréférentielle par répétition simple.

ENTRAINEMENT 2

Énoncé p. 268

*Stépane Arcadiévitch ne **se** faisait point illusion : **il** n'éprouvait aucun remords et s'en rendait fort bien compte. **Cet homme de trente-quatre ans**, bien fait de **sa** personne et de complexion amoureuse, ne pouvait vraiment **se** repentir de négliger **sa** femme, à peine plus jeune que **lui** d'une année et mère de sept enfants, dont cinq vivants ; **il** regrettait seulement de ne pas avoir mieux caché **son** jeu.*

Léon Tolstoï, *Anna Karénine*.

33 Les connecteurs

OBJECTIFS

Identifier les connecteurs et connaitre leur rôle.

VOIR AUSSI

– Adverbe ou préposition ? p. 147
– Les fonctions des adverbes p. 189
– Les différents systèmes énonciatifs p. 275

TESTER SES CONNAISSANCES

Relevez les connecteurs et indiquez leur rôle.

Sire, répond l'Agneau, que votre Majesté
Ne se mette pas en colère ;
Mais plutôt qu'elle considère
Que je me vas désaltérant
Dans le courant,
Plus de vingt pas au-dessous d'Elle,
Et que par conséquent, en aucune façon,
Je ne puis troubler sa boisson.

La Fontaine, *Fables*, « Le Loup et l'Agneau », Livre I, 1668.

Mais : marque l'introduction d'une recommandation opposée à l'affirmation précédente.
Et/par conséquent : *et* (enchaînement) associé à *par conséquent* (conclusion) marquent le caractère très rhétorique de l'argumentation.

Corrigé détaillé p. 274

LE COURS

1 Rôle des connecteurs

- Une des règles fondamentales de la cohérence textuelle est que les informations puissent être mises en relation par le lecteur. Dans certains cas, la simple juxtaposition des informations est suffisante pour que des liens logiques puissent s'opérer :

  Un important tremblement de terre a eu lieu, cette nuit, au centre de l'Italie. De très nombreux monuments ont été endommagés. (lien de cause à conséquence)

Le plus souvent, cette mise en relation est assurée par des mots ou expressions qu'on appelle **connecteurs**.

Les connecteurs sont des **mots de liaison qui articulent les informations** entre elles. Ils contribuent à l'organisation du texte et du discours en marquant les relations entre les phrases ou entre les séquences du texte et en indiquant les articulations du discours.

- La notion de connecteur a le mérite de rapprocher des unités de la langue que la grammaire traditionnelle classe dans des catégories tout à fait différentes :

– **les conjonctions de coordination** : mais, ou, et, donc, or, ni, car ;
– **les adverbes et locutions adverbiales** : d'abord, ensuite, puis, enfin, ainsi, autrement dit, au contraire, au demeurant, en fait, bref, cependant, d'ailleurs, de fait, décidément, de toute façon, effectivement, toutefois, par ailleurs, néanmoins, pourtant, quand même,... ;
– **certaines expressions** : il est vrai que, toujours est-il que, la réalité est que,...

2 Les différentes catégories de connecteurs

On peut distinguer **trois classes de connecteurs** : les organisateurs textuels, les marqueurs d'une prise en charge énonciative, les connecteurs argumentatifs.

2.1 Les organisateurs textuels

Ils sont de trois sortes : les connecteurs temporels, les connecteurs spatiaux et les connecteurs marquant la progression et le découpage du texte.

- Les **connecteurs temporels**, qui structurent le texte autour de la représentation du temps, se rencontrent beaucoup dans les récits pour en indiquer la chronologie : *alors, ensuite, après, soudain, tout à coup,* etc.

Soudain, vers l'avant, à quelques brasses seulement, un énorme poisson, un dauphin, bondit hors de l'eau, **puis** y replongea la tête la première **et** disparut.

(Guy de Maupassant, *Une Vie*, 1883.)

- Les **connecteurs spatiaux** ordonnent le plus souvent des descriptions. Ce sont des adverbes, des locutions adverbiales, des groupes prépositionnels : *ici, là, plus haut, en bas, à côté de,* etc.

En franchissant la porte, on entrait dans une vaste cour entourée d'un portique quadrilatéral...
Sous ce portique s'ouvraient les portes des appartements, où ne pénétrait qu'une lumière adoucie par l'ombre de la galerie.
Au milieu de la cour scintillait sous le soleil une pièce d'eau...

(Théophile Gautier, *Le Roman de la momie*, 1858.)

- Les **connecteurs marquant la progression du texte et son découpage** servent à :

– ordonner les **énumérations** : *tout d'abord, après, ensuite, aussi, enfin, en conclusion*...
– annoncer les **exemples** : *par exemple, notamment, en particulier*...
– indiquer les **changements de point de vue**, le passage d'une partie à une autre : *alors, puis, quant à, en ce qui me concerne*...

« Ce que contenaient ces livres au fond importait peu. Ce qui importait était ce qu'ils ressentaient **d'abord** en entrant dans la bibliothèque, (...). **Puis** venait le moment où... » (Albert Camus, *Le Premier Homme*, édition posthume, © Éditions Gallimard, 1994.)

Quant à l'agriculture, le principe en fut connu longtemps avant que la pratique en fut établie... (Jean-Jacques Rousseau, *Discours sur l'origine et les fondements de l'inégalité parmi les hommes*, 1755.)

ATTENTION :
- Certains connecteurs (et, mais, etc.) jouent un rôle aussi bien dans la phrase que dans le texte.
- Beaucoup de connecteurs sont polyvalents, comme alors, ensuite.

2.2 Les marqueurs d'une prise en charge énonciative

Ils marquent les interventions de l'énonciateur, par exemple :
– lorsqu'il signale les points de vue en indiquant leur origine : selon X, d'après X, pour X, etc.

Selon l'auteur des *Essais*, les Européens ont fait preuve de barbarie à l'égard des Amérindiens ;

– ou quand il précise son propos à l'aide d'un marqueur de reformulation : c'est-à-dire, autrement dit, à savoir, en d'autres termes, etc.

Le soldat en tirailleur, un peu livré à lui-même, devient **pour ainsi dire** son propre général. (Victor Hugo, *Les Misérables*, 1862.)

ENTRAINEMENT 1

Corrigé p. 274

Relevez les connecteurs et indiquez leur rôle.

1. On aperçoit à gauche la montagne appelée le morne de la découverte, d'où l'on signale les vaisseaux qui abordent dans l'île, et au bas de cette montagne la ville nommée le Port-Louis ; à droite le chemin qui mène du Port-Louis au quartier des Pamplemousses ; ensuite l'église de ce nom, qui s'élève avec des avenues de bambous au milieu d'une grande plaine ; et plus loin une forêt qui s'étend jusqu'aux extrémités de l'île. Bernardin de Saint-Pierre, *Paul et Virginie*, 1788.

2. En ce temps-là, la vieillesse était une dignité ; aujourd'hui elle est une charge. Chateaubriand, *Mémoires d'outre-tombe*, 1848.

3. Je suis né gentilhomme. Selon moi, j'ai profité du hasard de mon berceau. Chateaubriand, *Mémoires d'outre-tombe*, 1848.

4. J'ai étudié son caractère, et j'y ai trouvé des contradictions qu'il m'est impossible de résoudre. Par exemple : il a un ministre qui n'a que dix-huit ans, et une maîtresse qui en a quatre-vingts... Montesquieu, *Lettres persanes*, 1721.

5. La simplicité est un jeu qui coûte extrêmement cher, d'autant plus qu'elle ne ravit qu'à la condition que les autres sachent que vous pourriez ne pas être simple, c'est-à-dire que vous êtes très riche... Marcel Proust, *À la recherche du temps perdu*, « Le Côté de Guermantes », tome 3, 1920.

2.3 Les connecteurs argumentatifs

Le texte et le discours argumentatifs, dans lesquels un énonciateur cherche à convaincre un destinataire de modifier son opinion, ses valeurs ou ses croyances en s'adressant à son intelligence, comportent beaucoup de connecteurs. Ceux-ci servent à indiquer l'orientation argumentative, la progression des arguments, et la prise en compte des contre-arguments.

L'argumentation, qui s'appuie sur le raisonnement, utilise les connecteurs essentiellement pour indiquer les relations logiques.

• Conjonction/disjonction

La relation de conjonction marque le lien : *et*, *aussi*, *également*, etc. tandis que la relation de disjonction marque la séparation : *ou*, *soit... soit...*

• Opposition/concession

Les connecteurs marquant **l'opposition** introduisent une objection à la phrase ou à l'argument qui précède : *mais*, *cependant*, *pourtant*, *toutefois*, *en revanche*, etc.

Je ne travaillerai pas demain, **au contraire** j'irai me promener.

La concession consiste à admettre certains arguments du destinataire que l'on veut convaincre : *certes... mais*, etc.

– Il fait des efforts...
– **Certes**, il fait des efforts **mais** très mesurés et qui ne l'exténuent point !

- **Explication/justification**

Elle est souvent marquée, avec diverses nuances, par *car, d'ailleurs, en effet, parce que, puisque,* etc.

Monsieur le baron était un des plus puissants seigneurs de la Westphalie, **car** son château avait une porte et des fenêtres. (Voltaire, *Candide*, 1759.)

[...] et en attendant l'avenir, je promis à la poésie ce qui serait perdu pour la science. **En effet**, si je ne rencontrai pas en Amérique ce que j'y cherchais, le mode polaire, j'y rencontrai une nouvelle muse. (Chateaubriand, *Mémoires d'Outre-tombe*, 1848.)

- **Conclusion**

La progression d'un raisonnement nécessite souvent des phases de conclusion partielles et débouche sur une phase conclusive finale. Le connecteur le plus utilisé est *donc*, mais il y en bien d'autres : *alors*, *c'est pourquoi*, *ainsi*, *en tout cas*, *finalement*, etc.

Ainsi donc, je voulais marcher à l'ouest... (Chateaubriand, *Mémoires d'Outre-tombe*, 1848.)

ENTRAINEMENT 2 Corrigé p. 274

Repérez les connecteurs argumentatifs et indiquez leur valeur sémantique.

1. Il pleut. Je suis enrhumé. Donc, je resterai à la maison.

2. La Grèce est un pays idéal pour les vacances. Il y fait beau. Toutefois, la chaleur y est parfois insupportable.

3. Il fait beau. Mais je suis fatigué. Alors je ne sors pas.

4. C'est midi. Pourtant le facteur n'est pas encore passé.

5. Je ne veux pas acheter cette robe : elle est trop voyante et d'ailleurs elle n'est pas très bon marché.

6. Aujourd'hui, j'ai dû payer mes impôts, mais j'ai reçu une prime. Finalement, la journée n'a pas été si mauvaise.

ENTRAINEMENT 3 Corrigé p. 274

Relevez les connecteurs et indiquez leur rôle.

Il est vrai que dans les démocraties le peuple parait faire ce qu'il veut ; mais la liberté politique ne consiste point à faire ce que l'on veut. Dans un État, c'est-à-dire dans une société où il y a des lois, la liberté ne peut consister qu'à pouvoir faire ce que l'on doit vouloir, et à n'être point contraint de faire ce que l'on ne doit pas vouloir.

Montesquieu, *De l'esprit des lois*, chapitre III, 1748.

CORRIGÉS

TESTER SES CONNAISSANCES

Énoncé p. 270

Mais : connecteur marquant l'introduction d'une recommandation opposée à l'affirmation précédente. Le *plutôt* qui suit est un modalisateur qui souligne le changement d'orientation argumentative.
Et/par conséquent : le connecteur d'enchainement ou d'addition *et*, associé au connecteur introduisant la conclusion *par conséquent*, marque le caractère très rhétorique de l'argumentation de l'Agneau.

ENTRAINEMENT 1

Énoncé p. 272

1. ***à gauche / à droite / ensuite / plus loin*** sont des connecteurs spatiaux qui structurent les éléments d'une description.

2. ***en ce temps-là / aujourd'hui*** sont des connecteurs temporels.

3. ***selon moi*** est un marqueur de prise en charge énonciative. Il signale le point de vue personnel du narrateur.

4. ***par exemple*** est un organisateur textuel. Il marque le découpage du texte en annonçant une exemplification.

5. ***c'est-à-dire*** appartient aux marqueurs d'une prise en charge énonciative ; plus précisément, il s'agit d'un marqueur de reformulation.

ENTRAINEMENT 2

Énoncé p. 273

1. ***donc*** a une valeur déductive et conclusive.

2. ***toutefois*** marque une restriction (une nuance de la concession).

3. ***mais*** introduit une idée qui va en sens contraire de la première conclusion attendue et marque l'opposition ; *alors* introduit une suite logique. Il a une valeur conclusive.

4. ***pourtant*** marque une opposition entre les deux propositions.

5. ***d'ailleurs*** sert à compléter et permet d'introduire un argument supplémentaire.

6. ***mais*** introduit une information qui va dans le sens contraire de la conclusion que l'on pourrait tirer après la lecture de la première proposition (valeur d'opposition) ; *finalement* a une valeur conclusive.

ENTRAINEMENT 3

Énoncé p. 273

Il y a quatre connecteurs : *il est vrai que, mais, c'est-à-dire, et.*
– ***Il est vrai que*** : montre que cet extrait fait partie d'un développement. Ce connecteur annonce une concession : l'auteur prend en compte une objection qu'on peut lui faire.

– ***mais oppose*** un argument *la liberté politique ne consiste point à faire ce que l'on veut* à la première affirmation *Il est vrai que dans les démocraties le peuple parait faire ce qu'il veut.*

– ***c'est-à-dire*** est un marqueur de reformulation qui indique l'équivalence sémantique entre *dans un État* et *dans une société où il y a des lois.*

– ***et*** : ce connecteur marque simplement l'addition d'une idée à une autre allant dans le même sens.

34 Les différents systèmes d'énonciation

OBJECTIF

Connaitre les principes de fonctionnement de l'énonciation.

VOIR AUSSI

– Toutes les fiches des temps verbaux (25 à 31) p. 223 à 246
– Le discours rapporté p. 280
– Les déictiques p. 286
– La modalisation p. 290

TESTER SES CONNAISSANCES

Quelles remarques vous inspirent l'emploi des formes verbales (temps et personnes), l'expression du temps et du lieu dans les deux extraits suivants de la fable de La Fontaine *Le Loup et l'Agneau* ?

1. Un Agneau se désaltérait
Dans le courant d'une onde pure.
Un Loup survient à jeun qui cherchait aventure,
Et que la faim en ces lieux attirait.

2. Qui te rend si hardi de troubler mon breuvage ?
(…)
Tu seras châtié de ta témérité.

1. L'emploi de trois imparfaits situe le récit dans le passé. Le présent *survient* est un présent de narration. Seule la 3e personne du singulier est employée : *un Agneau / Un loup / qui / la faim*. L'imparfait *se désaltérait* pose l'arrière plan : repère temporel.

2. Le verbe *rend* est au présent et le verbe *seras châtié* au futur simple passif. Emplois de la 2e personne du singulier pour l'Agneau (*te, tu, ta*) et de la 1re pour le Loup (*mon breuvage*). *Mon breuvage* est une expression déictique pour désigner le cours d'eau.

LE COURS

1 Discours et récit

Tout énoncé[1] est produit par un énonciateur, adressé à un destinataire dans une situation de communication particulière. Les marques linguistiques qui traduisent ces différents paramètres (relation de l'énonciateur à son énoncé, relation au destinataire, changement d'énonciateur dans un même texte, relation à un lieu, à un moment...) relèvent du phénomène de l'énonciation.

Depuis les travaux d'Émile Benveniste[2] on distingue deux plans de l'énonciation, selon que le locuteur s'implique dans son énoncé (énonciation de « discours ») ou qu'il prend ses distances (énonciation historique ou encore « de récit »). L'emploi des personnes et des temps des verbes, entre autres, se fait en fonction de ce choix.

Quelles sont les principales différences entre les deux systèmes ?

1. L'énoncé est le produit de l'énonciation ; c'est une suite organisée de mots, orale ou écrite.

2. *Problèmes de linguistique générale*, © Éditions Gallimard, 1976.

1.1 Une énonciation impliquée de type « discours »

- **L'énonciateur du texte** se désigne en tant que tel sous la forme du pronom *je* (ou de ses équivalents : *nous, on,* le déterminant possessif : **mon** breuvage) *et* s'adresse à un interlocuteur souvent marqué dans le texte par la présence de *tu* ou *vous*.

- **Les trois temps de base** sont alors présent / passé composé / futur, en relation avec l'actualité du locuteur.

- **Les indicateurs spatio-temporels** se situent également par rapport au lieu et au moment de l'énonciation et se réfèrent explicitement aux catégories de l'ici et du maintenant. On trouve ainsi :

– des adverbes comme *hier* ou *demain,* des expressions comme *il y a six semaines, l'année dernière, l'année prochaine,* pour exprimer des notions temporelles ;

– des adverbes ou des expressions comme *ici, là-bas, à droite, à gauche,* pour exprimer des notions spatiales.

Tous ces éléments ne peuvent être compris que par rapport à la situation de l'énonciateur. On les appelle des **déictiques** :

> **Aujourd'hui, j'ai eu** dix ans. Il **est** neuf heures du soir, **papa** ne **viendra** plus.
> Il ne **téléphonera** pas non plus. Il n'**a** même pas **pensé** à **mon** anniversaire.
> Il **m'**a oubliée.
>
> (Chantal Cahour, *Touche pas à mon père*, © Éditions Hatier-Rageot, 1993.)

- Ce type d'énonciation est appelé par Benveniste : **discours**.

> **Remarque** : Le choix de cette terminologie ne va pas sans poser de problème, compte tenu des multiples acceptions de mot *discours* dans l'usage quotidien et en linguistique. En ce qui concerne l'étude de l'énonciation, le mot *discours* se comprend en opposition à celui de *récit*.

1.2 Une énonciation à distance de type « récit »

- Les informations données par l'énonciateur sont envisagées en dehors de ses relations avec le moment d'énonciation : emploi de la troisième personne (*il* ou *elle*).

- Emploi de certains temps verbaux (alternance imparfait / passé simple) à l'exclusion de certains autres (comme le futur).

- Emploi de certaines marques spatio-temporelles qui ne peuvent être comprises que par référence à des repères donnés de façon explicite dans le texte : *le lendemain, trois jours plus tard, la veille, à cet endroit-là...*

- Émile Benveniste parle alors **d'énonciation de type récit.**

Il était une fois un mandarin qui **possédait** un chat qu'**il aimait** beaucoup. **Il** en **était** fier et trouvait l'animal si extraordinaire qu'**il décida** de le nommer « Ciel ».

(Extrait d'un conte vietnamien, M. Riffaud, *Le Chat si extraordinaire*, La Farandole, 1978.)

ENTRAINEMENT 1

Corrigé p. 279

À quel système d'énonciation appartiennent les textes suivants ? Sur quels indices vous fondez-vous ?

1. Il était une fois une Reine qui accoucha d'un fils, si laid et si mal fait, qu'on douta longtemps s'il avait forme humaine. Une fée qui se trouva à sa naissance assura qu'il ne laisserait pas d'être aimable…

Charles Perrault, *Riquet à la houppe*, 1697.

2. Va voir comme se porte ta mère-grand, car on m'a dit qu'elle était malade, porte-lui une galette et ce petit pot de beurre.

Charles Perrault, *Le Petit Chaperon rouge*, 1698.

2 Mixité énonciative dans les textes

La distinction entre « récit » et « discours » permet certes de mieux comprendre le fonctionnement des déictiques et des temps verbaux, en relation avec le choix des personnes. Elle clarifie aussi certaines différences d'emplois entre passé simple et passé composé. Cependant cette distinction théorique ne doit pas masquer la **complexité du fonctionnement réel des textes,** qui présentent souvent une **imbrication des deux systèmes d'énonciation**.

2.1 Mixité simple

De très nombreux textes, notamment des romans, présentent une **alternance des deux systèmes**. Ils comportent du discours direct, possédant toutes les caractéristiques de l'énonciation de discours (1re et 2e personnes du singulier, présent de l'indicatif comme temps pivot, présence de déictiques), qui est inséré dans un récit, possédant, lui, toutes les caractéristiques d'une énonciation historique (3e personne, alternance de passé simple et d'imparfait, présence de marques spatio-temporelles spécifiques).

Voir FICHE 35 : Le discours rapporté.

M. Leuwen père sourit comme malgré lui. Lucien le comprit, et ajouta avec empressement :

– Je ne prétends point tromper un homme aussi clairvoyant ; je ne l'ai jamais prétendu ; croyez-le bien, mon père ! (Stendhal, *Lucien Leuwen*, 1834.)

2.2 Mixité complexe

Les deux systèmes peuvent également s'imbriquer de façon plus complexe lorsqu'un récit au passé simple est conduit à la 1re personne du singulier :

Onze heures sonnèrent, je me rendis auprès d'Ellénore ; elle m'attendait. Elle voulut parler : je lui demandai de m'écouter. Je m'assis auprès d'elle...

(Benjamin Constant, *Adolphe*, 1816.)

Certains textes peuvent également mêler le passé simple au passé composé. Ce sont souvent des récits autobiographiques où un passé révolu, porté par le passé simple, se trouve rapproché par le travail de la mémoire, d'un passé plus récent qui retentit encore dans le présent de l'auteur-narrateur.

Il y a quatre ans qu'à mon retour de Terre-Sainte, j'achetai près du hameau d'Aulnay [...] une maison de jardinier. [...] Cet étroit espace me parut propre à renfermer mes longues espérances [...]. Les arbres que j'y ai plantés prospèrent, ils sont si petits que je leur donne de l'ombre quand je me place entre eux et le soleil. (Chateaubriand, *Mémoires d'outre-tombe*, 1849.)

ENTRAINEMENT 2

Corrigé p. 279

Relevez tous les indices de mixité énonciative dans les extraits suivants.

1. On ne put m'arracher l'aveu qu'on exigeait. Repris à plusieurs fois et mis dans l'état le plus affreux, je fus inébranlable. [...] Enfin je sortis de cette cruelle épreuve en pièces, mais triomphant.

Il y a maintenant près de cinquante ans de cette aventure, et je n'ai pas peur d'être aujourd'hui puni derechef pour le même fait ; eh bien, je déclare à la face du Ciel que j'en étais innocent...

Jean-Jacques Rousseau, *Les Confessions*, 1782.

2. Le souvenir intolérable du chagrin que j'avais fait à ma mère me rendit une angoisse que sa présence seule et son baiser pouvaient guérir... Je sentis l'impossibilité de partir pour Venise, pour n'importe où, où je serais sans elle... Je ne suis plus un être heureux que sollicite un désir ; je ne suis plus qu'un être tendre torturé par l'angoisse. Je regarde maman, je l'embrasse.

– À quoi pense mon crétinos, à quelque bêtise ?

– Je serais si heureux si je ne voyais plus personne.

Marcel Proust, *Contre Sainte-Beuve*.

À RETENIR

- On peut distinguer **deux systèmes d'énonciation** : dans **l'énonciation de discours**, l'énonciateur marque sa présente dans son énoncé ; dans **l'énonciation historique** (de récit), il prend ses distances.
- Le temps des verbes, le choix des personnes grammaticales, les marqueurs du temps et de la relation au contexte sont **les principaux indices d'énonciation**.

CORRIGÉS

ENTRAINEMENT 1

Énoncé p. 277

1. Le texte s'inscrit dans une énonciation de « récit ».
– Le temps des verbes (imparfait et passé simple) situe les événements dans un passé inaccessible, sans lien avec notre actualité présente.
– L'absence d'implication d'un narrateur ou d'un destinataire (pas de 1e ou de 2e personne du singulier ou du pluriel, la seule personne grammaticale repérable est la 3e). La formule « il était une fois » signale l'entrée dans le genre du conte. Les évènements semblent se dérouler d'eux-mêmes sans l'intervention d'un narrateur.
2. Le texte s'inscrit dans l'énonciation du « discours ».
– Présence d'un énonciateur : *On **m'**a dit.*
– Présence d'un destinataire (***ta** mère-grand*) auquel on s'adresse directement à la deuxième personne de l'impératif : ***va** voir ; **porte**-lui.*
– Les temps utilisés : passé composé (*on m'**a dit***), impératif présent, présent de l'indicatif sont ceux d'une interaction directe.
– Référence à des objets présents dans le contexte : ***ce** petit pot de beurre.*

ENTRAINEMENT 2

Énoncé p. 278

1. – 1er paragraphe. Évocation de faits passés : énonciation de récit au passé simple à la 1re personne du singulier. (*je fis, je sortis, on ne put m'arracher*).
– **2e paragraphe. Retour au présent de l'écrivain** : passage à une **énonciation de discours**. Présent, 1re personne du singulier (*je n'ai pas peur, je déclare*), déictique (*il y a maintenant, aujourd'hui*), interjection marquant une modalisation (*eh bien*).
2. – Les deux premières phrases s'inscrivent dans **une énonciation de récit** au passé simple (*le souvenir me rendit, je sentis*) et à l'imparfait (*pouvait*) à la 1re personne du singulier. Les autres temps utilisés dans ces deux phrases : plus-que-parfait marquant l'antériorité (*j'avais fait*), conditionnel présent est un « futur vu du passé », probablement aussi avec une nuance hypothétique (*je serais*), prennent leur sens par rapport à cette énonciation au passé.
– La troisième et la quatrième phrases conservent la 1re personne du singulier mais passent au présent de l'indicatif (*je ne suis plus, sollicite, je regarde, je l'embrasse*) tout en poursuivant la narration.
– Dans les phrases suivantes, la rupture énonciative due au discours direct est indiquée par les tirets et, logiquement, l'énonciation est celle du discours : présent comme temps pivot (*pense*), utilisation de la 1re personne du singulier (*mon crétinos, je serais, je ne voyais plus*). Le conditionnel présent (*je serais*) est ici pris dans un système hypothétique avec une valeur d'irréel du présent, parce que dans la réalité, la condition (ne plus voir personne) ne peut pas être réalisée.

35 Le discours rapporté

OBJECTIF

Identifier les différents types de discours rapporté.

VOIR AUSSI

– Les propositions subordonnées complétives et circonstancielles p. 73
– Les différents systèmes d'énonciation p. 275
– Les déictiques p. 286

TESTER SES CONNAISSANCES

Repérez les passages où sont rapportées les paroles des personnages. Quels sont les indices de ces paroles rapportées ? À quelles formes du discours rapporté appartiennent-elles ?

Le Cheval et l'Âne

[...] Un Âne accompagnait un Cheval peu courtois,
Celui-ci ne portant que son simple harnois,
Et le pauvre baudet si chargé qu'il succombe.
Il pria le cheval de l'aider quelque peu :
Autrement il mourrait devant qu'être à la ville.
La prière, dit-il, n'en est pas incivile :
Moitié de ce fardeau ne vous sera que jeu.
Le cheval refusa, fit une pétarade ;
Tant qu'il vit sous le faix mourir son camarade,
Et reconnut qu'il avait tort.
Du Baudet, en cette aventure,
On lui fit porter la voiture,
Et la peau par-dessus encor.

La Fontaine, *Fables*, Livre VI, 1668.

Discours direct : vers 6 et 7, indiqué par proposition en incise *dit-il*.
Discours indirect : vers 4, introduit par *pria* ; **vers 10** introduit par *reconnut*.
Discours indirect libre : vers 5.
Discours narrativisé : vers 8 (*refusa*) indique une parole.

LE COURS

1 Les formes du discours rapporté

Le discours rapporté, comme son nom l'indique, sert à rapporter des paroles ou des pensées. **Sa présence dénote donc une double énonciation**.

- Il s'insère dans un premier **discours** émis par un locuteur qui reprend le discours d'autrui ou son propre discours :

  Pierre m'a dit qu'il roulait beaucoup pour son métier.
  Je lui ai dit que je ne voudrais pas être à sa place.

- Il tient une place importante dans les **récits** (romans, contes, fables, biographies, etc.) dans lesquels le narrateur, qui en est le locuteur, rapporte les paroles et les pensées des personnages.

- Le discours rapporté peut prendre plusieurs formes et l'on distingue ainsi :

– le **discours direct**,
– le **discours indirect**,
– le **discours indirect libre**.

On y ajoute parfois le **discours narrativisé** qui est un discours résumé, parfaitement fondu dans le récit.

2 Le discours direct

Le discours direct, le plus proche des propos tenus ou censés avoir été tenus, a toutes les **caractéristiques de l'énonciation de discours**. Il est considéré comme la forme de base dont le discours indirect et le discours indirect libre sont des transpositions syntaxiques.

Cependant, la fidélité du discours direct à l'oral n'est qu'apparente. En effet, il ne peut, sous peine de devenir illisible, reproduire les nuances des intonations, les discontinuités, les pauses plus ou moins longues, les chevauchements de propos simultanés et les « bruits » divers qui caractérisent les échanges oraux. Le discours direct « mime » l'oral et sa fidélité porte sur la teneur et non sur la forme :

Jupiter dit un jour : Que tout ce qui respire
S'en vienne comparaître aux pieds de ma grandeur. (La Fontaine, *La Besace*, 1668.)

- **La ponctuation du discours direct : les signes d'énonciation**

Le discours direct est inséré dans un autre discours avec des marques explicites qui soulignent le décalage énonciatif[1] :
– encadrement par des **guillemets**,
– présence d'une **phrase introductive** qui indique l'énonciateur en donnant éventuellement des précisions sur les conditions de son discours :

1. On note dans l'édition contemporaine une grande liberté dans la manière d'insérer le discours direct dans le récit : absence de guillemets, absence de verbe introducteur, etc.

Le prieur disait à sa sœur, en regardant la mer : « Hélas ! C'est ici que s'embarqua notre pauvre frère... » (Voltaire, *L'Ingénu*, 1767.)

Cette phrase introductive peut occuper trois places différentes : avant le passage au discours direct, à l'intérieur de celui-ci ou encore après celui-ci.

– Croyez-vous, **disait Mlle de Kerkabon**, que notre belle-sœur ait été mangée par les Iroquois comme on nous l'a dit ? [...]
– Vous avez raison, ma sœur, **disait le prieur**. (Voltaire, *L'Ingénu*, 1767.)

Dans le cas d'un dialogue inséré dans un récit, chaque réplique est introduite par un tiret et on ferme les guillemets lorsque le dialogue est terminé.

Je n'osais comprendre. Craintivement, je demandai :
« Qu'est-ce que vous apportez, monsieur ?
– De l'eau bouillante.
– Pour quoi faire ?
– Les échauder, vos sales bêtes.
– Oh! Monsieur Richard, je vous en prie ! Je vous en supplie. Justement, je crois qu'elles viennent d'avoir des petits...
– Raison de plus. » (André Gide, *Si le grain ne meurt*, © NRF, Éditions Gallimard, 1926.)

Le discours direct présente tous les traits linguistiques de l'énonciation de discours : toutes les personnes grammaticales sont possibles, la première et la deuxième dominent dans le dialogue ; les temps du verbe s'organisent par rapport au présent, moment de l'énonciation ; on y trouve tous les types de phrases de l'énonciation directe, notamment l'exclamatif et l'injonctif.

3 Le discours indirect

Le discours indirect perd son indépendance syntaxique car il est **construit comme une proposition subordonnée** d'un verbe exprimé ou non (signifiant *dire* ou *penser*).

- Les verbes introducteurs sont souvent modalisés et traduisent alors le point de vue du locuteur sur la forme ou la teneur des propos qu'il va rapporter :

Il **s'étonna** qu'elle ait pu confondre Ronaldo et Ronaldinho et elle lui **rétorqua** qu'il avait bien confondu du coton et du polyester.

- **La mise en subordination du discours indirect entraine des transpositions** quelquefois assez complexes de temps et de personnes ainsi que des changements de déictiques et de types de phrases :

Il m'a demandé : « As-tu lu *La vie devant soi* ? » → Il m'a demandé si j'avais lu *La vie devant soi*. → changement de la personne et du temps.

Il disait : « Je viendrai demain. » → Il disait qu'il viendrait le lendemain.
→ changement de la personne et de l'adverbe de temps.

Elle s'exclama : « Qu'il fait chaud ! » → Elle s'exclama qu'il faisait chaud.
→ changement de temps et de type de phrase.

ENTRAINEMENT 1

Corrigé p. 285

Repérez, en signalant les indices, les passages au discours direct et ceux au discours indirect.

« Vous n'avez guère l'air d'une Provençale », lui avait-il dit. Il y avait dans sa voix une pointe, non d'accent, mais d'accent corrigé, une incertitude. Elle répondit que cela n'avait rien d'extraordinaire : sa mère était de Franche-Comté et elle n'avait de son père que les yeux noirs.

Louis Aragon, *Aurélien*, © Éditions Gallimard, 1944.

ENTRAINEMENT 2

Corrigé p. 285

Transposez au discours indirect le texte suivant :

« [...] ce n'est plus possible ! s'écria le brocanteur. Il est onze heures juste. Vous êtes tombé dans ce coup-là : vous n'avez plus le droit d'en sortir. D'ailleurs, je reconnais que vous n'avez pas eu de chance de venir aujourd'hui. Mais quoi ! À chacun son destin ! Vous, vous êtes jeune et frais, vous êtes droit comme un i, et vous avez deux yeux superbes : tant qu'il y aura des bossus et des borgnes, vous n'aurez pas le droit de vous plaindre, c'est cinquante francs !
– Bien, dit mon père. Dans ce cas, nous allons décharger ces débris, et nous irons nous servir ailleurs. »

Marcel Pagnol, *La Gloire de mon père* (1957), Éditions de Fallois © Marcel Pagnol, 2004.

4 Le discours indirect libre

Le discours (dit aussi style) indirect libre est un procédé littéraire, très prisé par les romanciers dans la seconde moitié du XIXe siècle, qui permet de **rapporter les paroles et les pensées sans rompre le récit**.

Comme le discours direct, il présente des phrases indépendantes, non subordonnées. Il est souvent non démarqué du contexte où il est inséré, sans guillemets ni phrase introductive.

Comme le discours indirect, il s'accompagne de transpositions de temps et de personne.

> Octave, pourtant, eut beaucoup de peine à s'endormir. Il se retournait fiévreusement, la cervelle occupée des figures nouvelles qu'il avait vues. **Pourquoi diable les Campardon se montraient-ils si aimables ? Est-ce qu'ils rêvaient, plus tard, de lui donner leur fille ? Peut-être aussi le mari le prenait-il en pension pour occuper et égayer sa femme ? Et cette pauvre dame, quelle drôle de maladie pouvait-elle avoir ?** Puis, ses idées se brouillèrent davantage [...]

(Émile Zola, *Pot-Bouille*, 1882.)

DIFFICULTÉ RENCONTRÉE

Le discours indirect libre s'intègre parfaitement dans la narration au point, souvent, de passer inaperçu. Il faut donc être très attentif à ses **indices** (transpositions de temps et de personne) et au **contexte** (allusion à des paroles ou à des pensées) pour le déceler. Une fois qu'on connait cette forme de discours rapporté, le risque est d'en voir partout.

ENTRAINEMENT 3

Corrigé p. 285

Repérez les passages au discours indirect libre.

1. Alors, l'homme reconnut une fosse. Il fut repris de honte : à quoi bon ? Il n'y aurait pas de travail. Au lieu de se diriger vers les bâtiments, il se risqua à gravir le terril…

Émile Zola, *Germinal*, 1885.

2. Emporté par le flot montant des promeneurs, les yeux aveuglés par cette clarté de plein jour, il pouvait croire qu'on illuminait pour le fêter : n'était-il pas, lui aussi, le vainqueur inattendu, celui qui s'élevait au milieu des désastres ?

Émile Zola, *L'Argent*, 1891.

3. Ils se tournèrent de l'autre côté. Alors ils eurent devant eux les murs du Grenier d'abondance.
Décidément (et Pécuchet en était surpris) on avait encore plus chaud dans la rue que chez soi !
Bouvard l'engagea à mettre bas sa redingote.

Gustave Flaubert, *Bouvard et Pécuchet*, 1881.

ENTRAINEMENT 4

Corrigé p. 285

À la manière de Flaubert, Jacques Cellard prête ces pensées à Charles Bovary ; transposez l'extrait ci-dessous au style direct.

Emma avait eu des amants ? Oui, se dit-il, et puis après ? Elle ne les avait pas véritablement aimés, puisqu'elle avait quitté le premier pour un autre, et celui-ci, peut-être, pour un troisième. Le temps ferait son œuvre. Elle comprendrait, un jour, que jamais un homme ne l'avait aimée comme il l'aimait, lui ; et elle lui reviendrait, entièrement cette fois. Oui, elle lui reviendrait, et tout serait comme au premier jour.

Jacques Cellard, *Emma, Oh ! Emma !* © Éditions Balland, 1992.

5 Le discours narrativisé

À la différence du discours rapporté, le discours narrativisé ne rapporte pas les paroles mais laisse au lecteur le soin d'imaginer ce que le locuteur a pu dire.

Pour être qualifié de discours narrativisé, l'énoncé doit évoquer l'acte de dire et donner une information sur le teneur du message. Le discours rapporté est ainsi condensé et résumé :

Il **racontait** sa vie à qui voulait l'entendre.
Elle **annonça** son départ en Polynésie.
Il **s'est plaint** de la nourriture.

À RETENIR

On peut distinguer plusieurs formes de **discours rapporté** : le discours **direct**, le discours **indirect**, le discours **indirect libre**, voire le discours **narrativisé**.

CORRIGÉS

ENTRAINEMENT 1

Énoncé p. 283

– **Discours direct :** « *Vous n'avez guère l'air d'une Provençale* », *lui avait-il dit* : présence des guillemets et du verbe déclaratif *dire*.

– **Discours indirect :** *Elle répondit que cela n'avait rien d'extraordinaire* : verbe introducteur *répondit*, conjonction de subordination *que*, passage du présent à l'imparfait.

– **Discours indirect libre :** *sa mère était de Franche-Comté et elle n'avait de son père que les yeux noirs* : ce passage au discours indirect libre enchaine sur du discours indirect selon un procédé littéraire assez courant. Absence de guillemets et de verbe introducteur.
Par comparaison avec le discours direct correspondant, on observe plusieurs changements : les déterminants possessifs *ma/sa* ; *mon/son*, le pronom personnel *je/elle*, le temps des verbes : présent/imparfait.

ENTRAINEMENT 2

Énoncé p. 283

Le brocanteur s'écria que ce n'était plus possible ! Il était onze heures juste. Il (mon père) était tombé dans ce coup-là : il n'avait plus le droit d'en sortir. D'ailleurs, il reconnaissait qu'il n'avait pas eu de chance de venir ce jour-là. Mais quoi ! À chacun son destin ! Lui, il était jeune et frais, il était droit comme un i, et il avait deux yeux superbes : tant qu'il y aurait des bossus et des borgnes, il n'aurait pas le droit de se plaindre, c'était cinquante francs !
Mon père dit que, dans ce cas, nous allions décharger ces débris, et nous irions nous servir ailleurs.
On remarque qu'au style indirect, l'usage de la seule 3e personne peut poser des problèmes d'identification et que la transposition n'est pas toujours automatique : elle sacrifie l'exclamation « *Bien* ! » Le « *nous* » final est maintenu car il désigne toujours le petit Marcel, le narrateur, et son père.

ENTRAINEMENT 3

Énoncé p. 284

1. *À quoi bon ? Il n'y aurait pas de travail.*
2. *n'était-il pas, lui aussi, le vainqueur inattendu, celui qui s'élevait au milieu des désastres ?*
3. *Décidément […] on avait encore plus chaud dans la rue que chez soi !*

ENTRAINEMENT 4

Énoncé p. 284

Emma a eu des amants ? Oui, et puis après ? Elle ne les a pas véritablement aimés, puisqu'elle a quitté le premier pour un autre, et celui-ci, peut-être, pour un troisième. Le temps fera son œuvre. Elle comprendra, un jour, que jamais un homme ne l'a aimée comme je l'aime, moi ; et elle me reviendra, entièrement cette fois. Oui, elle me reviendra, et tout sera comme au premier jour.

36 Les déictiques

OBJECTIF

Repérer les déictiques.

VOIR AUSSI

– Les déterminants p. 97
– Les pronoms personnels p. 126
– Les pronoms autres que personnels p. 134
– Les fonctions des adverbes p. 189
– Les différents systèmes d'énonciation p. 275

TESTER SES CONNAISSANCES

Relevez les déictiques dans les phrases suivantes :

1. Aujourd'hui, nous allons étudier le raisonnement par récurrence.
2. Qu'est-ce que c'est que cet accoutrement ?
3. Où étais-tu lundi ?
4. Marcel est né ici il y a dix ans.
5. Fais attention au chien.

1. Aujourd'hui, nous. 2. cet accoutrement ? 3. tu lundi ? 4. Marcel – ici il y a dix ans. 5. au chien. (L'impératif désigne le locuteur malgré l'absence du pronom personnel.)

LE COURS

1 Définition

• On appelle déictiques des termes appartenant à diverses classes de mots qui ne prennent leur sens qu'en relation avec la situation d'énonciation dans laquelle ils sont employés[1].

Un énoncé tel que :

C'est bien **ici** qu'aura lieu **demain** à 15 heures la réunion que **nous** avons décidée **hier**.

nous indique que des personnes, au moins deux, ont décidé de tenir une réunion et que l'une de ces personnes informe son ou ses interlocuteur(s) que cette réunion aura lieu

1. Les déictiques sont également qualifiés d'*embrayeurs* par certains auteurs.

le lendemain en un endroit qui leur est familier. Mais « hors situation », en l'absence de précisions sur les partenaires de cette communication (qui sont-ils ?) et sur ses circonstances (quand ? où ?), cet énoncé demeure en grande partie ininterprétable.

Pour bien comprendre le rôle des expressions déictiques, on peut les comparer aux expressions non déictiques :

C'est **à Paris, rue de la Ferronnerie, le 14 mai 1610** que Ravaillac assassina Henri IV.

Les circonstances de temps et de lieu sont précisées de sorte qu'elles puissent être immédiatement interprétées de la même façon par tout lecteur.

- Les déictiques se trouvent reliés aux éléments constitutifs d'une situation d'énonciation et s'ordonnent par rapport à trois repères majeurs :
– les partenaires de la communication,
– le lieu de l'énonciation et les objets présents,
– le moment de l'énonciation.

2 Les mots qui sont toujours des déictiques

- **Les pronoms personnels des 1re et 2e personnes du singulier :** ***je*****,** ***tu*****.**

Ils désignent les partenaires de la communication : *je* désigne le locuteur, celui qui parle ; *tu* est l'allocutaire, celui à qui le locuteur parle.

- **Au pluriel,** ***nous*** **et** ***vous*** **peuvent être déictiques ou mixtes.**

Nous inclut le locuteur et une ou plusieurs autres personnes :

Toi et moi, **nous**… ; **Nous**, les hommes et les femmes…

Vous inclut l'allocutaire et d'autres personnes :

Toi et ta sœur, **vous** devriez ranger vos affaires.

- **Des adverbes de lieu et de temps :** *ici, maintenant, aujourd'hui* et d'autres termes associés qui ne s'interprètent qu'en fonction des circonstances de la situation d'énonciation : *demain, après-demain,… hier, avant-hier,… la semaine prochaine, dernière,… ce matin, ce soir, cette nuit,… cette année,…* et doivent, quelle que soit leur durée, se définir par rapport au moment de l'énonciation.

D'**ici** on voit bien la rivière **en bas**. *Ici* désigne l'endroit où a lieu l'échange entre les interlocuteurs à partir duquel s'ordonne l'espace : *en bas*.

Je reviens **ce soir**. *Ce soir* est un déictique. Pour interpréter correctement l'énoncé, il faut évidemment savoir par qui il a été produit, et à quel moment. Les adverbes de temps, quand ils sont employés comme déictiques, se repèrent par rapport au moment de l'énonciation.

- **Les déterminants ou pronoms possessifs des 1re et 2e personnes du singulier :**

Voir FICHE 32 : Les reprises nominales et pronominales.

Passez-moi **ma** canne et **mon** chapeau. J'ai oublié **ma** clef, passe-moi **la tienne**.

La canne et *le chapeau* sont ceux de celui (ou de celle) qui prononce cette phrase et qui se désigne par ***moi***. *La tienne* désigne la clef de l'interlocuteur. Les déterminants possessifs se substituent à des groupes inusités en français : **de moi*, **de toi*.

3 D'autres mots deviennent des déictiques dans des situations de discours

- **Des déterminants** : articles définis, déterminants démonstratifs

Passe-moi **le** crayon. Cela suppose que dans la situation figure un crayon aisément reconnaissable et, facultativement, que le locuteur joigne le geste à la parole, ce qui renvoie au sens premier de « deixis » qui signifie l'action de montrer comme l'indique l'exemple suivant (démonstratif) :

Soldats, du haut de **ces** Pyramides, 40 siècles vous contemplent.

qui incite à penser que les soldats auxquels s'adressait Bonaparte avaient les pyramides dans leur champ de vision.

- **Des pronoms démonstratifs**

Regardez moi ces balourds : **celui-ci** ne sait pas faire une passe et **celui-là** est bien incapable d'attraper le ballon.

- **Des noms** : papa, maman, etc. sont des déictiques. Ils désignent normalement le père ou la mère du locuteur ou de celui ou celle à qui il s'adresse ou des deux. Dans l'énoncé suivant, emprunté à un humoriste connu, le comique de la situation provient de l'emploi du déictique *papa* dans une situation de communication formelle :

– Monsieur le directeur, mon fils ne pourra pas venir à l'école aujourd'hui.
– Qui est à l'appareil ?
– C'est papa.

ENTRAINEMENT 1

Corrigé p. 289

Indiquez si les expressions en gras sont déictiques ou non déictiques.

1. Ils sont passés la veille du 15 aout mais **ce jour-là** nous étions sortis.
2. André m'a téléphoné pour la sortie **de demain**.
3. Illiers se trouve en Eure-et-Loir. **Ce petit bourg** est le Combray de Marcel Proust.
4. J'ai repris le travail **hier matin**.
5. Mettez ce paquet **sur la table**.

ENTRAINEMENT 2

Corrigé p. 289

Relevez et classez les déictiques de ce texte. Justifiez votre classement.

– Loup, disait Marinette, quand viendra le printemps, tu nous emmèneras dans les bois, loin, là où il y a toutes sortes de bêtes. Avec toi, on n'aura pas peur.
– Au printemps, mes mignonnes, vous n'aurez rien à craindre dans les bois. D'ici là, j'aurai si bien prêché les compagnons de la forêt que les plus hargneux seront devenus doux comme des filles. Tenez, pas plus tard qu'avant-hier, j'ai rencontré le renard qui venait de saigner tout un poulailler.

Marcel Aymé, *Les Contes du chat perché*, « Le Loup », © Éditions Gallimard, 1934.

ENTRAINEMENT 3

Corrigé p. 289

Réécrire le texte suivant en le faisant commencer par : *Ce jour-là, il était allé.*

Aujourd'hui, je suis allé à la pêche mais je n'ai rien attrapé, ce n'était pas mon jour.

Comme hier d'ailleurs. Alors je reste ici, chez moi, à regarder tomber la pluie. Je fais des mots fléchés. J'ai voulu proposer une partie de dames à Eurydice mais ça ne lui dit rien. Demain, j'irai peut-être voir l'exposition de peintres naïfs.

À RETENIR

Les déictiques constituent un **élément important de l'énonciation de discours.** Leur interprétation suppose que l'on identifie les acteurs et les données de la situation de communication.

CORRIGÉS

ENTRAINEMENT 1

Énoncé p. 288

1. **Non déictique** : *ce jour-là* (14 aout) est une expression anaphorique interprétable à partir de l'information précédente *la veille du 15 aout.*
2. **Déictique** : *de demain* est une locution adverbiale de temps.
3. **Non déictique** : *ce petit bourg* est une expression anaphorique qui reprend *Illiers.*
4. **Déictique** : *hier matin* est une locution adverbiale de temps.
5. **Déictique** : *sur la table* est présente aux locuteurs et le propos est généralement accompagné d'un geste qui la montre.

ENTRAINEMENT 2

Énoncé p. 288

– Loup, disait Marinette, quand viendra le printemps, ***tu nous*** *emmèneras dans les bois, loin, là où il y a toutes sortes de bêtes. Avec* ***toi, on*** *n'aura pas peur.*
– Au printemps, ***mes mignonnes, vous*** *n'aurez rien à craindre dans les bois.* ***D'ici là, j'****aurai si bien prêché les compagnons de la forêt que les plus hargneux seront devenus doux comme des filles. Tenez, pas plus tard qu'****avant-hier, j'****ai rencontré le renard qui venait de saigner tout un poulailler.*

Marcel Aymé, *Les Contes du chat perché*, « Le Loup », © Éditions Gallimard, 1934.

– **Pronoms personnels :** 1re personne du singulier : *j'* – 2e personne du singulier : *tu, toi* – 1re personne du pluriel : *nous, on*[1]. – 2e personne du pluriel : *vous.*
– **Locution adverbiales** : *d'ici-là* (*là* représentant le printemps à venir), *avant-hier.*
– **Déterminant possessif** : *mes mignonnes* (déictique par l'emploi du déterminant possessif de la 1re personne).

1. Le pronom *on* correspond à la 3e personne du singulier mais il peut aussi remplacer d'autres personnes grammaticales. Voir FICHE 11

ENTRAINEMENT 3

Énoncé p. 288

Ce jour-là, il était allé à la pêche mais il n'avait rien attrapé, ce n'était pas son jour. Comme la veille d'ailleurs. Alors il restait là, chez lui, à regarder tomber la pluie. Il faisait des mots fléchés. Il avait voulu proposer une partie de dames à Eurydice mais ça ne lui disait rien. Le lendemain, il irait peut-être voir une exposition de peintres naïfs.

Le passage du discours au récit se traduit par de nombreuses modifications textuelles :
– **adverbes ou locutions adverbiales de temps** : *aujourd'hui* → *Ce jour-là* ; *hier* → *la veille* ; *demain* → *le lendemain.*
– **adverbes de lieu** : *ici* → *là.*
– **pronoms personnels et déterminants possessifs** : passage de la 1re à la 3e personne.
– **temps des formes verbales** : passé composé *je suis allé, je n'ai reine attrapé, j'ai voulu* → plus-que-parfait *il était allé, il n'avait rien attrapé, il avait voulu* ; présent *je reste* → imparfait *il restait* ; futur *j'irai* → conditionnel *il irait.*

37 La modalisation

OBJECTIFS

Distinguer les différentes modalisations et en connaitre les outils.

VOIR AUSSI

– Types et formes de phrase p. 63
– Modes, temps et aspects du verbe p. 203
– Le futur de l'indicatif p. 238
– Le conditionnel p. 242
– Les différents systèmes d'énonciation p. 275
– La synonymie p. 373

TESTER SES CONNAISSANCES

Dans les phrases suivantes, relevez les indices du point de vue de l'énonciateur sur son propos.

1. Paul est en retard, il aura encore oublié le rendez-vous.
2. L'impeccable érudition de Max nous a toujours éblouis.
3. L'auteur montre clairement les liens de cause à effet dans cette affaire bien compliquée.

1. Paul est en retard, il **aura encore oublié** le rendez-vous.
2. L'**impeccable** érudition de Max nous a toujours **éblouis**.
3. L'auteur montre **clairement** les liens de cause à effet dans cette affaire **bien** compliquée.

Corrigé détaillé p. 293

LE COURS

1 Définition

La modalisation est étroitement liée au processus d'énonciation. Elle se traduit par divers moyens linguistiques par lesquels le sujet de l'énonciation, le sujet parlant, fait apparaitre son attitude vis-à-vis de son destinataire et de son énoncé.
Elle peut porter sur l'énonciation (modalités d'énonciation) et/ou sur l'énoncé (modalités d'énoncé).

1.1 Les modalités d'énonciation

Elles manifestent l'attitude du locuteur (l'énonciateur) dans son rapport au destinataire. Elles se traduisent par des choix de types de phrases : déclaratif, interrogatif, injonctif, correspondant à l'acte de parole visé et à la manière dont le sujet parlant veut agir sur le destinataire : affirmer quelque chose (asserter), interroger, donner un ordre.

ATTENTION : Il ne faut pas confondre le type de phrase et l'usage énonciatif qui en est effectivement fait, car un acte de langage peut être direct ou indirect.

- **Si l'acte de langage est direct**, le type de phrase est employé pour accomplir l'acte auquel il est associé par convention : par exemple, employer une phrase interrogative pour poser une question.
- **Si l'acte de langage est indirect**, le type de phrase est employé pour accomplir un autre acte que celui auquel il est associé par convention.

– Une phrase déclarative peut très bien correspondre :
  - à un ordre : J'ai soif. → il faut comprendre qu'il faut donner quelque chose à boire ;
  - ou à une question : J'ai besoin d'un euro. → peut correspondre à la requête : « Avez-vous un euro à me prêter ? » ;

– Une phrase interrogative peut être :
  - une affirmation déguisée : L'effort n'est-il pas toujours récompensé ? → l'interprétation attendue est : « Si, l'effort est toujours récompensé » ;
  - ou une demande polie : Pourriez-vous me prêter votre voiture ?

– Une phrase exclamative peut valoir pour un ordre :
Tu vas tomber ! → peut vouloir dire : « Descends de cette marche. », etc.

1.2 Les modalités d'énoncé

- Elles traduisent le point de vue du sujet de l'énonciation vis-à-vis de ce qu'il énonce. Elles sont les indices de la subjectivité dans le discours et, pour en déceler les traces, il faudrait se demander ce que serait l'énoncé équivalent le plus neutre possible.

Par exemple, dans la phrase : Franchement, je trouve que tu exagères, l'adverbe détaché *franchement* précise l'attitude du locuteur par rapport à ce qu'il dit : « je te dis la vérité », « je suis franc ».

- Cette subjectivité du sujet de l'énonciation peut s'exercer sur le plan :

– **affectif**, lorsqu'il exprime un sentiment : **Douce** France, **cher** pays de mon enfance… l'attachement est déclaré au moyen des adjectifs *douce* et *cher* ;

– **évaluatif** lorsqu'il émet un commentaire ou un jugement.

Le plan évaluatif peut se situer par rapport aux valeurs (le bien/le mal ; le beau/le laid…), on dit qu'il est « **axiologique** » :

> C'est un **grand** et **beau** spectacle de voir l'homme sorti en quelque manière du néant… (Jean-Jacques Rousseau, *Discours sur les sciences et les arts*, 1751.)

Il peut également se situer par rapport aux savoirs (leur degré de vérité, de fausseté, de certitude…), on dit alors qu'il est « épistémique » : On **dirait** qu'il va pleuvoir.
Le verbe *dire* au conditionnel plaque une nuance de doute sur l'affirmation qui suit.

2 Les outils de la modalisation

Les moyens pour exprimer la modalisation sont divers et nombreux.

2.1 Choix lexicaux

Beaucoup de mots ont une valeur sémantique affective ou évaluative :

– noms simples possédant des synonymes qui permettent de jouer sur le **niveau de langue** : voiture, auto, bagnole (*bagnole* est marqué par rapport à *voiture* et *auto* qui sont neutres) ;

– noms dérivés par adjonction d'un suffixe **péjoratif** : ferraille, chauffard, marâtre… ;

– noms dérivés de verbes ou d'adjectifs **subjectifs** : l'amour, la crainte, la beauté… (l'amour de la symétrie ; la crainte de l'hiver) ;

– adjectifs ayant un fort contenu **affectif** : drôle, effrayant, pauvre ou **évaluatif** : grand, petit, certain, douteux… (un grand dessein) ;

– verbes exprimant un **sentiment** : détester, adorer, haïr ; une **opinion** : penser, croire ; une **perception** : sentir, sembler, paraitre ; une **volonté** : vouloir, souhaiter, espérer… ;

– auxiliaires modaux comme pouvoir (idée de **possibilité**), devoir (idée d'**obligation**) ;

– adverbes et locutions adverbiales : peut-être, certainement, assurément, probablement… ;

– interjections qui correspondent à une intervention explicite de l'énonciateur. Elles ont un fort contenu **expressif** : Hélas ! Parfait !

ENTRAINEMENT 1

Corrigé p. 294

Relevez les choix lexicaux porteurs de modalisation.

Ces romans sont entièrement centrés sur des pseudo-problèmes sentimentaux. À leurs défauts habituels porteurs d'artifice, d'anachronisme, de confusion des genres, s'ajoute l'importance excessive accordée aux détails. Autant d'éléments indiscutables qui les rendent illisibles sans même parler des approximations de la traduction.

2.2 Choix du temps des verbes

- L'énonciateur peut exprimer son point de vue sur l'énoncé en choisissant le temps du verbe. Certains temps comme le futur ou le conditionnel ont **plusieurs valeurs modales**. Ainsi le futur ou le conditionnel, tous deux tournés vers l'avenir, évaluent différemment les probabilités de réalisation du procès :

  Il viendra demain (c'est sûr) / Il viendrait demain (ce n'est pas sûr du tout).

- Mais la modalisation ne s'exprime pleinement que lorsque l'énonciateur a le choix de la forme à utiliser et qu'il n'est pas contraint par l'usage comme c'est souvent le cas avec le subjonctif dans les subordonnées. Ainsi la langue nous oblige à utiliser le subjonctif dans : je souhaite qu'il **vienne** (*je souhaite qu'il vient est incorrect), mais les différences de valeur modale sont nettes entre :

  Il admet qu'elle **est venue.** C'est objectif.

  Il admet qu'elle **soit venue.** Le subjonctif laisse entendre une réticence à le dire ou à le croire.

ENTRAINEMENT 2

Corrigé p. 294

Relevez et commentez tous les indices de modalisation.

1. La conclusion parait évidente, encore faudrait-il trouver le courage de l'affronter.
2. À lire les statistiques, force est de constater que les paramètres sociaux sont loin d'être au vert.
3. Une telle hypothèse s'inscrirait dans une démarche d'apaisement susceptible d'inspirer une certaine confiance.

2.3 L'intonation à l'oral, la ponctuation à l'écrit

L'intonation peut manifester l'**attitude de l'énonciateur** par rapport à ce qu'il dit : son adhésion ou bien son doute, sa distance, etc.

À l'écrit, la **ponctuation** et la **typographie** apportent plusieurs **moyens d'expression de la modalité** : l'expression d'un sentiment par le point d'exclamation, l'insistance par le soulignement, les caractères italiques, gras ou majuscules ; la distance par les guillemets ou les parenthèses.

CORRIGÉS

TESTER SES CONNAISSANCES

Énoncé p. 290

1. *Paul est en retard, il **aura encore oublié** le rendez-vous.*
Encore : modalise le verbe *oublier* et apporte une nuance de désapprobation.
Aura oublié : le futur antérieur équivaut à une hypothèse sur un retard mais le procès est présenté comme accompli = « il a dû oublier ».
2. ***L'impeccable** érudition de Max nous a toujours **éblouis**.*
L'adjectif *impeccable* apporte un jugement de valeur laudatif.

Le verbe *éblouir* a une connotation superlative.

3. *L'auteur montre* ***clairement*** *les liens de cause à effet dans cette affaire* ***bien*** *compliquée.* L'adverbe *clairement* exprime un jugement positif surtout par rapport à l'adjectif *compliqué* qui est assez objectif mais modalisé par l'adverbe d'intensité *bien.*

ENTRAINEMENT 1

Énoncé p. 292

Les choix lexicaux sont porteurs d'une forte modalisation :
- les noms porteurs d'un jugement négatif : *défauts, artifice, anachronisme, confusion, approximations* ;
- le nom composé à l'aide d'un premier élément lui aussi négatif : *pseudo-problèmes,* nie une réalité qui pourrait être objective ;
- les adjectifs évaluatifs : *excessive, indiscutables* (adjectif positif, en dépit du préfixe négatif, qui caractérise les éléments de preuve à charge), *illisibles* (préfixe négatif) ;
- l'adverbe *entièrement* modifie le sens du verbe *centrer* en soulignant le caractère global de cette centration, et lui confère finalement une valeur négative ;
- l'expression *sans même parler de* constitue une prétérition et correspond à une forme d'insistance déguisée.

ENTRAINEMENT 2

Énoncé p. 293

1. *La conclusion* ***parait évidente, encore faudrait-il*** *trouver le* ***courage*** *de l'****affronter****.*
Le verbe *paraitre* indique une opinion et l'association *parait évidente* constitue une forme d'insistance sur le caractère visible de la conclusion.
Toute la proposition : *encore faudrait-il trouver le courage de l'affronter* est modalisante pour la proposition précédente. Le sens du verbe *falloir* porteur de l'idée d'obligation est renforcé par le conditionnel (*faudrait*) qui accentue le caractère hypothétique de la démarche à entreprendre. Le nom *courage* et le verbe *affronter* entrent en résonnance : ce sont des valeurs positives que l'énonciateur invite à rechercher.

2. *À lire les statistiques* ***force est*** *de constater que les paramètres sociaux sont* ***loin d'être au vert****.*
L'expression impersonnelle *force est de* implique l'idée d'évidence, d'obligation impérieuse et objective. L'adverbe *loin* a une valeur de négation et l'ensemble de l'expression *loin d'être au vert* constitue une litote ironique signifiant que « les paramètres sociaux sont au rouge ».

3. *Une telle hypothèse* ***s'inscrirait*** *dans* ***une*** *démarche* ***d'apaisement susceptible*** *d'inspirer* ***une certaine confiance****.*
Les noms positifs *apaisement* et *confiance* entrent en résonnance et sont présentés comme un but à atteindre.
Le conditionnel pleinement porteur de ses valeurs hypothétiques fait peser un doute sur la prise en compte ou la réalisation de l'hypothèse. Ce caractère simplement possible du processus envisagé est renforcé par l'adjectif *susceptible de* au sens de *capable de, apte à.*
Les déterminants indéfinis *une* [...] *hypothèse, une démarche, une* [...] *confiance,* jouent aussi leur rôle pour signifier l'indétermination et la ténuité de l'espoir entrevu.
L'antéposition de l'adjectif *certaine* renforce le caractère subjectif de l'appréciation portée sur le nom *confiance.*

AU CONCOURS La cohérence textuelle et l'énonciation

EXERCICE 1

Corrigé p. 297

1. En vous limitant à la partie récit de cette fable, relevez toutes les reprises anaphoriques des GN *un loup et un agneau*.

2. Qu'apportent-elles à la construction des personnages et à l'expression du point de vue du narrateur ?

Le Loup et l'Agneau

(…)
Un Agneau se désaltérait
Dans le courant d'une onde pure.
Un Loup survient à jeun, qui cherchait aventure,
Et que la faim en ces lieux attirait.
Qui te rend si hardi de troubler mon breuvage ?
Dit cet animal plein de rage :
Tu seras châtié de ta témérité.
– Sire, répond l'Agneau, que votre Majesté
Ne se mette pas en colère ;
Mais plutôt qu'elle considère
Que je me vas désaltérant
Dans le courant,
Plus de vingt pas au dessous d'Elle ;
Et que par conséquent, en aucune façon,
Je ne puis troubler sa boisson.
– Tu la troubles, reprit cette bête cruelle,
Et je sais que de moi tu médis l'an passé.
– Comment l'aurais-je fais si je n'étais pas né ?
Reprit l'Agneau, je tette encore ma mère.
– Si ce n'est toi, c'est donc ton frère.
– Je n'en ai point.
– C'est donc quelqu'un des tiens :
Car vous ne m'épargnez guère,
Vous, vos bergers et vos chiens.
On me l'a dit : il faut que je me venge.
Là-dessus, au fond des forêts,
Le Loup l'emporte et puis le mange,
Sans autre forme de procès.

Jean de La Fontaine, *Fables*, Livre I, 1668.

EXERCICE 2

Corrigé p. 297

Relevez les marques de la subjectivité dans le texte suivant.

On n'a jamais vu de pays où [les hommes] vécussent séparés, où le mâle ne se joignît à la femelle que par hasard, et l'abandonnât le moment d'après par dégoût ; où la mère méconnût ses enfants après les avoir élevés, où l'on vécût sans famille et sans aucune société. Quelques mauvais plaisants ont abusé de leur esprit jusqu'au point de hasarder le paradoxe étonnant que l'homme est originairement fait pour vivre seul comme un loup-cervier, et que c'est la société qui a dépravé la nature. Autant vaudrait-il dire que dans la mer les harengs sont originairement faits pour nager isolés, et que c'est par un excès de corruption qu'ils passent en troupe de la mer Glaciale sur nos côtes ; qu'anciennement les grues volaient en l'air chacune à part, et que par une violation du droit naturel elles ont pris le parti de voyager en compagnie.

Voltaire, *Questions sur l'Encyclopédie*, Article « Homme », 1770.

ANALYSE D'ERREURS 1

Corrigé p. 297

Commentez cet extrait de texte du point de vue de l'énonciation.

Finalement la famille comprit ce qui s'était passé et tous, ils grondèrent tous le chien ! C'est vrai que le chien se sentit coupable de tout car quand il y a un beau soleil et qu'il y a un vent frais, c'est gênant car tout le parc vient tout voir ! Et Jules prit une bonne résolution : ne plus jamais promener son chien avec des patins ! »

Extrait de la production écrite d'un élève de CM2. L'orthographe a été rectifiée.

ANALYSE D'ERREURS 2

Corrigé p. 298

Identifiez et expliquez les erreurs concernant le discours rapporté.

1. Il lui a demandé pourquoi était-il parti.
2. Elle voulait que sa fille lui écrit.
3. ... et son ami lui « dit ».
4. – Vite, vite, allons sauter dans l'eau bleue !
5. Tout d'un coup ma sœur arrive elle a la poche de croissants je lui dis tu aurais pu m'en laisser un, elle me dit tu n'avais qu'à te lever plus tôt je lui dis que je ne vais pas me lever plus tôt pour manger des croissants texte libre
6. elle nous a expliqué pourquoi les gaulois romains ont fait une tranchée pour que leurs ennemis ne vient pas prendre leur terre.

(Compte rendu d'une visite d'un site gallo-romain.)

Extraits prélevés dans des copies d'élèves de l'école primaire.

ANALYSE D'ERREURS 3

Corrigé p. 298

Commentez les erreurs du point de vue de l'énonciation.

Jules perdit de vue son chien Jazz. Alors Jules le chercha partout derrière les buissons, les arbres, les bancs, les poubelles et dans l'eau. Il rentra chez lui tout de suite après prévenir sa mère. Sa mère appelle les policiers mais les policiers ne répondaient pas. La mère de Jules lui dit il va revenir tout seul. Le soir Jazz n'était pas encore là mais la mère de Jules lui dit demain. Le lendemain Jazz était là. Jules était heureux et sa mère dit tout est bien qui finit bien.

Production d'un élève de CM2. L'orthographe a été corrigée.

CORRIGÉS EXERCICES

EXERCICE 1

Énoncé p. 295

1. Reprises concernant le loup
Reprises nominales : *le loup, cet animal plein de rage, cette bête cruelle.*
Reprises pronominales : *qui, que.*
Reprises concernant l'agneau
Reprises nominales : *l'agneau.* Reprises pronominales : *l', le.*

2. Le loup
– La première mention au personnage du loup (*un loup*) est informative et se contente de le nommer mais les deux périphrases suivantes : *cet animal plein de rage, cette bête cruelle,* le caractérisent très négativement. Les noms *animal* et *bête* (hyperonymes) sont synonymes et renforcés par des expansions péjoratives : *plein de rage, cruelle* qui soulignent le caractère néfaste du personnage. La dernière reprise nominale : *le loup* est coréférentielle, mais elle est porteuse en connotations de toutes les significations introduites par les périphrases précédentes.
– Avec ces différentes reprises anaphoriques, le narrateur situe le personnage du côté de l'animalité : *animal, bête* ; de la déraison : *plein de rage* ; de la cruauté : *cruelle* (l'étymon de cruel est *crudelis* qui signifie : *avide de sang.*)

L'agneau
L'agneau est toujours présenté avec les mêmes termes : *un agneau, l'agneau.*
Le narrateur n'ajoute aucune caractérisation supplémentaire mais montre la permanence du personnage qui existe essentiellement grâce au discours qu'il tient.
Les reprises pronominales *l', le*, situent grammaticalement l'agneau comme complément d'objet, comme personnage *agi.*

EXERCICE 2

Énoncé p. 295

De nombreux éléments montrent l'implication de l'auteur. Parmi les modalisateurs les plus marquants, notons :
– le temps des verbes avec le subjonctif imparfait et le conditionnel qui marquent le doute, l'impossibilité : *vécussent, joignît, méconnût, vécût… autant vaudrait-il dire.*
– le choix d'expressions dépréciatives pour désigner la thèse adverse et ses tenants : *quelques mauvais plaisants.*
– les verbes : *abuser de leur esprit, hasarder le paradoxe.*
– les adjectifs : *mauvais, étonnant.*
– les décalages ironiques produits par le parallèle inattendu entre la société des hommes et le règne animal : *l'excès de corruption des harengs, la violation du droit naturel par les grues.*
– la fausse objectivité : *on n'a jamais vu.*

CORRIGÉS ANALYSES D'ERREURS

ANALYSE D'ERREURS 1

Énoncé p. 296

Le texte s'inscrit dans une énonciation historique (« récit pur ») avec des verbes au passé simple et l'usage de la 3e personne : *il comprit, ils grondèrent, le chien se sentit, Jules prit.*
On observe une rupture énonciative dans le deuxième phrase avec un passage

au présent de l'indicatif : *c'est vrai / il y a / c'est / vient*, mais elle est annoncée par le connecteur *c'est vrai que* qui signale le changement dans le texte. Le temps utilisé, un présent de vérité générale, convient bien pour ce qui peut être admis comme du discours indirect libre. Cependant un doute subsiste sur l'auteur de ce discours indirect libre : est-ce Jules, le chien Jazz ou bien le narrateur ?

Le texte s'achève par des guillemets mais ceux-ci n'ont pas été ouverts. On peut penser que la partie de discours rapporté que l'élève pensait encadrer par des guillemets est : *ne plus jamais promener son chien avec des patins !* Cependant, il ne s'agit pas exactement d'une intrusion de discours direct car Jules ne s'adresse qu'à lui-même, intérieurement : c'est un discours intérieur qui aurait pu prendre la forme du discours indirect libre, sans guillemets.

ANALYSE D'ERREURS 2

Énoncé p. 296

1. Confusion entre les discours direct et indirect. *Il lui a demandé pourquoi* introduit obligatoirement une subordonnée interrogative indirecte dans laquelle il ne peut y avoir d'inversion du sujet.

2. Erreur de concordance des temps. Le verbe *vouloir* dans la proposition principale entraine obligatoirement l'emploi du subjonctif dans la subordonnée *(écrive ou écrivît)*.

3. et **4.** Erreurs portant sur la ponctuation. C'est le discours rapporté qui est généralement encadré de guillemets et non le verbe *dit* introducteur de discours. Le point, au lieu des deux points, suivi du tiret, alors qu'il s'agit d'une première prise de parole, est l'indice d'un certain « flottement » dans l'utilisation de la ponctuation liée au discours direct.

5. Erreurs dues essentiellement à une quasi absence de ponctuation pour délimiter les passages au discours direct. On note aussi une répétition du verbe introducteur *dire* mais cela relève plus d'un effet stylistique que d'une erreur.

6. Une première erreur sur le temps du verbe *ont fait* (au lieu de *avaient fait*) semble liée à la transposition au discours indirect et aux difficultés pour appliquer les règles de concordance des temps entre le verbe introducteur *a expliqué* (passé composé) et le verbe de la subordonnée au discours indirect. (texte libre).
La seconde erreur, verbale elle aussi, provient d'une non prise en compte de l'obligation du mode subjonctif après la locution conjonctive *pour que*, et d'un oubli de l'accord à la 3e personne du pluriel du sujet et du verbe : **leurs ennemis ne vient pas.*

ANALYSE D'ERREURS 3

Énoncé p. 296

Le texte se situe dans une énonciation historique (utilisation de la 3e personne, alternance du passé simple et de l'imparfait, repères temporels spécifiques : *le lendemain*) mais présente quelques signes de confusions avec l'énonciation de discours à partir de *Sa mère appelle les policiers…*

– Utilisation d'un présent de l'indicatif (*appelle*) qui peut difficilement être considéré comme un présent de narration. Cet emploi du présent peut brouiller les deux emplois suivants du verbe *dire* (*lui dit*) qui sont normalement au passé simple.

– Absence de marquage du discours direct : *La mère de Jules lui dit il va revenir tout seul / la mère de Jules lui dit demain / et sa mère dit tout est bien qui finit bien.*

– Présence de mots ou d'expressions déictiques dans des passages normalement situés dans une énonciation historique : *Jazz n'était pas encore là / le lendemain Jazz était là.*

38 Les phonèmes du français

OBJECTIFS

– Savoir transcrire en utilisant l'alphabet phonétique international.

– Avoir des notions en phonétique articulatoire et en phonologie.

VOIR AUSSI

– Le *e* caduc p. 307

– Les semi-consonnes p. 311

– Prosodie : accent et intonation p. 315

TESTER SES CONNAISSANCES

1. Combien y a-t-il de lettres et de phonèmes dans les mots suivants : *château, champignon, poule* ?

2. Décomposez les termes suivants en syllabes graphiques et syllabes phoniques : *tortue, acheminer.*

3. Faites la transcription phonétique de la phrase : *Les élèves sont heureux.*

Corrigé détaillé p. 306

1. ***Château*** : 7 lettres, 4 phonèmes [ʃɑto]. ***Champignon*** : 10 lettres, 6 phonèmes [ʃɑ̃piɲɔ̃]. ***Poule*** : 5 lettres, 3 phonèmes sans le [ə] caduc, 4 phonèmes si on le garde : [pulə].

2. ***Tortue*** : 2 syllabes graphiques *tor-tue* et 2 phoniques [tɔr-ty]. ***Acheminer*** : si le [ə] caduc est prononcé, il y a adéquation entre le nombre de syllabes graphiques et phoniques : *a-che-mi-ner* [a-ʃə-mi-ne] ; sans le [ə] caduc, il y a distorsion : 4 syllabes graphiques et 3 phoniques [aʃ-mi-ne].

3. [lezelɛv(ə)sɔ̃tœʀø].

LE COURS

1 L'alphabet phonétique international

La description de l'énoncé oral est une tâche complexe car les correspondances entre ce qui s'entend et ce qui s'écrit ne sont pas univoques.

Un même signe peut renvoyer à plusieurs sons : ***s*** ne se prononce pas de la même façon dans sac ou vase.

Plusieurs signes graphiques peuvent transcrire un même son comme dans coq et koala.

Grâce à **l'alphabet phonétique international** (A.P.I.), il est possible de transcrire ce son, quelles que soient les graphies, par un signe unique **[k]**.

Voir le tableau phonétique page suivante et p. 416. Il ne reprend que les phonèmes utilisés en français.

REMARQUE : certains sons sont spécifiques à une langue. Par exemple, le [y] français n'existe pas dans la langue arabe, ce qui explique que les arabophones le remplacent par le phonème le plus proche dans leur langue, le [i] ; inversement, le th anglais n'est pas utilisé par le français.

VOYELLES		CONSONNES	
Orales		[p]	pâle, papa
		[b]	bu, tube
		[t]	tulle, pâté
[i]	vie, cygne	[d]	dent, ardu
[e] fermé	blé, parler	[k]	car, sac, coq, quoi, képi
[ɛ] ouvert	merci, mère, faire	[g]	gare, baguette
[a] antérieur	plat, patte	[f]	foire, neuf, pharmacie
[ɑ] postérieur	pâte, théâtre	[v]	violon, grève
[o] fermé	moto, beau, faux	[s]	sol, face, lasse, nation, six, scène
[ɔ] ouvert	fort, motte, porte	[z]	raison, ruse, zèbre
[y]	vertu, charrue	[ʃ]	charme, fiche
[u]	fou, bijou	[ʒ]	jurer, gentil
[ø] fermé	feu, deux	[l]	lune, sol
[œ]ouvert	peur, meuble, leurre	[ʀ]	ruse, finir
[ə] caduc	cheval, visage	[m]	maman, femme
		[n]	nid, bonne
		[ɲ]	agneau, champignon
Nasales		Semi-consonnes	
[ɑ̃]	banc, sans, vent	[j]	paille, feuille
[ɔ̃]	bon, sombre	[w]	ouest, toi, poire
[ɛ̃]	matin, plein, sain	[ɥ]	huile, fuir
[œ̃]	lundi, brun, parfum		

DIFFICULTÉS RENCONTRÉES

- **Les « faux amis »**
  – Comme **[u]** : le *ou* de fou [fu] et **[y]** : le *u* de bu [by] ;
  – Comme **[z]** : ruse [ʀyz] et **[ʒ]** : juste [ʒyst].
- **L'ouverture (ou aperture) des phonèmes**

Par exemple, on fait la différence entre **[e]** fermé comme café [kafe] et **[ɛ]** ouvert comme parfait [paʀfɛ]. En général, on applique deux lois phonétiques :
  – une **syllabe fermée** (terminée par une consonne prononcée) a **une voyelle ouverte** : peur [pœʀ], port [pɔʀ], colle [kɔl], mer [mɛʀ] ;
  – une **syllabe ouverte** (terminée par une voyelle prononcée) a **une voyelle fermée** : peu [pø], pot [po], mérite [meʀit].
- **Les variations régionales**, exemples :
  – **le *o* de** rose est fermé dans beaucoup de régions [ʀoz], ouvert dans le sud [ʀɔzə] ;
  – **le [ʀ]** se prononce différemment suivant les régions, plus ou moins roulé.
- **Les trois semi-consonnes**
  – Ne confondez pas le **[i]** et le **[j]**, par exemple : pile [pil] et piano [pjano] ;
  – ***oi*** sera transcrit par le groupe phonique **[wa]** comme choix [ʃwa] et ***oin*** par **[wɛ̃]** comme point [pwɛ̃].

Voir FICHE 40 : Les semi-consonnes.

ENTRAINEMENT 1

Corrigé p. 306

Faites la transcription phonétique des mots et phrases suivants :

1. rusé ; jupon ; aligner ; sursauter ; je chantais ; pôle ; château ; taxer ; boxer ; excitant ; examen.
2. port ; chapeau ; corporel ; grogner ; fleur ; peu ; un cœur.
3. Un joli brin de muguet.
4. Changeons de régime.
5. Enfin, quelque chose d'utile et de nouveau.

DIFFICULTÉS RENCONTRÉES

- **Le *e* caduc :** il est prononcé ou pas, suivant les mots et les régions.

Le jour du concours, il vaut mieux donner la transcription correspondant au **français standard**. Pour vous exercer, consultez un dictionnaire.

Voir FICHE 39 : Le *e* caduc.

- **Repérage du mot**

La démarcation entre les mots est rendue floue par trois phénomènes :

– l'**élision** qui consiste à éliminer les *e*, *a* et *i* en fin de mot, devant une autre voyelle ou le *h* muet du mot suivant : l'eau, l'une, l'homme, jusqu'au fond, s'il...

– la **liaison** : les amis [lezami], les hommes [lezɔm], cet enfant [sɛtɑ̃fɑ̃] ;

– l'**enchainement** qui déplace les frontières du mot et en modifie la perception : un éléphant = un *néléphant ; il ne faut pas confondre les petits trous et les petites roues.

ENTRAINEMENT 2

Corrigé p. 306

Faites la transcription phonétique des mots et phrases suivants :

1. Des eaux – l'humidité.
2. On a observé une minute de silence, ce jour-là.
3. J'ai trouvé cet ouvrage parfait.
4. Tous les enfants ont écrit à leurs amis.

ENTRAINEMENT 3

Corrigé p. 307

Transcrivez cette strophe (d'après Lamartine, « Le Vallon ») **:**

1. [mɔ̃kœʀ lasedətu mɛmədəlɛspeʀɑ̃s
2. niʀaplydəsevø ɛ̃pɔʀtynelәsɔʀ
3. pʀɛtemwasøləmɑ̃ valɔ̃dəmɔ̃nɑ̃fɑ̃s
4. œ̃naziləddœ̃ʒuʀ puʀatɑ̃dʀəlamɔʀ]

2 La phonétique articulatoire

La phonétique étudie les **sons du langage** dans leur réalisation concrète, leurs **caractéristiques physiques**. Elle s'occupe parfois de leur **évolution** pour la « phonétique historique » ou des **mécanismes physiologiques** nécessaires à leur émission pour la « phonétique articulatoire ».

Les sons sont produits par l'air expiré, en fonction de beaucoup d'éléments : le larynx, les cordes vocales, le pharynx, les fosses nasales, la zone de cartilage dur qui se trouve en haut de la bouche (le palais), la langue, les dents, les lèvres... Certains de ces éléments permettront d'ailleurs de les caractériser : on parlera de consonnes « dentales », « palatales », par exemple. Il y a trois sortes de sons dans la langue française : les voyelles (16), les consonnes (17), les semi-consonnes (3).

2.1 Les voyelles

Toute syllabe contient obligatoirement une voyelle, éventuellement précédée ou suivie d'une ou plusieurs consonnes. Lors de l'émission des voyelles, l'air circule librement et ne rencontre pas d'obstacle. **Les voyelles sont sonores car il y a vibration des cordes vocales.**

- Il y a deux grandes catégories de voyelles :

– **orales** quand l'air s'échappe entièrement par la bouche : [a] [o] [y] etc.
– **nasales** quand l'air s'échappe aussi par les fosses nasales : [ɑ̃] [ɔ̃] [ɛ̃] [œ̃] ; toutes les langues n'ont pas de voyelles nasales.

- On peut les classer en fonction :

– **du point d'articulation**, avec position de la langue antérieure ou postérieure : le [ɑ] est très en arrière ;
– **de l'ouverture (aperture) de la bouche** lors de l'émission : différence entre [ɑ] et [y]. Il suffit de prononcer ces phonèmes pour s'en rendre compte : [ɑ̃] exige une ouverture plus grande de la bouche que [y] ;
– **de l'arrondissement des lèvres (la labialisation)** ou la rétractation : différence entre [ø] et [i].

VOYELLES		Antérieures	Antérieures (labialisées)	Postérieures (labialisées)
Orales	– fermées	[i]	[y]	[u]
	– mi-fermées	[e]	[ø]	[o]
	– mi-ouvertes	[ɛ]	[œ]	[ɔ]
	– ouvertes	[a]		[ɑ]
Nasales	– mi-ouvertes	[ɛ̃]	[œ̃]	[ɔ̃]
	– ouvertes		[ɑ̃]	

Le tableau ci-contre est tiré de : M. Riegel, J.-C Pellat, R. Rioul, *Grammaire méthodique du français*, PUF, 2009, p. 78.

- Il ne faut donc pas confondre les 6 voyelles écrites (*a, e, i, o, u, y*) et les phonèmes vocaliques (16 au maximum), 12 de type oral et 4 de type nasal.

2.2 Les consonnes

Les consonnes ne peuvent pas constituer une syllabe à elles seules.
Lors de leur émission, l'air est entravé ou gêné de différentes façons.

On distingue les consonnes en fonction de :
– la **sonorité** : elles sont **sonores** s'il y a vibrations des cordes vocales (on parle de **voisement**) ou **sourdes** quand il n'y en a pas.

– le **lieu d'articulation** : dans la région labiale, dentale, palatale, vélaire, ...
– le **mode d'articulation** : l'air est toujours entravé.
Dans certains cas, il reste bloqué derrière un obstacle : ce sont les consonnes **occlusives**.
Il peut être seulement gêné et continue à s'échapper mais avec un bruit de friction pour les consonnes **constrictives**. Pour le **[l]**, la langue s'appuie sur les alvéoles dentaires et l'air s'échappe des deux côtés de la langue. Le **[ʀ]** est une consonne vibrante. Il est prononcé différemment suivant les régions, car la partie qui vibre n'est pas la même (luette, pointe de la langue, ...).

MODE D'ARTICULATION		LIEU D'ARTICULATION (sd = sourde ; sn = sonore)						
		bilabiale	labio-dentale	dentale	alvéolaire	post-alvéolaire	palatale	vélaire
Consonnes occlusives	orales	[p] sd [b] sn		[t] sd [d] sn				[k] sd [g] sn
Consonnes occlusives	nasales	[m]		[n]				[ɲ]
Consonnes constrictives	médianes		[f] sd [v] sn		[s] sd [z] sn	[ʃ] sd [ʒ] sd		
Consonnes constrictives	latérales vibrantes				[l] [r] roulé			[ʀ]
Semi-consonnes							[j] [ɥ]	[w]

Malgré les termes techniques, **ce tableau** est important car il **permet de comprendre les erreurs de discrimination** entre sourdes et sonores, fréquemment commises par les personnes dyslexiques (confusion *t/d, k/g, p/b...*) ou par les jeunes enfants.
Ainsi, entre le [t] et le [d], il y a simplement vibrations de cordes vocales ou pas.
On perçoit mieux également les erreurs d'articulation : *crouver pour trouver (vélaire pour dentale), *saussure pour chaussure (alvéolaire pour post-alvéolaire), ...

2.3 Les semi-consonnes

Voir FICHE 40 : Les semi-consonnes.

Les semi-consonnes sont nommées ainsi parce qu'elles sont sonores (comme les voyelles) mais avec un bruit de frottement (comme les consonnes).
Il y en a trois, la plus fréquente, le **[j]** : paille [paj] ; le **[w]** : poire [pwaʀ] ; et le **[ɥ]** : huile [ɥil]. Elles sont toujours accompagnées d'une voyelle.

ANALYSE D'ERREURS

Corrigé p. 307

Voici deux énoncés écrits qui correspondent à des erreurs de prononciation d'un enfant de CE2. Transcrivez-les, à l'aide de l'API, en expliquant les erreurs commises et corrigez-les.

*Mountenan il dort. (Maintenant, il dort.)

L'eau fait *bouser les arbres. (L'eau fait pousser les arbres.)

3 La phonologie

La phonologie étudie les sons (qu'elle appelle **phonèmes**) **en tant qu'unités distinctives** dans le système d'une langue. Les sons constituent des réalités concrètes, alors que les phonèmes sont abstraits. **Un phonème est la plus petite unité distinctive de la chaine parlée.**

- **Les oppositions entre phonèmes permettent de différencier les mots** : le passage de sourde à sonore, la nasalité, l'arrondissement sont des traits distinctifs (ou pertinents) : fin et vin (qui constituent une paire minimale) sont différents sur un seul point : [f] est sourd, [v] sonore, ce qui entraine un changement de sens. Dans sable et fable, les deux phonèmes initiaux sont sourds mais l'articulation de l'un est dentale, l'autre alvéolaire : c'est un autre trait distinctif.

En revanche, la phonologie ne s'intéresse pas aux différentes manières de prononcer le [ʀ] car elles ne suffisent pas à opposer deux termes.

> REMARQUE : le phonème est représenté entre crochets [a] quand on l'analyse d'un point de vue phonétique, comme dans l'API, ou entre deux barres /a/ quand on le considère dans sa valeur distinctive, phonologique.

- **Des oppositions presque neutralisées**

L'opposition entre [ɛ̃] et [œ̃] ne fonctionne que sur quelques couples brin/brun, empreint/emprunt mais elle perdure dans le Midi de la France.

Le système français avec plusieurs degrés d'ouverture est lourd. La différence entre le [a] d'avant et le [ɑ] d'arrière (patte / pâte) tend à disparaître, et on constate un flottement pour [ø] et [œ] (jeûne/jeune, veule/veulent), pour [o] et [ɔ] (hôte/hotte, môle/molle...) dont le rendement est très faible. L'opposition est un peu plus pertinente pour [e] et [ɛ] (poignée/poignet) et elle permet de rendre compte de la différence entre l'imparfait et le participe passé ou l'infinitif. En revanche, on n'entend plus guère la distinction entre le futur et le conditionnel : je viendrai/je viendrais.

4 La syllabe

Elle se définit comme un **groupe de sons prononcés en une seule émission de voix** ; elle comporte obligatoirement une voyelle et le plus souvent, une ou plusieurs consonnes.

4.1 Syllabe ouverte / syllabe fermée, syllabe phonique / syllabe graphique

- À l'écrit comme à l'oral, on distingue :

– la syllabe fermée terminée par une consonne prononcée ou écrite ;

– la syllabe ouverte terminée par une voyelle prononcée ou écrite.

- **Mais le découpage est parfois différent à l'écrit et à l'oral**, notamment en raison du *e* caduc, prononcé ou pas, suivant les régions :

– l'unité Catherine est constituée de 4 syllabes graphiques (Ca-the-ri-ne) et de 4 syllabes phoniques dans le Midi [ka-tə-ʀi-nə] ou deux syllabes phoniques seulement dans le reste de la France [ka-tʀin] ;
– Père est composé de deux syllabes graphiques ouvertes pè-re, mais d'une seule syllabe phonique fermée, en français standard [pɛʀ] ;
– la liaison et l'enchainement entre les mots (des herbes ; un avis) favorisent la syllabation ouverte (et notamment la structure consonne + voyelle, très fréquente en français). La phrase : Marc arrive à sept heures et quart. devient ainsi à l'oral :
[maʀ-ka-ʀi-va-sɛ-tœ-ʀe-kaʀ]
car des syllabes fermées sont « resyllabées » différemment.

Voir FICHE 39 : Le *e* caduc.

4.2 Attaque et rime

À l'école maternelle, lors des ateliers de phonologie, les élèves travaillent particulièrement la segmentation du mot en syllabes et la segmentation de la syllabe en phonèmes. La syllabe comporte une **attaque** (la consonne initiale ou le groupe de consonnes) et une **rime** (la voyelle et les phonèmes qui suivent) : pour prise, [pʀ] est l'attaque, [iz] la rime.

On peut aussi travailler sur l'attaque et la rime d'un mot : dans troublant, l'attaque est [tʀ], la rime [ɑ̃].

5 Un exemple : le phonème [s]

- Le phonème /s/ est très complexe, avec **plusieurs graphies possibles** :

[s] →
- s : sac, soja, asticot,...
- ss : poisson, masser,...
- c : cinéma, face, succès,...
- ç : poinçon, façade, perçu,...
- t : opération, prophétie, patient,...
- sc : scène, scientifique, ascèse,...
- x : six, dix, complexité,...
- z : ersatz, quartz...

On pourrait ajouter des graphies rarissimes, comme *th* (forsythia), *sç* (il acquiesça, il s'immisça), *sth* (isthme). Certaines graphies sont combinables dans le même mot : saucisson, succession, facétie, scission, ... Mais il faut nuancer cette complexité.

- **Les graphies n'ont pas toutes la même fréquence.** D'après Nina Catach[1], les graphies ***s*** + ***ss*** correspondent à 69 % des formes, ***c*** + ***ç***, à 26 %, ***t*** (+ ***i***) à 3,3 %. Le reste des formes représenterait donc 1,7 %, essentiellement constitué par les mots commençant par ***sc***, les autres ayant un caractère de rareté très marqué.

- Certaines graphies s'expliquent par :

– **l'étymologie**, notamment ***sc***. Sur la forme latine *scindere*, ont été formés scinder et toute sa famille : scission, scissionniste, scissionnisme, ... ; *scientia* de *scire* (savoir) a donné science puis scientifique, ... ; le terme *scaena* a produit scène et tous les dérivés ;
– le phénomène de l'**assibilation**[2] qui a touché le ***t*** latin (quand il est suivi du groupe ***io***) : au ***t***, lettre constrictive, a été attribué un son sifflant qui a perduré en français : lat. *operatio*/opération, lat. *fractio*/fraction...

1. Nina Catach, *L'Orthographe française*, Nathan université, 1995, p. 157.

2. Assibilation : prononciation d'une sifflante au lieu d'une occlusive.

- **Les lois de position** sont souvent déterminantes pour choisir la bonne graphie :
– on met ***ss*** entre deux voyelles pour conserver le son [s] cou<u>ss</u>in ≠ cou<u>s</u>in avec [z] ;
– la lettre ***c*** se prononce [s] devant ***e***, ***i*** et ***y*** et les groupes ***œ*** (c<u>œ</u>lioscopie, et c<u>œ</u>tera, ...) et ***æ*** (c<u>æ</u>cum).
– pour garder le son [s] devant ***a***, ***o*** et ***u***, il faut mettre la lettre ***ç*** : <u>ç</u>a, ma<u>ç</u>on, dé<u>ç</u>u.

À RETENIR

En français, il y a **16 voyelles** (dont 4 nasales), **17 consonnes**, **3 semi-consonnes**.
La phonétique étudie les sons dans leur réalisation concrète, alors que **la phonologie s'intéresse à leur valeur distinctive** et parle de phonèmes.
Le phonème est la plus petite unité distinctive de la chaine sonore du système d'une langue donnée.

ENTRAINEMENT 4

Corrigé p. 307

Analysez les mots suivants : par quelles lettres est représenté le phonème [s] ?

abstention – scansion – cas – assassin – idiotie – colimaçon – collection – fixer – hertz – dix – prison – raser – station – frisson.

CORRIGÉS

TESTER SES CONNAISSANCES

Énoncé p. 299

3. Transcription phonétique **[lezelɛv(ə)sɔ̃tœʀø]**. La phrase étant prononcée, dans un même groupe de souffle, il n'y a pas de séparation entre les mots. Dans une phrase plus longue, certains groupes auraient été séparés pour correspondre aux pauses pratiquées lors de l'émission. (Voir FICHE 41).

ENTRAINEMENT 1

Énoncé p. 301

1. *rusé* **[ʀyze]** ; *jupon* **[ʒypɔ̃]** ; *aligner* **[aliɲe]** ; *sursauter* **[syʀsote]** ; *je chantais* **[ʒəʃɑ̃tɛ]** ; *pôle* **[pol]** ; *château* **[ʃɑto]** avec **[ɑ]** ouvert ; *taxer* **[takse]** ; *boxer* **[bɔkse]** ; *excitant* **[ɛksitɑ̃]** ; *examen* **[ɛgzamɛ̃]**. La lettre *x* peut être transcrite par **[ks]** ou **[gz]**.
2. *Port* **[pɔʀ]** ; *chapeau* **[ʃapo]** ; *corporel* **[kɔʀpoʀɛl]** ; *grogner* **[gʀoɲe]** ; *fleur* **[flœʀ]** ; *peu* **[pø]** ; *un cœur* **[œ̃kœʀ]**.
Attention à l'ouverture des phonèmes **[o]** *vs* **[ɔ]**. Au besoin, vérifiez sur un dictionnaire qui donne la transcription en A.P.I.
3. *Un joli brin de muguet.* **[œ̃ʒɔlibʀɛ̃dmygɛ]**.
Attention à l'opposition entre **[œ̃]** et **[ɛ̃]**.
4. *Changeons de régime.* **[ʃɑ̃ʒɔ̃dʀeʒim]**.
5. *Enfin, quelque chose d'utile et de nouveau.* **[ɑ̃fɛ̃ kɛlkəʃozdytilednuvo]**.

ENTRAINEMENT 2

Énoncé p. 301

1. *Des eaux* **[dezo]** ; *l'humidité* **[lymidite]**.
2. *On a observé une minute de silence, ce jour-là.*
[ɔ̃naɔpsɛʀve ynminytdəsilɑ̃sə səʒuʀla].

3. *J'ai trouvé cet ouvrage parfait.* **[ʒɛtʀuvesɛtuvʀaʒpaʀfɛ]**.
4. *Tous les enfants ont écrit à leurs amis.* **[tulezɑ̃fɑ̃ɔ̃tekʀialœʀzami]**.

ENTRAINEMENT 3

Énoncé p. 301

Mon cœur, lassé de tout, même de l'espérance, **[mɔ̃kœʀ lasedətu mɛmədəlɛspeʀɑ̃s]**
N'ira plus de ses vœux importuner le sort ; **[niʀaplydəsevø ɛ̃pɔʀtynelәsɔʀ]**
Prêtez-moi seulement, vallon de mon enfance **[pʀɛtemwasøləmɑ̃ valɔ̃dəmɔ̃nɑ̃fɑ̃s]**
Un asile d'un jour pour attendre la mort. **[œ̃naziləldœ̃ʒuʀ puʀatɑ̃dʀəlamɔʀ]**

Remarquez que pour respecter les règles de la versification, le *e* caduc est marqué à l'intérieur du vers car il faut obtenir 12 syllabes pour un alexandrin : *un asile d'un jour* [œ̃nazilədœ̃ʒuʀ]) mais il ne l'est pas en finale : *espérance* [ɛspeʀɑ̃s] (voir FICHE 40).

ANALYSE D'ERREURS

Énoncé p. 303

– L'élève confond le phonème **[œ̃]** et **[ɛ̃]**. Il prononce :
**muntenan il dort* [mœ̃tənɑ̃ ildɔʀ] à la place de [mɛ̃tənɑ̃ ildɔʀ].
L'erreur s'explique par la proximité de ces deux voyelles nasales.
– ***bouser** à la place de ***pousser***. Deux erreurs pour le 2e énoncé : l'enfant prononce [buze] au lieu de [puse] ; il s'agit dans les deux cas d'une confusion entre le phonème sonore et le phonème sourd : **[b]**(sn) ≠ **[p]** (sd) ; **[z]** (sn) ≠ **[s]** (sd)

ENTRAINEMENT 4

Énoncé p. 306

Le phonème **[s]** est représenté par les lettres :
s (*abstention, scansion, station*), ***ss*** (*assassin, frisson*), ***c*** (*cirage*), ***ç*** (*colimaçon*), ***t*** (*abstention, idiotie, collection*), ***x*** (*dix, fixer* [fikse]), ***z*** (*hertz*).
La lettre ***s*** dans *cas* est muette ; dans *raser* et *prison*, elle renvoie au phonème **[z]**. Ces trois occurrences ne devaient donc pas être relevées.

39 Le *e* caduc

OBJECTIF

Connaitre les conditions de la prononciation du *e* caduc.

VOIR AUSSI

– Les phonèmes du français p. 299
– Prosodie : accent et intonation p. 315

TESTER SES CONNAISSANCES

Transcrivez phonétiquement les phrases suivantes :

1. Elle reste.
2. Elle est petite.
3. Dites-le.
4. La fenêtre est ouverte.

1. [ɛlʀɛst]. **2.** [ɛlɛp(ə)tit]. **3.** [ditlø]. **4.** [lafnɛtʀɛtuvɛʀt]

LE COURS

1 Le problème : *e* fragile

Le ***e* caduc** (appelé aussi **instable, sourd ou muet**) illustre parfaitement le décalage entre l'oral et l'écrit en français : voyelle la plus fréquente de l'écrit (10,06 %), il a une fréquence plus faible à l'oral (4,9 %), ce qui prouve qu'il est bien caduc ou instable.

Et, si *e* caduc est toujours représenté par la lettre *e*, celle-ci peut correspondre à différents phonèmes : *e* caduc, [ɛ] en syllabe fermée (merci, appelle) ou [e] en syllabe ouverte (les, ces). En français moderne, on ne rencontre pas de confusion entre le premier et les deux autres.

Sur le plan articulatoire, *e* caduc est une voyelle orale, antérieure (palatale), mi-ouverte. En français standard, son statut de phonème est contesté : on l'oppose généralement aux phonèmes [œ] (peur) et [ø] (feu) en le transcrivant [ə], mais il joue un rôle distinctif seulement dans d<u>e</u>hors/dort et l<u>e</u> hêtre/l'être.

ENTRAINEMENT 1

Corrigé p. 310

Transcrivez phonétiquement les mots suivants :
je sais, j'essaie, prends-le, prends-les, ressemeler, ressembler, jeter, jette.

2 La prononciation du *e* caduc

2.1 Conditions générales de prononciation

La prononciation dépend du niveau de langue, de la variation régionale, … :

– dans le Sud de la France, on prononce plus de *e* caducs qu'en français standard ;

– dans un niveau soutenu, on a tendance à prononcer davantage de *e* caducs que dans un niveau familier : je le vois = [ʒələvwa] soutenu, [ʒləvwa] familier ;

– le souci de la bonne réception de son message peut inciter un locuteur à prononcer davantage de *e* caducs, notamment un professeur ou un journaliste audiovisuel ;

– dans la diction poétique, le *e* caduc ne se prononce pas devant une voyelle (élision) ni en finale, mais il se prononce toujours devant une consonne :

Le vent se lèv(e) !... il faut tenter de vivr(e) !
L'air immens(e) ouvr(e) et referme mon livr(e) ... (Paul Valéry)

On suivra ici le modèle de la prononciation courante standard.

> ATTENTION : la prononciation ou non du *e* caduc a un effet direct sur le décompte des syllabes phoniques. Prononcer un *e* caduc ajoute une syllabe supplémentaire, comme en poésie. Comparer une petite fille : [yn / ptit / fij] = 3 syllabes ; [y / nə / pə / ti / tə / fi / jə] = 7 syllabes.

2.2 La prononciation de *e* caduc selon sa place dans le groupe

- Comme le français est une langue à accent de groupes, et non de mots, c'est la place du *e* dans le groupe rythmique qui décide.

Voir FICHE 41 : La prosodie.

- **En finale de groupe rythmique**

– En règle générale, en français non méridional, on ne prononce pas le ***e*** caduc en finale de groupe, mais il y sert d'appui à la prononciation de la consonne finale :
sorte, chante ≠ sort, chant.

– Cependant, il doit être prononcé dans les mots ***le*** (pronom objet de l'impératif positif) et ***ce***, car il est accentué en finale du groupe : dites-le – sur ce. On le transcrit par [ø] quand il est accentué : [ditlø] – [syʀsø].

- **En début de groupe rythmique**

– Prononciation obligatoire après deux consonnes prononcées pour éviter une succession de trois consonnes (prenez ça), dans le pronom interrogatif ***que*** pour faciliter la prononciation (que veux-tu ?), dans le mot dehors (valeur distinctive).

– Prononciation facultative dans les autres cas : j(e) vois – r(e)fuse – n(e) dis rien.

– Mais on tend à le garder en cas de difficultés de prononciation :
debout (et non dbout), je joue (et non jjoue, pour éviter la consonne doublée).

– On ne prononce pas le ***e*** caduc de je : ***j*** peut rester sonore [ʒ] (jvais, jreste) ou devenir sourde [ʃ] (jpars, jtrouve, jfais), comme dans la graphie plaisante chuis (jsuis).

- **À l'intérieur d'un groupe rythmique**

C'est là que le ***e*** caduc joue le mieux son rôle de « lubrifiant phonétique » (A. Martinet). On évoque la « règle des 3 consonnes », qui stipule que la prononciation optionnelle du ***e*** caduc permet d'éviter la rencontre de 3 consonnes, difficile en français. Cette règle n'est pas systématique, car tel groupe de 3 consonnes peut être facile à articuler :
il s(e)ra.

– La prononciation de ***e*** caduc est superflue après une seule consonne prononcée :
sam(e)di – lent(e)ment – la p(e)tit(e) – un ch(e)val.

– La prononciation de ***e*** caduc est nécessaire quand il est précédé de plus d'une consonne prononcée :
de bell(e)s crevettes – il me dit – justement – sur le d(e)vant.

> ATTENTION
> – Selon sa place dans le groupe, un même mot ne se prononcera pas de la même façon : comparer la f(e)nêtre fermée / la petit(e) fenêtre / la f(e)nêtr(e) est ouverte.
> – Dans certains cas même, la règle des 3 consonnes peut amener à ajouter un *e* caduc qui n'a rien à faire dans le groupe : (*un*) arc-boutant [aʀkəbutɑ̃] – (*un*) ours blanc [uʀsəblɑ̃].

ENTRAINEMENT 2

Corrigé p. 310

Transcrivez phonétiquement les phrases suivantes :

1. Tu ne restes pas jusqu'à demain ?
2. Voilà le pain. Prends-le et mange-le.
3. Que dis-tu ? Il dort dehors depuis une semaine ?
4. Je me demande ce que vous aimeriez.

À RETENIR

La prononciation de *e* caduc dépend de multiples facteurs : niveaux de langue, genre de texte,... Elle est surtout déterminée par sa place dans le groupe rythmique, où ***e*** caduc joue un rôle de « lubrifiant phonétique », en particulier à l'intérieur d'un groupe.

CORRIGÉS

ENTRAINEMENT 1

Énoncé p. 308

je sais **[ʃse]**, *j'essaie* **[ʒɛsɛ]**, *prends-le* **[pʀɑ̃lø]**, *prends-les* **[pʀɑ̃le]**, *ressemeler* **[ʀ(ə)səmle]**, *ressembler* **[ʀ(ə)sɑ̃ble]**, *jeter* **[ʒ(ə)te]**, *jette* **[ʒɛt]**.

ENTRAINEMENT 2

Énoncé p. 310

1. Tu ne restes pas jusqu'à demain ? **[tynʀɛstəpa ʒyskad(ə)mɛ̃]**
2. Voilà le pain. Prends-le et mange-le. **[vwalalpɛ̃ pʀɑ̃løemɑ̃ʒlø]**
3. Que dis-tu ? Il dort dehors depuis une semaine ?
[kədity ildɔʀdəɔʀ dəpɥiynsəmɛn]
4. Je me demande ce que vous aimeriez. **[ʒmədmɑ̃d skəvuzɛm(ə)ʀje]**

40 Les semi-consonnes

OBJECTIF

Connaitre trois phonèmes particuliers du français.

VOIR AUSSI

Les phonèmes du français p. 299

TESTER SES CONNAISSANCES

Transcrivez les phrases suivantes :

1. Le roi, c'est moi. 2. Lui, je le suis. 3. Il a les pieds liés.

1. **[ləʀwa sɛmwa]**. En prononçant cette phrase historique à la Restauration, Louis XVIII avait choisi la prononciation aristocratique de ROI : [ʀwɛ], et non [ʀwa], populaire et révolutionnaire. 2. **[lɥi ʒ(ə)ləsɥi]**. 3. **[ilalepjelje]**

LE COURS

1 Définition

Entre les consonnes et les voyelles figurent en français des unités sonores d'un troisième type, les **semi-consonnes**.

ATTENTION : ne pas confondre les semi-consonnes avec les **diphtongues**[1], qui n'existent plus en français depuis le XVIIe siècle.

Une semi-consonne est un son qui rappelle la voyelle par sa sonorité et la consonne par le bruit de friction qu'elle fait entendre (*cf.* consonnes constrictives = resserrement du canal expiratoire).

1. Une diphtongue est une voyelle qui change une fois de timbre au cours de son émission (all. *Haus* ; angl. *five*).

Le terme *semi-consonne* est préférable à celui de *semi-voyelle*, car il s'agit d'abord de consonnes, plus ouvertes que les autres. En anglais, on parle de *glide*.

On distingue **trois semi-consonnes** en français : ***yod*** [j], ***ué*** [ɥ], ***oué*** [w], qui correspondent respectivement aux voyelles [i], [y], [u].

2 La semi-consonne *yod* [j]

Cette semi-consonne se prononce avec la bouche dans la position du son **[i]**, mais plus fermée. C'est la palatale par excellence.

Tableau de la distribution de [j] selon les graphies possibles						
Graphies	i	y	il	lle	ille	ill
Position initiale	hier [jɛʀ]	yeux [jø]				
Position médiane	pied [pje]	crayon [kʀɛjɔ̃]				ailleurs [ajœʀ]
Position finale			œil [œj]	oreille [oʀɛj]	fille [fij]	

La semi-consonne [j] est rare à l'initiale et en finale ; en position médiane, c'est principalement un son de transition : en général, on prononce [j] les graphies ***i*** et ***y*** suivies d'une voyelle autre que ***e*** caduc :

ciel [sjɛl], bastion [bastjɔ̃].

- Précédée de deux consonnes dans la même syllabe, elle est associée à la voyelle [i] :
  crier [kʀije], plier [plije].

- Transcription des groupes **voyelle** + ***y*** + **voyelle** :

– ***ay*** + **voyelle** = [ɛj] + voyelle : ayons [ɛjɔ̃], essayer [esɛje] ou, parfois, [aj] : mayonnaise [majonɛz] ;
– ***oy*** + **voyelle** = [waj] + voyelle : croyons [kʀwajɔ̃], voyez [vwaje] ;
– ***uy*** + **voyelle** = [ɥij] + voyelle : essuyer [esɥije], fuyez [fɥije], mais gruyère [gʀyjɛʀ].

ENTRAINEMENT 1

Corrigé p. 314

Transcrivez phonétiquement les mots et les phrases :

1. lien, rien, bille, rail, laitier, collier.
2. Hier, Pierre et sa nièce riaient bien.
3. Ce treuil enlève les tuyaux rouillés.

3 La semi-consonne *ué* [ɥ]

Cette semi-consonne se prononce avec la bouche approximativement dans la position du son [y]. Elle s'écrit toujours ***u***.

- Distribution : la semi-consonne [ɥ] apparait à l'initiale (huit [ɥit]), à la médiane (nuage [nɥaʒ]), mais **jamais en position finale.**

- La lettre ***u*** correspond à la semi-consonne [ɥ] :

– quand elle est suivie d'une voyelle autre que ***e*** caduc : lui [lɥi] mais grue [gʀy] ;
– et quand elle est précédée d'une seule consonne dans la syllabe : nuée [nɥe].

- La semi-consonne précède surtout la voyelle *i* (fuite [fɥit]) et aussi *an* (suant [sɥɑ̃]).
- Sauf dans le groupe [ɥi], [ɥ] n'est jamais précédé de deux consonnes dans la même syllabe ; après deux consonnes, on emploie la voyelle [y] : cruelle [kʀyɛl].

ENTRAINEMENT 2

Corrigé p. 314

Transcrivez phonétiquement les mots et les phrases :

1. huer, tuile, sueur, saluer, fruit, vertueuse, biscuit.
2. Je suis avec lui en juin et en juillet.
3. Depuis huit heures, il s'ennuie sous la pluie.

4 La semi-consonne *oué* [w]

La semi-consonne **[w]** se prononce avec la bouche approximativement dans la position du son **[u]**.
Elle s'écrit toujours *ou*, sauf *oi* devant le son [a] : (roi) et *oin* devant le son [ɛ̃] : (coin).
On rencontre exceptionnellement les graphies *w* : (watt) et *qu* : (quid).

Distribution de [w] selon ses trois graphies principales			
Graphies	OU	OI	OIN
Position initiale	oui [wi]	oie [wa]	oindre [wɛ̃dʀ]
Position médiane	fouet [fwɛ]	voiture [vwatyʀ]	loin [lwɛ̃]

La semi-consonne **[w]** n'apparait **jamais en position finale** et assez **rarement en position initiale**. Elle se trouve toujours devant une voyelle.

– La graphie ***ou*** correspond toujours à **[w]** devant une voyelle autre que ***e*** caduc (alouette : [alwɛt]), sauf si elle est précédée de deux consonnes appartenant à la même syllabe (dans ce cas, elle correspond à la voyelle **[u]** : ébloui : [eblui], troué : [tʀue]).

– Les graphies ***oi*** et ***oin*** correspondent toujours à la semi-consonne [w] suivie respectivement de [a] et [ɛ̃], même après deux consonnes :

quoi : [kwa], moins : [mwɛ̃] ; trois : [tʀwa], groin : [gʀwɛ̃].

ENTRAINEMENT 3

Corrigé p. 314

Transcrivez phonétiquement les mots et les phrases :

1. jouet, droit, gouache, girouette, couloir, clouer, (il) troua.
2. Louis louait une voiture pour lui.
3. Je le vois, très loin à l'ouest.

POUR ALLER PLUS LOIN

Les semi-consonnes ne constituent pas le centre d'une syllabe comme les voyelles : roi, lion, comportent une seule syllabe. Cependant, dans une diction poétique, on peut prononcer la voyelle au lieu ou en plus de la semi-consonne, ce qui crée une syllabe supplémentaire (utile pour la métrique) par exemple dans *Sensation* (Rimbaud) :

Je ne parlerai pas, je ne penserai rien (...)

[ʀjɛ̃] : la semi-consonne permet la **synérèse**.

Et j'irai loin, bien loin, comme un bohémien

[bjɛ̃] [boemi - jɛ̃] : la voyelle permet la **diérèse**.

– La voyelle [y] remplace la semi-consonne [ɥ] pour créer une syllabe supplémentaire :

Car nous voulons la nuance encor (Verlaine, *L'art poétique*) : [ny - ɑ̃s].

– La voyelle [u] remplace la semi-consonne [w] :

D'un érable noueux il va fendre sa tête (Chénier, *Idylles*) : [nu - ø].

Synérèse : prononciation d'une semi-consonne faisant partie d'une seule syllabe [ljɔ̃].

Diérèse : prononciation de deux voyelles pour obtenir deux syllabes [li-jɔ̃].

À RETENIR

Les trois semi-consonnes du français, ***yod*** [j], ***ué*** [ɥ], ***oué*** [w], sont des **sons de transition**. On les rencontre principalement devant une voyelle autre que ***e*** caduc. Mais on n'emploie pas les semi-consonnes quand le son concerné est précédé de deux consonnes qui appartiennent à la même syllabe : cruelle, troué, ...

CORRIGÉS

ENTRAINEMENT 1

Énoncé p. 312

1. *lien* **[ljɛ̃]**, *rien* **[ʀjɛ̃]**, *bille* **[bij]**, *rail* **[ʀaj]**, *laitier* **[lɛtje]**, *collier* **[kolje]**.

2. *Hier, Pierre et sa nièce riaient bien.* **[jɛʀ pjɛʀesanjɛs ʀijɛbjɛ̃]**

3. *Ce treuil enlève les tuyaux rouillés.* **[sətʀœj ɑ̃lɛvletɥijoʀuje]**

ENTRAINEMENT 2

Énoncé p. 313

1. *huer* **[ɥe]**, *tuile* **[tɥil]**, *sueur* **[sɥœʀ]**, *saluer* **[salɥe]**, *fruit* **[fʀɥi]**, *vertueuse* **[vɛʀtɥøz]**, *biscuit* **[biskɥi]**.

2. *Je suis avec lui en juin et en juillet.* **[ʒəsɥizavɛklɥi ɑ̃ʒɥɛ̃ eɑ̃ʒɥijɛ]**

3. *Depuis huit heures, il s'ennuie sous la pluie.* **[dəpɥiɥitœʀ ilsɑ̃nɥisulaplɥi]**

ENTRAINEMENT 3

Énoncé p. 313

1. *jouet* **[ʒwɛ]**, *droit* **[dʀwa]**, *gouache* **[gwaʃ]**, *girouette* **[ʒiʀwɛt]**, *couloir* **[kulwaʀ]**, *clouer* **[klue]**, (il) *troua* **[tʀua]**.

À cause des deux consonnes qui précèdent, ***ou*** correspond à la voyelle **[u]** dans les 2 derniers mots.

2. *Louis louait une voiture pour lui.* **[lwiluɛ ynvwatyʀ puʀlɥi]**

3. *Je le vois, très loin à l'ouest.* **[ʒəlvwa tʀɛlwɛ̃ alwɛst]**

41 La prosodie : accent et intonation

OBJECTIFS

– Connaitre le fonctionnement de l'accent en français.

– Connaitre les principes de fonctionnement de l'intonation en français.

VOIR AUSSI

– Les phonèmes du français p. 299

– Le *e* caduc p. 307

– La ponctuation p. 346

TESTER SES CONNAISSANCES

Lisez les phrases suivantes. Mettez deux barres obliques chaque fois que, intuitivement, vous feriez une pause.

1. Elle est allée cueillir du muguet et elle a trouvé un beau brin.
2. Le prince craint le dédain du nain.
3. L'erreur de l'auteur rend le journaliste joyeux.
4. Le lieu et l'heure le rendaient nerveux, ce peureux.
5. L'homme qui a vu l'homme qui a vu l'ours qui a mangé le facteur a disparu.

1. Elle est allée cueillir du muguet // et elle a trouvé un beau brin. **2.** Le prince craint // le dédain du nain. **3.** L'erreur de l'auteur // rend le journaliste joyeux. **4.** Le lieu et l'heure // le rendaient nerveux, // ce peureux. **5.** L'homme // qui a vu l'homme // qui a vu l'ours // qui a mangé le facteur // a disparu.

Corrigé détaillé p. 318

LE COURS

Au-delà des phonèmes, il existe d'autres traits de l'oral qui jouent un rôle important dans la transmission et la compréhension du message.

Le domaine de la **prosodie** correspond à l'accent, aux tons, au rythme, à la quantité, à l'intonation.

Ces traits, dits **suprasegmentaux**, car ils s'ajoutent nécessairement aux séquences sonores, ne portent pas sur un phonème particulier, mais sur une syllabe ou une phrase entière. On se limite ici à l'accent et à l'intonation.

1 L'accent

1.1 Définition

L'accent est la mise en valeur d'une syllabe, par rapport aux autres, dans ce qui représente, dans une langue, l'unité accentuelle, au moyen d'une dépense accrue d'énergie (**intensité**), d'une augmentation de la **durée** d'émission et d'une **hauteur** mélodique plus grande.
On distingue deux accents en français, qui ont des fonctions différentes.

1.2 L'accent contrastif (ou démarcatif)

- L'accent ordinaire en français aide à l'analyse de l'énoncé en groupes de sens, correspondant à des groupes de souffle, séparés par des pauses. Il n'a pas de rôle distinctif pour opposer des sens différents (*cf.* espagnol : *término*, « terme » / *termíno*, « je termine » / *terminó*, « il a terminé »), mais il contribue seulement au découpage de l'énoncé.

L'unité accentuelle du français est le groupe de mots, contrairement aux langues à accent de mot (anglais, allemand, ...), qui ont un accent d'intensité important.

Sa s**œur**' / était accompa**gnée**' / par sa meilleure a**mie**' : trois accents = trois groupes.

*A **beaú**tiful **gírl*** : deux accents de mots. *Ein **schö**'nes **Mä**'dchen* : deux accents de mots.

- L'accent contrastif, peu marqué en français, se place sur la syllabe finale (jamais sur le ***e*** caduc) de chaque groupe phonique (prononcé en une seule émission de voix). Le découpage en groupes peut varier selon les sujets, les situations, les registres de langue, etc. L'accent est associé à des pauses plus ou moins marquées et importantes et aussi à l'intonation dans l'organisation de l'énoncé (*infra,* 2.2.).

Voir FICHE 39 : Le *e* caduc.

1.3 L'accent expressif

- Alors que la fonction contrastive correspond à l'utilisation normale, automatique de l'accent, passive en quelque sorte, l'accent expressif, qui n'est pas obligatoire, est intentionnellement choisi pour **appuyer le message**. Il se place alors sur la première syllabe de certains mots choisis et il est plus marqué que l'accent contrastif.

Le fait de manipuler ces prod'**uits** représente un danger mort'**el**, je dis bien mort'**el**.

Aux trois accents contrastifs peuvent s'ajouter deux accents expressifs, placés sur l'initiale de ***mo**rtel.*

- On distingue deux utilisations de cet accent expressif, qui peuvent se cumuler :

a. agir sur l'interlocuteur, pour le convaincre ou l'aider à comprendre :

C'est im**po**ssible : forte insistance

Il ne faut pas confondre **in**duction et **dé**duction : distinction didactique.

b. exprimer un sentiment :

C'est un **ad**mirable courage : insistance.

Cet accent expressif tend à devenir un « accent de métier », notamment chez les enseignants, les journalistes de l'audiovisuel et les hommes politiques.

ENTRAINEMENT 1

Corrigé p. 319

Lisez ce texte en respectant les pauses et les groupes accentuels.
Cette nuit, tout le village est sous la lune. Il gèle. Les chemins sont comme du fer. Nous étions rentrés les uns et les autres nous coucher. C'était fait. Un grand silence. Nous entendions bouger nos pensées dans nos têtes. Elles étaient exactement comme des oiseaux : à chaque mouvement, elles déployaient de grandes ailes pleines de couleur.

Jean Giono, *Les Vraies Richesses*, © Grasset & Fasquelle.

ENTRAINEMENT 2

Corrigé p. 319

Lisez ce texte publicitaire en plaçant des accents expressifs.
« Plus une vache est heureuse, mieux son lait est équilibré.
Pour faire un camembert généreux, il faut un lait riche. Pour avoir un lait riche, il faut des vaches heureuses. Tout est là. C'est pourquoi les fermiers et les conseillers Bridel ont mis au point une méthode à la fois moderne... et humaine pour élever les vaches. Elles ne sont plus emprisonnées dans d'immenses étables où elles s'ennuient et où elles donnent un lait pauvre et triste. Les cent quarante-quatre mille vaches Bridel vivent en petits troupeaux, dehors, en liberté. »

Publicité du Camembert Bridel dans les années 1970.

2 L'intonation

2.1 Définition

L'intonation rassemble les **variations** (montée, descente, ...) de hauteur musicale (ou courbe mélodique) de la voix ; car, dans une phrase, cette hauteur n'est pas constante.

- Dans la phrase déclarative, la voix monte par paliers pour redescendre sur la dernière syllabe (tension, puis relâchement des organes de la parole).

Il est parti.

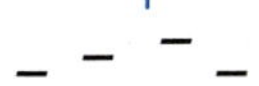

- Dans la phrase interrogative (interrogation totale), la voix ne cesse de monter et reste en suspens (le relâchement ne se produit pas : on attend une réponse).

Il est parti.

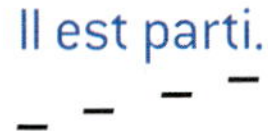

2.2 Fonctions et variations de l'intonation

L'intonation joue un rôle important à l'oral : dans les deux exemples précédents, seule l'intonation permet de distinguer la phrase déclarative et la phrase interrogative.

Elle a deux fonctions principales :

- **Modale** : indiquer le type de la phrase ou le sentiment associé à l'énoncé.

On peut placer quatre intonations différentes sur l'énoncé Vous sortez, selon que sa valeur est déclarative (montée puis descente), interrogative (montée seule de l'interrogation totale], injonctive [descente de l'intonation] ou exclamative [montée et finale haute].

- **Organisationnelle** : marquer l'unité globale de la phrase et contribuer, avec l'accent, à la segmentation de l'énoncé en groupes nettement délimités et hiérarchiquement structurés.

Ainsi, une mélodie parenthétique, basse et plate, avec une rupture [#] par rapport au reste de l'énoncé, marque les décrochages énonciatifs [incidentes, compléments insérés, ...].

Il parait... # [mais soyez courageux, attendez-vous au pire !] # il parait que le temps # par une nuit sans lune # ... vous devinez ? [Jean Tardieu, *Le Fleuve caché, À mots couverts*].

La richesse et la diversité de l'intonation sont très partiellement représentées par la ponctuation à l'écrit.

Voir FICHE 45 : La ponctuation.

ENTRAINEMENT 3

Corrigé p. 319

Lisez ce texte, enregistrez-vous et écoutez les modulations de votre intonation.

L'orthographe actuellement enseignée n'est pas une orthographe « traditionnelle ». Elle est le compromis que l'Académie française (supprimée par la Révolution, rétablie par la Restauration) a adopté dans son dictionnaire de 1835 entre l'orthographe voulue « savante » de 1694, modifiée en 1740, et l'usage encore sensiblement libre au début du XIXe siècle. Cette orthographe de compromis n'a été modifiée en 1878 puis en 1935 que d'une manière insignifiante, pour quelques mots.

Marcel Cohen, *Grammaire et style, 1450-1950,* © Éditions Sociales, 1954.

À RETENIR

L'accent en français aide au découpage de la chaine parlée [fonction contrastive]. Il peut avoir aussi une fonction expressive.

L'intonation connait une grande diversité de courbes mélodiques, qui permettent la compréhension globale de la phrase [valeur modale] ou contribuent à la bonne organisation du déroulement et de la perception de l'énoncé.

CORRIGÉS

TESTER SES CONNAISSANCES

Énoncé p. 315

Les pauses, marquées par deux barres obliques, correspondent à une diction normale. Elles permettent de séparer des groupes accentuels de natures syntaxiques très diverses.

ENTRAINEMENT 1

Énoncé p. 317

Cette nuit, // tout le village // est sous la lune. // Il gèle. // Les chemins sont comme du fer. // Nous étions rentrés // les uns et les autres // nous coucher. // C'était fait. // Un grand silence. // Nous entendions // bouger nos pensées // dans nos têtes. // Elles étaient exactement // comme des oiseaux : // à chaque mouvement, // elles déployaient // de grandes ailes // pleines de couleur.

Jean Giono, *Les Vraies Richesses*, © Grasset & Fasquelle.

Ce texte de prose poétique demande plus de pauses (//) et de groupes accentuels qu'un texte ordinaire.

ENTRAINEMENT 2

Énoncé p. 317

Plus *une vache est heureuse,* ***mieux*** *son lait est équilibré.*
Pour faire un camembert ***gén****éreux, il faut un lait* ***riche****. Pour avoir un lait* ***riche****, il faut des vaches* ***heu****reuses.* ***Tout*** *est là. C'est pourquoi les fermiers et les conseillers* ***Bri****del ont mis au point une méthode à la fois* ***mo****derne ... et* ***hu****maine pour élever les vaches. Elles ne sont plus* ***em****prisonnées dans d'****imm****enses étables où elles* ***s'en****nuient et où elles donnent un lait* ***pau****vre et* ***tris****te. Les cent quarante-quatre mille vaches* ***Bri****del vivent en* ***pe****tits troupeaux,* ***de****hors, en* ***li****berté.*

Publicité du Camembert Bridel dans les années 1970.

Les accents expressifs étant facultatifs, une certaine liberté de choix est laissée au locuteur.

ENTRAINEMENT 3

Énoncé p. 318

– Chaque phrase possède une intonation déclarative : montante + descente finale.
– La parenthèse *(supprimée par la Révolution, rétablie par la Restauration)*, l'apposition (*modifiée en 1740*), le groupe prépositionnel final *(pour quelques mots)* et éventuellement le complément circonstanciel inséré (*dans son dictionnaire de 1835*) impliquent un décrochage, avec une courbe basse et plate.

AU CONCOURS Phonologie

EXERCICE 1 Corrigé p. 322

1. **Le mot *cadeaux* contient :**
a. 2 phonèmes b. 4 phonèmes c. 5 phonèmes

2. **Détaillez les syllabes graphiques et phoniques dans le mot *caravane* (en français standard).**

3. **Le verbe *faciliter* contient :**
a. 4 syllabes ouvertes b. 3 syllabes ouvertes, 1 fermée c. 4 syllabes fermées

4. **Combien y a-t-il de syllabes graphiques et phoniques, de syllabes ouvertes et fermées dans le mot *catastrophe* ?**

5. **Quelle est la bonne transcription pour la phrase : *La jalousie est un vilain défaut* ?**
a. [laʒaluziɛtɛ̃vilœ̃defo] b. [laʒaluziɛtœ̃vilɛ̃defo] c. [lajaluziɛtœ̃vilɛ̃defo]

6. **Donnez au moins cinq graphies différentes correspondant au phonème [k] et fournissez un exemple pour chaque graphie.**

7. **Transcrivez phonétiquement deux prononciations différentes pour les mots suivants et donnez leur nature respective :**
a. convient b. ferment c. vis

8. **Donnez plusieurs formes correspondant à la transcription suivante [ʃɑ̃tɛ].**

9. **Trouvez trois mots rimant avec *pirouette* et ayant deux phonèmes communs.**

10. **Trouvez deux mots ayant la même attaque et deux mots ayant la même rime que *brin*.**

EXERCICE 2 Corrigé p. 322

Transcrivez phonétiquement les groupes suivants :
1. Une belle poupée gisait sur le parquet. 2. D'excellents exemplaires.

EXERCICE 3 Corrigé p. 322

Lisez cet extrait de poème et expliquez pourquoi on prononce ou non les *e* caducs.

Leurs courtes vestes de soie,
Leurs longues robes à queues,
Leur élégance, leur joie,
Et leurs molles ombres bleues

Tourbillonnent dans l'extase
D'une lune rose et grise,
Et la mandoline jase
Parmi les frissons de brise.

Paul Verlaine, *Fêtes galantes*, « Mandoline » (extrait), 1869.

EXERCICE 4

Corrigé p. 323

Lisez ce poème et commentez la prononciation des graphies *i, ou, u*.

Il est de fort parfums pour qui toute matière
Est poreuse. On dirait qu'ils pénètrent le verre.
En ouvrant un coffret venu de l'Orient
Dont la serrure grince et rechigne en criant.

Charles Baudelaire, *Le Flacon*.

EXERCICE 5

Corrigé p. 323

Découpez ce texte en groupes accentuels et indiquez les principales variations de l'intonation.

Quels sont les mots français les plus exportés ? Quel terme désigne une spécialité si typiquement nôtre que l'étranger doit respecter son nom d'origine ? Quelle est l'invention, la marchandise, la qualité ou l'émotion que nous avons baptisées une fois pour toutes, qui porte aux quatre coins du monde nos couleurs nationales ? Passons sur les produits du terroir qui défendent avec des bonheurs inégaux (le camembert l'emportant sur le champagne) leur appellation contrôlée. Sur quels autres ambassadeurs pouvons-nous compter ? Qu'avons-nous à offrir d'intraduisible ?

Gabrielle Rolin, *Le Monde*, 28 avril 1974 (avec l'aimable autorisation du groupe Le Monde).

ANALYSE D'ERREURS 1

Corrigé p. 323

Voici la production d'un élève de CE2. La consigne demandait de classer des mots, suivant les différentes graphies du son [j]. L'orthographe n'a pas été rectifiée.

il	ill	i	y	ll
conseile	corbeille	bien	crayon	fille
réveile	quille	évantail	voyager	piller
fenouil	dépouiller	tablier	envoyer	
	paillasson	cahier	s'ennuyer	
	billet	fier		
	groseilles	marier		
		feuille		

1. **Repérez les erreurs commises par cet élève ; corrigez-les et commentez-les.**
2. **Analysez l'exercice du point de vue de sa difficulté et de sa pertinence.**
3. **Transcrivez, en utilisant l'API, tous les mots de la colonne *i*.**

ANALYSE D'ERREURS 2

Corrigé p. 324

Voici deux énoncés écrits qui correspondent à des erreurs de prononciation d'un élève de CE2. Transcrivez-les à l'aide de l'API en expliquant les erreurs commises et corrigez-les.

1. Ursula a un ˣrecard tendre.
2. La ˣmaicresse arrive.

CORRIGÉS EXERCICES

EXERCICE 1

Énoncé p. 320

1. b. Le mot ***cadeau*** contient **4 phonèmes** [kado]

2. ***Caravane*** comporte **4 syllabes graphiques** *ca-ra-va-ne* et **3 syllabes phoniques** [ka-ʀa-van], en français standard.

3. a. le verbe ***faciliter*** contient **4 syllabes ouvertes** puisque chacune se termine par une voyelle prononcée [fa-si-li-te].

4. Le mot ***catastrophe*** compte **4 syllabes graphiques dont 3 ouvertes** (ca-tas-tro-phe). Il compte 3 syllabes phoniques en français standard [ka-tas-tʀɔf] dont une ouverte, et 4 en français méridional [ka-tas-tʀɔ-fə] dont trois ouvertes.

5. b. [laʒaluziɛtœ̃vilɛ̃defo].

6. Le phonème /**k**/ peut avoir plusieurs graphies :
c (*carte, sac*), ***q*** (*coq*), ***qu*** (*qui, quand*), ***k*** (*koala, kayak*), ***ch*** (*chorale, cholestérol*), ***cch*** (*bacchanale*), ***cqu*** (*acquérir, grecque*), ***ck*** (*nickel, teck*).

7. a. ***convient*** peut être la 3e personne du singulier du verbe *convenir* au présent de l'indicatif : (il) *convient* [kɔ̃vjɛ̃] ou la 3e personne du pluriel du verbe *convier* au présent de l'indicatif : (ils) *convient* [kɔ̃vi].

b. ***ferment*** peut être la 3e personne du pluriel du verbe *fermer*, au présent de l'indicatif : (ils) *ferment* [fɛʀm] ou le substantif (le) *ferment* [fɛʀmɑ̃].

c. ***vis*** peut être la 1re ou la 2e personne du singulier du verbe *vivre* au présent ou au passé simple de l'indicatif : (je) *vis* [vi] ou le substantif (la) *vis* [vis].

8. La transcription **[ʃɑ̃tɛ]** peut correspondre aux 3 premières personnes du singulier et à la 3e personne du pluriel de l'imparfait de l'indicatif : *je chantais, tu chantais, il chantait, ils chantaient* ainsi qu'à la 1re personne du passé simple : *je chantai.*

9. Trois mots rimant avec ***pirouette*** avec deux phonèmes communs [ɛt] : *brouette, charrette, cacahouète, …*

10. L'attaque de ***brin*** est [bʀ] comme dans *brillant, bretelle, brutal, …* et la rime est [ɛ̃] comme dans *matin, lapin, chagrin, …*

EXERCICE 2

Énoncé p. 320

1. *Une belle poupée gisait sur le parquet.* **[yn(ə)bɛlpupeʒizɛsyʀləpaʀkɛ]**

2. *D'excellents exemplaires.* **[dɛkselɑ̃zegzɑ̃plɛʀ]**

EXERCICE 3

Énoncé p. 320

– Le ***e*** caduc final (à la rime) n'est pas prononcé, qu'il suive une voyelle (première strophe) ou qu'il serve d'appui à la prononciation d'une consonne (deuxième strophe).

– Le ***e*** caduc devant une voyelle est élidé : *ros(e) et.*

– Le ***e*** caduc suivi d'une consonne est prononcé à chaque vers, y compris quand il est simplement suivi du *-s* du pluriel, qui s'entend en liaison : *robes à queues, molles ombres.*

EXERCICE 4

Énoncé p. 321

L'identification des voyelles [i], [u], [y] ne pose pas de problèmes dans : ***qui, ils, ouvrant, venu, serrure, rechigne.***

On relève trois cas intéressants à la rime :

– une synérèse dans ***matière*** [matjɛʀ] : la semi-consonne est employée ;

– deux diérèses qui riment dans ***Orient*** [ɔʀijɑ̃] et ***criant*** [kʀijɑ̃], créant deux syllabes au lieu d'une.

EXERCICE 5

Énoncé p. 321

Groupes accentuels et principales variations de l'intonation.

• Les groupes accentuels sont séparés dans le texte par des pauses (//).

Quels sont les mots français // les plus exportés ? Quel terme désigne une spécialité si typiquement nôtre // que l'étranger doit respecter son nom d'origine ? Quelle est l'invention, // la marchandise, // la qualité // ou l'émotion // que nous avons baptisées une fois pour toutes, // qui porte aux quatre coins du monde // nos couleurs nationales ? Passons sur les produits du terroir // qui défendent avec des bonheurs inégaux // (le camembert l'emportant sur le champagne) // leur appellation contrôlée. // Sur quels autres ambassadeurs // pouvons-nous compter ? Qu'avons-nous à offrir // d'intraduisible ?

Gabrielle Rolin, *Le Monde*, 28 avril 1974.

• Diverses intonations sont à commenter :

– **L'intonation interrogative** : s'agissant d'interrogations partielles, l'attaque de la phrase se fait sur une note élevée (attachée aux mots interrogatifs *quel(le)(s), qu'*), suivie d'une descente progressive jusqu'à la fin de la phrase.

– **La phrase injonctive** (*Passons...*) possède une intonation descendante.

– **Une intonation parenthétique** isole chaque relative des 3e et 4e phrases, ainsi que la parenthèse de la 4e phrase.

– **L'intonation** est modulée sur chaque groupe nominal de l'énumération de la 3e phrase.

CORRIGÉS ANALYSES D'ERREURS

ANALYSE D'ERREURS 1

Énoncé p. 321

1. L'élève a commis plusieurs erreurs.

• **Des mots n'ont pas été classés dans la bonne colonne :**

– dans la 2e colonne, **deux erreurs** : dans ***quille*** et ***billet***, le i est bien prononcé, le son [j] est transcrit par *ll* et non pas par *ill* ([kij] [bijɛ]). Ces mots auraient dû être déplacés dans la 5e colonne, sous *-ll*, avec *fille* et *piller* ;

– dans la 3e colonne, **deux erreurs** également : le son [j] n'est pas transcrit par la voyelle i dans ****évantail*** [evɑ̃taj] et ***feuille*** [fœj] ; *éventail* aurait dû être classé dans la 1re colonne (sous *il*) et *feuille* dans la 2e (sous *ill*).

• **Des fautes de graphie :** **conseile* et **réveile*, sans doute bien prononcés, sont placés dans la bonne colonne, le son [j] étant bien transcrit par *il* mais la graphie *-eile* (inconnue en français) est fautive ; l'altération de la valeur phonique (*[kɔ̃sɛl] et *[ʀevɛl]) qui en résulte invalide le placement dans cette colonne.

• **Une petite erreur d'ordre phonogrammique :** **év<u>a</u>ntail* à la place d'*éventail*, avec confusion entre deux graphèmes concurrents (*en/an*) et non reconnaissance de la famille de *vent*.

2. Cet exercice demandait à l'élève de classer des mots suivant les différentes graphies de [j], ce qui suppose de sa part une grande attention portée au rapport phonie-graphie, car la difficulté est à la fois d'ordre phonologique (bien prononcer et discriminer les phonèmes) et d'ordre orthographique (choisir le graphème juste).

Le son choisi est particulièrement complexe, étant donné la multiplicité des graphies le transcrivant et le traitement de groupes comme *-eil*, *-ail*, *-euille* dont on sait qu'ils ne sont pas maitrisés par les élèves. Mais, même des graphies plus simples restent problématiques : pour *billet*, l'enfant a mal repéré le fait que le [i] est effectivement articulé avant le [j].

De plus, un élève de CE2 ne peut pas s'appuyer vraiment sur l'aide précieuse que constitue l'API qui permet d'isoler les sons. Cet alphabet permet de clarifier, en effet, certains cas compliqués comme : **f eu ille** — **év en ta il**

[f œ j] — [ev ɑ̃ ta j]

Mais ce type d'exercices peut précisément aider les élèves à appréhender cette difficulté et on peut constater, d'ailleurs, un taux de réussite assez élevé : 4 erreurs seulement (portant exclusivement sur le classement) sur 21 occurrences.

3. *bien* **[bjɛ̃]**, *éventail* **[evɑ̃taj]**, *tablier* **[tablije]**, *cahier* **[kaje]**, *fier* **[fjɛʀ]**, *marier* **[maʀje]**, *feuille* **[fœj]**.

ANALYSE D'ERREURS 2

Énoncé p. 321

1. *Ursula a un *recard tendre = Ursula a un regard tendre.* Il s'agit d'une erreur portant sur le **voisement**. L'élève a confondu deux phonèmes très proches : [k] sourd et [g] sonore.

2. *La *maicresse arrive = La maitresse arrive.* L'erreur porte sur le même phonème. Cette fois, il s'agit d'une erreur portant sur le **point d'articulation** : [t] est une dentale, alors que [k] est prononcé au fond de la bouche, avec le voile du palais.

42 Le système orthographique français

OBJECTIFS

– Connaitre le fonctionnement de l'orthographe française.

– Connaitre et analyser les valeurs des unités graphiques.

VOIR AUSSI

– Les phonèmes du français p. 299
– Les chaines d'accord p. 332
– Les homophones grammaticaux p. 340
– L'homonymie et la paronymie p. 383

TESTER SES CONNAISSANCES

1. Combien y a-t-il de lettres et de phonèmes dans les termes suivants : *chansons, faits, compter, reproductions, fournir, châteaux.* Quelle est la valeur de ces lettres ?

Voir la terminologie dans le cours.

2. Dans la phrase suivante, quelles sont les valeurs de la lettre *t* ?
Le port d'attache correspondait historiquement à la zone d'armement habituel du bateau.

1. – ***chansons*** : 4 phonèmes [ʃɑ̃sɔ̃], 8 lettres = 4 phonogrammes *ch-an-s-on* et 1 morphogramme *s* = pluriel.
– ***faits*** : 2 phonèmes [fɛ], 5 lettres = 2 phonogrammes *f-ai* et 2 morphogrammes *t* et *s*.
– ***compter*** : 4 phonèmes [kɔ̃te], 7 lettres dont 4 phonogrammes ; *r* est morphogramme (marqueur morphologique de l'infinitif) ; *p* est une lettre étymologique (latin : *computare*).
– ***reproductions*** : 11 phonèmes [ʀəpʀodyksjɔ̃], 13 lettres dont 11 phonogrammes *r-e-p-r-o-d-u-c-t-i-on-*, et 1 morphogramme *s* = pluriel.
– ***fournir*** : 6 phonèmes [fuʀniʀ], 7 lettres = 6 phonogrammes *f-ou-r-n-i-r*.
– ***châteaux*** : 4 phonèmes [ʃɑto], 8 lettres = 4 phonogrammes *ch-â-t-eau* et 1 morphogramme *x* = pluriel.

2. ***t* phonogramme** avec valeur de base [t] dans les mots suivants : *attache* (doublé), *historiquement, habituel, bateau.*
– ***t* morphogramme grammatical** renvoyant à l'indication de la personne (*correspondait*) ou à un élément d'un suffixe nominal *–ment* (*armement*) ou adverbial *–ment* (*historiquement*)
– ***t* morphogramme lexical** lorsqu'il renvoie par dérivation aux mots de la famille : *port* (portuaire) ; dans ce dernier cas, il a aussi valeur **logogrammique** car le *t* permet de différencier les termes *port/porc/pore.*

LE COURS

1 Les principes de fonctionnement de l'orthographe française

Comme l'écriture française est alphabétique, les unités graphiques (les 26 lettres de l'alphabet) sont destinées à l'origine à transcrire les phonèmes du français. Cependant, dans l'histoire du français, de nombreuses lettres prononcées sont devenues muettes, tandis que de nombreuses lettres étymologiques, muettes elles aussi, ont été introduites (temps, rythme). Maintenues dans l'orthographe, elles servent alors à apporter différentes informations grammaticales ou sémantiques sans correspondre à des unités orales.

L'orthographe française repose sur deux principes de fonctionnement.

1.1 La référence au son

Suivant leur fonction première, les unités graphiques représentent les unités sonores, parfois de façon simple : dans la préposition par, chaque lettre correspond à un phonème [paʀ]. Cependant, les correspondances ne sont pas si simples. Un phonème peut être représenté par plusieurs unités graphiques : [s] est représenté par *s* dans son, *ss* dans boisson, *t* dans portion, *x* dans dix, etc. Une même unité graphique peut correspondre à différents phonèmes : *c* correspond à [k] dans cor, à [s] dans cela, etc. Un groupe de deux ou trois lettres peut correspondre à un seul phonème, comme *au* et *eau* dans taureau qui représentent [o].

Voir FICHE 38 : Les phonèmes du français.

1.2 La référence au sens

- Les unités graphiques apportent des informations sémantiques de deux sortes :

– grammaticales : indication du pluriel (*-s* dans livres), du féminin (*-e* dans amie), etc.

– sémantiques, notamment dans la distinction des homonymes (sain, saint, sein, ceint).

Ces unités sont souvent muettes, mais peuvent se prononcer en liaison, comme le *-s* du pluriel : les oublis = [lezubli].

- On peut aussi ajouter une **référence à l'histoire** : de nombreuses lettres représentent des traces visibles de l'histoire du français :

– **lettres étymologiques** indiquant les relations avec le latin (temps de *tempus*, doigt de *digitum*) ou le grec (ῥ (rau) dans rhétorique, θ (théta) dans théorie, ψ (psi) et χ (chi) dans psychologie) ;

– ou **lettres historiques** non étymologiques : consonnes doubles dans donner, homme ; *on* et *om* marquaient en français la prononciation nasale [ɔ̃] qui a disparu.

Ces lettres ne jouent aucun rôle dans le système graphique actuel du français, à moins qu'elles n'aient été exploitées à des fins distinctives.

Voir FICHE 54 : Étymologie et emprunts.

Voir les logogrammes page 328 : compte, comte, conte.

2 Le graphème, unité graphique

- Par rapport à la lettre, qui est une unité graphique concrète, le graphème est une unité abstraite, dont les valeurs se définissent dans le système d'une langue donnée. Le graphème se définit comme la plus petite unité distinctive d'un système graphique donné, qui correspond à un phonème ou fait référence au sens grammatical ou lexical.

Un graphème peut être constitué :
– **d'une seule lettre** : dans *par*, on compte trois graphèmes correspondant chacun à un phonème ;
– **de deux lettres** (*digramme*) : *an, on, au, ai, gu, ph, ch, …*
– **de trois lettres** (*trigramme*) : *eau, oin ;*
– **d'une lettre pourvue d'un signe diacritique** : accent (*é, è, ê, ô, â, à, ù*) ou cédille (*ç*).

Dans le mot agneau, il y a 6 lettres mais 3 graphèmes seulement : a-gn-eau, soit une lettre + un digramme + un trigramme. On voit que les deux notions diffèrent et que la lettre n'est qu'un des éléments constitutifs du graphème.

- On classe les graphèmes suivant le rôle qu'ils jouent. Selon N. Catach (1980), on distingue trois sortes de graphèmes : les phonogrammes, les morphogrammes, les logogrammes[1].
Chaque catégorie de graphèmes apporte des informations différentes, d'ordre phonique pour les phonogrammes, d'ordre morphologique pour les morphogrammes, d'ordre distinctif pour les logogrammes.

1. *-gramme* vient du grec *grámma* qui signifie *lettre, écriture*.

DIFFICULTÉ RENCONTRÉE

Ne pas confondre les notions de graphème et de phonème : le phonème est la plus petite unité distinctive de la chaine parlée alors que le graphème est l'unité distinctive de la chaine écrite.

Voir FICHE 38 : Les phonèmes du français.

2.1 Les phonogrammes

- Les phonogrammes sont des graphèmes chargés de transcrire des phonèmes. 85 % des graphèmes sont des phonogrammes car majoritairement, la langue écrite code l'oral. Ils constituent l'essentiel du système graphique français.
Dans agneau, les 3 graphèmes *a-gn-eau* correspondent à 3 phonèmes [aɲo] : ces graphèmes sont des phonogrammes puisqu'ils codent du son.

- Il a déjà été dit qu'à un graphème ne correspondait pas un seul phonème et qu'à un phonème ne correspondait pas un seul graphème. Le phonème [s], par exemple, peut être transcrit par une dizaine de graphèmes (s, ss, c, ç, t,…) et le graphème *s* peut transcrire plusieurs phonèmes [s] (sac) ou [z] (vase). Mais les lois de position permettent de faire des choix motivés, dans la plupart des cas.

Voir FICHE 38 : Les phonèmes du français.

- Ce dernier point explique la distorsion entre le nombre de phonèmes (36) et le nombre de phonogrammes : 130. Mais, il y a 45 graphèmes de base, d'une très grande fréquence, qui permettent de couvrir 80 à 90 % des besoins fondamentaux de la transcription de l'oral ; s'y ajoutent 25 autres graphèmes moins rentables puis 60 qui constituent des formes rares[2].

2. Voir le tableau de la fréquence des graphèmes dans Nina Catach, *L'orthographe française*, Nathan, 1980, p. 10-15.

Par exemple, le phonème [ɛ̃] est transcrit dans 45 % des cas par le graphème *in* (lapin), dans 23 % par *en* (agenda, mien, je viens,...) : ce sont des graphèmes de base auxquels s'ajoutent pour 21 % des cas les graphèmes *-ain* (main, pain) et *ein* (peinture). Dans les formes rares, on compte *im* (impossible), *aim* (faim) *yn* (lynx) *ym* (thym). Le phonème [ɛ̃] correspond donc à 8 phonogrammes.

2.2 Les morphogrammes

- Si on ajoute un *x* à agneaux, on ne peut pas en donner un équivalent sonore. Ce *x*, muet, n'est donc pas un phonogramme. Il apporte une information autre que phonique, d'ordre grammatical : c'est la marque morphologique du pluriel de certains noms.

- Les morphogrammes sont des graphèmes qui portent des informations morphologiques et qui représentent environ 5 à 6 % des graphèmes en discours. On distingue :

– **les morphogrammes grammaticaux** qui donnent des indications sur le nombre, le genre, la personne, indications très précieuses car les noms, adjectifs, pronoms, verbes doivent, à l'intérieur de la chaine syntaxique, obéir à des règles portant sur tous ces éléments. Ces marques, ajoutées à la fin du mot, sont généralement muettes.

(tu) peins, peins comprend 3 graphèmes *p-ein-s* : les deux premiers sont des phonogrammes puisqu'ils transcrivent les phonèmes [p] et [ɛ̃] ; le 3e, le *s*, est un morphogramme qui renvoie à la marque morphologique de la 2e personne du singulier.

> REMARQUE : un phonogramme peut avoir une valeur morphogrammique. Autrement dit, un morphogramme peut être prononcé : le *ai* de *(il)* chantait correspond au phonème [ɛ] et il est la marque morphologique de la désinence de l'imparfait. On parle alors de *morphonogramme*.

– **les morphogrammes lexicaux** sont porteurs d'une signification lexicale. Ce sont des marques internes ou finales fixes qui relient un radical à ses dérivés.

Dans le mot enfant, trois graphèmes sont des phonogrammes qui renvoient à des phonèmes : [ɑ̃fɑ̃] ; le *t* muet est un morphogramme lexical présent dans la famille : enfanter, enfantillage, enfantin,... Dans tard, c'est le *d* que l'on retrouve dans tarder, tardif, tardivement, retarder, retardement,...

> REMARQUE : ces marques dérivatives touchées par l'évolution de la langue ne sont pas toujours systématiques ni cohérentes. Il y a quelques séries désaccordées mais rares : abri/abriter ou tabac/ tabagie/ tabagisme/ tabatière, mais des formes plus récentes gardent le *c* : tabacologie/ tabacologue/ tabacomanie.

ENTRAINEMENT 1

Corrigé p. 331

Commentez les morphogrammes lexicaux qui se trouvent dans les mots suivants : *chat, main, sang, paquet*. Trouvez 5 autres exemples de ce type.

2.3 Les logogrammes

Une 3e catégorie de graphèmes vient s'ajouter pour distinguer graphiquement les homophones (environ 6% des mots). Les logogrammes sont des « figures de mots », des images visuelles qui permettent de différencier des mots à l'écrit : saint, sain, sein, par exemple. Le *t*, le *a* et le *e* ont une valeur logogrammique ; ils permettent une identification visuelle immédiate et lèvent des confusions à l'écrit.

On distingue :

– **les logogrammes lexicaux** qui permettent de traiter des oppositions portant sur le lexique : bon/bond, repère/repaire…

– **les logogrammes grammaticaux** qui correspondent aux fameuses séries homonymiques : sont/son, a/à, et/est, ou/où…

Voir FICHE 51 : L'homonymie et la paronymie.
Voir FICHE 44 : Les homophones grammaticaux.

REMARQUE : Les phonogrammes peuvent avoir une valeur logogrammique. Dans tante/tente, les graphèmes *en* et *an* sont des phonogrammes et l'alternance *a/e* marque la différence entre les deux termes. Il en va de même avec *ce / se*, où *c-* et *s-* distinguent le démonstratif du pronom réfléchi, tout en correspondant au phonème [s].

POUR ALLER PLUS LOIN

Polyvalence des graphèmes

Un même graphème peut donner plusieurs types de renseignements et avoir plusieurs valeurs.

- Dans mangé, le *é* est un phonogramme puisqu'il est prononcé. Il a une valeur morphogrammique car le *é* se trouve être la marque morphologique du participe passé des verbes du 1er groupe. Il peut avoir une valeur logogrammique lorsqu'on l'oppose au *-er* de l'infinitif manger. Les trois catégories se recoupent.
- Dans le phonogramme *ain* de main, le *a* joue aussi un rôle morphogrammique : il se retrouve dans toute la famille de mots : manuel, manuellement, manucure, …
- Exemple avec le graphème *x* :

1. Le graphème *x* peut être un phonogramme ayant plusieurs valeurs :
Valeur de base [ks] : boxe, excellent, lexique, expirer, thorax, …
Valeur de position : avec le son [gs] : un exemple, le xénon, exubérant ; avec le son [z] sixième ou en liaison des choix importants ; avec le son [s], six, coccyx…

2. Il peut être un morphogramme grammatical :
• marquant le pluriel :
  – avec un radical fixe : les bijoux, les joyaux… ;
  – avec radical variable en *al/aux* (les animaux), *ail/aux* (un vantail/des vantaux) ;
  – avec changement complet du radical : lui/eux, celui/ceux
• marquant dans la désinence verbale, la personne : je vaux (1re pers.), tu veux (2e pers.)
• marquant l'alternance masculin/féminin pour certains adjectifs : doux/douce, faux/fausse,…

3. Il peut être un logogramme : le *x* étymologique de paix (lat. *pax*) est utilisé à des fins distinctives (vs je paie) et le *x* de prix pourtant non étymologique (lat. *pretium*) permet de différencier le prix / je pris / je prie.

ENTRAINEMENT 2

Corrigé p. 332

Commentez les couples : *trop/trot, port/porc, croix/(il) croit.*

ENTRAINEMENT 3

Corrigé p. 332

Identifier les différentes sortes de graphèmes dans la phrase suivante : *Certaines bêtes, affolées, sont parties.*

3 Un outil didactique

La typologie des erreurs de Nina Catach (D.R.).

Catégories d'erreurs	Remarques	Exemples
ERREURS EXTRAGRAPHIQUES		
Erreurs à dominante calligraphique	Ajout ou absence de jambages, lettres mal formées, etc.	**mid* (nid)
Reconnaissance et coupure des mots	Peut se retrouver dans toutes les catégories suivantes.	*un *navion* (un avion)
Erreurs à dominante extragraphique (en particulier phonétique). L'écrit est erroné parce que **l'oral est erroné.**	– Omission ou adjonction de phonèmes – Confusion de consonnes – Confusion de voyelles	**maitenant* (maintenant) **crocrodile* (crocodile) **suchoter* (chuchoter) ** moner* (mener)
ERREURS GRAPHIQUES (oral juste – écrit erroné)		
Erreurs à dominante phonogrammique (règles fondamentales de transcription et de position)	– N'altérant pas la valeur phonique – Altérant la valeur phonique	**binètte* (binette) **pingoin* (pingouin) **guorille* (gorille) **merite* (mérite) **briler* (briller) **écureil* (écureuil) **recard* (regard)
Erreurs à dominante morphogrammique **a.** morphogrammes grammaticaux **b.** morphogrammes lexicaux	– Confusion de nature, de catégorie, de genre, de nombre, de forme verbale, etc. – Omission ou adjonction erronée d'accords étroits – Omission ou adjonction erronée d'accords larges – Marques du radical – Marques préfixes/suffixes	**chevaus* (chevaux) ** les rue* (les rues) ** ils chantes* (chante) **tu achète* (achètes) **les films que les enfants ont vu* (vus) **canart* (canard) **anterrement* (enterrement) **annui* (ennui)
Erreurs à dominante logogrammique **a.** logogrammes lexicaux **b.** logogrammes grammaticaux	Confusion entre les homophones lexicaux Confusion entre les homophones grammaticaux	*J'ai pris du *vain* (vin) *Ils *ce sont dit* (se) **c'est livres* (ses)
Erreurs à dominante idéogrammique	– Majuscules – Ponctuation – Apostrophe – Trait d'union	*la *france* (France) **les, amis* (les amis) **leau* (l'eau) **peut être* (peut-être)

POUR ALLER PLUS LOIN

Un outil supplémentaire pour analyser les erreurs orthographiques des élèves (Claire Blanche-Benveniste). Une lettre peut avoir cinq valeurs :

– valeur de base : la manière la plus fréquente de lire la lettre, liée au plus grand rendement. Ex. : la valeur de base de *s* est [s] : sac, signe, sous, ... ;

– valeur de position : conditionnée par la position du groupe dans la chaine graphique. Ex. : *s* a la valeur de position de [z] dans vase, poison (position intervocalique) ;

– valeur auxiliaire : sans être prononcée elle-même, la lettre influe sur la prononciation d'un groupe voisin comme le *u* dans guérir ou le *s* dans les ;

– valeur zéro : aucun rôle du point de vue phonographique : le *s* en finale de bras ;

– la lettre peut faire partie d'un digramme (groupe de 2 lettres) ou d'un trigramme (groupe de 3 lettres).

À RETENIR

Les graphèmes font référence au son ou au sens.

Les phonogrammes transcrivent des phonèmes ; les morphogrammes donnent des informations grammaticales ou lexicales ; les logogrammes permettent de distinguer les homonymes.

Cet ouvrage applique les ***Rectifications de l'orthographe française*** avalisées par l'Académie française en 1990, qui sont préconisées dans l'enseignement de l'orthographe au Primaire depuis les programmes de 2007.

2007 : « On s'inscrira dans le cadre de l'orthographe rectifiée. Les rectifications définies par l'Académie française ont été publiées au *Journal Officiel de la République française* le 6 décembre 1990, édition des Documents administratifs. Elles se situent tout à fait dans la continuité du travail entrepris par l'Académie française depuis le XVIIe siècle, dans les huit éditions précédentes de son *Dictionnaire*. » (*BO* n°5, 12 avril 2007, hors série : 4. Orthographe, note 3, p. 81.)

2008 : « L'orthographe révisée est la référence. » (*BO* n°3, 19 juin 2008, hors série, note marginale, p. 37.)

Voir Annexe p. 419

CORRIGÉS

ENTRAINEMENT 1

Énoncé p. 328

Les morphogrammes lexicaux se retrouvent dans toute la famille du mot : le *t* de *chat* dans *chatte, chatière, chaton* ; le *g* de *sang* dans *sanguinaire, sanguin...* ; le *t* de *paquet* dans *empaqueter, paquetage...* ; le *a* de *main* dans *manuel, manipuler...* Autres exemples de ce type : *bond, chant, grand, petit.*

ENTRAINEMENT 2

Énoncé p. 329

– Certaines lettres en finale fonctionnent comme des logogrammes dans ces couples. Le *t* de *trot* se trouve dans la famille (*trotter, trottiner, trottinement…*), le *p* semble étymologique (*trop* venant du francique[3] *throp*, « entassement » à la base de *troupeau*).
– *Port et port* renvoient chacun à des champs dérivationnels très différents (*portuaire ≠ porcin, porcherie, porcelet).*
– *Le x* de *croix*, étymologique *(crux)* a un rôle logogrammique : il permet de distinguer graphiquement *croix* de la série *(je) crois, (il) croit.*

3. Langue germanique.

ENTRAINEMENT 3

Énoncé p. 329

– ***Certaines*** : 7 phonogrammes (c-e-r-t-ai-n-e) codant du son [sɛʀtɛn(ə)] ; le *e* a aussi une valeur morphogrammique puisqu'il indique le féminin. On ajoute un morphogramme grammatical, le *s* final, qui renvoie au pluriel.
– ***bêtes*** : 4 phonogrammes (b-ê-t-e-) codant du son : [bɛt(ə)] et un morphogramme grammatical, le *s* final, renvoyant au pluriel.
– ***affolées*** : 6 phonogrammes codant les phonèmes ([afole]) auxquels s'ajoutent deux morphogrammes grammaticaux, marques du féminin (*e*) et du pluriel (*s*).
– ***sont*** : 2 phonogrammes (s-on) transcrivant les phonèmes [sɔ̃] et un morphogramme grammatical *t*, qui joue aussi un rôle distinctif (homophones *sont ≠ son*).
– ***parties*** : 5 phonogrammes (p-a-r-t-i) correspondant à [paʀti] et deux morphogrammes grammaticaux, le *e* (marque du féminin), le *s* (marque du pluriel).

43 Les chaines d'accord

OBJECTIFS

– Comprendre le fonctionnement de l'accord graphique.

– Connaitre les chaines d'accord dans la phrase.

VOIR AUSSI

– Comment identifier un nom ? p. 106
– Comment identifier un verbe ? p. 112
– L'adjectif qualificatif p. 119
– Les pronoms autres que personnels p. 134
– Les expansions du nom p. 179
– Le système orthographique français p. 325

TESTER SES CONNAISSANCES

Mettez au pluriel les termes soulignés puis justifiez les accords.

1. Le train Paris-Londres a été bloqué dans le tunnel sous la Manche.
2. Le fleuriste sort le géranium et l'asperge.
3. Léa porte un manteau rouge clair.
4. La télévision ne parle pas du train qui arrive à l'heure.
5. Je te rends le livre que tu m'as prêté.
6. Le grand-père de Clotaire attend le professeur qui lui a donné rendez-vous.

1. *Les trains Paris-Londres ont été bloqués* : le verbe et le participe passé s'accordent avec le sujet. **2.** *Les fleuristes sortent les géraniums et les aspergent* : le verbe s'accorde avec le sujet. Le groupe *l'asperge* est ambigu, puisque *asperge* est aussi un nom ; dans cette phrase, vu le sens, il s'agit du verbe *asperger*, coordonné avec *sortent*, qui s'accorde donc aussi avec le sujet *les fleuristes*. **3.** *Léa porte des manteaux rouge clair* : un adjectif de couleur modifié par un autre adjectif est invariable (vs *des manteaux rouges*). **4.** *Les télévisions ne parlent pas des trains qui arrivent à l'heure* : les verbes s'accordent avec leur sujet. Dans le cas du relatif sujet *qui*, il faut trouver son antécédent (*des trains*) pour savoir comment accorder le verbe. **5.** *Je te rends les livres que tu m'as prêtés* : le pronom relatif *que*, représentant l'antécédent *les livres*, est COD du verbe *a prêtés*. Le participe passé *prêtés* s'accorde donc avec ce COD antéposé. **6.** *Les grands-pères* (ou *grands-parents*) *de Clotaire attendent le professeur qui leur a donné rendez-vous.* Le verbe s'accorde avec le sujet. Le pronom personnel se met au pluriel (*leur*) pour s'accorder en personne et en nombre avec le nom qu'il représente (*les grands-parents*).

LE COURS

1 Les chaines d'accord

1.1 Définition de l'accord

L'accord est la redondance des marques grammaticales de nombre (singulier ou pluriel), de genre (masculin ou féminin) et de personne, portées par plusieurs mots variables de la phrase qui rend perceptibles les relations syntaxiques et sémantiques entre ces mots.

Les petits oiseaux chantent dans la forêt obscure où ils s'abritent :

L'accord des verbes (chantent, s'abritent) avec leur sujet (les petits oiseaux, ils) fait percevoir la relation syntaxique entre les deux termes fondamentaux de la phrase et leur relation sémantique.

L'accord des déterminants (les, la) et des adjectifs (petits, obscure) avec les noms (oiseaux, forêt) fait percevoir les relations à l'intérieur du groupe nominal et assure sa cohésion.

- Les marques grammaticales s'ajoutent à la finale des mots variables : déterminants, noms, pronoms, adjectifs, verbes. Chaque catégorie grammaticale prend des marques spécifiques :

– les déterminants, les noms et les pronoms varient en nombre et en genre ;

– les verbes varient en personne et en nombre.

Voir FICHE 42 : Le système orthographique : les morphogrammes grammaticaux.

- L'accord est marqué très différemment en français à l'oral et à l'écrit, car de nombreuses marques autrefois prononcées sont devenues muettes. L'écrit se caractérise par une importante redondance des marques grammaticales, alors que l'oral économise le plus souvent les marques :

Les petits singes jouent dans les arbres.

Cette phrase écrite comporte 6 marques du pluriel, portées par les déterminants (les), les noms (singes, arbres) et le verbe (jouent).

[leptisẽʒ(ə) ʒudɑ̃lezaʀbʀ]

Cette phrase orale transcrite ne comporte que 2 marques du pluriel, portées par les déterminants [le] et [lez].

- La maitrise des accords implique :

– le bon choix des marques grammaticales propres à chaque catégorie grammaticale : la finale *-s* marque les pluriels nominaux (les petits singes) ou la 2e personne du singulier des verbes (tu joues).

– l'application des règles de convenance entre les termes concernés : un terme commande l'accord des autres termes, le plus souvent le nom ou le pronom (dans l'exemple, singes et arbres commandent l'accord au pluriel). Ces règles se définissent dans le cadre des chaines d'accord.

1.2 Les chaines d'accord

Les chaines d'accord sont des suites de mots qui entretiennent entre eux une relation morphologique solidaire. On distingue trois chaines d'accord :

– **la chaine du groupe nominal**, constituée au moins du déterminant et du nom, et éventuellement de l'adjectif épithète : les arbres ; les petits singes.

– **la chaine constituée du groupe sujet et du verbe** : Ils jouent.

– **la chaine constituée du groupe sujet, du verbe et de l'attribut du sujet** : Les enfants sont contents.

Quand il figure dans une chaine, le déterminant est souvent le seul terme qui indique le nombre ou le genre à l'oral (exemple ci-dessus). Même si c'est le nom qui commande l'accord, le déterminant joue le rôle pivot, c'est-à-dire **d'un indicateur de l'accord.**

Une chaine particulière associe le COD et le participe passé employé avec le verbe *avoir*, dont les règles d'accord sont les plus compliquées.

DIFFICULTÉS RENCONTRÉES

Plusieurs phénomènes peuvent perturber l'accord et provoquer des erreurs des élèves et même, parfois, des adultes.

- **La position** : dans le mouvement d'écriture de gauche à droite en français, les éléments placés après le pivot (Les petits singes : *les* indique l'accord au pluriel) pourront s'accorder plus facilement que ceux qui sont placés avant et qui demandent une anticipation de l'accord. C'est le cas notamment des termes apposés placés avant le groupe nominal (Effrayés, les petits singes s'enfuient), de *tout* précédant le déterminant (tous les petits singes) ou du verbe précédant son sujet (Enfin arrivent les secours).

- **La longueur de la chaine et l'éloignement** : quand les éléments constitutifs d'une chaine d'accord sont éloignés du pivot ou du terme qui donne l'accord, celui-ci peut être oublié, notamment par les enfants dont la mémoire de travail est vite saturée : dans Les petits singes étaient cachés dans les arbres, le participe *cachés* est éloigné du pivot *les*.
- **Les ruptures** : une chaine d'accord peut être interrompue par un élément parasite qui masque les relations solidaires entre ses éléments ; ce rupteur peut être :

– **désactivant** quand il s'intercale entre les termes de la chaine : un adverbe (Les petits singes brusquement s'enfuient), un pronom relatif non marqué (Les singes qui s'enfuient), un terme négatif (Les singes ne jouent plus), etc.

– **distracteur** quand il porte des marques d'une autre chaine d'accord avec laquelle un accord fautif peut se faire. C'est le cas notamment des *accords de proximité*, souvent pratiqués par les enfants... et par les correcteurs orthographiques des traitements de texte : *Les habitants du village recherche l'enfant disparu. Un pronom écran peut provoquer la faute : *Il les cachent. Et même, il peut arriver que *petits* soit interprété comme un nom après le déterminant et qu'emporté par son élan, l'enfant écrive *les petits singent !

2 L'accord au sein du groupe nominal

Le groupe nominal est en général formé de divers constituants qui sont obligatoires (le déterminant et le nom) ou facultatifs (expansion du nom). Les constituants variables du groupe nominal (déterminant, adjectif) s'accordent en genre avec le nom ; le choix du nombre dépend de la référence du groupe nominal à la singularité ou à la pluralité.

Voir FICHE 8 : Comment identifier un nom ? Le nombre du nom.

Souvent, le déterminant indique l'accord en genre et en nombre dans le groupe nominal : la forêt obscure. Mais le déterminant pluriel neutralise l'opposition de genre (*les / ces / mes enfants / filles*).

2.1 L'accord de l'adjectif dans le groupe nominal

Dans le groupe nominal, l'adjectif épithète prend le genre et le nombre du nom auquel il se rapporte : la grande forêt obscure.

DIFFICULTÉS RENCONTRÉES

- Tous les adjectifs ne prennent pas la marque de pluralité induite par la chaine d'accord, en particulier les **adjectifs de couleur** : les adjectifs de couleur dont l'origine est un nom d'objet sont invariables (marron, topaze, turquoise, cerise, citron, etc.), sauf *pourpre, mauve, rose, écarlate, fauve* : Elle préfère les robes marron / roses.
- En outre, un adjectif de couleur variable (vert, jaune, rouge, ...), suivi d'un adjectif qui nuance la couleur donnée, devient invariable : Elle a acheté une robe vert clair. On considère que l'adjectif de couleur prend la valeur d'un nom = « une robe d'un vert clair ».

2.2 Les formes en *-ant*

Le participe présent est invariable alors que l'adjectif verbal s'accorde en genre et en nombre avec le nom :

un conte **effrayant** les enfants ; une histoire **effrayante**.

2.3 Le participe passé employé (sans auxiliaire) comme épithète ou apposition

s'accorde en genre et en nombre avec le nom comme un adjectif :

Effrayés, les singes s'enfuirent.

2.4 L'accord dans la subordonnée relative

Le groupe nominal (antécédent), repris par le pronom relatif sujet *qui*, détermine la personne et le nombre du verbe de la subordonnée :

Il faut cesser de pêcher **les espèces de poissons** qui risque**nt** de disparaitre.

3 L'accord dans la phrase

3.1 L'accord du verbe avec le sujet

Le verbe s'accorde **en personne et en nombre** avec le sujet. Ce sujet peut prendre différentes formes :

- **un groupe nominal** constitué autour d'un nom :
Le groupe nominal entraine une marque de 3ᵉ personne du verbe, du singulier ou du pluriel selon le nombre du groupe nominal. Le déterminant ouvre la chaine d'accord et porte souvent une marque orale de pluralité, mais il tient son nombre du nom qui impose l'accord du verbe. Les oiseaux chantent : le nom *oiseaux* au pluriel commande les marques du pluriel du déterminant *les* et du verbe *chantent*.

- **un pronom** :
– un pronom personnel, qui donne sa marque de personne au verbe : tu chantes, ils chantent. La marque *-s* est ici une marque de 2ᵉ personne du singulier, alors que la marque *-nt* est une marque de 3ᵉ personne du pluriel ;
– un autre pronom, qui donne une marque de 3ᵉ personne au verbe, sauf dans le cas du pronom relatif, où la personne dépend de son antécédent : rien ne l'étonne ; toi qui pars. Le pronom relatif sujet *qui* donne au verbe *pars* la personne de son antécédent *toi*.

- **autres cas** : lorsque le sujet n'est ni un groupe nominal ni un pronom, aux marques de nombre et de personne explicites, le verbe prend, par défaut, une marque de 3ᵉ personne du singulier. Finir ce travail en deux jours est impossible : le groupe infinitif sujet du verbe *est* entraine une marque d'accord de 3ᵉ personne du singulier.

DIFFICULTÉS RENCONTRÉES

- **Nom collectif**

Dans le cas des groupes nominaux comprenant un nom collectif (foule, troupe, nuée, bande, etc.), le nom collectif est souvent considéré comme noyau du groupe sujet et active l'accord du verbe (une bande d'enfants joue). Cependant, l'accord dépend souvent du sens que le locuteur veut donner au groupe nominal :

Une foule de spectateurs **assiste** au match PSG-OM : l'accord du verbe avec le nom collectif donne une perception collective, globale du sujet.

Une foule de spectateurs **assistent** au match PSG-OM : l'accord du verbe au pluriel souligne la diversité plurielle des individus, le nom collectif jouant un rôle de quantificateur (= de nombreux spectateurs...).

- **Pluralité des sujets**

Quand un verbe a plusieurs sujets coordonnés au singulier, il se met normalement au pluriel :

Le thon rouge et la morue risquent de disparaitre.

Dans certains cas, le verbe s'accorde avec un seul sujet, par exemple quand deux sujets au singulier sont coordonnés par un *ou* marquant une disjonction exclusive :

Un fromage ou un dessert vous **sera** offert si vous commandez une choucroute aux poissons.

- ***C'est***

Le présentatif *c'est* introduisant un groupe nominal au pluriel se met généralement au pluriel : Ce sont les grandes marées de l'Atlantique.
Mais le singulier, souvent préféré à l'oral (c'est les vacances), est maintenu avec *nous* et *vous* et avec certains compléments : C'est nous. C'est vous. C'est cinquante euros.

ENTRAINEMENT 1

Corrigé p. 339

Accordez les verbes avec leur sujet.

1. Ses amis de l'immeuble l'attendai….
2. Antoine et Augustin regardai… le match à la télévision.
3. Sais-tu combien de litres contenai… le réservoir d'une 2CV ?
4. On les connaissai… depuis longtemps.
5. Peu d'amis le regrettai….
6. La plupart des désirs fini… avec nous.

3.2 L'accord de l'attribut du sujet

- **L'adjectif attribut du sujet** s'accorde en genre et en nombre avec le sujet : *les fruits sont mûrs.*

- **Le participe passé employé avec *être*** s'accorde en genre et en nombre avec le sujet, qu'il fasse partie d'une forme composée : Les enfants sont partis. ou d'une forme passive : Ces livres ont été oubliés.

DIFFICULTÉ RENCONTRÉE

Les verbes pronominaux

Dans le cas des verbes pronominaux, le participe passé employé avec *être* s'accorde avec le sujet sauf pour certains verbes comme *se ressembler, se parler, se succéder, se sourire,* etc. Comme dans l'emploi avec le verbe *avoir*, on prend en compte la fonction du pronom réfléchi pour savoir si le participe doit s'accorder. On peut formuler une règle simplifiée : on accorde le participe passé avec le pronom réfléchi COD si on peut lui assigner cette fonction.

Elle s'est lavée, le réfléchi ***s'*** est COD (= *elle a lavé elle-même)*, mais pas dans elle s'est lavé les mains (COD = *les mains*).

Ils se sont parlé, puis ils se sont battus : ***se*** est COI de *se parler (= ils ont parlé à eux-mêmes* : non accord) et COD de *se battre (= ils ont battu eux-mêmes* : accord).

Voir FICHE 11 : Les pronoms personnels.

ENTRAINEMENT 2

Corrigé p. 339

Accordez le participe passé des formes pronominales.

1. Elles se sont attendu… au pire.
2. Les candidates ne se sont pas parlé….
3. Clément et Julien se sont endormi… en laissant leur smartphone allumé.
4. Martine s'est tricoté… une veste.
5. Claire s'est offert… une guitare.
6. Ces voitures d'occasion se sont bien vendu….

3.3 Le participe passé employé avec *avoir*

Dans la phrase canonique, le participe passé employé avec *avoir* ne s'accorde pas avec le sujet du verbe :

Elle a acheté trois livres de Pennac.

Mais il s'accorde avec le COD du verbe dans le cas où le COD est placé avant le verbe :

Ils ont acheté les oranges / Ils les ont achet**ées** / Les oranges qu'ils ont achet**ées**.

La mise en œuvre de cet accord demande une analyse grammaticale approfondie. Le plus souvent, le COD antéposé est soit un pronom personnel (Ils les ont achet**ées**), soit un pronom relatif (Les oranges qu'ils ont achet**ées**), soit un groupe nominal interrogatif (Quels fruits ont-ils achet**és** ?). Pour faire l'accord avec un pronom substitut COD, il est nécessaire d'identifier le terme qu'il représente.

La règle générale, qui n'est pas toujours appliquée à l'oral quand l'accord peut s'entendre (Les lettres que j'ai écrit**es**), se subdivise en une multiplicité de règles particulières. On se reportera aux ouvrages spécialisés pour le détail de ces règles et aussi pour les tolérances dans les cas les plus difficiles.

POUR ALLER PLUS LOIN

Cette règle d'accord du participe passé, introduite au XVIe siècle par Clément Marot et imposée par les grammairiens du XVIIe siècle, se justifiait à l'origine par une analyse du participe passé comme attribut du COD, que l'on retrouve encore dans une structure comme : Il a les yeux fermés. Cependant, la forme du passé composé s'est figée et la relation entre le participe et le COD n'est plus perçue.

ENTRAINEMENT 3

Corrigé p. 339

Accordez les participes passés.

1. Apeuré… par l'orage, les enfants se sont réfugié… dans une maison abandonné….
2. Elle aperçut le jeune homme, cramponné… au bord de la falaise.

3. Marie s'est levé… tôt et a préparé… son cheval pour une promenade.
4. Il nous a trompé…, disent les manifestantes.
5. Mireille n'a pas entendu… l'alarme.
6. La rose que Carmen a donné… à Don José est déjà fané….
7. Les années se sont succédé… sans qu'ils se soient rencontré….
8. C'est une truite que le pêcheur a attrapé….
9. Où l'as-tu placé… , ma convocation aux examens ?
10. Les enfants ont parlé… des cadeaux qu'ils ont reçu… et des bonnes choses qu'ils ont mangé… à Noël.

CORRIGÉS

ENTRAINEMENT 1

Énoncé p. 337

1. *Ses amis de l'immeuble l'attend**aient**.*
2. *Antoine et Augustin regard**aient** le match à la télévision.*
3. *Sais-tu combien de litres conten**ait** le réservoir d'une 2CV ?*
4. *On les connaiss**ait** depuis longtemps.*
5. *Peu d'amis le regrett**aient**.*
6. *La plupart des désirs finiss**ent** avec nous.*

ENTRAINEMENT 2

Énoncé p. 338

1. *Elles se sont attend**ues** au pire.*
2. *Les candidates ne se sont pas parlé.* Pas d'accord : *se* est complément indirect = *à*.
3. *Clément et Julien se sont endorm**is** en laissant leur smartphone allumé.*
4. *Martine s'est tricoté une veste.* Pas d'accord : le COD est *une veste*.
5. *Claire s'est offert une guitare.* Pas d'accord : le COD est *une guitare*.
6. *Ces voitures d'occasion se sont bien vend**ues**.*

ENTRAINEMENT 3

Énoncé p. 338

1. *Apeur**és** par l'orage, les enfants se sont réfugi**és** dans une maison abandonn**ée**.*
2. *Elle aperçut le jeune homme, crampon**né** au bord de la falaise.*
3. *Marie s'est lev**ée** tôt et a préparé son cheval pour une promenade.*
4. *Il nous a tromp**ées**, disent les manifestantes.*
5. *Mireille n'a pas entend**u** l'alarme.*
6. *La rose que Carmen a donn**ée** à Don José est déjà fan**ée**.*
7. *Les années se sont succédé sans qu'ils se soient rencontr**és**.*
8. *C'est une truite que le pêcheur a attrap**ée**.*
9. *Où l'as-tu plac**ée**, ma convocation aux examens ?*
10. *Les enfants ont parlé des cadeaux qu'ils ont reç**us** et des bonnes choses qu'ils ont mang**ées** à Noël.*

44 Les homophones grammaticaux

OBJECTIF

Identifier les principaux homophones grammaticaux.

VOIR AUSSI

– Les phonèmes du français p. 299
– Le système orthographique français p. 325
– L'homonymie et la paronymie p. 383

TESTER SES CONNAISSANCES

Remplacez les points par la bonne forme correspondant à [sɑ̃] et identifiez la nature de chacune.

1. Il … va.
2. Cette fois, … est fait de lui.
3. J'irai à la fête … lui.
4. Il en a fallu des … et des mille.
5. Avec ce parfum, il … bon.

1. *Il **s'en** va* : élision du pronom réfléchi *se* devant le pronom personnel *en*. **2.** *Cette fois, **c'en** est fait de lui* : élision du pronom démonstratif *ce* devant le pronom personnel *en*. **3.** *J'irai à la fête **sans** lui* : préposition **4.** *Il en a fallu des **cents** et des mille* : déterminant numéral cardinal **5.** *Avec ce parfum, il **sent** bon* : verbe *sentir*, présent de l'indicatif, 3e personne du singulier.

LE COURS

1 Définition

Les homophones grammaticaux entrent dans la catégorie générale des homonymes qui renvoient aux logogrammes dont parle Nina Catach. Ils sont particulièrement traitres :
– parce qu'ils sont homophones (se prononcent de la même façon) mais non homographes (ils ne s'écrivent pas pareillement) ;
– parce qu'ils sont très nombreux et la plupart des formes font partie des mots les plus fréquents de la langue.

Les risques de confusion sont majeurs sur les couples : *a/à, et/est, ou/où, son/sont, on/ont, on/on n', se/ce, ces/ses, c'est/s'est, l'a/la/là*, ainsi que *quel(s)/quelle(s)/qu'elle(s), s'en/sans, peu/peut, mes/mais,...* sans oublier *m'ont/mon, t'ont/ton, m'a/ma, dans/d'en, ni/n'y,...*

2 De multiples formes

L'homophonie grammaticale peut jouer sur :

- **la variation en genre et/ou en nombre** d'une même forme : tel/telle/tels/telles. Ce point peut être facilement traité dès lors que l'on tient compte de la chaine d'accord.

Voir FICHE 43 : Les chaines d'accord.

- **les formes verbales d'un même paradigme** : tu es/il est ; tu as/il a. Le pronom détermine la forme juste.

- **une seule classe grammaticale** : par exemple, ses et ces sont tous les deux des déterminants mais l'un est possessif, l'autre démonstratif ; il faut s'assurer du sens de la phrase et déterminer la valeur du déterminant : désignation ou possession.

- **plusieurs classes,** le plus souvent. Ces/ses peuvent aussi être confondus avec c'est/s'est (eux-mêmes faciles à confondre, d'ailleurs) mais aussi (il) sait. Autrement dit, la plupart des homophones entrent dans des fonctionnements linguistiques très différents (*ces/ses* déterminants sont curieusement en concurrence avec les verbes *c'est/s'est*) et n'ont aucun rapport entre eux si ce n'est qu'ils se prononcent de la même façon. Il faut identifier la bonne catégorie grammaticale en procédant à des **substitutions** :

– de personnes : **il s'est** battu → **je me suis** battu ; **il a** parlé → **nous avons** parlé ; **il a** perdu **ses** chaussures → **j'ai** perdu **mes** chaussures ;

– de temps : **il a** mangé → **il avait** mangé ; **il est** froid → **il était** froid ; **ils sont** gagnants → **ils étaient** gagnants... ;

– de genre : il **la** voit → il **le** voit vs il **l'a** attrapé → *il **le** attrapé ; **qu'elle** est belle → **qu'il** est beau... ;

– de nombre : je **leur** ai dit → je **lui** ai dit : si *leur* peut être remplacé par *lui*, il s'agit du pronom personnel qui ne varie ni en genre, ni en nombre, à la différence de *leur*, déterminant possessif ;

– par un autre élément très proche : *et*, conjonction de coordination, peut être remplacé par *ou* de même nature : la poire et le fromage, la poire ou le fromage ; plus tard peut se substituer à plus tôt (≠ *plutôt*)... etc.

- **plusieurs modes** : infinitif, participe passé, imparfait et passé simple avec la confusion très fréquente entre marcher/j'ai marché auxquels s'ajoutent je marchais/je marchai. Seules des substitutions avec d'autres infinitifs, d'autres personnes et d'autres temps permettent de lever le doute.

DIFFICULTÉS RENCONTRÉES

Certaines séries sont plus difficiles, notamment celle-ci :
quelques, quelque, quel(s) que, quelle(s) que.

- *Quel que* s'écrit en deux mots quand il est suivi du verbe *être* (ou d'un verbe d'un sémantisme équivalent ; ils sont parfois précédés de *pouvoir* et *devoir*). Il s'accorde en genre et en nombre avec le sujet du verbe.

Quel que soit ton pouvoir	masculin singulier
Quels que soient tes arguments	masculin pluriel
Quelle que soit la confiance	féminin singulier
Quelles que soient tes connaissances	féminin pluriel

- *Quelque* + nom est un déterminant indéfini, donc il varie avec le nom et signifie « plusieurs » (quelques amis) ou « un certain » : Depuis quelque temps, il déprime.
- *Quelque* + un adjectif numéral cardinal demeure invariable et signifie « environ » : Il y a quelque vingt ans, il était le meilleur.
- *Quelque* + un adjectif devient un adverbe ; il est donc invariable : Quelque inquiets que vous soyez, vous réussirez tous.
- *Quelque* + adverbe reste aussi invariable car il devient adverbe lui-même : Quelque subtilement que vous manœuvriez, vous n'arriverez pas à vos fins.

ENTRAINEMENT 1

Corrigé p. 345

Comment doit-on écrire [kɛlk] dans les phrases suivantes :

1. … soient nos liens, je n'accepte pas cette proposition.
2. Ils se sont retrouvés … milliers au marathon de New York.
3. … que soit la valeur de l'équipe, elle a perdu.
4. Le champion a eu … peine à dépasser son propre record.
5. … soient tes arguments, je ne te suivrai pas.
6. Il s'est reposé pendant … temps.
7. … habilement que vous raisonniez, vous ne trouverez pas la solution.
8. Ce drame a éclaté, il y a … soixante ans.
9. … intelligents que vous soyez, ils risquent de vous dépasser.

TABLEAU RÉCAPITULATIF

Homophones	Par quoi remplacer ?	Exemples
Liés au verbe *avoir*		
• ***as*** : 2e pers. sing du v. *avoir* • ***a*** : 3e pers. sing. du v. *avoir* • ***à*** : préposition	*avoir* à un autre temps + prise en considération de la personne	Tu as une moto → tu avais il a une moto → il avait…
• ***ont*** : 3e pers. pl. v. *avoir* • ***on*** : pron. personnel 3e pers.	*avoir* à l'imparfait : *Ils avaient* pron. personnel 3e pers. : *il*	Ils ont raison → ils avaient… On pense à lui → **il** pense à lui
• ***m'ont – t'ont*** : pron. pers. élidés + v. *avoir* ; avec le pp, ils forment le passé composé. • ***mon – ton*** : déterm. possessifs	*avoir* à un autre temps + prise en considération de la personne un autre possessif : *son*	Ils m'ont → **t'ont** aidé ils m'avaient → **t'avaient** aidé Mon ami / **son** ami

Homophones	Par quoi remplacer ?	Exemples
• ***l'as – l'a*** : pron. pers. élidé + *avoir* ; avec le pp, ils forment le passé composé. • ***la*** + nom = déterminant • ***la*** + verbe = pron. pers. compl. (Voir fiche 11) • ***là*** : adverbe de lieu	*avoir* à un autre temps autre déterm. : *une* autre pron. pers. : *le* autre adverbe de lieu : *ici -ci*	Tu l'as compris → tu l'**avais** compris. Il l'a vu → il l'**avait** vu. La chouette → **une** chouette Je la regarde → je **le** regarde Ce livre-là → ce livre-**ci** → il est **ici**
Liés au verbe *être*		
• ***es*** : 2e pers. sing. du v. *être* • ***est*** : 3e pers. sing. du v. *être* • ***et*** : conj. de coordination	*être* à un autre temps + prise en considération de la personne *ou*, conjonction de coordination	Tu es fort → tu **étais** fort La fleur et le fruit → **ou** le fruit
• ***sont*** : 3e pers. pl. du v. *être* • ***son*** : déter. possessif	*être* à un autre temps autre déterm. possessif : *mon, ton*…	Ils sont étudiants → ils **étaient**… Son ami : **mon**→ **ton** ami
Liés aux pronoms et déterminants		
• ***c'est*** : *c* pronom démonstratif • ***s'est*** : *s* contraction du pr. réfléchi *se + v. être* 3e pers. sg. • ***ces*** : déterminant démonstratif • ***ses*** : déterminant possessif	*cela* est autre personne : utiliser la 1re *je me suis* ajouter *-là* ou *-ci*, après le nom autre déterm. possessif : *mes, tes*	C'est beau → **cela est** beau Il s'est trompé → je **me suis** trompé Donne-moi ces livres-**là** Ses livres → **mes** livres, **tes** livres
• ***ce*** + nom : déterm. démonstratif • ***ce*** + verbe : pron. démonstratif • ***ceux*** : pron. démonstratif masc. pl. • ***se*** : pronom personnel réfléchi	autre déterm. démonst. : *cette, ces* autre pron. démonst. : *cela* autre pron. démonst. : *celles* autre pron. pers. : *te, me*	Ce livre → **cette** pile de livres Ce serait gentil → **cela** serait gentil Ceux-là → **celles**-là Ils se battent → ils **te** battent
• ***ça*** : pron. démonstratif contracté • ***çà*** : adv. construct. *çà et là* • ***sa*** : déterm. possessif	autre forme : *cela* toujours en lien avec *là* autre déterm. possessif : *ma, ta*	Ça va mal → **cela** va mal Ils vont çà et **là** Sa voiture → **ma, ta** voiture
• ***leur*** : pron. pers. 3e pers. pl. • ***leur(s)*** : détermin. possessif	pron. pers. 3e pers. sing. : *lui* autres déterm. : *notre* ou *nos*	Tu leur mens → tu **lui** mens. Leurs amis viendront → **nos** amis Leur tête → **notre** tête
• ***même(s)*** + nom : déterm. indéfini • ***même(s)*** : pronom • ***même*** : adverbe	NB : il s'accorde NB : il s'accorde *également* ; invariable	Les mêmes livres Les mêmes, les livres-mêmes Il apprécie **également** les efforts

Homophones	Par quoi remplacer ?	Exemples
Autres		
• ***quand*** : conj. de subordination • ***quant à*** : locution prépositive • ***qu'en*** : *que* élidé + pron. adv. *en*	*lorsque* NB : s'emploie avec *à, au, aux* *que … de cela*	Quand il fait beau → **lorsqu**'il fait beau Quant à moi, j'y consens Qu'en pensez-vous ? → **que** pensez-vous de **cela** ?
• ***quoique*** : conj de sub. marquant la restriction, la concession • ***quoi que*** : loc. pronominale	*bien que* *quel(les) que soi(en)t*	Quoiqu'il soit fort, il a perdu → **bien qu**'il soit fort, il a perdu Quoi que vous fassiez, je ne vous croirai pas → **quelles que soient** vos actions…
• ***peux, peut*** : 2ᵉ, 3ᵉ pers du v. *pouvoir* • ***peu***	*pouvoir* à un autre temps + prise en considération de la personne Son antonyme *beaucoup*	Tu peux, il peut partir → **tu pouvais, il pouvait** partir Il joue peu→ il joue **beaucoup**
• ***si*** : adverbe marquant l'intensité • ***si*** : conj. de subordination ; hypothèse ou condition • ***s'y*** : pron. réfléchi *se* élidé + pron. pers. *y*	*très* *Au cas où* une autre personne : *m'y, t'y*	Il est si gentil → **très** gentil Si tu viens → **au cas où** tu viendrais Il s'y intéresse → je **m'y** intéresse

À RETENIR

Les homophones grammaticaux sont très nombreux.
Pour retrouver le bon homophone, il faut absolument procéder à des substitutions permettant de retrouver la classe grammaticale.

ENTRAINEMENT 2

Corrigé p. 345

Complétez les phrases suivantes avec *quoi que* ou *quoique* ?

1. … il pleuve, nous sortirons. **2.** … tu en penses, il n'est pas méchant. **3.** Un jour, j'irai au ski, … je n'aime pas la neige. **4.** … l'affaire fût réalisable, il ne s'y lança pas. **5.** … très maigre, elle est endurante. **6.** Vous pouvez lui demander …. ce soit, il connaitra la réponse. **7.** … que vous ayez fait, il en est informé. **8.** … tu ne veuilles pas le reconnaitre, tu as tort. **9.** Les candidats, … fatigués, continuent l'épreuve jusqu'au bout.

ENTRAINEMENT 3

Corrigé p. 345

Complétez avec les homophones correspondant aux formes justes de [se], [si] **ou de** [sɑ̃]

1. [se] cyprès sont [si] loin qu'on ne sait [si] [sɑ̃] sont. (Virelangue)

2. [se] lui qui [sɑ̃] ira [sɑ̃] tambour ni trompette.

3. Comment [si] prend-il pour y arriver ?

4. [si] le temps [si] prête, nous irons à la mer.

5. Il [se] fait mal mais il [sɑ̃] sort [sɑ̃] fracture.

6. [sɑ̃] professionnel, il ne [si] intéressera pas.
7. Il [se] perdu mais est revenu [sɑ̃] larmes.
8. [sɑ̃] cavaliers parurent à l'horizon.
9. Il [se] attristé car tous [se] amis se sont éloignés.
10. Quand les vacances seront là, [sɑ̃] sera fini de tous [se] exercices.
11. Quand [se] parti, [se] parti !
12. [se] livres-[si] ne valent plus rien.
13. [si] tu mens, il ne [si] trompera pas.

ENTRAINEMENT 4

Corrigé p. 346

Identifiez la nature grammaticale des termes soulignés et remplacez-les par une autre forme pour justifier l'orthographe.

1. Ses amis ne reviendront plus dans ce lieu maudit. 2. Il s'est aperçu de son erreur sitôt commise. 3. Il semblait si heureux d'y arriver. 4. Ce sera le paradis 5. Quoique l'opération se soit bien passée, il est fatigué. 6. Qu'en est-il de ces affaires-là ? 7. Ceux qui se ressemblent s'assemblent. 8. La télévision, il la regarde trop. 9. Il m'a rattrapé de justesse.

CORRIGÉS

ENTRAINEMENT 1

Énoncé p. 342

*1. **Quels que** soient nos liens. 2. Ils se sont retrouvés **quelques** milliers. 3. **Quelle que** soit la valeur de l'équipe. 4. Le champion a eu **quelque** peine à. 5. **Quels que** soient tes arguments. 6. pendant **quelque** temps. 7. **Quelque** habilement que vous raisonniez. 8. il y a **quelque** soixante ans. 9. **Quelque** intelligents que vous soyez.*

ENTRAINEMENT 2

Énoncé p. 344

*1. **Quoiqu'il** pleuve. 2. **Quoi que** tu en penses. 3. **Quoique** je n'aime pas la neige. 4. **Quoique** l'affaire fût réalisable. 5. **Quoique** très maigre. 6. Vous pouvez lui demander **quoi que** ce soit. 7. **Quoi que** vous ayez fait. 8. **Quoique*** tu ne veuilles pas le reconnaitre... *9. Les candidats, **quoique** fatigués...*

ENTRAINEMENT 3

Énoncé p. 344

*1. **Ces** cyprès sont **si** loin qu'on ne **sait si c'en** sont. 2. C'est lui qui **s'en** ira **sans** tambour ni trompette. 3. Comment **s'y** prend-il pour y arriver ? 4. **Si** le temps **s'y** prête, nous irons à la mer. 5. Il **s'est** fait mal mais il **s'en** sort **sans** fracture. 6. **Sans** professionnel, il ne **s'y** intéressera pas. 7. Il **s'est** perdu mais est revenu **sans** larmes. 8. **Cent** cavaliers parurent à l'horizon. 9. Il **s'est** attristé car tous **ses** amis se sont éloignés. 10. Quand les vacances seront là, **c'en** sera fini de tous **ces** exercices. 11. Quand **c'est** parti, **c'est** parti ! 12. **Ces** livres-**ci** ne valent plus rien. 13. **Si** tu mens, il ne **s'y** trompera pas.*

ENTRAINEMENT 4

Énoncé p. 345

1. ***Ses*** *amis* : déterminant possessif, on peut le remplacer par *mes (amis)* ; ***ce*** *lieu* : déterminant démonstratif, on peut le remplacer par *ces (lieux)*.

2. *Il* ***s'est*** *aperçu* : *s'* est une élision du pronom réfléchi *se* devant la 3e personne du singulier du verbe *être*, on peut changer la personne ; ***son*** *erreur* : déterminant possessif, remplaçable par *mon* ; ***sitôt*** commise : adverbe, on peut le remplacer par *aussitôt* et on ne doit pas le confondre avec *si tôt*.

3. ***si*** *heureux* : adverbe, remplaçable par *très*.

4. ***Ce*** *sera* : pronom démonstratif équivalent de *cela*.

5. ***Quoique*** *l'opération se soit bien passée* : conjonction de subordination, on peut remplacer *quoique* par *bien que*.

6. ***Qu'en*** *est-il* : pronom *qu'*élidé + pronom personnel *en* ; ***ces*** *affaires-là ? ces* : déterminant démonstratif comme le prouve *-là*. On aurait pu le remplacer par un singulier : *cette affaire-là*.

7. ***Ceux*** *qui* : pronom démonstratif. On aurait pu mettre la phrase au féminin : *celles qui…* ; ***se*** *ressemblent* : pronom personnel réfléchi remplaçable par une autre personne, *me, te*.

8. *Il* ***la*** *regarde trop. La* est un pronom personnel remplaçable par *télévision* : *il regarde la télévision* ou un autre pronom, *me* ou *le*.

9. *Il* ***m'a*** *rattrapé de justesse* : pronom personnel élidé, 1re personne du singulier auquel s'ajoute le verbe *avoir* au présent de l'indicatif. On aurait pu le remplacer par *t'a*.

45 La ponctuation

OBJECTIF

Connaitre les fonctions de la ponctuation.

VOIR AUSSI

– Qu'est-ce qu'une phrase ? p. 59
– Les types et formes de phrase p. 63
– Les connecteurs p. 269
– Le discours rapporté p. 280

TESTER SES CONNAISSANCES

Ponctuez cette phrase.

Et une demi-heure après la pensée qu'il était temps de chercher le sommeil m'éveillait je voulais poser le volume que je croyais avoir encore dans les mains et souffler ma lumière je n'avais pas cessé en dormant de faire des réflexions sur ce que je venais de lire mais ces réflexions avaient pris un tour un peu particulier il me semblait que j'étais moi-même ce dont parlait l'ouvrage une église un quatuor la rivalité de François 1er et de Charles-Quint.

Marcel Proust, *À la recherche du temps perdu*, 1913.

Et, une demi-heure après, la pensée qu'il était temps de chercher le sommeil m'éveillait ; je voulais poser le volume que je croyais avoir encore dans les mains et souffler ma lumière ; je n'avais pas cessé en dormant de faire des réflexions sur ce que je venais de lire, mais ces réflexions avaient pris un tour un peu particulier ; il me semblait que j'étais moi-même ce dont parlait l'ouvrage : une église, un quatuor, la rivalité de François 1er et de Charles-Quint.

Corrigé détaillé p. 351

LE COURS

1 Définition, règles et usages

« La ponctuation est le système des signes graphiques qui contribuent à l'organisation d'un texte écrit en apportant des indications prosodiques[1], marquant des rapports syntaxiques ou véhiculant des informations sémantiques.[2] »

1. Voir le point 2 ci-après.
2. Martin Riegel, Jean-Christophe Pellat, René Rioul, *Grammaire méthodique du français*, PUF, 2009.

1.1 Signes de ponctuation et signes d'énonciation

ATTENTION : la présente fiche n'a pas pour objectif d'exposer toutes les règles de ponctuation mais d'étudier les principes qui les sous-tendent pour mieux les comprendre et mieux les appliquer.

Sous le terme générique de ponctuation, on désigne deux systèmes complémentaires mais distincts.

- Le **système de la ponctuation** proprement dit sert, dans le cadre de la phrase et du texte, à permettre le fonctionnement des unités linguistiques, indépendamment du locuteur qui est censé les proférer. Il compte une dizaine de signes[1] :

la virgule , le point-virgule ; le point .
le point d'exclamation ! le point d'interrogation ?
les points de suspension ... les deux points :
les guillemets « » le tiret –
les parenthèses ( ) les crochets [ ].

1. Pour une présentation plus détaillée des principaux signes de ponctuation, voir *Quelle grammaire enseigner ?* Éditions Hatier, 2009 (Fiche 22, pp. 226-232).

- Parmi ces signes, les **signes d'énonciation** comme les guillemets et les tirets, sont utilisés pour signaler le **discours direct** et ont pour fonction d'identifier le locuteur, de distinguer narrateur et personnages.

> REMARQUE : aux ressources propres à la ponctuation, s'ajoute l'emploi des signes de mise en page : alinéa et « puces » de diverses tailles et formes.

1.2 La ponctuation obéit à des règles mais aussi à des usages

- La ponctuation est régie par une norme comme l'orthographe, puisque certaines pratiques sont obligatoires : la phrase se termine par un point, la virgule est interdite entre le sujet et le verbe, etc.

- Cependant, cette norme autorise une certaine latitude au scripteur et de nombreux faits sont laissés à son libre choix : virgules, points-virgules... D'autre part, si l'on considère le sous-système des signes d'énonciation, on constate que, loin d'obéir à une codification rigoureuse, il donne lieu à de multiples variations qui peuvent être dues à des choix stylistiques.

- Il n'existe pas de traité de la ponctuation établi par une autorité officielle qui imposerait une norme, comme il en va de l'orthographe, que régissent l'Académie Française et son dictionnaire.

1.3 La ponctuation au service de la langue écrite

Initialement, la ponctuation avait pour rôle de noter des faits phonétiques dits « suprasegmentaux » en marge des phonèmes, eux-mêmes notés par les signes alphabétiques. Sa fonction était de signaler les pauses et les intonations. Cependant, au cours des siècles, le système a progressivement évolué d'une fonction à dominante « **phonétique** » vers une fonction à dominante « **logico-syntaxique** ».

Voir FICHE 41 : La prosodie : accent et intonation.

2 La fonction prosodique

Les signes de ponctuation peuvent en partie correspondre aux pauses de la voix ou à l'intonation de la phrase.

- Le point, le point virgule et la virgule peuvent ainsi marquer des frontières syntaxiques qui correspondent à des arrêts plus ou moins importants de l'émission sonore.

- Le point d'interrogation et le point d'exclamation correspondent à des nuances de l'intonation orale. Toutefois, ces deux signes de ponctuation ne peuvent rendre compte de la diversité mélodique de l'oral qui dispose de plusieurs courbes mélodiques pour l'interrogation et d'une grande variété de nuances d'exclamations : un cri de colère, un ordre péremptoire, l'expression d'un léger dépit, etc.

3 La fonction syntaxique

La ponctuation contribue à segmenter des unités syntaxiques de longueur variable : texte en phrases, phrase en groupes, et d'y reconnaitre des unités de rang inférieur.

Elle sert aussi à indiquer les démarcations énonciatives, en signalant les citations, le discours rapporté et les assertions diverses.

Voir FICHE 35 : Le discours rapporté.

3.1 Délimitation des phrases

La démarcation entre les phrases est marquée de manière redondante, par deux signes combinés, de nature différente : la majuscule en début de phrase et le point à la fin. Divers points marquent la fin d'une phrase : le point simple, le point d'interrogation, le point d'exclamation, quelquefois le point virgule et, plus rarement, les points de suspension.

3.2 Délimitation à l'intérieur de la phrase

- À l'intérieur des phrases, la ponctuation sert à délimiter des groupes syntaxiques. La virgule et le point virgule permettent ainsi de juxtaposer des mots ou des groupes de mots :

  Les chats, les chiens, les lapins, tous ces animaux familiers prennent une place importante dans un monde qui éloigne de plus en plus la vie quotidienne de la nature.

→ Les groupes nominaux juxtaposés qui composent le sujet sont séparés par des virgules.

  Je rallumais un instant pour regarder ma montre ; il n'était pas encore minuit.

  (Marcel Proust, *Contre Sainte-Beuve*, 1954.)

→ Le point virgule sépare les deux propositions juxtaposées.

- Les virgules et les points virgules peuvent aussi délimiter des unités plus longues comme des propositions juxtaposées :

  Il balbutia quelques remerciements, serra la main tendue de la jeune femme, s'inclina encore devant le nouveau venu… (Maupassant, *Bel-Ami*, 1885.)

ou des ensembles de propositions :

  Et, une demi-heure après, la pensée qu'il était temps de chercher le sommeil m'éveillait ; je voulais poser le volume que je croyais avoir encore dans les mains et souffler ma lumière…

3.3 Démarcations discursives

- Les guillemets, les parenthèses, les tirets doubles (à la manière des parenthèses) permettent d'insérer un élément (mot, fragment de phrase, phrase) relevant d'un autre niveau discursif.

  Mais c'est toujours le même procédé : faire quelques éloges « d'ami » de Flaubert, des Goncourt, de Baudelaire, et dire que… (Marcel Proust, *Contre Sainte-Beuve*, 1954.)

- Les deux points servent à introduire le discours rapporté ou à marquer une séparation significative avec ce qui précède : explication, exemple, etc.

Voir FICHE 35 : Le discours rapporté.

  Il écrit à Sainte-Beuve : « Encore un service que je vous dois ! » (discours rapporté)

  (Marcel Proust, *Contre Sainte-Beuve*, 1954.)

  Le voisin a la mine réjouie : l'OM a dû se qualifier. (explication)

ATTENTION : la ponctuation ne doit pas aller à l'encontre des liens syntaxiques forts :
– entre un nom et son complément : *le livre, de la jungle ;
– entre le sujet et le verbe : *La vache, rumine ;
– entre le verbe et un complément d'objet : *Le tigre obéit, à son instinct.

ENTRAINEMENT 1

Corrigé p. 352

Expliquez les erreurs de ponctuation.

1. Dans sa préface aux « Commentaires » de Monluc Jean Giono, fait montre, d'une rare virtuosité de style.
2. Il n'est pas dit, que toute cette affaire, pour si embarrassée qu'elle paraisse, ne se résoudra pas d'un coup.
3. Pressé, par ses partisans de dire ce qu'il entendait faire pour la suite il demeura coi.
4. Redis le, veux-tu que je sache enfin le fond de ta pensée voire le tréfonds.
5. En vérité, on le connaissait, comme un très brave homme et un cœur d'or.

4 La fonction sémantique

Les signes de ponctuation peuvent aussi apporter diverses informations sémantiques.

4.1 Identification de la modalité de la phrase

Le point d'interrogation et le point d'exclamation permettent d'identifier les types de phrases :

À **quelle** heure passe le train de 8 h 47 **?**

Quel appétit il a le bougre **!**

Parfois, ces points constituent la seule marque permettant d'identifier le type de la phrase :

Le train de 8h47 n'est pas encore passé **?**

Il a mangé tous les restes du repas de noce **!**

4.2 Découpage sémantique et syntaxique de la phrase

Deux exemples illustreront ce rôle fondamental de la ponctuation, qui permet d'opposer des fonctions grammaticales différentes, et par là-même des sens différents.

- Complément de verbe et complément de phrase :

Il a répondu sottement. Il a répondu**,** sottement.

→ Dans la première phrase, l'adverbe se rattache directement au verbe, dont il constitue un complément : c'est le contenu de sa réponse qui relevait de la sottise.

→ Dans la seconde phrase, du fait de la virgule, l'adverbe *sottement* est un complément de phrase. Il porte donc sur l'ensemble de l'énoncé : le seul fait de répondre était en soi une sottise, celui qui a répondu aurait mieux fait de se taire.

- Épithète et apposition : Les ceps atteints par le phylloxera ont dû être arrachés. Les ceps**,** atteints par le phylloxera**,** ont dû être arrachés.

→ Dans la première phrase, le participe épithète permet de déterminer de quels ceps il s'agit : seuls les ceps atteints ont été arrachés.

→ Dans la seconde phrase, la mise entre virgules du participe et de son complément indique qu'il s'agit d'une apposition à valeur explicative : tous les ceps ont été arrachés parce qu'ils étaient tous atteints.

ENTRAINEMENT 2

Corrigé p. 352

Voici un extrait d'une pièce de théâtre de Jean Tardieu, *La Comédie du drame*, dans lequel on a effacé toute trace de ponctuation. Il se compose du fragment d'une réplique (d'un reporter au téléphone) et de deux didascalies, indications de mise en scène par l'auteur, en italiques.

1. Essayez de retrouver la ponctuation d'origine.
2. Commentez la différence de ponctuation entre les deux types de textes.

[...] allô allô vous entendez non on a dû se tromper au studio vous avez branché une marche funèbre sur l'hymne national oui oui je sais les deux enregistrements sont dans deux casiers voisins de la discothèque mais c'est pas une raison vous allez vous faire coffrer arrêtez ça tout de suite vous m'entendez *la musique après un dérapage ridicule s'arrête* bon bon pour le moment arrêtez tout merci

Pendant ce jeu de scène il s'est produit un incident parmi les consommateurs assis aux terrasses des café les deux promeneurs du début entourent la jeune femme qui fait partie de leur groupe et qui vient de s'écrouler l'un d'eux la soutient et lui tapote doucement les joues

À RETENIR

La ponctuation assure principalement trois fonctions :
– elle donne sur l'oral des informations non prises en compte par les mots,
– elle contribue à la structuration syntaxique du texte
– et indique des relations sémantiques entre des parties de celui-ci.

CORRIGÉS

TESTER SES CONNAISSANCES

Énoncé p. 347

• **Fonction syntaxique :**
– Les points virgules délimitent des unités longues constituées de plusieurs propositions. Ces différentes unités auraient d'ailleurs très bien pu être séparées par des points.
– Les virgules encadrent un groupe complément circonstanciel détaché (*une demi-heure après*) et séparent les éléments d'une énumération (*une église, un quatuor, la rivalité de François 1er et de Charles-Quint*).

• **Fonction sémantique et syntaxique :**
Les deux points annoncent une énumération d'exemples et jouent un rôle

équivalent à celui des connecteurs marquant l'exemplification tels que : *par exemple*, *notamment*, *entre autres*, etc.

• **Fonction prosodique :**
La virgule située avant la proposition *mais ces réflexions avaient pris un tour un peu particulier* a surtout un rôle prosodique et sert à détacher cette proposition pourtant coordonnée par *mais*.

ENTRAINEMENT 1

Énoncé p. 350

1. *Dans sa préface aux « Commentaires » de Monluc, Jean Giono fait montre d'une rare virtuosité de style.* Trois erreurs :
– présence d'une virgule entre le nom et son complément : *« *Commentaires »*, *de Monluc* ;
– absence de virgule après le complément de phrase : *Dans sa préface aux « Commentaires » de Monluc* ;
– présence d'une virgule entre la locution verbale *fait montre* et son COI *d'une rare virtuosité*.

2. *Il n'est pas dit que toute cette affaire, pour si embarrassée qu'elle paraisse, ne se résoudra pas d'un coup.*
Présence d'une virgule entre le verbe et la proposition complétive COD.

3. *Pressé par ses partisans de dire ce qu'il entendait faire pour la suite, il demeura coi.* Deux erreurs :
– présence d'une virgule séparant le participe *pressé* de son complément *de dire* ;
– absence de virgule après le groupe participe apposé en tête de phrase.

4. *Redis-le, veux-tu, que je sache enfin le fond de ta pensée, voire le tréfonds.*
Trois erreurs :
– absence de trait d'union entre le verbe et le pronom COD (ponctuation de mots) ;
– absence d'une seconde virgule pour encadrer la proposition *veux-tu* en incise (*que je sache...* n'est pas une complétive mais une circonstancielle de but) ;
– absence de virgule avant *voire* qui doit toujours être précédé d'une virgule.

5. *En vérité, on le connaissait comme un très brave homme et un cœur d'or.*
Présence d'une virgule séparant le verbe et l'attribut du COD, *le*.

ENTRAINEMENT 2

Énoncé p. 351

1. Allô ! Allô ! Vous entendez ? Non ? On a dû se tromper, au studio ! Vous avez branché une marche funèbre sur l'hymne national !... Oui, oui, je sais, les deux enregistrements sont dans deux casiers voisins de la discothèque ! Mais c'est pas une raison ! Vous allez vous faire coffrer ! Arrêtez ça tout de suite vous m'entendez ! *(La musique, après un « dérapage » ridicule, s'arrête.)* Bon, bon ! Pour le moment, arrêtez tout ! Merci !
Pendant ce jeu de scène, il s'est produit un incident parmi les consommateurs assis aux terrasses des cafés. Les deux promeneurs du début entourent la jeune femme qui fait partie de leur groupe et qui vient de s'écrouler. L'un d'eux la soutient et lui tapote doucement les joues.

André Tardieu, *La Comédie du drame*, © Éditions Gallimard, 1993.

2. Vous avez sans doute constaté la différence de traitement des deux textes du point de vue de la ponctuation.

– La réplique du reporter est hachée, les phrases se succèdent ponctuées souvent par des points d'exclamation qui rendent compte sinon des sentiments, du moins de leur intensité. La réplique intègre d'une certaine façon l'interlocuteur au bout du fil. Dans « Vous entendez ? Non ? », ce dernier mot est l'écho de la réponse et le point d'interrogation traduit l'incompréhension et l'exaspération du reporter. Plus loin, les points de suspension après un point d'exclamation sont comme un blanc pendant lequel le reporter se tait et écoute celui qui est au bout du fil ; cela est confirmé par la suite de la réplique : « Oui, oui, je sais » sans point d'exclamation, ce qui traduit un apaisement passager du ton.

– Les indications de mise en scène, sur un ton neutre, ne comportent aucun signe de ponctuation expressive. On trouve trois phrases terminées par un point et sans autre démarcation interne que la virgule, obligatoire, détachant un complément de phrase.

– L'indication incise dans le texte s'en distingue par les caractères italiques et, pour éviter toute équivoque, est encadrée par des parenthèses. Les guillemets mis au mot « dérapage » constituent une modalisation qui renforce l'épithète « ridicule ».

– La différence dans le traitement de la ponctuation, entre le caractère prévisible de l'une et l'expressivité de l'autre, est donc en accord avec les caractères différents des deux types de texte.

AU CONCOURS Orthographe

EXERCICE 1 Corrigé p. 357

Dans cet extrait de poème, indiquez les différentes valeurs du graphème *t*.

Les amoureux fervents et les savants austères
Aiment également, dans leur mûre saison,
Les chats puissants et doux, orgueil de la maison,
Qui comme eux sont frileux et comme eux sédentaires.

Charles Baudelaire, *Les Fleurs du mal*, LXVI, 1857.

EXERCICE 2 Vrai ou faux ? Corrigé p. 357

1. Le participe passé épithète ou apposé s'accorde avec le nom dont il dépend dans les mêmes conditions qu'un adjectif.

2. Le participe passé précédé du verbe *avoir* ne s'accorde jamais avec le sujet.

3. Le participe passé précédé du verbe *être* s'accorde avec le sujet.

4. Le participe passé du verbe *faire* suivi d'un infinitif s'accorde avec le COD.

5. Le participe passé employé avec le verbe *avoir* s'accorde avec le COD, quelle que soit sa position.

6. Le participe passé des formes pronominales s'accorde avec le pronom réfléchi quand il est COD.

EXERCICE 3 Corrigé p. 357

1. Dans les phrases suivantes, mettez la forme juste correspondant à [kɑ̃] et spécifiez la classe grammaticale.

a. … à eux, j'en fais mon affaire.
b. J'ai aimé le dernier Goncourt ; et vous, … pensez-vous ?
c. Il miaule … il a faim.

2. Dans les phrases suivantes, mettez la forme juste correspondant à [mɛm] et spécifiez la classe grammaticale.

a. Ces bottes sont superbes. Je veux les … .
b. Les travaux … seront terminés au printemps.
c. Aux … maux, les … remèdes.
d. Ils semblaient … dire le contraire.

3. Dans la phrase, [kɛlkəswa] *les conditions, je suis tenté par ce voyage*, la forme attendue est :

a. quelques soient
b. quelles que soient
c. quelque soit

4. Dans la phrase, *Les filles sont <u>toutes</u> joyeuses de partir en vacances*, *toutes* est :

a. un adverbe
b. un déterminant indéfini
c. un pronom indéfini

5. **Dans la phrase,** ***Le chien de mes parents est dangereux ; je <u>leur</u> ai conseillé de s'en séparer, leur*** **est :**

a. un déterminant possessif

b. un pronom possessif

c. un pronom personnel

6. Faites quatre phrases contenant [la] en mettant en évidence le phénomène d'homonymie pouvant porter sur des classes grammaticales différentes ; précisez ces dernières.

ANALYSE D'ERREURS 1

Corrigé p. 358

Relevez et classez les erreurs d'orthographe dans cette dictée d'un élève de CE2.

Par un nuit étoilé, la belle prinseise porte une longe robe bleu.
Sous une grande feuille doré se cache une jolie grenouil verte.
Une dame jalouse et boudese ve la maime pitite jupe viaulaite que sa meilleur amis.

ANALYSE D'ERREURS 2

Corrigé p. 359

Recopiez la dictée, faite par un élève de CE2, en rectifiant toutes les erreurs concernant les chaines d'accord et commentez-les.

Ma sœur a achetée un chapeau a la mode.
Dans le village, les gens la regarde.
Son chapeau n'ai pas invisible : Il y a des perles rouge avec des plumes poulet au tour chaque fois qu'elle passe dans la rue ; les chiens aboient bien fort à son passage.

ANALYSE D'ERREURS 3

Corrigé p. 359

Voici une dictée faite par un élève de CE2. Corrigez et commentez les erreurs concernant les accords.

a. les loups terrifiant – les arbres verts – les vêtements propre – les ciels clair – les fruits acides.

b. les vents glacial – les himne national – les records mondial – les pays natale – un temps hivernal.

ANALYSE D'ERREURS 4

Corrigé p. 359

Voici un texte produit par un élève de CE2, au mois de mai 2013 (partiellement corrigé). Corrigez les erreurs commises et commentez-les.

Les petites filles ont des cheveux longs. Ont a manger avec nos correspondants sur l'herbe verte puis il nous ont inviter à leur spectacle. Ont n'est très heureux et ont a hâte de les voir.

ANALYSE D'ERREURS 5

Corrigé p. 360

Dans les phrases ci-dessous, extraites de dictées ou de productions d'élèves de CE2 (partiellement corrigées), corrigez les erreurs et expliquez-les.

1. Il a mi sont magasin en vente.
2. L'ours c'est dressé sur ces pattes.
3. Se garçon est vif comme l'éclair.
4. a-tu rendu ses patins a Ursula ?

ANALYSE D'ERREURS 6

Corrigé p. 361

Après avoir lu cette production écrite d'une élève de CE2 dont l'orthographe a été corrigée :

1. vous modifierez la ponctuation de manière à la rendre acceptable ;

2. vous classerez et analyserez les différentes catégories de dysfonctionnements relevant de la ponctuation.

Il était une fois, une petite maison dans la prairie, non loin du village. Dans cette maison, y habitent, deux enfants, une mamie et un chat. Le seul malheur c'est que ce village ne savait pas qu'il habitait pas loin de la maison d'un monstre terrible. Un jour les deux enfants la mamie et le chat, partirent se promener.

Tout à coup, un volcan explosa, le monstre sortit pour manger tout le monde, mais le chat n'aime pas ça, il courut le griffer, le monstre eut tellement peur qu'il courut pour tenter de sauter par dessus le volcan, mais, patatras il tomba dans le volcan qui explosa. Le chat courut vers la mamie et les deux enfants effrayés, la mamie dit « au moins il nous embêtera plus »

CORRIGÉS EXERCICES

EXERCICE 1

Énoncé p. 354

Les valeurs du graphème *t* :

– *t* est un **phonogramme** correspondant au phonème [t] dans *austères*, *sédentaires*. En poésie, il est prononcé en liaison dans *Aiment également*.

Il joue un rôle auxiliaire dans la conjonction de coordination *et*, en contribuant à indiquer que le *e* précédent se prononce [e].

– *t* est un **morphogramme grammatical** faisant partie des formes verbales *sont* et *aiment*.

– *t* est un **morphogramme lexical** ; il marque des sous-séries lexicales :

– placé à la finale du mot *chat*, il relie celui-ci à sa famille (*chatte, chatière*, …).

– il fait partie de la finale *-ant* dans *savants* (nom), *puissants* (adjectif), où l'on reconnait les bases verbales *sav-(oir)* et *puiss-* (une base ancienne de *pouvoir* : cf. *je puis*), bien que *savants* et *puissants* soient différents des participes présents *sachant, pouvant*.

– il fait partie de la finale *-ent* dans *fervents*, qui concurrence la finale *-ant* dans de nombreux adjectifs (*violent, imminent*, …).

– il fait partie de la finale *-ent* dans *également*, présente dans de nombreux adverbes de manière (*simplement, évidemment*, …).

– *t* joue aussi un rôle de **logogramme** dans la forme verbale *sont*, qu'il aide à distinguer du déterminant possessif *son*.

EXERCICE 2

Énoncé p. 354

1. VRAI. *Une rédaction bien écrite.*
2. VRAI. *Elles ont chanté.*
3. VRAI. *Elle est partie.*
4. FAUX. *Les filles que ses propos ont fait rougir.*
5. FAUX. Le COD doit être antéposé.
6. VRAI. *Les enfants se sont battus.*

EXERCICE 3

Énoncé p. 354

1. a. ***Quant** à eux, j'en fais mon affaire* (locution prépositive). **b.** *J'ai aimé le dernier Goncourt ; et vous, **qu'en** pensez-vous ?* (*que* élidé + pronom pers. *en* = « du dernier Goncourt »). **c.** *Il miaule **quand** il a faim.* (conjonction de subordination).

2. a. *Ces bottes sont superbes. Je veux **les mêmes*** (pronom indéfini).
b. *Les travaux **mêmes** seront terminés au printemps* (déterminant indéfini).
c. *Aux **mêmes** maux, les **mêmes** remèdes* (déterminant indéfini).
d. *Ils semblaient **même** dire le contraire* (adverbe)

3. b. ***quelles que** soient les conditions, je suis tenté par ce voyage.*

4. a. *Toutes joyeuses*, *toutes* est un adverbe. Il signifie « entièrement, tout à fait » et reste invariable sauf quand il précède un adjectif féminin commençant par une consonne (le cas ici) ou par un *h* aspiré.

5. c. *Je **leur** ai conseillé de s'en séparer, leur* est un pronom personnel. On aurait pu le remplacer par *lui*.

6. [la] : quatre homophones possibles. ***La***, déterminant, article défini : ***La** rentrée des classes arrive* ; ***la***, pronom personnel : *Je **la** redoute* ; ***l'a*** ou ***l'as***, pronom personnel élidé + la 2e ou 3e personne du présent de l'indicatif du verbe *avoir* (passé composé) : *Tu **l'as** vite secouru* ; ***là***, adverbe de lieu : *C'est **là** qu'a eu lieu l'accident.*

ANALYSE D'ERREURS 1

Énoncé p. 355

a. Erreurs phonogrammiques = mauvaise transcription des phonèmes

– **prinseise* (*princesse*) : 3 erreurs sur *c* interne pour [s] (choix du graphème le plus courant), la graphie *ei* de [ɛ] et le non doublement de *s* entre voyelles pour noter [s], ce qui altère la valeur phonique.

– **longe* (*longue*) : méconnaissance du graphème positionnel *gu* notant [g] devant *e, i,* ce qui altère la valeur phonique.

– **maime* (*même*) : mauvais choix du graphème *ai* pour noter [ɛ], sans altérer la valeur phonique.

– **viaulaite* (*violette*) : mauvais choix du graphème *au* (moins fréquent) pour noter [o].

N.B. **pitite* (*petite*) ne constitue pas une erreur d'orthographe, mais reflète plus vraisemblablement une erreur de prononciation (extragraphique) : [i] pour [ə].

b. Erreurs morphogrammiques

– **Morphogrammes grammaticaux :**
La dictée avait pour objectif évident de travailler l'accord en genre dans un GN et parfois même un GN long à 4 éléments : *une longue robe bleue, une grande feuille dorée, une jolie grenouille verte…* Les chaines d'accord ne sont pas respectées dans la moitié des cas, y compris pour les chaines plus simples (D + nom + adjectif épithète), quand l'accord n'est pas marqué à l'oral : **une nuit étoilé, *une longe robe bleu, *une grande feuille doré, *sa meilleur amis* (la liaison efface le *e* caduc). À noter la réussite **une jolie* (à cause de la proximité de l'article au féminin ?) *grenouil.*

En revanche, quand la marque du genre est audible, l'accord est réalisé systématiquement (pour *grande, verte, petite*).

On relève une erreur sur le nom *amis (amie)* : choix de la finale du pluriel *-s* au lieu de la finale du féminin *-e*.

– **Morphogrammes lexicaux :**
– **grenouil (grenouille)* : méconnaissance de la graphie de [j] de noms féminins en *-ille* (cf. *feuille*, bien écrit), par opposition aux masculins en *-il* (*écureuil*).

– **boudese (boudeuse)* : méconnaissance de la finale en *-euse* au féminin du nom déverbal[1].

– **ve (veut)* : non réalisation de la base *veu (t)* du verbe *vouloir* au présent.

– **viaulaite (violette)* : méconnaissance de la finale *-ette* de nombreux noms féminins.

1. Déverbal : nom formé sur un verbe.

ANALYSE D'ERREURS 2

Énoncé p. 355

1. Accord du verbe avec le sujet :
**les gens la regarde* : le verbe reste au singulier avec un sujet au pluriel. L'élève a accordé sans doute avec le pronom objet *la* (rupteur de la chaine d'accord) qui précède immédiatement le verbe (accord de proximité).
**Son chapeau n'ai pas invisible* : à proprement parler, il ne s'agit pas d'une erreur d'accord, mais de la confusion de deux homophones grammaticaux (*ai* pour *est*).
Par ailleurs, deux accords sont bien réalisés : *elle passe – les chiens aboient.*

2. Accord à l'intérieur du groupe nominal :
**des perles rouge* : l'adjectif épithète n'est pas accordé avec le nom au pluriel. Remarquons que l'accord est respecté entre déterminant et nom (*les perles, les plumes, des chiens*), mais que, dès que la chaine s'allonge avec éloignement du mot pivot, l'accord n'est plus réalisé.

3. Accord avec le COD du participe passé employé avec *avoir* :
**Ma sœur a achetée un chapeau* : cet accord n'est pas au programme du CE2. On constate que l'élève accorde le participe passé avec le sujet, dans un souci louable de créer une chaine d'accord, alors qu'il ne devrait pas s'accorder. C'est la première chose à savoir à la fin du cycle 3 : le participe passé employé avec le verbe *avoir* ne s'accorde jamais avec le sujet.

ANALYSE D'ERREURS 3

Énoncé p. 355

– La marque du pluriel est uniquement graphique (ajout du *-s* au singulier). Trois adjectifs sur cinq ne sont pas accordés : *terrifiant, propre, clair.*

– La série des adjectifs en *-al* n'est pas maitrisée, le pluriel n'étant jamais marqué. Les adjectifs prenant simplement un *s* au pluriel restent au singulier (*glacial, natal*), de même que les adjectifs formant leur pluriel en *-aux*, dont la forme ne varie pas davantage (*national, mondial, hivernal*).

ANALYSE D'ERREURS 4

Énoncé p. 356

Le texte correct est : *Les petites filles ont des cheveux longs.* ***On*** *a mangé avec nos correspondants sur l'herbe verte puis ils nous ont invités à leur spectacle.* ***On*** *est très heureux et* ***on*** *a hâte de les voir.*
Le texte de l'élève contient un certain nombre d'erreurs d'ordre logogrammique, portant sur les homophones grammaticaux que l'on peut classer de la façon suivante :
– Trois erreurs portant sur le couple d'homophones *on/ont* :
Ont a manger* (1) **ont **n'est très heureux* (2) **ont a hâte* (3)
Le pronom personnel indéfini *on* est systématiquement remplacé par le verbe *avoir* à la 3e personne du pluriel singulier du présent de l'indicatif : *ont.* Visiblement, l'élève généralise une forme qu'il connait, quel que soit l'emploi, et quelles que soient les aides offertes par le texte, notamment la liaison qui n'est pas du tout assurée dans deux cas (1) et (3) et qui est contournée avec un *n* d'appui dans le cas (2).
Le remplacement de *on* par *nous* ou *il* aurait permis de repérer la classe grammaticale (pronoms personnels) ; le passage à l'imparfait aurait permis

aussi de repérer l'impossibilité de mettre un verbe en tête de phrase **avaient n'est très content.*

– Deux confusions entre l'infinitif et le participe passé faisant partie d'un passé composé : **On a **manger*** (1) – **il nous ont **inviter*** (2).
La première occurrence est plus simple car il n'y a pas d'accord (*On a mangé*) ; la deuxième est plus complexe car il y a accord avec le COD, placé avant le verbe (*ils nous ont invités*), compétence qui n'est pas du niveau d'un CE2 ; il s'agit d'une production libre et non d'une dictée calibrée en fonction d'un niveau. Le remplacement par un autre participe passé bien marqué à l'oral (*pris*) ou par un verbe à l'infinitif (*prendre*) aurait pu aider l'enfant à trouver les formes justes.

– Une erreur porte sur la personne **il nous ont inviter*. Il y a confusion entre le singulier et le pluriel. La chaine de référence est partiellement assurée : l'élève a conscience que *il* reprend *les correspondants* puisque le verbe est au pluriel (*ont*). Mais l'accord sujet verbe n'est pas réalisé.

ANALYSE D'ERREURS 5

Énoncé p. 356

1. **Il a <u>mi</u> <u>sont</u> magasin en vente = Il a **mis son** magasin en vente.*
Deux erreurs portant sur les homophones dans cette phrase : une confusion entre *mi* (note de musique) – ou mot invariable *mi-* (à moitié) – et le participe passé du verbe *mettre*, *mis*, entrant dans la composition du participe composé. Changer de genre aurait permis à l'élève de repérer le *s* final : *mis/mise*. Deuxième confusion sur *sont* (3e personne du pluriel du présent de l'indicatif du verbe *être*) et le déterminant possessif, *son*. Le remplacement par *mon*, *ton* aurait pu permettre d'éviter l'erreur.

2. **L'ours c'est dressé sur ces pattes = L'ours **s'est** dressé sur **ses** pattes.*
Deux erreurs portant sur les homophones. Confusion entre le pronom démonstratif *c* et le pronom personnel réfléchi *s'*. Le changement de personne aurait permis de trouver la forme juste : *je me suis dressé*. Confusion entre le déterminant démonstratif *ces* et le déterminant possessif *ses*. Il fallait se référer au sens de la phrase.

3. **Se garçon est vif comme l'éclair. = **Ce** garçon est vif comme l'éclair.*
Confusion entre deux mots appartenant à des classes grammaticales très différentes : le pronom personnel *se* et le déterminant démonstratif *ce*. *Se* ne peut jamais être suivi d'un nom. Changer de nombre aurait pu permettre de trouver la solution : *ces garçons* ; mais l'élève aurait pu aussi confondre avec *ses* ! On ne connait pas le contexte d'utilisation de cette phrase mais il est possible que *ce* soit anaphorique renvoyant à une personne citée précédemment.

4. **A-tu rendu ses patins a Ursula = **As**-tu rendu ses patins **à** Ursula ?*
Deux erreurs : première confusion sur les personnes 2 et 3 du verbe *avoir* au présent de l'indicatif : *tu as/il a* (avec le *tu*, toujours le **s** mais il est possible que l'inversion du sujet ait troublé l'élève) puis deuxième confusion entre la 3e personne du verbe *avoir* au présent de l'indicatif et la préposition *à*.
Le remplacement par *avait* (…**ses patins avait Ursula*) aurait montré l'impossibilité de mettre *a*.

ANALYSE D'ERREURS 6

Énoncé p. 356

1. Ponctuation modifiée

Il était une fois une petite maison dans la prairie, non loin du village. Dans cette maison, y habitent deux enfants, une mamie et un chat. Le seul malheur, c'est que ce village ne savait pas qu'il habitait pas loin de la maison d'un monstre terrible. Un jour, les deux enfants, la mamie et le chat partirent se promener.

Tout à coup, un volcan explosa. Le monstre sortit pour manger tout le monde, mais le chat n'aime pas ça. Il courut le griffer. Le monstre eut tellement peur qu'il courut pour tenter de sauter par dessus le volcan, mais patatras !

Il tomba dans le volcan qui explosa. Le chat courut vers la mamie et les deux enfants effrayés. La mamie dit : « Au moins, il nous embêtera plus ! »

2. Les dysfonctionnements

Signes d'énonciation et ponctuation du discours direct

Les paroles rapportées en discours direct sont correctement encadrées par des guillemets. Toutefois, il manque les deux points après le verbe introducteur *dit.* En outre, l'élève n'a pas respecté les règles habituelles régissant la ponctuation dans la phrase rapportée entre guillemets : absence de majuscule et de point, absence de virgule après l'adverbe complément de phrase *au moins.*

Délimitation des phrases

Une seule phrase, selon la ponctuation de l'élève, depuis *Tout à coup* jusqu'à *le volcan qui explosa.* La syntaxe ne comporte pas d'irrégularités, mais il est nécessaire de remplacer certaines virgules par des points afin de segmenter en plusieurs phrases. (La solution proposée, qui détache quatre phrases correctes, n'est pas la seule possible.)

De même, il est indispensable de délimiter les phrases (point et majuscule) à la dernière ligne : *effrayés. La mamie...*

Emploi des virgules

- **Virgules placées à des positions erronées :**
  - entre le présentatif *Il était une fois* et le groupe nominal qu'il introduit ;
  - entre le verbe *habitent* et le sujet (inversé) ;
  - entre le sujet *les deux enfants, la mamie et le chat* et le verbe *partirent.*
- **Virgules absentes, nécessaires au regard de la syntaxe :**
  - après le groupe détaché en tête de phrase *Le seul malheur* (transformation emphatique) ;
  - après le complément de phrase détaché en tête *Un jour* ;
  - entre les deux groupes nominaux *les deux enfants* et *la mamie.*

Point d'exclamation

L'élève n'utilise pas ce signe. Il pourrait apparaitre deux fois dans ce texte, (sans qu'on puisse toutefois parler de dysfonctionnement) :

- pour donner plus de force à l'onomatopée interjective *patatras* ;
- pour transformer en phrase exclamative la phrase déclarative prononcée par la mamie, présentée sous forme de discours direct.

Ces deux emplois ne sont pas nécessaires au regard de la syntaxe ; ils peuvent être considérés comme relevant de choix d'ordre stylistique.

46 La polysémie

OBJECTIFS

Connaitre la polysémie et la différencier de l'homonymie.

VOIR AUSSI

– Le sens propre et le sens figuré p. 368
– La synonymie p. 373
– L'antonymie p. 376
– L'homonymie p. 383
– Les différents champs p. 388

TESTER SES CONNAISSANCES

1. Faites des phrases avec chacun des trois mots suivants pour faire apparaitre, grâce au contexte, leurs différentes acceptions : a. ampoule. **b.** pièce.

2. Que signifie *beau* dans les phrases suivantes ?

a. Le Grand Palais montre les beaux tableaux de Turner.

b. Il revient d'un beau voyage dans les iles.

c. Il a donné une partie de ses gains à une association caritative : on salue ce beau geste.

d. Tout a été dévasté : c'est un beau gâchis.

1. a. *Ampoule*, trois sens : dispositif d'éclairage, cloque de la peau, tube effilé contenant un médicament.
b. *Pièce*, cinq sens : partie d'une maison, morceau d'un ensemble, ouvrage dramatique (pièce de théâtre), document écrit (pièce administrative), pion d'un jeu.
2. a. *un beau tableau* → de l'ordre de l'esthétique. **b.** *un beau voyage* → intéressant et agréable. **c.** *un beau geste* → généreux ou noble. **d.** *un beau gâchis* → remarquable par son importance.

Corrigé détaillé p. 366

LE COURS

1 Définition

1.1 Polysémie / monosémie

• La polysémie s'oppose à la monosémie ; un mot monosémique n'a qu'un seul sens, quels que soient les contextes. C'est le cas pour les termes scientifiques car le vocabulaire savant tend à éliminer les ambiguïtés : des termes comme mycose, myrte, leucémie, potiron, dentine… n'ont qu'un seul sens.

- Mais une langue exclusivement monosémique comporterait un lexique considérable.

Répondant au principe d'économie linguistique, **la plupart des mots sont donc polysémiques : ils ont plusieurs sens** (comme l'indique l'élément grec **poly-**), dits « acceptions ». À partir d'un sens premier, courant et concret (le sens propre), vont s'ajouter d'autres sens, figurés.

- Quand un nouveau besoin surgit – s'il n'y a pas création d'un mot ou emprunt à une autre langue –, une acception s'ajoute à un terme déjà utilisé. Par exemple, aux différentes acceptions du mot bureau, s'est adjointe, il y a quelques années, celle d'écran d'ordinateur où sont disposées les icônes. Ces sens dérivés s'accumulant au cours des siècles, un mot courant et ancien a des chances d'être très polysémique.
- C'est pourquoi aussi **un mot actuellement monosémique peut très bien devenir polysémique**, en se chargeant d'un sens nouveau. **La langue évolue** sans arrêt et les lexicographes tiennent compte des usages.
- La polysémie est un phénomène majeur qui touche toutes les classes de mots. C'est donc un des traits constitutifs de la langue qui permet son bon fonctionnement, son évolution et contribue à sa richesse.

1.2 Multiplicité des sens

- **La polysémie n'est pas arbitraire**, les sens découlent les uns des autres et restent proches. On voit bien, par exemple, pourquoi il y a eu glissement sémantique vers le dernier sens de bureau (lié à l'informatique) mais à quel point celui-ci reste lié aux acceptions précédentes. La connexion logique entre les différents sens permet de faire la différence avec l'homonymie.

Voir « Difficultés rencontrées », p. 366.

- **L'abondance de sens ne nuit absolument pas à la compréhension** car le contexte de la phrase et la situation référentielle permettent d'actualiser un seul sens et de lever toute équivoque.

À l'écoute de l'énoncé : Cet adolescent a beaucoup de boutons sur le visage, seule l'acception « petite lésion cutanée » est activée, et toutes les autres (bourgeon, petite pièce pour fermer un vêtement, etc.) ne se présentent même pas à l'esprit.

- **La variation des sens peut être dépendante :**

– **de la syntaxe** et de la multiplicité des constructions (avec ou sans préposition) qui peuvent affecter un mot. Par exemple, le verbe jouer dont le sens varie :

L'enfant joue (s'amuse) / Il joue de son charme (tire parti) / Il joue avec sa santé (s'expose à des risques) / Ce drame joue sur son moral (influe).

– **de l'environnement syntaxique et lexical** : par exemple, suivant que le sujet est animé ou non, le sens peut bouger :

le bois joue / l'enfant joue ; Pierre adhère à l'association / le coquillage adhère au rocher.

– **de l'emploi des termes au sens propre ou au sens figuré.**

Voir FICHE 47 : Le sens propre et le sens figuré.

POUR ALLER PLUS LOIN

Sur quels critères, les lexicographes (ceux qui font les dictionnaires) décident-ils qu'un mot est polysémique ou homonymique ?

- **Le critère étymologique** : il ne suffit pas toujours car avec le même étymon (*volare*), les deux *voler* se sont beaucoup éloignés l'un de l'autre.

- **Le critère sémantique** : les différentes acceptions doivent être assez proches pour qu'on puisse expliquer le glissement de l'une à l'autre, ce qui n'est pas le cas pour *voler* 1. et *voler* 2.
- **Les critères formels** :

– les homonymes ont des synonymes et des antonymes différents :
voler 1. : planer, survoler,... ; **voler** 2. : cambrioler, dépouiller,... ;
– un environnement linguistique différent :
voler 1. intransitif ; **voler** 2. transitif : voler quelque chose ;
– des séries dérivationnelles différentes :
voler 1. : voleter, s'envoler, envol, envolée,... ; **voler** 2. : voleur, antivol,...

Il arrive (rarement) que des lexicographes fassent des choix différents, un mot polysémique chez l'un devenant deux homonymes chez l'autre. Mais la polysémie est beaucoup plus répandue que l'homonymie !

1.3 Polysémie – synonymie

- Chaque acception dans un contexte précis génère une série de synonymes et d'antonymes, différente de celle produite à partir d'une autre acception :

Voir FICHE 48 : La synonymie.

Il joue de son charme = il utilise / il tire parti / il exploite,... son charme ; ce drame joue sur son moral = il influe sur / influence / affecte son moral,...

2 Une seule entrée dans le dictionnaire

Un mot polysémique se repère facilement dans le dictionnaire : une seule entrée en gras et une multiplicité d'acceptions, en général numérotées. En termes linguistiques, on dira qu'il n'y a qu'un signifiant (un seul mot) pour plusieurs signifiés (sens).

Note n.f. (lat. *nota*) :
1. Petite indication écrite pour se rappeler quelque chose (*prendre des notes*).
2. Brève communication écrite destinée à informer (*note de service*).
3. Annotation apportant un commentaire à un texte (*note en marge*).
4. Touche, nuance (*une note de gaieté*).
5. Appréciation chiffrée d'un travail (*note 20/20*).
6. Facture (*note d'hôtel*).
7. PARFUM. : composant essentiel d'une odeur.
8. MUS. : Son musical (*do, ré, mi,...*) et signe sur une portée.

- Au premier sens (le sens propre), s'ajoutent toutes sortes d'acceptions (parfois signalées par **fig.**), des emplois familiers, des sens dits spécialisés comme dans cet article, en musique et parfumerie.
- Un vieux mot comme main est défini par une vingtaine de subdivisions, tête par une trentaine. L'ensemble de ces sens forme le **champ sémantique** du mot.

Voir FICHE 52 : Les différents champs.

REMARQUE : pour un mot monosémique, l'entrée dans le dictionnaire ne comporte aucune subdivision.

ENTRAINEMENT 1

Corrigé p. 367

Donner les différents sens des mots suivants : *sérieux* (adj. qual.), *peser* (verbe), *suivant* (préposition), *lettre* (nom).

ENTRAINEMENT 2

Corrigé p. 367

Faites cinq phrases avec le verbe *faire* pour qu'apparaissent, grâce au contexte, quelques-unes de ses nombreuses acceptions. Précisez chaque fois le sens avec un synonyme.

DIFFICULTÉS RENCONTRÉES

Voir FICHE 51 : L'homonymie.

Homonymie ou polysémie ?

- Deux termes sont dits **homonymes s'ils ont la même forme orale et écrite** (dans le cas des homophones-homographes) mais des sens différents :
  1. **voler** : se mouvoir, se maintenir dans l'air.
  2. **voler** : s'approprier quelque chose par un vol ; dérober.

Ils ont **deux entrées** différentes dans le dictionnaire, deux articles distincts, généralement numérotés et il ne peut pas y avoir de confusion entre les deux.

- Un mot est dit **polysémique s'il a plusieurs sens.** Il a **une seule entrée** dans le dictionnaire, l'article listant les différentes acceptions numérotées – comme dans la définition de *note* développée plus haut.

ENTRAINEMENT 3

Corrigé p. 367

À votre avis, est-ce que *palais*, qui renvoie à deux définitions : « vaste, somptueuse demeure » et « paroi supérieure de la bouche », est un mot polysémique ? Ou s'agit-il de deux homonymes ? Argumentez en utilisant les critères sémantiques et formels.

À RETENIR

- **La polysémie est un des traits constitutifs de la langue** : elle touche toutes les classes de mots et la grande majorité des termes.
- La polysémie (un terme peut avoir plusieurs acceptions) **s'oppose à la monosémie** (un mot n'a qu'un seul sens). Les différents sens (propre et figurés) sont apparentés entre eux ; c'est un des critères qui permet de faire la différence avec l'homonymie.
- Dans le dictionnaire, l'article d'un mot polysémique se subdivise en plusieurs parties numérotées.

CORRIGÉS

TESTER SES CONNAISSANCES

Énoncé p. 363

1. a. L'ampoule (dispositif d'éclairage) est grillée.
Après plusieurs heures de marche, il a une ampoule (cloque) au talon.
Trois fois par jour, tu prendras une ampoule (tube effilé contenant un médicament) de vitamines.

b. Chaque pièce (partie d'une maison) a vue sur la mer.
Ce puzzle contient 2000 pièces (morceau d'un ensemble).
Cette pièce (de théâtre) tient l'affiche depuis des mois.
Joindre les pièces (administratives) demandées à votre courrier.
Une pièce (pion) du jeu d'échecs est perdue.
J'ai trop de petites pièces (de monnaie) dans mon porte-monnaie.

ENTRAINEMENT 1

Énoncé p. 366

– Varier les environnements permet de faire apparaitre les différents sens. *Un élève sérieux* : élève appliqué, qui fait bien son travail ; *des arguments sérieux* : des arguments solides et fondés ; *il a de sérieux troubles de la vision* : des troubles graves.

– *Peser* a plusieurs constructions. Comme verbe transitif, il signifie « déterminer un poids » (*Le pédiatre pèse le bébé*) ou « évaluer avec soin » (*Peser le pour et le contre*).

Comme verbe intransitif, « avoir un certain poids » (*Le plomb pèse plus lourd que les autres métaux*). Et au sens figuré, « représenter une valeur » (*Cette société pèse beaucoup en Bourse*). Il peut aussi être construit avec des prépositions : « peser sur » (*peser sur une décision*) ou « peser à (quelqu'un) » (*Sa présence me pèse / sa présence m'est pénible*).

– La préposition *suivant* peut indiquer la conformité à une direction (*Découpez suivant les pointillés*), un rapport (*Traiter les gens suivant leur richesse*) – il est alors synonyme de *en fonction de* ; elle peut signifier également « selon l'opinion » (*Suivant les spécialistes, le climat va se réchauffer*).

– Pour *lettre*, il faut faire apparaitre au moins trois sens : la lettre de l'alphabet, le sens strict (*respecter quelque chose à la lettre*), message adressé à quelqu'un (*envoyer une lettre*) avec quelques autres acceptions, notamment les études concernant la littérature (*étudiant en lettres*), activité littéraire (*femme, homme de lettres*), …

ENTRAINEMENT 2

Énoncé p. 366

Le mieux est de vous reporter à un dictionnaire qui détaillera les emplois : *faire une maison* (construire), *faire un roman* (écrire), *faire un gâteau* (préparer, confectionner), *faire l'idiot* (contrefaire), *faire envie* (causer de l'envie), *4 et 4 font 8* (égalent), …

ENTRAINEMENT 3

Énoncé p. 366

Palais : généralement, les dictionnaires considèrent qu'il y a deux homonymes, parce que :
– les sens sont très éloignés l'un de l'autre ;
– les dérivés (même peu nombreux) sont différents : *palatin*, *palatinat* pour « la demeure », *palatal* pour « le palais de la bouche » ; le premier pourrait aussi entrer dans une série autour de *château, demeure, palace, résidence,* qui exclut l'autre homonyme.

47 Le sens propre et le sens figuré

OBJECTIFS

– Faire la distinction entre le sens propre et les sens figurés d'un mot.

– Reconnaitre la métaphore, la métonymie et la synecdoque.

– Analyser des expressions lexicalisées.

VOIR AUSSI

– La polysémie p. 363
– La synonymie p. 373
– L'antonymie p. 376

TESTER SES CONNAISSANCES

1. Inventez des phrases faisant apparaitre les sens propre et figurés des mots suivants : a. le poids. b. le piment. c. une mauvaise herbe.

2. Quelles sont les figures de rhétorique utilisées dans les phrases suivantes ? Commentez-les.

a. L'Amazonie est le poumon de la planète.

b. Il faut terminer son assiette.

c. Elle a dix-huit printemps.

1. a. sens propre : *masse* – sens fig. : *lourdeur, autorité*. b. sens propre : *condiment* ; sens fig. : *élément excitant*. c. sens propre : *herbe nuisible* ; sens fig. : *un vaurien*.
2. a. métaphore. b. métonymie. c. synecdoque.

Corrigé détaillé p. 372

LE COURS

1 Le sens des mots

Le sens des mots n'est pas facile à définir, surtout lorsque l'on considère la différence entre le sens trouvé dans un dictionnaire et celui qui est actualisé en discours, dans un contexte et une situation donnée. Ce sens dépend d'un certain nombre de paramètres.

1.1 La dénotation – la connotation

• Le sens d'une unité lexicale (un mot) comporte une partie commune à tous les locuteurs : c'est la **dénotation**. Une partie peut s'y ajouter, qui varie en fonction des expériences personnelles, des associations d'idées propres à chacun ou à un contexte situationnel : c'est la **connotation**.

- Certaines connotations sont **péjoratives** ou **mélioratives** et éventuellement **partagées** ou très **individuelles**. La boue est pour tout le monde de la terre mélangée à de l'eau (dénotation) ; elle peut être connotée négativement (quelque chose de sale) ou positivement (de la boue chaude permettant de soulager les douleurs).

1.2 Les relations avec les autres mots

Les mots ne sont jamais isolés : le sens d'un terme vaut par rapport à d'autres. On prendra la mesure de crainte par rapport à inquiétude ou terreur ; on fera la différence entre fauteuil et chauffeuse (avec ou sans bras), ...

1.3 Le rôle du contexte

- Le contexte peut être d'ordre **linguistique** :

– **lexical** : l'acception particulière prise par un terme polysémique n'est perceptible que grâce aux mots voisins. Ils permettent de lever toutes les ambiguïtés propres à la polysémie :

Il a appuyé sur le bouton de la sonnette / L'adolescent a des boutons sur les joues.

– **syntaxique** : la construction pèse sur le sens. Il y a des différences entre défendre à quelqu'un de faire quelque chose (idée d'interdiction) et défendre quelqu'un contre quelque chose (idée de protection). Lexique et syntaxe sont interdépendants.

- Le contexte peut être également d'ordre **situationnel**, en rapport avec la situation de communication (le statut et le nombre d'interlocuteurs, le lieu, le moment, ...). Il influe sur les registres de langue (familier, courant, soutenu) que le locuteur s'autorise à utiliser ou maîtrise. On n'emploie pas indifféremment : activité rémunérée, labeur, travail, boulot, job.

2 Le sens propre et le sens figuré

Voir FICHE 46 : La polysémie.

Un mot peut avoir plusieurs acceptions. De manière un peu schématique, on peut dire qu'une unité lexicale peut avoir deux sortes de sens :
- le **sens propre** qui est le sens premier, le plus courant et souvent concret ;
- des **sens figurés** qui en dérivent et qui, le plus souvent, sont imagés et plus abstraits.

Ils ne peuvent être saisis que dans un contexte particulier.

Il a résisté à l'opération : il a un **bon cœur**. (sens propre)

Il a offert ses propres jouets à l'association : il a **bon cœur**. (sens figuré)

Les livres **pèsent** lourd sur les étagères. (sens propre)

Ce secret **pèse** sur son cœur. (sens figuré)

REMARQUE : Certains dictionnaires signalent les acceptions secondes avec la mention *fig.* mais tous ne le font pas.

- Le passage du sens propre aux sens figurés s'obtient par des figures de rhétorique dont la **métaphore** et la **métonymie**. Dans l'exemple précédent concernant l'emploi figuré de *peser*, on voit bien la métaphore sous-jacente : le malaise créé par un secret, trop « lourd » à porter et à taire.

ENTRAINEMENT 1 Corrigé p. 372

Faites des phrases en utilisant chacun des mots suivants avec un sens figuré : *lier, dévorer, bruler, tête.*

ENTRAINEMENT 2 Corrigé p. 372

Faites de même avec : *main, jeter, cuisine.*

3 La métaphore

La métaphore est construite sur une **analogie**. Elle établit un lien créatif entre deux éléments (le plus souvent du concret vers l'abstrait), sur la base d'un trait sémantique commun.

Pour le mot saut, le dictionnaire donne comme définition au sens propre : « Mouvement brusque par lequel le corps se projette en l'air » et signale l'usage métaphorique par la mention *par anal.* ou *fig.* : « *Fig.* : Passage sans transition à une situation, un état très différent : *Saut dans l'inconnu* ».

- **Les métaphores peuvent porter sur plusieurs classes grammaticales :**

– **nom** : « Gavroche était le moineau becquetant les chasseurs » ; « c'était un étrange gamin fée » ; « l'enfant feu follet » (V. Hugo) mais aussi de manière plus courante, un manteau de neige, un bouchon de trois kilomètres, les feux de l'amour, ... On oppose ainsi les métaphores originales, « vives », aux métaphores figées passées dans le langage commun.

– **adjectif** : « buvard bavard » (V. Hugo), soirées écrasantes,...

– **verbes** : exploser de colère, plonger dans le désespoir, écraser les opinions des autres, ...

– **adverbe** : réussir brillamment, accueillir fraîchement,...

- Certaines métaphores sont tellement utilisées qu'elles sont à peine perçues : la tête du clou, les dents du peigne, les ailes du moulin,...

Ce sont des **métaphores mortes**.

- Si la métaphore est reprise par d'autres éléments, on parle de **métaphore filée,** comme dans ce passage où l'amour de Swann est comparé à une sorte de cancer :

> Et cette **maladie** qu'était l'amour de Swann avait tellement **multiplié**, il était si étroitement mêlé à toutes les habitudes de Swann, à tous ses actes, à sa santé [...], il ne faisait tellement plus qu'un avec lui, **qu'on n'aurait pas pu l'arracher de lui** sans le détruire lui-même à peu près tout entier : comme on dit en **chirurgie**, son amour n'était plus **opérable**. (Marcel Proust, *Un amour de Swann*, 1913.)

- **La métaphore a des points communs avec la comparaison :**

De la comparaison à la métaphore, plusieurs étapes :

– la fusillade est comme un brouillard est une comparaison avec un comparé (*fusillade*) + un outil comparatif *comme* + un comparant (*brouillard*) ;

– le brouillard de la fusillade est une métaphore dite *in praesentia* avec disparition de *comme* mais conservation du comparé et comparant ;

– dans la phrase Gavroche avançait dans le brouillard, la métaphore serait dite *in absentia* car il manquerait le comparé ; elle serait donc plus difficile à interpréter et ne pourrait être comprise que par le contexte dont quelques éléments auraient évoqué la fusillade.

ENTRAINEMENT 3

Corrigé p. 372

« Entendez-vous ? C'est la marmite qu'accompagne
L'horloge du tic-tac allègre de son pouls. » (Paul Verlaine, « L'auberge », *Jadis et naguère*.)

1. Analysez l'image créée par Verlaine dans ce poème.

2. Trouvez deux autres emplois pour l'unité *pouls* (sens propre et sens figuré).

4 La métonymie

Elle consiste à **nommer un objet par le nom d'un autre**, sur la base de la **contiguïté** entre les deux.

On distingue la métonymie :
– du contenant pour le contenu :
manger tout le paquet (au lieu du paquet de biscuits), prendre un verre, ... ;
– du lieu pour l'objet qui y a été fabriqué : du Bourgogne pour un vin élevé en Bourgogne ;
– de l'instrument pour celui qui l'utilise : une fine lame ;
– du lieu pour l'institution : le quai d'Orsay, l'Hôtel Matignon, etc.

• La métonymie et la synecdoque

Proche de la métonymie, se trouve la synecdoque. Dans la métonymie, les deux objets sont différents ; dans la synecdoque, l'un des deux éléments est englobé dans l'autre : on donne la partie pour le tout,

la voile pour le bateau : Je discerne cent voiles à l'horizon ; le bras pour l'homme : Nous avons besoin de bras ; le fer pour l'épée : croiser le fer, etc.

REMARQUE

Les figures de rhétorique que nous venons de détailler sont toujours au sens figuré, **les expressions figées** (ou **lexicalisées**) également. D'ailleurs, on les appelle parfois « expressions figurées » :

Prendre les jambes à son cou, avoir du pain sur la planche, avoir la tête dans les nuages,... sont des ensembles figés – bien que les verbes puissent se conjuguer – qui se comportent comme des unités insécables : *On roule quelqu'un dans la farine blanche est impossible.

Le sens des expressions n'est jamais analysable à partir des éléments qui les composent :

Mettre la puce à l'oreille signifie « éveiller les soupçons de quelqu'un », sens qui n'a rien à voir avec une puce et une oreille.

ENTRAINEMENT 4

Corrigé p. 372

Trouvez une dizaine d'expressions autour du mot *tête* et explicitez-en le sens.

À RETENIR

- Le contexte permet de comprendre s'il s'agit du sens propre et du sens figuré d'un mot. Tous ces sens renvoient à la polysémie.
- La métaphore et les expressions lexicalisées ou figées sont toujours au sens figuré.

CORRIGÉS

TESTER SES CONNAISSANCES

Énoncé p. 368

1. a. Au sens propre, *le poids* est la masse mesurable d'un corps ; au sens figuré, il signifie lourdeur. Les sens figurés sont portés par le contexte, par exemple : *avoir un poids sur l'estomac* (sensation de lourdeur), *le poids du remords, avoir du poids sur quelqu'un* (de l'autorité),… **b.** Au sens propre, *le piment* est un condiment ; au sens figuré, c'est un élément excitant qui agrémente un événement, une vie. **c.** Au sens propre, *une mauvaise herbe* est une herbe nuisible aux cultures ; au sens figuré, une personne dont on n'attend rien de bon, un vaurien.

2. a. C'est une métaphore fondée sur une analogie entre la forêt amazonienne qui fournit de l'oxygène à la planète et l'organe humain lié à la respiration. *Poumon* est donc utilisé au sens figuré. **b.** C'est une métonymie : il s'agit, en fait, de terminer le contenu de l'assiette et non l'assiette elle-même.
c. C'est une synecdoque : le printemps est une partie de l'année.

ENTRAINEMENT 1

Énoncé p. 370

Les phrases peuvent explorer une multiplicité de sens, notamment : *être lié par une promesse ; dévorer des yeux, le feu dévore la forêt ; bruler d'amour ou d'ambition ; avoir la tête froide, se prendre la tête, …*

ENTRAINEMENT 2

Énoncé p. 370

Avoir la main verte, passer la main ; jeter son dévolu sur quelqu'un ou quelque chose, jeter un œil sur quelque chose ; la cuisine électorale.

ENTRAINEMENT 3

Énoncé p. 371

1. Il s'agit d'une métaphore : le tic-tac de l'horloge est mis en analogie avec un pouls (battement dû aux contractions cardiaques), à partir d'un trait commun : le bruit régulier produit par la machine.
2. Au sens propre, il s'agit de prendre le pouls d'une personne mais au sens figuré, on peut aussi prendre le pouls de quelqu'un ou de quelque chose pour sonder ses opinions et ses intentions : *le gouvernement prend (ou tâte) le pouls de la nation.*

ENTRAINEMENT 4

Énoncé p. 371

Vous trouverez de très nombreuses expressions générées par le vieux mot *tête* dans le dictionnaire.
– Avec des verbes : *se creuser la tête, se mettre martel en tête, avoir une bonne tête, perdre la tête, …*
– Avec des adjectifs : *garder la tête froide, avoir une tête brulée, avoir la tête lourde, vide, …* mais *aussi tête de série, tête de lecture, tête nucléaire, …*

48 La synonymie

OBJECTIFS

Connaitre la synonymie et la mettre en rapport avec la polysémie.

VOIR AUSSI

– La polysémie p. 363
– L'antonymie p. 376

TESTER SES CONNAISSANCES

Trouvez trois synonymes de l'adjectif *clair* pour chacun des groupes nominaux suivants.

1. Un exposé clair. **2.** Une affaire claire. **3.** Une source claire. **4.** Un son clair. **5.** Un temps clair. **6.** Un regard clair.

1. Un exposé clair, intelligible, compréhensible, accessible, abordable,… **2.** Une affaire claire, simple, lumineuse, évidente,… **3.** Une source claire, pure, non polluée, limpide,… **4.** Un son clair, argentin, pur, cristallin,… **5.** Un temps clair, beau, dégagé, ensoleillé,… **6.** Un regard lumineux, franc, honnête,…

LE COURS

1 Définition

Se souvenir/se rappeler ; policier/agent de police ; gai/ heureux/ content/ allègre/ enjoué/ guilleret/ radieux… sont des synonymes.
La synonymie est la relation qui unit deux unités lexicales (mots) :
– différentes dans leur forme ;
– appartenant à la même catégorie grammaticale ;
– ayant presque le même sens.

« Presque le même sens » souligne le fait que les synonymes sont peu souvent substituables dans tous les emplois. Quand c'est le cas, on parle de synonymes parfaits, « absolus », « totaux », mais ils sont très rares dans la langue française, car si deux mots ont exactement le même sens, l'un des deux, souvent, évolue ou disparait. On trouve des synonymes parfaits dans le domaine scientifique : ictère, hépatite et jaunisse renvoient à la même maladie. Lotte et baudroie désignent le même poisson. Mais, en général, les synonymes sont « partiels ».

2 Des synonymes partiels. Pourquoi ?

- Ils peuvent présenter des gradations plus ou moins importantes : ce n'est pas tout à la fait la même chose d'être gai et d'être heureux ; on voit la différence d'intensité entre la fatigue, la lassitude, l'épuisement ou entre l'inquiétude, la frayeur, l'épouvante.

- La synonymie est à mettre en relation avec la polysémie. Les mots ne sont pas synonymes dans tous les sens ; l'un des sens d'un mot entre en relation avec l'un des sens d'un autre mot.

Il s'agit bien d'une synonymie « partielle » ou « contextuelle ».

	Battre	Frapper
Acception commune	Donner des coups : Arrêtez de vous battre ! // Arrêtez de vous frapper !	
Exemples d'acceptions particulières avec commutations (remplacements) impossibles	Triompher de quelqu'un ; vaincre : La France a battu l'Irlande.	*La France a frappé l'Irlande.
	Agiter pour mélanger : Battre les œufs, les cartes.	*Frapper les œufs, les cartes.
	*Ce spectacle a battu le public.	Faire une vive impression : Ce spectacle a frappé le public.
	*Battre à la porte.	Donner des coups en produisant un bruit : Frapper à la porte.

- Il arrive que des termes soient commutables dans divers emplois mais les usages les limitent à certaines associations : briser, rompre, casser sont synonymes, mais : on **brise** la glace, une carrière, un entretien ; on **rompt** un traité, le silence, les rangs ; on **casse** le verre, les pieds, les oreilles mais on ne brise pas les pieds, on ne rompt pas une carrière, etc.

- L'emploi d'un mot est parfois plus limité : cime, sommet renvoient à l'extrémité supérieure d'un arbre, d'une montagne, mais on parlera aussi du sommet d'une pyramide, d'une carrière, de la hiérarchie,... emplois sur lesquels *cime* n'entre plus en concurrence.

La synonymie doit donc toujours être travaillée en contexte.

ENTRAINEMENT 1

Corrigé p. 375

Explorer les sens de *défendre* et *interdire* : donner des exemples mettant en évidence l'acception commune et quelques sens spécifiques à chacun.

3 Variations dans le choix d'un synonyme

Le choix d'un terme peut être motivé par toutes sortes de raisons, liées le plus souvent à la situation de communication et au contexte d'utilisation. Certaines variations :

– sont dues au fait que certains mots sont tombés en désuétude :
  bru / belle-fille ; beau-fils / gendre,

ou changent suivant les régions :
  bar dans le Nord / loup dans le Sud ; nonante / quatre-vingt-dix ;

– sont dues à la différence entre le langage courant et le vocabulaire de spécialité : migraine/céphalée ;

– sont déterminées par la notion de registre de langue souvent déterminante : bicyclette / vélo / bécane ; ivre / saoul / aviné / bourré / beurré / pété ; pleuvoir / flotter ; rédiger / écrire / pondre un livre,... chaque série renvoie au même objet ou état mais le choix dépend de la situation de communication – notamment le statut et le nombre d'interlocuteurs – du contexte et de l'effet qu'on veut produire ;

– témoignent d'une recherche stylistique, d'un désir d'originalité pouvant entraîner le choix d'un terme plus rare, plus sophistiqué : impéritie à la place d'incapacité ou inaptitude ;

– attestent d'un jugement porté sur une personne ou une chose : différence entre une petite fille espiègle ou une chipie ; certains termes peuvent avoir une connotation péjorative ou méliorative : peuple / populace ; franc parler / sans-gêne ;

– entrent dans les tabous que se donne la société qui évite d'employer certains mots pour en atténuer la force : on dira handicapé plutôt qu'infirme, petite taille plutôt que nain, défavorisé pour pauvre, malentendant pour sourd,...

ENTRAINEMENT 2 Corrigé p. 376

Quelles différences d'emplois faites-vous entre :
un homme futé / rusé ; un cours ennuyeux / soporifique ; répéter / ressasser, un agent / un flic ; un objet laid / inesthétique ; un homme curieux / fouineur ; se quereller / s'engueuler ; un rhume / une rhinite ; un homme maladroit / balourd ; mourir / décéder ?

ENTRAINEMENT 3 Corrigé p. 376

Donnez plusieurs synonymes du terme *enfant*, en explicitant les nuances entre eux.

ENTRAINEMENT 4 Corrigé p. 376

1. L'enfant était maigrichon et fluet. **2.** L'enfant était maigre et menu.

Justifiez les emplois des deux adjectifs utilisés en 1. en les comparant aux synonymes utilisés en 2.

À RETENIR

- La synonymie est la relation qui unit deux termes différents, appartenant à la même catégorie grammaticale et ayant presque le même sens.
- La synonymie est généralement **partielle** : elle est liée à la notion de **polysémie** et au **contexte** d'emploi.

CORRIGÉS

ENTRAINEMENT 1 Énoncé p. 374

– *Défendre* et *interdire* ont une acception commune : empêcher quelqu'un de faire quelque chose. *Les parents interdisent / défendent aux enfants d'accéder à des sites internet non protégés.* Ou *C'est interdit de parler / c'est défendu.*

Les deux verbes ont des constructions syntaxiques équivalentes.
En revanche, d'autres acceptions les éloignent :
– *Défendre* signifie aussi : protéger, préserver quelqu'un ou quelque chose : *défendre son pays* et plaider en faveur de quelqu'un : *L'avocat défend son client*. Ces deux emplois excluent la commutation avec *interdire *interdire son pays, *interdire son client ;*
– *Interdire* signifie aussi : frapper d'interdiction quelqu'un, l'empêcher de remplir ses fonctions ; emploi non commutable avec *défendre*.

ENTRAINEMENT 2

Énoncé p. 375

Certains termes ont une connotation péjorative, dépréciative : *rusé*, *soporifique*, *ressassé*, *fouineur*.
D'autres termes :
– sont d'un registre de langue plus familier : *flic*, *s'engueuler ;*
– sont d'un registre plus recherché : *inesthétique*, *balourd* ;
– relèvent d'un lexique de spécialité : *rhinite ;*
– atténuent le propos ou l'idée : *décéder*.

ENTRAINEMENT 3

Énoncé p. 375

Enfant : plusieurs quasi-synonymes pour ce terme très courant mais avec des nuances différentes. *Bambin*, *bout de chou* seront réservés à des tout-petits ; *marmot*, *gosse* appartiennent au registre familier ; *mioche* et *moutard*, familiers ont, de plus, des connotations péjoratives ; à *galopin*, s'ajoute un trait sémique particulier : il s'agit d'un *garnement*, d'un *polisson* qui fait des sottises ; il peut aussi y avoir des formes anciennes comme *enfançon*,...

ENTRAINEMENT 4

Énoncé p. 375

Le premier énoncé (*L'enfant était maigrichon et fluet*) est plus original, moins courant que le deuxième (*L'enfant était maigre et menu*) par l'emploi de l'adjectif *maigrichon*, dérivé de *maigre* et porteur d'une note dépréciative ; *fluet* est d'un emploi plus rare que *menu*.
Le premier énoncé est d'un registre plus recherché, plus littéraire que le deuxième.

49 L'antonymie

OBJECTIFS

Faire identifier l'antonymie et la mettre en relation avec la polysémie.

VOIR AUSSI

– La polysémie p. 363
– La synonymie p. 373

TESTER SES CONNAISSANCES

Donnez les antonymes des mots suivants :
fort, habile, descendre, solide, placer, habiller, hériter, guerre, difficile, accepter.
Que constatez-vous ?

fort/***faible***, *habile*/***malhabile***, *descendre*/***monter***, *solide*/***fragile***, *placer*/***déplacer***, *habiller*/***déshabiller***, *hériter*/***déshériter***, *guerre*/***paix***, *difficile*/***facile***, *accepter*/***refuser***.
Certaines unités lexicales sont formées par dérivation (préfixation) comme *habile*/*malhabile*, *placer*/*déplacer*... D'autres auraient nécessité un contexte pour trouver l'antonyme approprié : *solide* a pour antonyme *fragile* mais aussi *liquide*, dans un contexte scientifique (*solide*/*liquide*),...

LE COURS

1 Définition

L'antonymie est le contraire de la synonymie. C'est la **relation qui unit deux mots** :
– **de sens contraires** comme les synonymes, les antonymes peuvent être absolus (patience/impatience) ou partiels : dans ce cas, ils ne touchent qu'à un des différents sens d'un mot. L'antonyme de *fort* dans la phrase Il est très fort pour tous les jeux de casse-tête sera inexpérimenté, incompétent, pas très doué. Dans J'ai un fort doute sur la question, ce sera petit, dans un fort taux, l'antonyme sera faible, etc. ;
– **de la même catégorie grammaticale** (par exemple, l'antonyme d'un adjectif est un adjectif : laid/beau) ;
– **qui ont des points communs** : on ne peut pas opposer générosité et voyage, par exemple, car il n'y aucune relation de sens entre le deux. On peut opposer frère et sœur parce qu'ils ont des points communs (êtres humains/liens familiaux) et qu'ils se différencient sur un point (le sexe), ou générosité à égoïsme, car ils appartiennent tous les deux à la catégorie des sentiments.

Tous les mots ne possèdent pas d'antonymes. Les classes grammaticales concernées sont les adjectifs, les verbes, les adverbes et plus rarement les noms concrets.

ENTRAINEMENT 1

Corrigé p. 379

Quand c'est possible, remplacez dans chaque phrase l'adjectif *sec* par un synonyme et un antonyme pour en faire apparaitre toutes les acceptions.
1. Ce chef est détesté car il est trop sec avec ses subordonnés.
2. Il me parle toujours d'un ton sec.
3. La peinture est sèche.
4. La terre, trop sèche, ne produit rien.
5. Son corps, très sec, est en parfaite santé.
6. Il faut mettre de la crème sur les peaux sèches.
7. Je n'aime pas le pain sec.

2 Antonymes lexicaux et morphologiques

- **Les « antonymes lexicaux » :**

– adjectifs : beau/laid, grand/petit ; long/court, ...
– verbes : abandonner/résister ; donner/prendre, ...
– adverbes : lentement/rapidement ; loin/près, ...
– noms : la gauche/la droite, le haut/le bas, le jour/la nuit, le passé/le présent, la synonymie/l'antonymie, ...

- **Les « antonymes morphologiques »** formés par dérivation à partir des préfixes, *in-* (et toutes ses variantes *im-*, *il-*, *ir-*), *dé-* (*-dés*) ou autres :

Voir FICHE 53 : La dérivation et la composition.

– adjectifs : conciliable/inconciliable, modéré/immodéré, lisible/illisible, récupérable/irrécupérable, agréable/désagréable, ...
– verbes : faire/défaire, se fier/se méfier, ...
– adverbes : patiemment/impatiemment, ...
– noms : possibilité/impossibilité, ordre/désordre, ...

> REMARQUES : Généralement, les dérivés d'antonymes sont aussi antonymes : long/bref – longueur/brièveté ; beau/laid – beauté/laideur ; patience/impatience – patient/impatient – patiemment/impatiemment, ...
> Parfois, un élément emprunté au grec ou au latin permet de créer un antonyme : hyperonymie/hyponymie, francophile/francophobe, ...

ENTRAINEMENT 2

Corrigé p. 379

Antonymes morphologiques : trouvez cinq verbes formés à partir du préfixe *dé-* / *dés-* et cinq adjectifs formés à partir de *in-* /*il-* /*ir-*.

3 Différentes relations d'antonymie

- **Les antonymes par complémentarité** – un terme exclut l'autre – mort/vivant, présent/absent, homme/femme, ouvert/fermé, marié/célibataire : on ne peut pas être « un peu marié », « un peu mort », ... C'est l'antonymie au sens strict.
- **Les antonymes par réciprocité** : acheter/vendre, donner/recevoir, élève/professeur, dessus/dessous, ... ; on peut permuter les termes, comme dans l'exemple suivant : Ali a acheté une console de jeux à Rémi = Rémi a vendu une console de jeux à Ali.
- **Les antonymes gradables** qui, dans une chaine, représentent les points extrêmes entre lesquels peuvent se trouver des termes médians : chaud/froid (brulant, bouillant, chaud, tiède, frais, glacial) grand/petit (moyen, intermédiaire). Ils supportent des effets de comparaison. On peut dire « X est plus petit que Y ». La négation de l'un n'entraîne pas obligatoirement l'affirmation de l'autre : dire « X est petit » ne veut pas dire que « Y soit grand ». Il peut être de taille moyenne. Ce sont les antonymes les plus nombreux.

ENTRAINEMENT 3

Corrigé p. 379

Dans chaque phrase, trouvez l'antonyme du mot souligné.
1. En prenant ce médicament, tu atténueras la douleur. **2.** Il m'a répondu franchement. **3.** Ils ont approuvé notre achat. **4.** Il s'est exprimé avec beaucoup de grossièreté. **5.** Je préfère manger la tarte tiède.

À RETENIR

• Les **antonymes** sont des mots de sens contraire. Ils font partie de la même classe grammaticale. Tous les mots n'ont pas d'antonymes, notamment les noms concrets.
• L'antonymie est à mettre en relation avec la polysémie. Il y a plusieurs sortes d'antonymes, selon les relations entre les termes : les **antonymes lexicaux** et les **antonymes morphologiques** (formés par dérivation).

CORRIGÉS

ENTRAINEMENT 1

Énoncé p. 377

1. **syn.** *un chef dur, rude* ; **ant.** *souple, agréable* **2.** **syn.** *un ton brusque, tranchant* ; **ant.** *conciliant, gentil* **3.** **pas de syn** ; **ant.** *une peinture fraiche* **4.** **syn.** *une terre aride* ; ***ant.*** *une terre humide* **5.** **syn.** *un corps maigre, efflanqué* ; ***ant.*** *enrobé, gros, charnu* **6.** **syn.** *une peau déshydratée* ; **ant.** *grasse* **7.** **syn.** *un pain dur* ; **ant.** *un pain frais.*

ENTRAINEMENT 2

Énoncé p. 378

– **Verbes** : *désensibiliser, se désengager, déséquilibrer, décomposer, désensabler, débrouiller,…*
– **Adjectifs** : *insupportable, introuvable, impérissable, irresponsable, irrépressible, illimité, illogique,…*

ENTRAINEMENT 3

Énoncé p. 378

1. *atténueras* / ***amplifieras, augmenteras, renforceras*** **2.** *franchement* / ***hypocritement, perfidement*** **3.** *approuvé* / ***désapprouvé*** **4.** *grossièreté* / ***délicatesse*** **5.** *tiède* pose un problème puisqu'il renvoie aux antonymes gradables. Il se trouve entre le chaud et le froid, entre le bouillant et le glacé.

50 L'hyperonymie et l'hyponymie

OBJECTIFS

– Identifier l'hyperonymie et l'hyponymie.

– Permettre de comprendre les niveaux de hiérarchisation du lexique.

VOIR AUSSI

Les reprises nominales et pronominales p. 264

TESTER SES CONNAISSANCES

Quel hyperonyme pourrait correspondre à chacune des listes suivantes ?

1. Estomac, cœur, rate, foie, poumon.
2. Orange, citron, pamplemousse, mandarine.
3. Avion, télécabine, hélicoptère, montgolfière, funiculaire.
4. De, pour, près de, à, chez, par, à côté de
5. Mon, ton, ce, ces, la, un, des, quelques

1. ***organe*** **2.** ***agrume*** : *fruit* aurait pu convenir mais ***agrume***, hyponyme de *fruit* – un cran au-dessous – est plus précis **3.** transports aériens **4.** préposition **5.** déterminant.

LE COURS

1 Définition

Entre les unités lexicales, il peut y avoir aussi des rapports de hiérarchie. L'hyperonymie est une relation d'inclusion établie entre un terme général (**hyperonyme**) et d'autres termes, plus spécifiques (les **hyponymes**).

Fruit qui inclut orange est un hyperonyme – à l'école, on utilise les expressions « terme générique » ou « mot étiquette ».
Orange est un hyponyme de fruit. Orange, banane, pomme,... n'ont pas d'autre lien entre eux que de partager le même hyperonyme ; ce sont des co-hyponymes (mots sous-ordonnés).

2 Structure de la langue : classes et sous-classes

La langue n'est pas un amas de mots. Elle est structurée. La majorité des mots appartiennent à une classe et à plusieurs sous-classes qui s'emboitent les unes dans les autres, parfois de manière complexe, notamment en sciences (catégories taxinomiques).

être vivant → animal → vertébré → quadrupède → mammifère → carnivore → félidé → chat→ chat siamois

En allant de gauche à droite, chaque terme constitue l'hyperonyme de ceux qui suivent ; il est aussi l'hyponyme de ceux qui le précèdent.

Remarque : parfois, l'hyponymie passe par un mot composé chat siamois, par exemple.

- Ces classes ont des tailles différentes : plus elles sont générales, plus elles sont grandes. La classe « animal » est forcément plus large que celle de « mammifère » qui élimine tous les traits relatifs aux « non-mammifères ».

- Un hyperonyme peut toujours remplacer un hyponyme. On peut dire : J'entends un animal courir dans les buissons pour J'entends un chat courir dans les buissons. L'hyperonyme désigne potentiellement tous les membres de la classe (tous les animaux, ici).

Mais s'il est riche au plan référentiel, il est pauvre au plan sémantique. Des hyperonymes très généraux et passe-partout comme machin, truc, chose n'ont plus aucun contenu informatif. *Chat* qui intervient en bout de chaîne contient tous les éléments propres à animal auxquels s'ajoutent ceux qui sont spécifiques à *chat*.

La définition du dictionnaire utilise les termes génériques en suivant l'ordre des sous-classes pour définir la plupart des mots :

Chat : **mammifère carnivore** au museau court et arrondi, aux griffes rétractiles.

Le chat a tous les traits communs aux mammifères carnivores. Museau court et arrondi, griffes rétractiles sont des traits spécifiques au chat. L'hyperonyme *animal* senti comme trop général, n'est pas utilisé ici.

REMARQUE : certains mots peuvent avoir des hyperonymes différents, suivant le degré de spécialisation. Dans une catégorie scientifique, *la courgette est un fruit* ; dans le vocabulaire commun, *c'est un légume*.

ENTRAINEMENT 1

Corrigé p. 382

En suivant l'exemple donné pour la définition de « Chat », essayez de rédiger des articles de dictionnaires commençant par l'hyperonyme suivi de traits spécifiques pour les mots suivants : *marteau, table, orgueil.*

3 Procédures de reconnaissance

Pour reconnaitre un hyperonyme, on peut :

– **remplacer l'hyponyme par l'hyperonyme** :
il a eu une blessure à la jambe / il a eu une blessure à un membre ; je m'assieds dans un fauteuil / je m'assieds dans un siège.

– **vérifier que l'hyponyme est bien inclus dans l'hyperonyme** ;

– **utiliser la construction par l'attribut** : la jambe est un membre ; le fauteuil est un siège.

ENTRAINEMENT 2

Corrigé p. 382

Utilisez des procédures de reconnaissance pour dire si :

1. *véhicule* est l'hyperonyme de *camion*.
2. *corps* est l'hyperonyme de *membres*.

4 Différents niveaux de hiérarchisation

On distingue habituellement trois niveaux. Le lexique s'acquiert en général par le **niveau de base** avant que les activités de catégorisation menées très tôt permettent d'ordonner le monde avec les hyperonymes. Ensuite, s'ajoute éventuellement le vocabulaire spécifique :

Niveau supérieur	fruit
Niveau de base	pomme, banane, orange
Niveau de spécialité	reinette, golden, starking (sous pomme)

Un bon niveau de langage permet de jouer sur toute la gamme du plus général, au plus spécifique mais tout dépend, encore une fois, de la situation de communication ; on a parfois besoin :

– du **terme générique** : Tous les **commerces** [ou magasins] sont fermés.

– ou d'un **terme spécifique** : On va chercher le pain à la **boulangerie**.

5 Reprise anaphorique

Dans un texte, l'hyperonymie est un procédé de reprise anaphorique courant.

Cosette s'en alla chercher l'eau. La petite fille était bien malheureuse.

Cosette fait partie de la classe des *petites filles*.

ENTRAINEMENT 3

Corrigé p. 383

Commentez l'emploi de l'hyperonyme présent dans ce texte.

Sur ce, un renard affamé survint. […] Heureusement, les deux lapins l'aperçurent. Ils plongèrent dans le même terrier pour échapper à la dent du carnivore.

Claude Boujon, *La Brouille*, École des loisirs, 1989.

À RETENIR

• Les mots n'ont pas seulement des relations de sens, ils peuvent avoir des rapports de hiérarchie et d'inclusion.

• L'hyperonymie est une relation d'inclusion établie entre un terme général (hyperonyme) et d'autres termes, plus spécifiques (les hyponymes).

Siège est l'hyperonyme de chaise, fauteuil, canapé, pouf qui sont des co-hyponymes.

CORRIGÉS

ENTRAINEMENT 1

Énoncé p. 381

– ***Le marteau*** est un outil de percussion avec une tête en métal et un manche. « Outil de percussion » est une sous-classe par rapport à celle plus générique d' « outils ».

– ***Une table*** est un meuble composé d'un tableau horizontal avec plusieurs pieds.

– ***L'orgueil*** est un sentiment éprouvé par une personne persuadée qu'elle est plus importante ou plus méritante que les autres.

ENTRAINEMENT 2

Énoncé p. 381

– ***Véhicule*** est l'hyperonyme de *camion*. On peut essayer la construction attributive : *le camion est un véhicule* et le *camion* est bien inclus dans la catégorie des *véhicules*.

– *Corps* n'est pas l'hyperonyme de *membres*. On ne peut pas dire **la tête est un corps, le tronc est un corps. Le corps* est constitué, en effet, *de la tête, du tronc et des membres* mais il n'est pas l'hyperonyme de ces trois termes.

ENTRAINEMENT 3 Énoncé p. 382

Carnivore est une reprise anaphorique de *renard*. Il s'agit d'un hyperonyme, un terme plus général que *renard*, pouvant regrouper d'autres animaux mangeant de la viande. Cette reprise évite la répétition du terme mais son choix est particulièrement heureux car il insiste sur le côté prédateur du renard dont l'objectif est de manger les lapins. Il est beaucoup plus évocateur que ne l'aurait été *animal* par exemple.

51 L'homonymie et la paronymie

OBJECTIFS

– Identifier les homophones et les homographes.

– Distinguer homonymie et polysémie.

– Identifier les paronymes.

VOIR AUSSI

– Les homophones grammaticaux p. 340
– La polysémie p. 363

TESTER SES CONNAISSANCES

1. Donnez l'homophone non homographe correspondant à chacun des mots suivants : *signe, puits, raisonner, voie, poids, pécher, foi.*

2. Quelle relation lexicale lie les deux unités lexicales : *collusion/collision* ? Faites une phrase avec chacune d'elles.

3. Faites deux phrases faisant apparaitre le sens des deux homophones : *louer* et *louer*.

1. *Signe/**cygne** ; puits/**puis** ; raisonner/**résonner** ; voie/**voix** ; poids/**poix** ; pécher/**pêcher** ; foi/**foie**/**fois**/**Foix***. **2.** *Collusion* et *collision* sont des paronymes. Exemples de phrases : *Dans l'accident, deux véhicules sont entrés en collision / Les deux entreprises sont en connivence pour gruger les actionnaires : il faut dénoncer cette collusion* (complicité, connivence en vue de nuire à autrui). **3.** *Louer* et *louer* sont des homophones car ils n'ont pas du tout le même sens : **1.** *Louer un appartement* avec deux sens, « louer en tant que locataire », « louer en tant que bailleur » **2.** « Vanter les mérites de quelqu'un ». Ils ont, par ailleurs, des étymons différents, *locare* pour le premier, *laudare* pour le second.

LE COURS

1 Définition

Les homonymes sont des termes qui ont une forme identique mais dont le sens diffère. La ressemblance porte exclusivement sur la forme, jamais sur le sens.

2 Homophone - Homographe

- On distingue les homonymes :

– qui ont la même forme écrite : ce sont des homographes ;
– qui ont la même forme orale : ce sont des homophones.

- On rencontre :

– des homophones homographes ; ils s'écrivent et se prononcent de la même façon :
Je n'arrive **pas** à suivre ton **pas** ; **voler** dans les airs / **voler** un sac ;

– des homophones non homographes (ou hétérographes) ; ils se prononcent de la même façon mais s'écrivent différemment :
teint, tain, thym, (il) tint ; vin, vingt, vain, (il) vint ; seau, sceau, sot, saut, etc.

– des homographes non homophones ; ils s'écrivent de la même façon mais se prononcent différemment :
Tu **as** trois **as** dans ton jeu. C'**est** le vent d'**est**. Nous **portions** des **portions** de pizza. Les poules du **couvent couvent**.

Le terme d'homonyme s'applique à tous les cas : *homonyme* est un hyperonyme d'*homographe* et *homophone*.

REMARQUES : – Les homonymes peuvent aussi appartenir à des catégories grammaticales différentes : la porte (nom) et il porte (verbe) ; le puits (substantif) et puis (adverbe).
– Beaucoup de grammaires (mais pas toutes) considèrent comme homonymes des unités lexicales qui se disent et s'écrivent de la même façon mais qui ont un genre grammatical différent : le livre / la livre ; le mousse / la mousse ; le tour / la tour ; la mode /le mode.
– On appelle « variantes » des unités présentant des différences orthographiques comme clé / clef, cuiller / cuillère puisque des homonymes ont forcément des sens différents.

3 Homophones lexicaux – grammaticaux

On différencie :

– les homonymes lexicaux qui affectent les mots pleins : chat/chas, cours/court/cour, ...

– les homonymes grammaticaux qui créent les fameuses séries :
as/a/à ; et/est ; ou/où ; on/ont ; son/sont ; s'est/c'est/ses/ces ; sans/s'en, quelle/qu'elle, la/là, ...

Voir FICHE 44 : Les homophones grammaticaux.

ENTRAINEMENT 1

Corrigé p. 387

1. Faites des phrases en faisant apparaître la différence de sens entre *repère* et *repaire*, *différent* (adjectif) et un *différend* (nom), *pose* et *pause*, *censé* et *sensé*.
2. De quel type d'homophones s'agit-il ?

4 Plusieurs entrées dans le dictionnaire

Les homophones sont des mots différents, même quand ils sont homophones homographes. C'est la raison pour laquelle ils ont plusieurs entrées dans le dictionnaire.

Par exemple, trois entrées différentes pour fraise :

1. **Fraise** [lat. *fragum*]. 1. fruit comestible du fraisier. 2. Fam. Figure, tête
2. **Fraise** [de l'anc. fr *fraser*, peler]. BOUCH. Intestin grêle de veau consommable comme abat. 2. Masse charnue, rouge et plissée qui pend sous le bec des dindons. 3. Collerette de linon ou de dentelle empesée, aux XVIe et XVIIe siècles.
3. **Fraise.** 1. Outil rotatif de coupe avec plusieurs arêtes tranchantes 2. Outil pour le forage. 3. Instrument rotatif servant pour le traitement des lésions dentaires

Il s'agit bien de trois homophones, identiques dans la forme, différents par le sens donc, de trois unités lexicales différentes, ayant trois entrées différentes dans le dictionnaire.

Homonymes ou mot polysémique ? Voir FICHE 46 : La polysémie.

ENTRAINEMENT 2

Corrigé p. 387

Vérifiez dans un dictionnaire si les mots suivants ont un traitement homonymique (plusieurs homonymes donc plusieurs entrées) ou polysémique (une seule entrée avec plusieurs sens) : *aval, dé, pouce.*

DIFFICULTÉS RENCONTRÉES

Les homophones non homographes posent des problèmes d'ordre :

– **orthographique** : les homophones grammaticaux sont nombreux et récurrents, quel que soit le texte ; ils font payer un lourd tribut à l'orthographe. Les variations des homophones lexicaux sont aussi gênantes :

ancre/encre, tante/tente, pain/pin, ballet/balai, faim/fin, point/poing, colon/côlon...

Parfois, c'est la famille qui renseigne sur la lettre finale muette : champ/champêtre vs chant/chanter ou une lettre significative : le *a* présent dans pain, panière, panification ≠ le *i* de pin, pinède...

– **sémantique** : ils peuvent introduire du flou dans le discours et gêner la compréhension mais le contexte permet, la plupart du temps, de lever l'ambigüité, les mots étant rarement employés seuls :

j'ai mal garé ma voiture : j'ai eu une amende/je cueille une amande.

La complexité de l'orthographe devient un atout : les formes écrites différencient nettement *amende* et *amande*. L'écrit n'est pas équivoque

ENTRAINEMENT 3

Corrigé p. 387

Justifiez, par référence à la famille, l'orthographe de *sang* et *bond*.
À quels homophones sont-ils confrontés ?

ENTRAINEMENT 4

Corrigé p. 387

*La **cession** d'une entreprise avec un **fonds** de commerce nécessite une déclaration au service des impôts.*

Quelles remarques pouvez-vous faire sur le mot *cession* ? Sur le mot *fonds* ?
Faites une autre phrase avec *fonds*, en variant le contexte.

POUR ALLER PLUS LOIN

Pourquoi y a-t-il des homonymes ?

• Leur existence est due, le plus souvent, à l'incapacité dans laquelle s'est trouvée la langue française de différencier des étymons différents, alors que les autres langues romanes, en restant plus proches du latin, ont évité le phénomène d'homophonie. Par exemple, les étymons latins sanctus, sanus, sinus ont donné trois homophones en français, saint, sain et sein alors que l'espagnol et l'italien ont su garder la différence à l'écrit comme à l'oral : santo, sano, seno.

REMARQUE : l'homophonie affecte davantage les unités courtes, d'une ou deux syllabes.

• La plupart des homophones non homographes ont été souvent créés à des fins distinctives ; pour différencier les nombreux homophones dus essentiellement aux *e* devenus muets en finale en raison de l'évolution phonétique, les clercs, aux XIIe et XIVe siècles, sont allés chercher des lettres étymologiques du latin comme le *p* de computare pour opposer conter et compter.

5 Les paronymes

Il s'agit, cette fois, d'un rapport de quasi identité : les unités lexicales sont presque identiques mais les sens sont différents.

C'est le cas bien connu de couples comme allocation/allocution, conjoncture/conjecture, effraction/infraction, percepteur/précepteur, ... La paronymie est source de confusions.

ENTRAINEMENT 5

Corrigé p. 387

Faites des phrases pour faire apparaitre les différences de sens entre les paronymes suivants : *préposition/proposition, éruption/irruption*.

À RETENIR

• Les **homonymes** se ressemblent à l'oral et/ou à l'écrit mais n'ont pas du tout la même signification.

• On distingue les **homophones homographes** (voler – « dérober » et voler – « s'élever dans les airs ») et **non homographes** : vin, vingt, vain. On trouve aussi des **homographes non homophones** (l'antenne est dirigée vers l'est).

• Les homophones ont des entrées séparées dans le dictionnaire.

• Des **paronymes** sont presque pareils (proximité écrite ou orale) mais n'ont pas du tout la même signification : conjoncture/conjecture.

CORRIGÉS

ENTRAINEMENT 1

Énoncé p. 384

1. *Les animaux sauvages s'abritent dans leur* ***repaire****. Pour retrouver son chemin dans la forêt, il faut prendre de solides* ***repères****.*
Un profond ***différend*** *a divisé des amis pourtant unis depuis trente ans.*
Différents *sujets ont été abordés au cours de la soirée.*
Le modèle a gardé la ***pose*** *pendant plusieurs heures. Les employés prennent une* ***pause*** *d'un quart d'heure, au milieu de la matinée.* Le risque de confusion est accru par le fait que les deux termes renvoient à un temps d'arrêt.
Vous êtes ***censé*** *travailler les notions lexicales avec beaucoup de précision.*
Comme il est ***sensé****, il ne s'embarque pas dans des aventures trop périlleuses.*
2. Ce sont des homophones non homographes.

ENTRAINEMENT 2

Énoncé p. 385

– En principe, les deux *aval* sont traités par les dictionnaires comme homonymes. On trouve donc deux entrées, l'une pour *aval* (le contraire d'amont) et l'autre pour *aval* avec le sens d'accord (donner son aval pour un financement).
– Les deux *dés* (*dé à coudre* et *dé* pour jouer) sont des homonymes, avec deux entrées différentes. Ils ont d'ailleurs des étymons différents (le dé à coudre vient de *digitum*, le doigt et l'autre dé de *datum*, pion de jeu).
– *Pouce* est un mot polysémique avec différentes acceptions : le doigt de la main, la mesure de longueur, une très petite quantité (*ne pas céder un pouce*) et l'interjection.

ENTRAINEMENT 3

Énoncé p. 385

– *Sang* termine par le *g* présent dans l'étymon latin (*sanguis, sanguinis*) ; on le trouve dans les dérivés : *sanguin, sanguinaire, sanguinolent,*... Il a de multiples homophones : il *sent* (verbe), *s'en* (il s'en va), *sans* (préposition), *cent* (centaine).
– *Bond* est de la famille de *bondir, bondissement*. Homophone : *bon* (adjectif, *bonne*).

ENTRAINEMENT 4

Énoncé p. 385

– Le mot *cession* est un homophone de *session* (homophones non homographes). Ils n'ont pas du tout le même sens. *Cession* vient du verbe *céder* ; on aurait pu dire, d'ailleurs : *Céder une entreprise nécessite une déclaration, ...*
– *Fonds* est un homophone (non homographe) de *fond*. L'expression *fonds de commerce* a une acception précise. Il s'agit de l'ensemble des biens permettant à un commerçant d'exercer son activité. Le terme *fonds* se trouve dans des expressions comme *à fonds perdu, les fonds publics, les fonds secrets, les fonds de pension*... mais on parlera aussi simplement du *fonds* d'une bibliothèque (totalité des livres).
Remarque : *(ils) font* est un autre homophone de *fond* et *fonds*.

ENTRAINEMENT 5

Énoncé p. 386

– ***De, par, pour, sans,*** ... sont des **prépositions**.
Il y a plusieurs **propositions** dans la phrase complexe.
– *Cette* ***éruption*** *volcanique était annoncée depuis longtemps.*
Il fait ***irruption*** *dans la pièce si brusquement qu'il m'a fait peur.*

52 Les différents champs

OBJECTIF

Identifier les différents champs : lexical, sémantique, dérivationnel, affixal.

VOIR AUSSI

– La polysémie p. 363

– La dérivation et la composition p. 391

TESTER SES CONNAISSANCES

1. Constituez le champ lexical du roman policier.

2. Constituez le champ affixal des mots se terminant par le suffixe *-age* (six occurrences, au moins).

1. Champ lexical du roman policier : *intrigue, détective, meurtrier, victime, arme du crime, mobile, enquête, piste, indice, noir, inquiétant, rechercher, tuer, voler…*

2. Champ affixal des mots se terminant par *-age* : *balayage, coloriage, lavage, assemblage, démaquillage, affichage, démarchage, bavardage…*

LE COURS

1 Le champ lexical

On appelle champ lexical un **ensemble de mots renvoyant à une notion particulière** (la lumière, la guerre, les meubles,…). Chacun de ces mots entretient des relations sémantiques avec le thème du champ délimité.

Le champ lexical, défini de manière stricte, ne devrait contenir que des mots correspondant à la même catégorie grammaticale (que des noms pour le champ lexical de la pluie, par exemple), par opposition au **champ associatif** qui, lui, accepte toutes les catégories. En fait, il y a confusion entre les deux sortes de champs et de manière très générale, le champ lexical contient toutes les classes de mots : nom, adjectif, verbe, adverbe, et même des expressions lexicalisées.

Le champ lexical de la pluie comprend donc des termes comme bruine, crachin, averse, orage, mais aussi pluvieux, humide, gris et pleuvoir, se déverser, tambouriner,…

ENTRAINEMENT 1

Corrigé p. 390

Dans ce texte de George Sand, analysez les principaux champs lexicaux.

Je ne cherche plus le mot des énigmes qui ont tourmenté ma jeunesse ; j'ai résolu en moi bien des problèmes qui m'empêchaient de dormir. On m'y a aidée, car à moi seule je n'aurais vraisemblablement rien éclairci. Mon siècle a fait jaillir les étincelles de la vérité qu'il couve ; je les ai vues, et je sais où en sont les foyers principaux, cela me suffit. J'ai cherché jadis la lumière dans des faits de psychologie. C'était absurde.

George Sand, *Histoire de ma vie*, 1879.

2 Le champ sémantique

Il s'agit de **l'ensemble des acceptions d'un mot** qui varient en fonction de l'environnement lexical et syntaxique. Les définitions dans un dictionnaire dressent le champ sémantique des mots. Plus un mot est polysémique, plus son champ sémantique est large.

Voir FICHE 46 : La polysémie.

Le champ sémantique de dur, par exemple, renverra aux différents sens : consistance très ferme ou rugueuse au toucher ; son rauque et désagréable : voix rude ; sévère et brutal : être rude avec quelqu'un ; des manières grossières ; qui exige des efforts et de la résistance : hiver rude, adversaire rude, etc.

Le terme *sémantique* renvoyant au « sens », il est facile de se souvenir que le champ sémantique est l'**ensemble des sens d'un mot**.

ENTRAINEMENT 2

Corrigé p. 390

Explorez le champ sémantique de l'adjectif *vilain*.

3 Les champs dérivationnels, les familles de mots

La terminologie la plus courante est « famille de mots ». Il s'agit de l'ensemble des termes formés à partir des préfixes et suffixes autour d'un même radical :

loge, loger, déloger, reloger, logis, logement, logeable,...

Voir FICHE 53 : La dérivation et la composition.

ENTRAINEMENT 3

Corrigé p. 390

Cherchez les mots formés à partir du radical de *règle*.

4 Les champs affixaux

Il s'agit de tous les mots formés à partir d'un préfixe ou d'un suffixe. On peut faire le champ affixal des mots en *-isme* :

socialisme, alcoolisme, athlétisme, opportunisme, cannibalisme, cynisme, autisme, exotisme, fatalisme,...

Voir FICHE 53 : La dérivation et la composition.

ENTRAINEMENT 4

Corrigé p. 390

Constituez un champ affixal avec les noms formés avec le suffixe -*ure*. Donnez une dizaine d'occurrences.

À RETENIR

- **Le champ lexical** regroupe l'ensemble des termes rattachés sémantiquement à une notion.
- **Le champ sémantique** regroupe l'ensemble des acceptions d'un terme précis et renvoie à la polysémie.
- **Le champ dérivationnel** correspond à la famille d'un mot, l'ensemble des termes formés à partir d'un radical.
- **Le champ affixal** est constitué par des mots formés à partir d'un même préfixe ou d'un même suffixe.

CORRIGÉS

ENTRAINEMENT 1

Énoncé p. 389

Champs lexicaux : celui de **l'énigme** (*énigme, problème, empêcher de dormir, chercher*) et celui de **l'élucidation** ou de **l'enquête** (*le mot* – le fin mot, la solution –, *résolu, éclairci, étincelles de vérité, voir, foyers, lumière*) qui sont opposés.

ENTRAINEMENT 2

Énoncé p. 389

Le champ sémantique de *vilain* : **1.** Laid, désagréable à voir (*un visage vilain*)
2. Moralement laid, méprisable (*de vilaines pensées, un vilain mot*).
3. Qui peut laisser présager quelque chose d'inquiétant (*une vilaine toux*).
4. Se dit d'un enfant insupportable et désobéissant : *Il a été vilain, aujourd'hui, il n'a fait que des bêtises.*

ENTRAINEMENT 3

Énoncé p. 389

Mots de la famille de *règle* (champ dérivationnel) : *régler, réglage, régleur, règlement, dérèglement, dérégler, autoréglage, indéréglable, préréglage,…*

ENTRAINEMENT 4

Énoncé p. 390

Champ affixal en -*ure* : *confiture, bordure, ossature, moulure, friture, carrure, coulure, fluorure, épluchure, déchirure, conjecture, dorure, mesure, peinture, denture,…*

53 La dérivation et la composition

OBJECTIFS

– Connaitre les deux grands processus de formation des mots : préfixation et composition.

– Connaitre les principaux affixes et leur sens.

– Retrouver dans un mot formé par composition savante les éléments grecs ou latins.

VOIR AUSSI

– L'antonymie p. 376
– Les différents champs p. 388
– Étymologie et emprunts p. 399

TESTER SES CONNAISSANCES

1. Comment sont formés les mots suivants : ***confortablement, enlèvement, détournement ?***

2. Quelle est la composition et le sens des termes suivants : ***hydrophobe, hydrofuge, hydrophile ?***

1. ***Confortablement*** : à partir de l'adjectif qualificatif *confortable* auquel s'ajoute le suffixe adverbial *-ment*. ***Enlèvement*** : à partir du radical du verbe *enlever* (formé à partir du radical du verbe *lever* et du préfixe *-en*) auquel s'ajoute le suffixe nominal *-ment*. ***Détournement*** : au radical du verbe *détourner* (dérivé préfixal de *tourner*), s'ajoute le suffixe nominal *-ment*.

2. ***Hydrophobe, hydrophile*** et ***hydrofuge*** sont formés à partir de l'élément grec *hydro* (eau) auquel s'ajoute *-phobe* (« qui a peur »), ou *-phile* (« qui aime » – le coton hydrophile « aime » l'eau et l'absorbe) ou *-fuge* (« qui fuit » – *un produit hydrofuge* protège de l'humidité).

LE COURS

1 La morphologie lexicale

La morphologie lexicale s'occupe de la **formation des mots**. Dans la langue, on trouve des mots simples que l'on ne peut pas découper en unités plus petites (poule, table, rond,...) et des mots construits dans lesquels on peut retrouver plusieurs éléments (feuill-age). Certains mots sont construits **par dérivation** (par ajout d'un affixe), d'autres **par composition** (en assemblant deux mots qui existent déjà, de façon plus ou moins autonome : bébé-éprouvette, géographie).

2 La dérivation

- La dérivation est un phénomène essentiel qui concerne environ 80 % des mots. Elle consiste à ajouter un **affixe** à un radical. L'affixe peut être :

– un **préfixe** placé à gauche du radical : **re**vendre, **dé**tourner ;

– un **suffixe** placé à droite du radical : sotte**ment**, ferm**eture**.

Ces affixes apportent une information supplémentaire au radical.

- **Ces deux affixes fonctionnent différemment** :

– le préfixe n'entraine généralement pas de changement de la classe grammaticale : faire/défaire ; évitable/inévitable ; tour/contour, mais cela peut arriver : embarquer, formé par préfixation sur barque ;

– le suffixe entraine un changement de classe : blanc est un adjectif, blanchir un verbe, blancheur un nom ;

– le préfixe ne modifie pas le radical, contrairement au suffixe : balai/balayage ; citron/citronnier, physique/physicien ;

– le préfixe n'a pas de valeur grammaticale tandis que le suffixe peut indiquer une classe. Exemples : le suffixe *-ment* pour les adverbes (absolument) ou les noms (parlement), le suffixe *-itude* pour les noms (sollicitude) ;

– ils n'ont pas les mêmes valeurs sémantiques : le préfixe sert souvent à la construction des antonymes (possible/impossible). Le suffixe peut indiquer un diminutif (fillette), une valeur un peu péjorative (lourdaud, vantard) ou relever d'un domaine spécifique, notamment médical : appendicite, gingivite, bronchite,... (*-ite* signifiant « inflammation »).

- Mais les deux affixes :

• **peuvent changer de formes** (ils sont dits **allomorphes**) :

  – pour les préfixes, ***dé-*** ou ***dés-*** : **dé**faire/**dés**unir ; ***in-***, ***ir-***, ***ill-*** : **in**faisable, **ir**récupérable, **il**lisible ;

  – pour les suffixes ***-ité/-eté*** : facile/ facil**ité** vs habile/habil**eté** ; ***-ette/-ète*** coquet/coqu**ette** vs désuet/désu**ète** ; ***-otte/-ote*** : pâlot/pâl**otte** vs huguenot/huguen**ote**,...

• **peuvent se combiner sur le même radical** : insensiblement se décompose comme suit : in-sensible-ment.

> REMARQUE : on parle de « conversion » ou de « dérivation impropre » quand un mot change de catégorie : manger est un verbe, le manger un nom ; moi est un pronom personnel qui devient un nom, le moi,...

2.1 La préfixation

La liste des préfixes n'est pas simple à établir car la frontière entre mots préfixés et mots composés (voir *infra*) est mal établie. On peut en exclure les éléments constituant d'abord des morphèmes autonomes tels que les prépositions *après* (après-midi), *avant* (avant-garde), *entre* (entrevoir), *sous* (souterrain, sous-vêtement),… malgré la soudure graphique de certains termes, systématique par exemple avec *mal* (malheureux, maladroit) ou *sur* (surestimer). On versera toutes ces unités dans la catégorie des mots composés.

a- et toutes ses formes adaptées au radical : *ac-, ad-, af-, ap-, ar-*	Mouvement vers	accourir, adjoindre, assaillir, apparaitre, affluer…
r-, ré-	Répétition	réarranger, racheter, revenir
in-, im-, il-, ir-	Sens négatif Mouvement vers l'intérieur	inconfort, impayé, illisible, irréfutable,… importer, infiltrer,…
é-, ex-	Mouvement vers l'extérieur	exporter, exfiltrer,…
dé-, dés-	Sens négatif	défaire, désherber,…

ENTRAINEMENT 1

Corrigé p. 397

Donnez l'antonyme des termes suivants en utilisant un préfixe, quand c'est possible : ***connu, venu, résolu, perdu, probable, loyal, moral, agréable, social, génial, propre, lettré, responsable.***

2.2 La suffixation

On peut regrouper les suffixes en fonction de la nature grammaticale du mot qu'ils créent.

- **La suffixation nominale** : voir *infra* 2.3 ;
- **La suffixation adjectivale** avec, essentiellement, trois suffixes :

– *-able* qui exprime une possibilité (redoutable, skiable,… avec d'autres formes : *-ible* et *-uble* : lisible, soluble) ;
– *-al/ale* (amical, magistral, glacial,…) ;
– *-el/elle* (naturel, confidentiel, matériel) qui signifient « se rapportant à l'objet » donné dans le radical.

Mais il y en a d'autres, moins fréquents, *ain/aine* (républicain), *ien/ienne* (citoyen), *if/ive* (affirmatif), *eux/euse* (orgueilleux), …

- **La suffixation adverbiale** avec, principalement, le suffixe *-ment* qui fonctionne à partir de la forme féminine de l'adjectif qualificatif joyeuse/joyeusement mais pas toujours : gentil/gentiment.

> ATTENTION : on garde la voyelle (le *e* ou le *a*) qui se trouve dans l'adjectif de base et si l'adjectif comporte un *n*, il s'assimile au *m* et l'adverbe comporte 2 *m* : méchant/méchamment, récent/récemment vs parfait/parfaitement.

- **La suffixation verbale** peut s'opérer à partir :

– du nom : *-is(er)* : scandale → scandalis(er) ; *-ifi(er)* : personne → personnifi(er) ;
– de l'adjectif : *-is (er)* : immobile → immobilis(er) ; *-ifi(er)* : solide → solidifi(er) ;

– de verbes déjà existants auxquels s'ajoutent des suffixes diminutifs comme *-et(er)*, *-ot(er)* : volet(er), pianot(er), *-onn(er)* : chantonn(er), ou à valeur péjorative comme *-ass(er)* : rêvass(er), *-ouill(er)* : mâchouill(er).

2.3 La suffixation nominale

- Trois suffixes sont particulièrement représentés :

– ***-tion*** avec des variantes *-ation*, *-ition* : observation, punition, invention, qui ne concernent que des noms féminins ;

– ***-ment*** : parlement, châtiment, ... ; ***-age*** : lavage, assemblage, feuillage, ...

Ces deux derniers suffixes ne concernent que des noms masculins.

Ils ont tous les trois le même sens : action ou résultat d'une action auxquels s'ajoute pour *-age* le sens de « réunion d'objets » : dallage. Ils sont donc en concurrence. On parle de la « productivité » d'un affixe en raison de sa fréquence (*-ment* est le plus employé) et de sa « disponibilité » liée à sa capacité d'emploi pour créer de nouveaux mots (*-age* est le plus disponible).

Il arrive, mais rarement, qu'à un même radical puissent s'adjoindre des suffixes différents qui font varier le sens : lavement, lavage.

- D'autres suffixes sont moins productifs :

– ***-ie*** : jalousie, envie ; ***-ance, -ence*** : confiance, adolescence ;

– ***-aire*** : autoritaire, musculaire ; ***-ade*** : salade, baignade ;

– ***-aison*** : conjugaison, livraison ; ***-ure, -ture*** : coiffure, confiture ;

– ***-isme*** : capitalisme, fatalisme, etc.

ENTRAINEMENT 2

Corrigé p. 397

Faites la différence de sens entre les différents mots : *blancheur, blanchiment, blanchissage, blanchissement.* Utilisez éventuellement un dictionnaire.

3 Les familles de mots

La famille d'un mot est regroupée autour d'un même radical auquel s'ajoutent les affixes.

- Suivant la productivité du mot, la famille peut être très importante, comme celle de terre ou grain, ou très restreinte – le mot épagneul, par exemple, d'origine espagnole.

- Elle peut se subdiviser en **famille populaire** et **famille savante**. Par exemple, à partir du radical lait, sont formés laitage, laiteux, laiterie, laitier, allaiter, allaitement,...

Lait est le produit de l'évolution phonétique de l'étymon latin *lac-lactis*. Mais à partir de cet étymon, plus tardivement, a été formée aussi une autre famille, savante cette fois, par emprunt direct au latin : lactation, lacté, lactéine, lactescent, lactifère, lactide, lactobacille, lactogène,...

Ces deux familles populaire et savante, distinctes au sens strict, peuvent être considérées comme faisant partie d'une famille large, avec une racine commune.

- On peut encore agrandir la famille. Par exemple, on peut considérer que la famille au sens très large du mot *œil* est constituée :

- de deux branches issues de l'étymon latin *oculus* (*œil*) :
  – l'une, populaire, issue de l'évolution phonétique normale de *oculus* en *œil* : œillade, œillère, œillet,…
  – l'autre, savante, par emprunt direct au même étymon latin : oculaire, binoculaire, monoculaire, oculomoteur,… et même le décalque exact : *oculus* (ouverture de forme circulaire dans le mur : « œil de bœuf »).
- de deux branches issues de racines grecques :
  – l'une formée sur l'étymon grec *optikos* « relatif à la vue » : optique, opticien,…
  – l'autre formée sur l'étymon grec *ophtalmos* (« œil ») : ophtalmie, ophtalmologie, ophtalmologue, ophtalmoscopie,…

De la même manière, on peut adjoindre à la famille élargie de lait (ci-dessus) les mots issus de l'étymon grec *galacto-* : galactogène, galactose,… et même galaxie.

Voir FICHE 54 : Étymologie et emprunts.

ENTRAINEMENT 3

Corrigé p. 397

Donnez les mots de la famille de *grain*.

ENTRAINEMENT 4

Corrigé p. 398

Composez la famille élargie de l'unité *eau*, à partir de l'étymon latin, *aqua* et grec, *hydro*.

ENTRAINEMENT 5

Corrigé p. 398

Quels sont les adjectifs, renvoyant à la famille étymologique, qui correspondent aux mots suivants : *été, doute, mer, loi, ciel, cheval, chien, maitre, cœur* ?

4 La composition populaire et savante

La composition permet, à partir de deux éléments (ou plus), d'en créer un troisième.

- **La composition populaire** : elle consiste à assembler deux mots, séparés ou non à l'écrit par un trait d'union, une apostrophe, ou un blanc graphique ; ces mots sont autonomes et possèdent, par ailleurs, un sens propre. Mais le mot ainsi composé a un nouveau sens :

  fait divers, après-midi, chaise longue, presqu'ile, entr'ouvert,…

Le critère d'inséparabilité permet de les identifier : on peut dire un chef-d'œuvre majeur mais pas un *un chef majeur d'œuvre.

Les mots composés ne sont pas créés librement par les locuteurs ; leur usage est consacré par le dictionnaire.

Les formations peuvent être diverses. Ainsi, pour les noms, on peut trouver l'adjonction de deux noms un timbre-poste, de deux verbes reliés par une conjonction de coordination un va-et-vient ou non le savoir-vivre, de deux noms reliés par une préposition une boite à lettres, un arc en ciel , d'une préposition ou adverbe et d'un nom un sans-abri, un nouveau-né, d'un nom et d'un adjectif le bon sens, d'un verbe et d'un nom un gratte-papier, un souffre-douleur,…

- **La composition savante** est formée à partir d'éléments grecs ou latins, non autonomes par ailleurs. Ces éléments très nombreux sont combinables entre eux : géologie, géographie, graphologie,... ; certains peuvent se trouver indifféremment en début ou en fin de mot : mis**anthrop**e/**anthrop**ophage. Les mots ainsi composés peuvent servir de bases à des dérivés : anthropophagique, graphologique,...

On trouve parfois un élément faisant partie du vocabulaire courant : super**marché**, anti**dater**, hyper**tension**, juxta**poser** (*marché*, *dater*, *tension* et *poser* étant des termes autonomes, par ailleurs).

Il faut connaitre le sens de quelques-uns d'entre eux, très utilisés.
– Pour les éléments latins : *omni* (tout), *équi-* (égal), *bio-* (vie), *-cide* (qui tue), *-cole* (relatif à la culture de), *-fuge* (qui fuit), *vore* (action de manger), *-fère* (qui contient), ...
– Les éléments grecs sont beaucoup plus nombreux. En voici quelques-uns :

Grec	Sens	Exemple	Grec	Sens	Exemple
anthropo-	être humain	anthropologie	*-logie*	discours	géologie
archéo-	ancien	archéologie	*morph-*	forme	morphologie
biblio-	livre	bibliographie	*péri-*	autour	périmètre
bio-	vie	biotechnique	*poly-*	nombreux	polygone
derm-	peau	dermatologie	*psych-*	âme	psychologie
-drome	course	hippodrome	*-scop*	observer	microscope
graph-	écrire	graphologie	*therm-*	chaleur	thermomètre
-gone	angle	polygone	*thérap-*	soin	thérapie
hydr-	eau	hydrologie	*xéno-*	étranger	xénophobie

ENTRAINEMENT 6

Corrigé p. 398

Quelle est la composition et quel est le sens des termes suivants : *isotherme, polyarthrite, photographie, viticole* ?

ENTRAINEMENT 7

Corrigé p. 398

Trouvez une dizaine de termes contenant l'élément *-logie* et donnez-en la définition.

5 Autres procédés de formation des mots

- La **néologie** est le processus de formation de nouveaux mots : les néologismes. Elle englobe la dérivation et la composition, ainsi que les emprunts : scanner, clasher,...

Voir FICHE 54 : Étymologie et emprunts.

- Les **mots-valises** sont des néologismes construits à partir du rapprochement de deux termes existant déjà avec, souvent, suppression d'une syllabe commune : photocopillage formé à partir de *photocopie* et *pillage*. L'arnacœur (titre d'un film) est formé à partir de *arnaque* et *cœur*.

- La **troncation** : on élimine les éléments finaux d'un mot trop long : bac, prof, ciné, métro,... ; parfois, le début (auto)bus avec, dans quelques cas, des phénomènes de dérivation à partir de l'élément conservé : abribus, bibliobus, trolleybus.

- La **siglaison** : on parle de sigle quand on épelle chacune des lettres : CGT, CRS, … et d'acronyme quand on lit les lettres comme dans un mot ordinaire mot : Sida, Ovni, Nasa, … .

À RETENIR

Dérivation et composition sont les deux grands processus permettant de former des mots.

- **La dérivation** consiste à créer un nouveau mot en ajoutant un affixe (préfixe ou suffixe) à un radical.
- **La composition** consiste à créer un nouveau mot en assemblant deux mots (ou plus) qui existent déjà et qui sont plus ou moins autonomes. On distingue la composition populaire (pince à linge) et savante (photographie).

CORRIGÉS

ENTRAINEMENT 1

Énoncé p. 393

– *inconnu*, ***ir****résolu*, ***im****probable*, ***dé****loyal*, ***a****moral*/***im****moral*, ***dés****agréable*, ***a****social*, ***il****lettré*, ***ir****responsable*.
– *propre* peut avoir deux antonymes de sens différents : ***mal****propre* (sale) et ***im****propre* (inadéquat, qui ne convient pas : *impropre à la consommation*).
– *Venu*, *perdu*, *génial* n'ont pas d'antonyme par préfixation.

ENTRAINEMENT 2

Énoncé p. 394

Le suffixe suffit à faire changer le sens des unités.
– ***Blancheur*** : état de ce qui est blanc. On parlera de la blancheur des dents ou d'une façade.
– ***Blanchiment*** et ***blanchissage*** renvoient tous les deux à l'action de rendre blanc (ou le résultat de cette action), mais *blanchissage* s'applique au linge alors que *blanchiment* peut être utilisé pour l'action de blanchir un mur, par exemple. Par ailleurs, *blanchiment* a un sens figuré très utilisé qui renvoie au « blanchiment de l'argent sale ».
– Le ***blanchissement***, c'est le fait de devenir blanc.

ENTRAINEMENT 3

Énoncé p. 395

Famille de *grain* (lat. *granum*) : *granule, granulé, granulation, granulaire, granuleux, granulométrie, granulométrique,…* et avec un changement de base : *engrener, égrener (égrainer)*. Mais le mot latin *grana* (*graine*) a été formé à partir de *granum* ; on peut donc placer dans la famille *graine, grainetier, granivore,…*

ENTRAINEMENT 4

Énoncé p. 395

Eau : le mot latin ***aqua*** a abouti, après phonétique, à *eau* qui entre dans des mots composés comme *eau-forte* et à des termes aux radicaux modifiés, *évier et aigue* que l'on trouve dans de nombreux noms de lieux *(Aigues-Mortes, aiguière, aigue-marine* directement empruntés à l'occitan*)*.
La série formée directement sur ***aqua*** est vivace : *aquatique, aquarium, aqueduc, aqueux, aquaplanage, aquicole, aquifère, aquarelle* (via l'italien),… ainsi que celle formée sur **hydro** (grec *hudôr*) : *hydrologie, hydrocution, hydrographie, hydrolyse, hydromètre, hydrophile, hydrosol,…*

ENTRAINEMENT 5

Énoncé p. 395

Été (lat. *aestivalis*) : *estival.* **Doute** *(douter* : lat. *dubitare*) : *dubitatif.*
Mer (lat. *mare-maris*) : *maritime.* **Loi** (lat. *lex-legis*) : *légal.* **Ciel** (lat. *caelum*) : *céleste.* **Chien** (lat. *canis*) : *canin.* **Maitre** (lat. *magister*) : *magistral.*
Cœur *(*lat. *cor, cordis)* : *cordial.*

ENTRAINEMENT 6

Énoncé p. 396

Il n'est pas nécessaire de connaitre l'étymologie latine ou grecque exacte ni de la donner, mais le sens de l'élément doit être connu, ne serait-ce que par recoupement avec les différents mots connus l'incluant.

– ***Isotherme*** est formé à partir de *isos* (égal) et *thermos* (chaud) : de même température. Un sac isotherme constitue une isolation thermique.
– ***Polyarthrite*** est composé de trois éléments : grec *poly* (nombreux) + grec *arthr-* (articulation) + latin *-ite* (inflammation) = inflammation atteignant simultanément plusieurs articulations.
– ***Photographie*** à partir de deux éléments grecs, *photos* (lumière) et *graphein* (tracer) : technique permettant de fixer l'image des objets sur une surface rendue sensible à la lumière.
– On trouve dans ***viticole*** deux éléments latins : *vitis* (la vigne) et *-cole* (qui vient du latin *colere*, cultiver) et qui signifie « relatif à la culture de ». *Viticole* signifie « relatif à la culture de la vigne ». Voir aussi *horticole, agricole, oléicole,…*

ENTRAINEMENT 7

Énoncé p. 396

De très nombreux mots sont composés à partir de ***-logie*** (discours) : *géologie, écologie, généalogie, étymologie, graphologie, phonologie, psychologie, spéléologie, météorologie,…*

54 Étymologie et emprunts

OBJECTIF

Connaitre l'origine des mots par deux processus, l'étymologie et les emprunts.

VOIR AUSSI

La dérivation et la composition p. 391

TESTER SES CONNAISSANCES

1. Donnez la signification des éléments suivants, empruntés au grec, et proposez pour chacun un exemple : *hém(at-)o-*, *rachi-*, *entéro-*, *-thérapie*.

2. Certains éléments grecs et latins sont en concurrence : donnez la signification et l'équivalent grec des éléments latins suivants : *bi-*, *multi-*. Illustrez vos explications d'un exemple.

1. *hém(at)o-* (sang) : *hématome*, *hémoglobine*… ; *rachi-* (moelle épinière) : *rachidien* ; *entéro-* (intestin) : *entérologue* ; *thérapie* (traitement) : *phytothérapie* (traitement par les plantes). **2.** *bi-* (deux) : *bilatéral* = *di* en grec : *diptyque* ; *multi-* (nombreux) : *une multinationale* = *poly* en grec : *un polygone*.

LE COURS

Plusieurs processus permettent d'enrichir le lexique et l'emprunt. Mais beaucoup de mots sont hérités de langues anciennes.

1 L'étymologie

L'étymologie permet d'étudier l'état le plus ancien d'un mot à partir de la première occurrence attestée à l'écrit, ce qui fait prendre la mesure des longues évolutions phonétiques et sémantiques.

Le parler gaulois (dont il ne reste qu'une soixantaine de mots) a été écrasé par la langue des Romains colonisateurs, celle des soldats et des marchands. Ce latin populaire qui a été lui-même soumis à l'influence des nouveaux envahisseurs germaniques, notamment les Francs, a fourni le fonds le plus important de la langue française. Le français est une langue romane.

Du latin *capra* est issu le mot chèvre, du latin *bos-bovis* le terme bœuf, après un passage par la forme *buef* au XIe siècle…

2 L'emprunt

Une langue prend des éléments, directement ou indirectement, à des langues avec lesquelles elle est en contact. C'est ainsi que le latin avait lui-même emprunté beaucoup de termes au grec de l'ordre du quotidien (boutique, chaise, canapé, boite,...) ou de la culture (comédie, tragédie, histoire, drame, poète, philosophie) ou de la religion (évangile, évêque, baptême, église, ...)[1].

Dès que de nouveaux besoins ont fait leur apparition, le français a emprunté des termes :

- **aux langues anciennes :**

– **au grec** directement, par exemple au XVIe siècle, comme enthousiasme, athée, symptôme,... surtout des mots scientifiques : archipel, sphère, œdème, trapèze,... et des mots formés sur *céphal-* (tête), *rhino-* (nez), *encéphal-* (cerveau), *oto-* (oreille), *cardio-* (cœur), *gastro-* (estomac) ou encore *algie* (douleur), *traumat-* (blessure), *-thérapie* (traitement),... dont beaucoup ont été intégrés par le processus de « composition savante ».

– **au latin**, c'est pourquoi on dit que la langue française est doublement latine, par héritage et par emprunt. Mais ces emprunts restent très proches du mot latin et ont créé des « doublets », partis du même étymon latin, l'un ayant subi l'évolution phonétique, l'autre étant un décalque de l'étymon. Ainsi *auscultare* a donné ausculter et écouter, *ministerium* ministère et métier, de *fragilem* sont nés fragile et frêle, de *masticare*, mastiquer et mâcher, *de potionem,* potion et poison,... la série empruntée est plus « savante » que l'autre et on peut dater l'emprunt.

Les deux langues anciennes entrent parfois en concurrence : ainsi, *semi* et *demi* d'origine latine sont les équivalents du *hémi-* grec : semi-remorque, demi-heure, hémisphère.

– **à d'autres langues anciennes**, surtout d'origine germanique (notamment le francique), quelque 500 mots se référant au vocabulaire guerrier comme guerre, guetter, étrier,... avec beaucoup de mots commençant par *h* (hache, halle, haine, hargne, héron,...), aux sentiments (orgueil, honte,...), à la ruralité (blé, gerbe, jardin, roseau, gazon,...), aux adjectifs de couleur (brun, gris, blanc,...) et les suffixes *-ard* (pleurnichard, richard,...) et *-aud* (lourdaud, rougeaud,...), auxquels pourraient s'ajouter de très nombreux termes provenant du gallo-roman ou celtique ancien.

- **aux langues modernes :**

Environ 13 à 15% de mots courants de la langue française seraient d'origine étrangère, avec les emprunts les plus importants à l'anglais (25% du total, plus d'un millier de mots), 17% à l'italien (appartement, costume,...), mais aussi à l'arabe (algèbre, chiffre, zéro,...), à l'allemand (bunker, ersatz, putsch,...), à l'espagnol (embarcadère, camarade, cédille,...) et des mots d'origine arabe (alcôve, algarade,...), au néerlandais (matelot, cabillaud,...) aux langues slaves (cosaque, tsar,... du russe ; pistolet, robot,... du tchèque), aux langues asiatiques (kung-fu, litchi,... du chinois, aikido, judo,... du japonais). Il faudrait ajouter aussi des emprunts aux langues régionales : choucroute (alsacien), rescapé (Nord), jalousie (occitan).

REMARQUE : les emprunts à l'anglais (anglicismes) ont été si massifs qu'on a parlé même de « franglais », dans les années 1960, et que des recommandations ministérielles ont encouragé l'emploi du mot français quand il existait (*présentateur* pour *speaker*, *oléoduc* pour *pipe line*). Récemment, le mot *e-mail* a été remplacé par le néologisme *courriel*, *spam* par *pourriel* et certains mots sont « francisés » pour correspondre aux règles et habitudes de la langue française.

1. *Cf.* Henriette Walter, *L'aventure des mots français venus d'ailleurs*, Laffont, 1997.

Corrigés ci-dessous

ENTRAINEMENT 1

Comment sont formés les mots *cardiopathie* et *encéphalopathie, homonymie* et *synonymie, monosémie et polysémie* ?

ENTRAINEMENT 2

Donnez la signification des éléments suivants, empruntés au grec, et un exemple d'un mot construit à partir de chacun d'eux : *septi-, -manie, -rragie, chiro, -algie.*

ENTRAINEMENT 3

Certains éléments grecs et latins sont en concurrence : donnez la signification et l'équivalent grec, avec un exemple, des éléments latins suivants : *quint-, maxi-, mini-.*

ENTRAINEMENT 4

Donnez une quinzaine de mots empruntés à l'anglais et couramment employés.

À RETENIR

- L'étymologie permet de remonter à l'origine d'un mot.
- Les échanges entre les langues en contact sont multiples et elles s'enrichissent mutuellement de leurs emprunts.

CORRIGÉS

Énoncés ci-dessus

ENTRAINEMENT 1

– ***Cardiopathie*** et ***encéphalopathie***, trois éléments grecs : *cardio-* (cœur), *encéphalo-* (cerveau) et *-pathie* (maladie) : *cardiopathie* désigne de manière générique toute maladie du cœur et *encéphalopathie*, toute affection du cerveau.
– ***Homonymie*** et ***synonymie***, trois éléments grecs : *onym* (nom) devant lequel sont placés *homo-* (semblable, identique) et *syn* (*sún*, avec, ensemble).
– ***Monosémie*** et ***polysémie***, trois éléments grecs : *sém* (signe distinctif) devant lequel sont placés *mono-* (*mónos*, seul) et *poly* (grec, *polus*, nombreux, plusieurs). Tous ces mots sont formés avec le suffixe *-ie*.

ENTRAINEMENT 2

septi-, infection : *septicémie*, ***-manie***, obsession, folie : *cleptomanie* ; ***-rragie***, écoulement : *hémorragie* ; ***chiro-***, main : *chiromancie* ; ***-algie***, douleur : *névralgie* (douleur des nerfs).

ENTRAINEMENT 3

– ***quint-*** (cinq, en latin) : *des quintuplés* = *pentag-* en grec : *pentagone* ;
– ***maxi-*** (grand, en latin) : *maximum* = *macros* en grec (à l'origine, « long et mince » mais a pris le sens de « grand ») : *macromolécule* mais aussi *mégas* en grec (« grand ») : *mégalopole* ;
– ***mini-*** (petit, en latin) : *minijupe* = *micro* en grec : *micro-climat*.

ENTRAINEMENT 4

best-of, lifting, stock, docker, plaid, reporter, raid, spleen, casting, clip, remake, press-book, designer, badge, hold-up, dealer, brushing, flash, week-end, parking, play list,…

AU CONCOURS Lexique

EXERCICE 1

Corrigé p. 408

Donnez au moins trois sens du mot *dépression*, en prenant soin de changer de domaine.

EXERCICE 2 Questionnaire

Corrigé p. 408

1. Un mot polysémique comporte :
a. un signifié pour plusieurs signifiants. **b.** un signifiant pour plusieurs signifiés.

2. Pour faire la différence entre *polysémie* et *antonymie*, il vaut mieux s'appuyer sur :
a. le critère étymologique. **b.** les critères formels.

3. Trouvez un synonyme (ou une paraphrase) pour remplacer le verbe *dépasser* dans chacune de ces phrases et en expliciter le sens :
a. Cet arbre dépasse tous les autres.
b. Il faut dépasser ce camion.
c. Il a dépassé la ligne d'arrivée avec dix minutes d'avance sur les autres concurrents.
d. La réussite de ce projet dépasse toutes nos espérances.
e. La durée du spectacle ne doit pas dépasser deux heures.
f. Son attitude agressive me dépasse.

4. Le verbe *dérober*
a. Donnez le sens le plus commun de ce verbe.
b. Faites deux phrases avec le verbe *dérober* à la forme pronominale, pour faire apparaitre deux sens différents, en faisant varier l'environnement.

5. Quel est le sens du mot *pauvre* dans les phrases suivantes ?
a. C'est un pauvre enfant.
b. C'est un enfant pauvre.
c. Ces biscottes sont pauvres en sel.

Donnez deux autres sens possibles pour l'adjectif *pauvre*, non activés par les trois phrases ci-dessus.

EXERCICE 3

Corrigé p. 409

Inventez des phrases faisant apparaitre les sens propre et figuré des mots suivants : *ouvert, fertile, chaud.*

EXERCICE 4

Corrigé p. 409

Dans la phrase de Julien Gracq : « Ce qui commande chez un écrivain l'efficacité dans l'emploi des mots, ce n'est pas la capacité d'en serrer de plus près le sens, c'est une connaissance presque tactile du tracé de leur clôture et plus encore de leurs litiges de mitoyenneté. Pour lui, presque tout dans le mot est frontière et presque rien n'est contenu ». (*En lisant, en écrivant,* José Corti, 1991.)

1. Commentez le sens du verbe *serrer* dans le groupe *serrer le sens.*

2. Trouvez et expliquez une métaphore.

EXERCICE 5

Corrigé p. 409

Repérer les figures rhétoriques présentes dans les phrases suivantes :

1. Il découvrit de nouveaux visages. 2. Il a mangé toute la boite. 3. Il brule d'admiration pour le chef. 4. La maisonnette était nichée dans un coin de la vallée.

EXERCICE 6

Corrigé p. 409

Explorez la polysémie de l'adjectif *dur*, en trouvant pour chaque emploi un synonyme.

1. un lit dur 2. un homme dur au travail 3. un hiver dur 4. une personne dure 5. un regard dur 6. du pain dur 7. une viande dure 8. une eau dure 9. un bois dur 10. un problème dur 11. une montée dure

EXERCICE 7

Corrigé p. 410

Trouvez un synonyme pour chacun des termes soulignés.

1. Il faut arrêter de tergiverser. 2. Il agit toujours avec vigueur. 3. C'était une année faste. 4. Il a recueilli toutes sortes d'informations. 5. Il a été irrévérencieux à l'égard de son professeur. 6. Son état s'aggrave. 7. Il a un caractère à l'emporte-pièce. 8. Il a procédé à plusieurs interviews. 9. C'était un spectacle apocalyptique. 10. Il veut toujours aller à rebours des avis des autres. 11. Il a versé une obole à l'association. 12. Il s'est senti outragé par cette remarque. 13. Il essaie quand même d'être objectif. 14. Il est trop geignard. 14. La fatigue ralentissait son esprit.

EXERCICE 8

Corrigé p. 410

Ajoutez deux synonymes aux adjectifs des phrases suivantes :

La peau du crapaud est collante, … …
L'usine rejette de mauvaises odeurs ; l'atmosphère est fétide,… …

EXERCICE 9

Corrigé p. 410

Trouvez les synonymes et les antonymes du mot *généreux* dans les syntagmes suivants.

Syntagme	Synonymes	Antonymes
Un homme **généreux**		
Une terre **généreuse**		
Un vin **généreux**		
Un repas **généreux**		
Des formes **généreuses**		
Une estimation **généreuse**		

EXERCICE 10 Questionnaire

Corrigé p. 410

1. **Quels sont les hyponymes de *bijou* ?**
2. **Quel est l'hyperonyme de *sujet*, *complément d'objet*, *attribut* ?**
3. **Donnez cinq hyponymes de *sentiment*.**

4. Quel est l'hyperonyme de : *peur, joie, tristesse, surprise* ?

5. Complétez la phrase suivante avec l'hyperonyme adéquat :
Le décorateur a exploré toute la gamme du … : l'écarlate, le vermillon, le cramoisi.

6. Complétez la phrase avec cinq hyponymes :
Les musiciens de l'orchestre – 1…, 2…, 3…, 4…, 5… – furent ovationnés.

7. Dans la phrase : On lui fit visiter la ville, ses marchés, ses monuments, ses magasins, **est-ce que le mot *ville* est un hyperonyme ? Justifiez.**

8. Dans la phrase : Tout dans l'ile l'enthousiasmait, les bougainvillées notamment, très beaux arbustes grimpants, les animaux exotiques, l'eau à profusion, **y a-t-il un hyperonyme ?**

EXERCICE 11 Questionnaire

Corrigé p. 411

1. *chant* et *champ* sont des homophones homographes : Oui Non

2. Quel est le rapport lexical entre *inclinaison* et *inclination* ?

3. Dans les phrases, Un homme trop <u>influent</u> est dangereux **et** Les astres <u>influent</u> sur nos humeurs, **les termes soulignés sont :**
a. homophones **b.** paronymes **c.** homographes.

4. *Aménager* et *emménager* sont :
a. des antonymes **b.** des homophones **c.** des paronymes.

5. Le nom féminin *mante* (« **ample cape** » **et** « **insecte** ») **est un mot polysémique ou y a-t-il deux homonymes, à votre avis ? Justifiez votre réponse.**

6. Dans la phrase : Ils <u>excellent</u> dans des exercices difficiles **et** Je me réjouis de l'<u>excellent</u> résultat, **les termes soulignés sont :**

a. homophones non homographes.
b. homographes non homophones.
c. homophones homographes.

EXERCICE 12

Corrigé p. 411

Complétez ce virelangue avec la forme correspondant au /sɛ̃/ **juste :**
Cinq … … de corps et d'esprit et … de leur cordon, portaient sur leur … le … du …-Père.

EXERCICE 13 Questionnaire

Corrigé p. 411

1. Identifiez le champ suivant : *exposition, édition, punition, audition, ébullition, dénutrition.*

2. Identifiez le champ suivant : *ouvrage, maquette, délai, composition, écrire, librairie.*

3. Identifiez le champ suivant : *éditer, éditeur, éditorial, rééditer, éditorialiste, édito.*

4. Explorez le champ sémantique du mot *ruine.*

5. Donnez des mots de la famille de *musique.*

EXERCICE 14

Corrigé p. 411

Quels sont les champs lexicaux dominants dans cet extrait ?

Des Esseintes n'eut pas de longues recherches à opérer, le seul luxe de cette pièce devant consister en des livres et des fleurs rares ; il se borna, se réservant d'orner plus tard de quelques dessins ou de quelques tableaux les cloisons demeurées nues, à établir sur la majeure partie de ses murs des rayons et des casiers de bibliothèque en bois d'ébène, à joncher le parquet de peaux de bêtes fauves et de fourrures de renards bleus, à installer près d'une massive table de changeur du xve siècle, de profonds fauteuils à oreillettes et un vieux pupitre de chapelle, en fer forgé, un de ces antiques lutrins sur lesquels le diacre plaçait jadis l'antiphonaire et qui supportait maintenant l'un des pesants in-folios.

J. K. Huysmans, *À rebours*, 1884.

EXERCICE 15

Corrigé p. 411

Dans le passage suivant, analysez la formation des mots soulignés. Classez-les.

L'écriture avait donc fait son apparition chez les Nambikwara ; mais non point, comme on aurait pu l'imaginer, au terme d'un apprentissage laborieux. Son symbole avait été emprunté tandis que sa réalité demeurait étrangère. Et cela, en vue d'une fin sociologique plutôt qu'intellectuelle. Il ne s'agissait pas de connaitre, de retenir ou de comprendre, mais d'accroitre le prestige et l'autorité d'un individu – ou d'une fonction – aux dépens d'autrui. Un indigène encore à l'âge de pierre avait deviné que le grand moyen de comprendre, à défaut de le comprendre, pouvait au moins servir à d'autres fins. Après tout, pendant des millénaires et même aujourd'hui dans une grande partie du monde, l'écriture existe comme institution dans des sociétés dont les membres, en immense majorité, n'en possèdent pas le maniement.

Claude Lévi-Strauss, *Tristes tropiques*, © Éditions Plon, 1955.

EXERCICE 16

Corrigé p. 412

Analysez la composition des termes suivants et donnez-en le sens :
morphologie/polymorphe, déicide/suicide.

ANALYSE D'ERREURS 1

Corrigé p. 412

La consigne donnée à cet élève de CE2 pour cet exercice est la suivante : « Trouve le mot associé au sens ».

Voici trois de ses réponses en bleu (orthographe partiellement rectifiée) :

a. On en mange l'été : glace – Objet qui permet de se regarder : miroir

b. Château de princesse : palet royal – Lieu situé dans la bouche, en haut : palet

c. Le soleil en a beaucoup : d'énergie
La roue du vélo en contient : d'énergie

1. **Quel est l'objectif de l'exercice proposé ?**

2. **Quels obstacles rencontre l'élève pour chaque couple de phrases ?**

3. **Comment devrait-on libeller la consigne pour expliciter au mieux la notion à travailler ?**

ANALYSE D'ERREURS 2

Corrigé p. 413

Copie d'un élève de CM1. La consigne donnée est la suivante : « Trouve les antonymes des verbes suivants ».
Voici trois de ses réponses en bleu (orthographe non rectifiée) :

espérer : d'éspérer
emmêler : déemmêler
tendre : coriase et dure

1. **Donnez les antonymes attendus.**
2. **Comment expliquez-vous les erreurs de cet élève ?**
3. **L'enseignant n'a pas sanctionné la 3e réponse. Pourquoi, à votre avis ?**

ANALYSE D'ERREURS 3

Corrigé p. 413

L'enseignant a demandé à ses élèves de CE2 d'écrire « un portrait chinois ».
Ci-dessous la production de l'un d'entre eux en bleu (orthographe rectifiée).

Si j'étais un lieu, je serais la mer.
Si j'étais un sentiment, je serais un cœur.
Si j'étais un mode de déplacement, je serais une moto.
Si j'étais un sport, je serais le football.
Si j'étais un moment passé, je serais petit.
Si j'étais un moment futur, je serais grand.
Si j'étais un métier, je serais footballeur.
Si j'étais un plat, je serais des frites.
Si j'étais un pays ou une ville, je serais Hollywood.

1. **Quelle notion peut être travaillée à l'occasion de cette production ?**
2. **Corrigez les erreurs éventuelles en donnant une autre réponse.**
3. **Commentez les erreurs en donnant une explication facile à comprendre par des enfants de CE2.**

ANALYSE D'ERREURS 4

Corrigé p. 413

Voici quelques lignes d'un exercice fait par un élève de CE2.
(orthographe non rectifiée)

a. Cette région est réputée pour son vingt.
b. Nous avons recouvert le mur de papier peint.
c. Vous devez remplir le bond de comende.
d. J'aime beaucoup la voie de se chanteur.

1. Corrigez toutes les erreurs concernant les homophones.

2. Quels conseils auriez-vous pu donner à cet élève pour l'aider à choisir la bonne forme ?

ANALYSE D'ERREURS 5

Corrigé p. 414

L'enseignant de cette classe de CM1 a demandé à ses élèves de constituer des familles de mots en trouvant trois termes.
Voici la production de l'un d'entre eux (orthographe non rectifiée).

Dent : dentier, dentement, dentiste, dentaire
Proche : approcher, rapprocher, désaprocher
Mentir : mensonge, mensonger, mensongeur
Chaud : chaudement, chauffer, réchauffer

1. Signalez les erreurs de cet élève.

2. Comment les expliquez-vous ?

3. Trouvez deux autres termes pour chaque famille.

QUESTIONNAIRE RÉCAPITULATIF

Corrigé p. 414

1. Dans la phrase : Avant, l'écrivain public était une figure classique de la sociabilité urbaine.

a. Donnez le sens de l'adjectif souligné dans le contexte. b. Comment est-il formé ? c. Donnez des mots de sa famille. d. Trouvez un synonyme et un antonyme.

2. Le mot *scolarisation*.

a. Comment est-il formé ? b. Donnez une dizaine de mots de la famille.

3. Identifiez le champ suivant : *patriotisme, darwinisme, mimétisme, libéralisme*.

4. Expliquez les mots *mégalithe* et *analphabétisme* à partir de leur composition.

5. Complétez la phrase : Eugénie Grandet et le père Goriot sont des … inventés par Balzac. **Quel rapport lexical y a-t-il entre ce terme et Eugénie Grandet ?**

6. Comment sont formés les groupes soulignés : Le beau et le laid varient suivant les cultures.

7. Diriez-vous que les mots soulignés dans la phrase : Il ne faut pas trop se fier à quelqu'un de trop fier.

a. sont des synonymes.

b. sont homonymes.

c. renvoient aux différents sens d'un même mot ?

8. Le mot *cachet*.

a. Explorez les différents sens de ce mot.

b. Comment appelle-t-on l'ensemble des acceptions ?

c. Comment appelle-t-on les mots ayant plusieurs sens ?

9. Donnez au moins trois expressions contenant l'adjectif *froid*.

10. Constituez le champ lexical de la *lumière* (une dizaine de termes).

CORRIGÉS EXERCICES

EXERCICE 1

Énoncé p. 402

Le mot *dépression* change de sens, suivant le domaine d'emploi.
En géographie, il s'agit d'une partie en creux par rapport à une surface (dépression du sol) ; en météorologie, d'une masse atmosphérique sous basse pression ; en médecine, d'un état pathologique marqué par de la tristesse (dépression nerveuse) ; en économie, d'une crise, d'une récession.

EXERCICE 2

Énoncé p. 402

1. a. Un mot polysémique correspond à un signifiant (un seul mot écrit ou prononcé) pour plusieurs signifiés (plusieurs sens).

2. d. Pour faire la différence entre *polysémie* et *antonymie*, il vaut mieux s'appuyer sur les critères formels.

3. Les différents sens du verbe *dépasser.* **a.** *Cet arbre dépasse tous les autres* = est plus haut. **b.** *Il faut dépasser ce camion* = doubler. **c.** *Il a dépassé la ligne d'arrivée* = il a franchi, il a atteint. **d.** *La réussite de ce projet dépasse toutes nos espérances* = elle est allée au-delà de… **e.** *La durée du spectacle ne doit pas dépasser deux heures* = excéder la durée. **f.** *Son attitude aggressive me dépasse* = me déconcerte, me déroute.

4. a. *dérober* : voler, s'approprier le bien d'autrui. **b.** *se dérober* : *se dérober à ses obligations, à une discussion* (éviter) ; *sentir ses jambes se dérober* (être sur le point de tomber) ; *un cheval qui se dérobe* (refuse de franchir un obstacle).

5. *Pauvre* : on voit que l'antéposition ou la postposition de l'adjectif suffit à activer un sens différent pour **a.** et **b.** **a.** *Un pauvre enfant* est un enfant malheureux (pour toutes sortes de raisons, dont le manque de ressources, mais pas nécessairement). **b.** *Un enfant pauvre* est un enfant qui manque d'argent, de moyens financiers. **c.** Des aliments *pauvres en sel* contiennent peu de sel ou manquent de sel.

Dans certains contextes **d.** (*terre pauvre*), le sens va du côté de « qui produit peu », « qui est peu fécond » ; dans d'autres, comme **e.** *vocabulaire pauvre*, du côté de « insuffisant, médiocre, lacunaire ». Notez que, malgré la multiplicité des sens, *riche* est l'antonyme qui correspondrait aux acceptions **b.**, **c.**, **d.** : *des enfants, des aliments, des terres riches.* Pour **a.**, l'antonyme serait *heureux.*

EXERCICE 3

Énoncé p. 402

– *Ouvert* signifie « qui laisse un passage, qui n'est pas fermé » mais on parle aussi d'un *espace ouvert* (accessible), d'un *esprit ouvert* (vif, intelligent), d'un *visage ouvert* (aimable, souriant), …

– *Fertile* s'applique au sol susceptible de donner d'abondantes récoltes (sens propre) mais on évoque aussi une *imagination fertile* (inventive), *une journée fertile en évènements* (qui a abondé en évènements), avec un sens figuré.

– *Chaud* est un adjectif polysémique avec un emploi au sens propre (qui produit de la chaleur) mais aussi des sens figurés : *C'est un chaud partisan* (« passionné, fervent »), *des couleurs chaudes, un point chaud* (sur lequel il risque de se produire un conflit), etc.

EXERCICE 4

Énoncé p. 402

1. Dans le groupe *serrer le sens*, *serrer* est pris au sens figuré ; ce verbe s'applique généralement à des objets concrets ; il s'agit ici d'une acception particulière signifiant « approcher le plus possible le sens » d'un terme.

2. Suit une métaphore filée qui se développe sur plusieurs images : « tracé de leur clôture, litiges de mitoyenneté, frontière ». Elles renvoient aux rapports qu'entretiennent les mots les uns avec les autres. *Clôture*, *mitoyenneté*, *frontière* se réfèrent au champ lexical des limites spatiales entre des territoires. Chaque mot a une zone d'intervention sémantique : il délimite donc des emplois particuliers que les autres n'ont pas mais par certaines acceptions, il entre en concurrence (*en litige*) avec celles d'une autre unité.

EXERCICE 5

Énoncé p. 403

1. Synecdoque : *visages* pour *personnes* (la partie pour le tout).
2. Métonymie : le contenant pour le contenu (toute la boite à la place des chocolats). **3. Métaphore** : *bruler* montre l'intensité du sentiment assimilé à un feu dévorant. **4. Métaphore** avec comme image sous-jacente, celle d'un oiseau protégé dans son nid, dans un espace resserré.

EXERCICE 6

Énoncé p. 403

L'adjectif *dur* est polysémique et suivant les acceptions, les synonymes vont varier.
1. *un lit dur* = rigide. **2.** *un homme dur au travail* = endurant. **3.** *un hiver dur*

= rigoureux, sévère. **4.** *une personne dure* = insensible, intraitable. **5.** *un regard dur* = méchant, très froid. **6.** du *pain dur* = sec. **7.** *une viande dure* = coriace. **8.** *une eau dure* = calcaire. **9.** *un bois dur* = résistant. **10.** *un problème dur à résoudre* = difficile, compliqué, complexe. **11.** *une montée dure* = éprouvante.

EXERCICE 7

Énoncé p. 403

1. *tergiverser* = hésiter. **2.** avec *vigueur* = énergie, fermeté. **3.** une année *faste* = bénéfique, favorable, heureuse. **4.** Il a *recueilli* = récolté, collecté, ... **5.** Il a été *irrévérencieux* = impertinent, insolent. **6.** Son état *s'aggrave* = empire. **7.** un caractère à *l'emporte-pièce* = mordant, incisif, entier. **8.** plusieurs *interviews* = entretiens. **9.** un spectacle *apocalyptique* = catastrophique, épouvantable. **10.** Il veut toujours aller *à rebours* = à contre-courant, à contresens. **11.** une *obole* = une offrande. **12.** Il s'est senti *outragé* = offensé (*fâché* est trop faible). **13.** Il essaie toujours d'être *objectif* = impartial. **14.** *geignard* = pleurnichard. **15.** La fatigue *ralentissait* = engourdissait son esprit.

EXERCICE 8

Énoncé p. 403

– *La peau du crapaud est collante* = gluante, visqueuse, poisseuse.
Ces adjectifs ont des sens très proches mais *visqueux* renvoie à un état entre solide et liquide, ce qui explique son caractère collant.

– *L'usine rejette de mauvaises odeurs ; l'atmosphère est fétide* = nauséabonde, pestilentielle.

EXERCICE 9

Énoncé p. 403

L'adjectif *généreux* a toutes sortes d'acceptions qui apparaissent dans des contextes différents ; à chaque acception, se rattachent des synonymes et des antonymes différents. L'antonymie, comme la synonymie, ont à voir avec la polysémie du mot et ne peuvent être trouvées que par rapport à un contexte déterminé.

Syntagme	Synonymes	Antonymes
Un homme **généreux**	*prodigue, charitable*	*avare, avaricieux*
Une terre **généreuse**	*fertile, productive*	*improductive, stérile*
Un vin **généreux**	*riche, fort en alcool*	*léger, pauvre en alcool*
Un repas **généreux**	*copieux*	*léger*
Des formes **généreuses**	*épanouies, opulentes*	*sèches, maigres*
Une estimation **généreuse**	*large, sur-évaluée*	*limitée, sous-évaluée*

EXERCICE 10

Énoncé p. 403

1. *Collier, bracelet, bague, boucles d'oreille,...* **2.** *Fonction.* **3.** *Amour, jalousie, haine, envie, fierté, orgueil, pitié,...* **4.** Émotion. **5.** La gamme du rouge.
6. Les violonistes, les violoncellistes, les flutistes, les percussionnistes, le pianiste, les trombonistes, les clarinettistes, les saxophonistes, ...
7. *Ville* n'est pas un hyperonyme ; la ville comprend des marchés, des monuments, des magasins. **8.** *Arbuste* est l'hyperonyme de *bougainvillées*.

EXERCICE 11

Énoncé p. 404

1. Non : *chant* et *champ* sont des homophones non homographes.
2. *Inclinaison* et *inclination* sont des paronymes. **3. c.** Ce sont des homographes (non homophones). **4. c.** Ce sont des paronymes. **5.** Il y a deux homonymes car les deux sens sont très éloignés les uns des autres (avec, du reste, des étymons différents). **6. b.** Homographes non homophones.

EXERCICE 12

Énoncé p. 404

Virelangue : *Cinq **saints sains** de corps et d'esprit et **ceints** de leur cordon, portaient sur leur **sein** le **seing** de leur **Saint**-Père.*

EXERCICE 13

Énoncé p. 404

1. Champ affixal des mots formés par adjonction du suffixe *-ition*.

2. Champ lexical de l'édition.

3. Champ dérivationnel : famille du mot *édition*.

4. Le champ sémantique du mot *ruine* est l'ensemble des acceptions qu'il peut avoir, dans des contextes différents : **1.** Dégradation d'un bâtiment (*tomber en ruine*) **2.** Bâtiment déjà délabré (*acheter une ruine, visiter des ruines antiques*). **3.** Destruction progressive de quelqu'un ou de quelque chose (*la ruine de ces espérances*) **4.** Perte de sa fortune (*courir à la ruine*).

5. Mots de la famille de *musique* : *musicien, musical, musicologie, musicalement, musicalité, musicologue, musicothérapie, musicographie, music-hall,...*

EXERCICE 14

Énoncé p. 404

Un certain nombre de mots se regroupent autour de la notion de :
– **livre** (annoncé d'ailleurs dès la première phrase comme thème titre) : *rayons et casiers de bibliothèque, antiphonaire* (livre liturgique contenant les chants utilisés pendant la messe), *in-folios* ;
– **l'ancienneté** : *table du XV*[e]*, vieux* (pupitre), *antique* (lutrin), *jadis, antiphonaire* ;
– **la religion** : *chapelle, lutrin, diacre, antiphonaire* ;
– **l'animal** : *peau, bête fauve, fourrure, renard.*

Les adjectifs (*rare, massif, profond, pesant*) n'entrent pas dans un champ particulier mais expriment une certaine recherche dans le raffinement et le gout du luxe.

EXERCICE 15

Énoncé p. 405

L'examen du corpus permet de trouver :

- **des cas de préfixation :**

– *retenir* : préfixe ***re*** + *tenir* ;
– *accroitre* : préfixe ***ac-*** (forme adaptée du préfixe ***a-*** au radical qui commence par *c*) + *croitre* ;

- **des cas de suffixation avec de multiples suffixes** : ***-ure*** : *écriture*, ***-tion*** : *fonction, institution* ; ***-age*** : *apprentissage* ; ***-ité*** : *réalité, autorité, société, majorité* ; ***-aire*** : *millénaire* ; ***-ie*** : *partie* ; ***-ment*** : *maniement* ;

▪ **des cas de suffixation adjectivale avec quatre suffixes** : ***-eux/-euse*** : *laborieux* ; ***-er/ère*** : *étranger-étrangère* ; ***-ique*** : *sociologique* ; **-el/-elle** : *intellectuelle.*

EXERCICE 16

Énoncé p. 405

– *Morphologie* et *polymorphe* ont un élément grec en commun *morphe* (forme) placé au début ou à la fin du mot. Pour le premier, l'élément *-logie* (discours, parole) s'ajoute à la fin : la *morphologie* renvoie à l'étude des formes ; la *morphologie lexicale*, par exemple, s'occupe de la formation des mots. *Polymorphe* formé de l'élément grec *poly-* (nombreux) et de *morphe* signifie : « qui se présente sous plusieurs formes ». Il a un synonyme issu du latin, *multiforme.*

– *Déicide* et *suicide* sont formés à partir de l'élément latin *-cide* (qui tue). Dans le premier cas, *déi-* renvoyant à Dieu, le sens est : « celui qui est coupable, complice du meurtre de Dieu ». Le premier élément dans *suicide* est le pronom latin *sui* (de soi) : le sens est donc « se tuer soi-même ».

CORRIGÉS ANALYSES D'ERREURS

ANALYSE D'ERREURS 1

Énoncé p. 405

1. L'objectif de l'exercice est de faire trouver un mot commun correspondant aux deux définitions données. Il s'agit de travailler les différentes acceptions d'un mot donc la notion de **polysémie**.

2. Les réponses montrent des flous dans la compréhension de la notion :

a. l'élève n'hésite pas à mettre deux mots synonymes, *glace* et *miroir* au lieu du mot polysémique *glace*, ce qui montre que l'objectif principal n'a pas été saisi (le même mot aurait dû être donné, dans les deux cas) ou qu'il ne connait pas le deuxième sens de *glace* ;

b. l'élève a non seulement compris qu'il fallait un mot polysémique mais il a trouvé la bonne solution, sans pouvoir l'orthographier correctement, toutefois, ce qui peut entrainer une confusion : le *palet* existe et c'est un homonyme de *palais* ;

c. l'élève essaie de trouver une réponse cohérente, c'est-à-dire en établissant un rapport de sens avec le vélo et le soleil (la notion d'énergie), et un terme unique (compréhension de ce qu'est un mot polysémique). Mais la réponse est fausse. Il fallait répondre *rayon.* Il ne connait peut-être pas le sens du mot *rayon* associé à une roue.

3. La consigne ne rend pas compte de la notion de polysémie. Elle devrait être plus claire : « Trouve le mot associé aux deux sens donnés dans les définitions » pour préciser l'idée qu'il faut trouver un seul mot commun, aux deux définitions – et non pas un mot par définition.
En fait, l'obstacle peut être d'ordre cognitif (la compréhension même de la notion de polysémie : un même mot pour plusieurs sens) ou tout simplement, d'ordre lexical : des lacunes dans le vocabulaire ne permettent pas de trouver la bonne réponse, les élèves ne connaissant, en général, que les toutes premières acceptions d'un terme.

ANALYSE D'ERREURS 2

Énoncé p. 406

1. Les couples d'antonymes corrects, pour les trois verbes, sont : *espérer / désespérer* ; *emmêler / démêler* ; *tendre / détendre*.

2. Il s'agit d'erreurs portant sur des antonymes formés par dérivation, avec adjonction d'un préfixe.
– Pour la forme **d'éspérer*, on peut faire l'hypothèse que l'élève a compris quel était le préfixe à utiliser mais qu'il a opéré une sorte de compression entre le préfixe *dé-* et le début du verbe (malgré la différence d'ouverture du /e/) – ce qui lui permet d'éviter le hiatus **dé-espérer* ; il ne connait pas bien la forme *dés-* que prend justement le préfixe *dé-* pour contourner ce problème.
– Pour la forme **déemmêler*, l'élève n'a pas identifié que le radical était *mêler*, auquel était adjoint le préfixe *em-* ; il convenait d'ôter ce dernier pour le remplacer par le préfixe antonyme *dé-*. Il s'agit donc d'une mauvaise analyse du mot et de son découpage.
– Pour *tendre*, l'élève a confondu les classes de mots. Le mot *tendre*, pour lui, renvoie davantage à l'adjectif qualificatif (dans une acception évidente, *viande tendre ≠ coriace, dure*) qu'au verbe. Peut-être également n'a-t-il pas repéré le fait que tous les termes étaient des verbes ?

3. L'enseignant n'a pas sanctionné l'erreur car *tendre* (verbe) et *tendre* (adjectif) sont homonymes (voir FICHE 51) et l'antonyme de *tendre* peut, en effet, être *coriace* et *dur* ; la consigne renvoyait clairement au verbe mais l'absence de contexte n'aidait pas l'élève à choisir celui dont il s'agissait.

ANALYSE D'ERREURS 3

Énoncé p. 406

1. Cette contrainte d'écriture revient à travailler **l'hyperonymie**. Dans la 2e proposition, se trouve l'hyponyme. Par exemple, *mer* est l'hyponyme de *lieu* ; son sens est inclus dans celui de *lieu*.

2. Il y a trois erreurs. Autres réponses possibles : *Si j'étais un sentiment, je serais l'amour, la colère* (à la place de *cœur*) – *Si j'étais un moment passé, je serais ma naissance, l'été dernier, les vacances* (à la place de *petit*) – *Si j'étais un moment futur, je serais les vacances, l'été prochain, mon anniversaire,...* (à la place de *grand*)

3. *Cœur* n'est pas inclus hiérarchiquement dans *sentiment*, même si la tradition veut qu'il en soit le siège. La construction par l'attribut est simple à utiliser par les enfants : la mer est un lieu, la moto est un mode de déplacement mais le cœur n'est pas un sentiment (même si dans le vers *Rodrigue, as-tu du cœur ? cœur* remplace *courage*). *Petit et grand*, qui sont des adjectifs, ne peuvent pas être des hyponymes d'un nom. La construction par l'attribut est impossible **petit est un moment passé*, **grand est un moment futur*.

ANALYSE D'ERREURS 4

Énoncé p. 407

1. **Erreurs sur des homophones lexicaux** : a. *vin* à la place de *vingt* ; c. *bon de commande* à la place de **bond de comende* ; d. *la voix de ce chanteur* à la place de **la voie de se chanteur*.
Erreur sur un homophone grammatical : d. **se chanteur* à la place de *ce*.

2. La dérivation peut être un moyen de faire apparaitre la lettre muette.

a. Pour la différence entre *vingt* et *vin*, le mot dérivé *vingtaine* connu d'un enfant de CE2 aurait pu l'aider à comprendre qu'il ne s'agissait pas ici non plus du bon homophone.

c. C'est facile dans le cas de *bon/bond* car le verbe formé à partir du second mot est *bondir* dont le sémantisme est parfaitement étranger à cette phrase.

d. – C'est beaucoup plus compliqué pour les homophones *voie/voix* car les dérivés ne peuvent pas aider du tout (*vocal, vocaliser*) et il faut remonter à l'étymon latin (*vox, vocis*) pour comprendre d'où vient le *x* ; l'explication peut être donnée mais elle est complexe et ne sera pas forcément retenue.

– Pour la distinction entre le déterminant démonstratif *ce* et le pronom personnel *se*, la procédure de remplacement aurait pu aider : on peut remplacer un déterminant par un autre déterminant (*le, mon*, …) mais l'erreur venant d'une méconnaissance des classes grammaticales est très tenace.

ANALYSE D'ERREURS 5

Énoncé p. 407

1. Les erreurs : **dentement*, **désaprocher*, **mensongeur*.

2. – Pour ***dentement***, deux hypothèses : ou l'élève a essayé de former l'adverbe à partir du suffixe *-ment*, comme il l'a fait, à juste titre, pour *chaudement* ; ou il a voulu opérer une suffixation nominale mais en se trompant de suffixe : *-ment* (**dentement* comme *placement*) à la place de *-ition* : *dentition*. La 2e hypothèse semble la plus vraisemblable.

– ***Désaprocher*** : l'élève cherche du côté du verbe avec deux préfixes corrects (*approcher, rapprocher*) ; celui censé former l'antonyme *dé-, dés-* ne fonctionne pas : la forme n'existe pas.

– ***Mensongeur*** n'existe pas non plus car le suffixe *-eur* s'accroche au radical du verbe, donc *ment-ir* pour faire *menteur* (comme *chant-er/ chanteur, vend-re/vendeur*). L'élève n'a pas sélectionné le bon radical. L'adjectif *mensonger* était aussi très proche et a peut-être favorisé la confusion.

3. Autres mots de la famille de **dent** : *dentition, dentifrice, dental, denture, dentelle, dentelé, …* ; **proche** : *prochain, prochainement, les proches* (nom) ; **mentir** : *menteur, mensongèrement, menterie, …* ; **chaud** : *chaudière, chauffeuse, chaudron, réchauffement, …*

CORRIGÉ QUESTIONNAIRE RÉCAPITULATIF

Énoncé p. 407

1. a. ***Urbain*** signifie « qui appartient à la ville ». **b.** *Urbain* est un adjectif qualificatif construit à partir du radical latin *urb-* auquel est ajouté le suffixe adjectival *-ain/aine*. **c.** Il est issu de l'étymon latin *urbs-urbis* (la ville). Autour de lui, s'est développée toute une famille comme *urbanisme, urbaniser, urbanisation, interurbain, suburbain*, ... Le mot *urbain* est si proche de l'étymon qu'on peut faire l'hypothèse qu'il s'agit d'une famille savante avec emprunt tardif au latin ; si la famille était populaire (voir FICHE 53), le mot aurait été altéré phonétiquement au cours des siècles. **d.** Pour trouver un synonyme, il faut aller chercher dans une autre famille. *Citadin* conviendrait bien ; il est issu de l'étymon latin *civitas* (ensemble de citoyens puis *ville*). La famille de *ville* (du latin *villa*) n'a produit aucun adjectif qui puisse entrer en concurrence avec *urbain* et *citadin*. L'antonyme est « rural » : « qui appartient à la campagne ».

2. ***Scolarisation*** : **a.** Il s'agit d'un mot construit par dérivation : radical *scolar* + suffixe *-is* (voir le verbe *scolariser*) + suffixe nominal *-ation*.
b. La famille savante autour de l'étymon latin *schola* (emprunté au grec *scholè* qui signifie « loisirs ») : *scolaire, scolairement, scolarité, scolariser, interscolaire, parascolaire, postscolaire, …* s'est ajoutée à la famille populaire autour du mot qui résulte de l'évolution phonétique normale : *école, écolier, écolière*, famille moins vivace.

3. Il s'agit d'un champ affixal ; tous les mots sont construits avec le suffixe *-isme.*

4. – ***Mégalithe*** est un mot formé par composition savante, à partir de deux éléments grecs : *méga* (*megas*, « grand ») et *lithe* (*lithos*, « pierre ») que l'on retrouve dans *lithographie*, par exemple. Un mégalithe est un monument avec un seul ou plusieurs gros blocs de pierre.

– ***Analphabétisme*** est un mot dérivé formé du radical *alphabet* – précédé du préfixe privatif *a-* (avec un *n* évitant le hiatus et favorisant la prononciation) et le suffixe *-isme.*

5. *Eugénie Grandet et le père Goriot sont des* ***personnages*** *inventés par Balzac. Personnages* est l'hyperonyme d'Eugénie Grandet et du Père Goriot (qui sont donc les hyponymes de ce terme).

6. ***Le beau*** et ***le laid*** sont deux groupes nominaux formés à partir d'un adjectif qualificatif (*beau, laid*) qui, par l'adjonction d'un déterminant ont changé de classe grammaticale. C'est le processus de « conversion » (ou « dérivation impropre ») : *le pour, le contre, des si,...*

7. b. Ce sont des homonymes et plus particulièrement des homographes non homophones.

8. a. ***Cachet*** : **1.** Tampon portant des indications (*cachet d'une entreprise, de la poste*) ; **2.** Hist : sceau gravé dans de la cire (*lettre de cachet*). **3.** Style, beauté (*cette maison a du cachet*). **4.** Préparation en pharmacie (glissement sur la base de la forme) **5.** Rétribution pour un spectacle. **b.** L'ensemble des acceptions constitue un champ sémantique. **c.** Les termes ayant plusieurs sens sont des mots polysémiques.

9. Expressions avec l'adjectif ***froid*** : *garder la tête froide, garder son sang-froid, battre froid à quelqu'un, manger froid, rester froid devant le danger,…*

10. Donnez des éléments mélangeant les classes grammaticales, en essayant de rester dans des mots usuellement rattachés à la notion de ***lumière*** : *soleil, étoile, lampe, phare, flash, lumineux, étincelant, briller, scintiller, aveugler,…*

ALPHABET PHONÉTIQUE

VOYELLES		CONSONNES	
Orales		[p]	pâle, papa
[i]	vie, cygne	[b]	bu, tube
[e] fermé	blé, parler	[t]	tulle, pâté
[ɛ] ouvert	merci, mère, faire	[d]	dent, ardu
[a] antérieur	plat, patte	[k]	car, sac, coq, quoi, képi
[ɑ] postérieur	pâte, théâtre	[g]	gare, baguette
[o] fermé	moto, beau, faux	[f]	foire, neuf, pharmacie
[ɔ] ouvert	fort, motte, porte	[v]	violon, grève
[y]	vertu, charrue	[s]	sol, face, lasse, nation, six, scène
[u]	fou, bijou	[z]	raison, ruse, zèbre
[ø] fermé	feu, deux	[ʃ]	charme, fiche
[œ] ouvert	peur, meuble, leurre	[ʒ]	jurer, gentil
[ə] caduc	cheval, visage	[l]	lune, sol
		[ʀ]	ruse, finir
		[m]	maman, femme
		[n]	nid, bonne
		[ɲ]	agneau, champignon
Nasales		**Semi-consonnes**	
[ɑ̃]	banc, sans, vent	[j]	paille, feuille
[ɔ̃]	bon, sombre	[w]	ouest, toi, poire
[ɛ̃]	matin, plein, sain	[ɥ]	huile, fuir
[œ̃]	lundi, brun		

LES 10 RÈGLES DE LA NOUVELLE ORTHOGRAPHE

1 Les numéraux composés sont systématiquement reliés par des traits d'union.

EX. : vingt-et-un, deux-cents, un-million-cent, trente-et-unième

2 Dans les noms composés du type *pèse-lettre* (verbe + nom) ou *sans-abri* (préposition + nom), le second élément prend la marque du pluriel seulement et toujours lorsque le mot est au pluriel.

EX. : un compte-goutte, des compte-gouttes ; un après-midi, des après-midis

3 On emploie l'accent grave (plutôt que l'accent aigu) dans un certain nombre de mots (pour régulariser leur orthographe) et au futur et au conditionnel des verbes qui se conjuguent sur le modèle de *céder*.

EX. : évènement, règlementaire, je cèderai, ils règleraient

4 L'accent circonflexe disparait sur *i* et *u*. On le maintient néanmoins dans les terminaisons verbales du passé simple, du subjonctif et dans cinq cas d'ambigüité (*dû, mûr, sûr, jeûne,* et les formes de *croître*).

EX. : cout ; entrainer, nous entrainons ; paraitre, il parait

5 Les verbes en *-eler* ou *-eter* se conjuguent sur le modèle de *peler* ou de *acheter*. Les dérivés en *-ment* suivent les verbes correspondants. Font exception à cette règle *appeler*, *jeter* et leurs composés (y compris *interpeler*).

EX. : j'amoncèle, amoncèlement, tu époussèteras

6 Les mots empruntés forment leur pluriel de la même manière que les mots français et sont accentués conformément aux règles qui s'appliquent aux mots français.

EX. : des matchs, des miss, un révolver

7 La soudure s'impose dans un certain nombre de mots, en particulier dans les mots composés de *contr(e)-* et *entr(e)-*, dans les mots composés de *extra-*, *infra-*, *intra-*, *ultra-*, dans les mots composés avec des éléments « savants » et dans les onomatopées, et dans les mots d'origine étrangère.

EX. : contrappel, entretemps, extraterrestre, tictac, weekend, portemonnaie

8 Les mots anciennement en *-olle* et les verbes anciennement en *-otter* s'écrivent avec une consonne simple. Les dérivés du verbe ont aussi une consonne simple. Font exception à cette règle *colle*, *folle*, *molle* et les mots de la même famille qu'un nom en *-otte* (comme *botter*, de *botte*).

EX. : corole ; frisoter, frisotis

9 Le tréma est déplacé sur la lettre *u* prononcée dans les suites *-güe-* et *-güi-*, et est ajouté dans quelques mots.

EX. : aigüe, ambigüe ; ambigüité ; argüer

10 Enfin, certaines anomalies sont supprimées.

EX. : asséner, assoir, charriot, joailler, relai.

www.orthographerecommandee. info

GRILLE D'AIDE À LA RÉDACTION

	INTRODUCTION
1	Une courte phrase liminaire annonce la thématique du dossier.
2	Les textes du corpus sont présentés individuellement avec leurs références complètes (titre, auteur, éditeur, date de parution) et leur genre (extrait de roman, essai, autobiographie, interview...) ; les titres des ouvrages sont soulignés, ceux des articles placés entre guillemets.
3	Chaque présentation est suivie d'une courte phrase résumant la thèse du texte en relation avec la thématique du dossier.
4	La problématique proposée par le sujet est reprise au plus près de la formulation originale, en conservant les termes clés.
5	Le plan d'un développement est présenté sous forme de questions qui sont une déclinaison en sous-problèmes de la problématique générale.
	DÉVELOPPEMENT
6	Chaque partie est introduite par l'une des questions du plan (dans l'ordre annoncé).
7	Chaque partie est constituée de paragraphes (de deux à trois), identifiables grâce à la mise en page (alinéas).
8	Chaque paragraphe commence par une phrase présentant la thématique à partir de laquelle s'organise ensuite une comparaison dialectique des thèses des textes.
9	La progression argumentative est organisée et hiérarchisée à l'intérieur des paragraphes comme à l'intérieur des parties.
10	Chaque § se clôt par une phrase conclusive qui sert de transition avec le paragraphe suivant.
11	À la fin de chaque partie, une conclusion partielle brève répond à la question initiale et amorce une transition avec la partie suivante.
	CONCLUSION
12	Elle propose une réponse claire et brève – quelques lignes simplement – à la problématique posée sur le dossier dont elle reprend les termes clés.
	ASPECTS FORMELS DE LA RÉDACTION
13	L'énonciation est distanciée.
14	Le rédacteur observe une neutralité absolue : il rend compte aussi objectivement que possible du contenu des textes, sans prendre position sauf si le libellé du sujet le demande explicitement.
15	Les arguments des textes sont reformulés de façon synthétique ; on bannit les citations de la synthèse, on choisit judicieusement celles de l'analyse.
16	Les arguments sont clairement attribués à leur(s) auteur(s).
17	L'expression est adaptée au type de texte : vocabulaire précis évitant le jargon ou les obscurités, niveau de langue assez soutenu.
18	Mise en page : – deux lignes séparent l'introduction et la conclusion du développement ; – une ligne sépare les parties du développement ; – des alinéas signalent les paragraphes à l'intérieur des parties.
19	La longueur de la synthèse ne devrait pas excéder un tiers de l'importance du dossier.
20	Vérification orthographique et syntaxique effectuée par une relecture attentive.